Lebensführungspflichten im evangelischen Kirchenrecht

Schriften zum

STAATSKIRCHENRECHT

Herausgegeben von
Axel Frhr. von Campenhausen
und Christoph Link

Band 10

PETER LANG
Frankfurt am Main · Berlin · Bern · Bruxelles · New York · Oxford · Wien

Konstantin v. Notz

Lebensführungspflichten im evangelischen Kirchenrecht

PETER LANG
Europäischer Verlag der Wissenschaften

Bibliografische Information Der Deutschen Bibliothek
Die Deutsche Bibliothek verzeichnet diese Publikation in der Deutschen Nationalbibliografie; detaillierte bibliografische Daten sind im Internet über <http://dnb.ddb.de> abrufbar.

Zugl.: Heidelberg, Univ., Diss., 2002

Der evangelischen Landeskirche in Baden danke ich für die Gewährung eines Druckkostenzuschusses.

D 16
ISSN 1437-3149
ISBN 3-631-50074-2

www.peterlang.de

Meinen Eltern

Ulrike und Friedhelm v. Notz

„Wenn dein Bruder sündigt, so weise ihn zurecht;
und wenn er es bereut, vergib ihm."

Lk 17, 3

Vorwort

Die Arbeit über Lebensführungspflichten im evangelischen Kirchenrecht lag der Juristischen Fakultät der Ruprecht-Karls-Universität Heidelberg im Sommersemester 2002 als Dissertation vor. Sie behandelt auch Fragen, die sich dem Verfasser während seiner Beschäftigung als Zivildienstleistender in der Frankfurter Bahnhofsmission und seiner ehrenamtlichen kirchlichen Tätigkeit gestellt haben.

Ganz herzlich danke ich meinem Doktorvater, Herrn Prof. Dr. Jörg Winter, für seine vielen Anregungen und die nachhaltige Förderung und Begleitung der Arbeit sowie Herrn Prof. Dr. Gerrick Frhr. v. Hoyningen-Huene für die zügige Durchführung der Zweitkorrektur und wertvolle Ergänzungshinweise.

Herrn Prof. Dr. Axel Frhr. v. Campenhausen und Herrn Prof. Dr. Christoph Link danke ich für die ehrenvolle Aufnahme der Arbeit in die Reihe„Schriften zum Staatskirchenrecht“.

Hilfreiche Unterstützung in zahlreichen Gesprächen und bei der Manuskriptkorrektur erhielt ich von meinem Vater, HerrnFriedhelm v. Notz, sowie von Frau Rechtsanwältin Nicole Anne Werner; auch ihnen danke ich an dieser Stelle ganz besonders.

Mölln, im Herbst 2002 Konstantin v. Notz

Inhalt

Abkürzungsverzeichnis

ABl.	Amtsblatt
ACK	Arbeitsgemeinschaft Christlicher Kirchen in der Bundesrepublik Deutschland
AcP	Archiv für die civilistische Praxis (Z)
AGBG	Gesetz zur Regelung des Rechts der Allgemeinen Geschäftsbedingungen
AP	Arbeitsgerichtliche Praxis (Z)
ArbGG	Arbeitsgerichtsgesetz
AuR	Arbeit und Recht (Z)
AVerG	Amtspflichtsverletzungsgesetz
AZG	Amtszuchtgesetz
Bad	Baden
Bay. GO	Bayerische Gerichtsordnung
BBG	Bundesbeamtengesetz
BDO	Beamtendienstordnung
BetrVG	Betriebsverfassungsgesetz
BRRG	Beamtenrechtsrahmengestz
CI	Corporate Identity
CIC	Codex Juris Canonici
DFG-VK	Deutsche Friedensgesellschaft– Vereinigte Kriegsgegner
DG	Dienstgesetz
DiszH	Disziplinarhof

DVBl	Deutsches Verwaltungsblatt (Z)
DVO	Dienstvertragsordnung
EKHN	Ev. Kirche in Hessen und Nassau
EKMR	Europäische Kommission für Menschenrechte
EKU	Ev. Kirche der Union
EOK	Ev. Oberkirchenrat
EStG	Einkommenssteuergesetz
EzA	Entscheidungssammlung zu Arbeitsrecht
GemRA Westf/Rh	Gemeinsamer Rechtsausschuß der Ev. Kirche von Westfalen und der Ev. Kirche im Rheinland
GrO	Neue Grundordnung der katholischen Kirche
GVG	Gerichtsverfassungsgesetz
HGO	Hessische Gemeindeordnung
KABl.	Kirchliches Amtsblatt
Kan. Abt.	Kanonistische Abteilung
KfA NEK	Kammer für Amtszucht der Nordelbischen Ev.-Luth. Kirche
KO	Kirchenordnung
KRI	Kirchenratsinstruktion
KSchG	Kündigungsschutzgesetz
LberufsG f Heilber	Landesberufsgericht für Heilberufe
MAVO	Mitarbeitervertretungsordnung
MVG	Mitarbeitervertretungsgesetz

NJW	Neue Juristische Wochenschrift (Z)
NZA	Neue Zeitschrift für Arbeitsrecht (Z)
PfDG	Pfarrdienstgesetz
PfG	Pfarrgesetz
RdA	Recht der Arbeit (Z)
Rh	Ev. Kirche im Rheinland
RsprB	Rechtsprechungsbeilage
SfA VELKD	Senat für Amtszucht der VELKD
VELKD	Vereinigte ev. luth. Kirche Deutschlands
VGG	Verwaltungsgerichtsgesetz
VwGO	Verwaltungsgerichtsordnung
WRV	Weimarer Reichsverfassung
Wü	Ev. Landeskirche in Württemberg
ZevKR	Zeitschrift für ev. Kirchenrecht (Z)
ZRG	Zeitschrift der Savigny-Stiftung für Rechtsgeschichte (kanonistische Abteilung) (Z)

Im übrigen wird auf *Kirchner*, Abkürzungsverzeichnis der Rechtssprache, Berlin/New York 1994, und *Leistner*, Internationale Titelabkürzungen, Bd. 1-3, 7. Auflage, Osnabrück 1997 verwiesen.

Einleitung

Kirchlicher Dienst wird in Deutschland in unterschiedlichster Weise geleistet, und so gibt es auch eine große Vielfalt von Dienstverhältnissen, in denen die Mitarbeiterinnen und Mitarbeiter der evangelischen Kirche beschäftigt sind. Im Gegensatz zu den zahlreichen, rechtlich nur lose gebundenen, ehrenamtlichen Mitarbeiterinnen und Mitarbeitern, ohne die der kirchliche Dienst, wie wir ihn heute kennen, gar nicht möglich wäre, stehen Pfarrer und Pfarrerinnen sowie andere Kirchenbeamtinnen und -beamte in einem öffentlich-rechtlichen Dienstverhältnis zu ihrem Arbeitgeber, während die große Mehrheit der kirchlichen Mitarbeiterinnen und Mitarbeiter in privatrechtlichen Arbeitsverhältnissen tätig ist. Weitere stehen über ihre Mitgliedschaft in einer Ordensgemeinschaft im Dienst der Kirche. In der Vergangenheit waren es oft diese Ordensangehörigen, die das moralische Werteverständnis und das Erscheinungsbild der Kirche nach außen vertraten und damit den Wertefindungsprozeß in der Gesellschaft entscheidend mitprägten.

Die im Mittelpunkt dieser Arbeit stehenden Lebensführungspflichten spielen im evangelischen Kirchenrecht vor allem im Zusammenhang mit arbeitsrechtlichen Fragen eine wichtige Rolle; doch sie sind auch unter anderen Gesichtspunkten von Bedeutung. So haben ihre Formulierung und Beachtung heute noch Außenwirkung und prägen das Erscheinungsbild der Kirche in der Gesellschaft. Sie formen insbesondere auch das Selbstverständnis und die Zusammenarbeit der Gläubigen und kirchlichen Mitarbeiterinnen und Mitarbeiter.

Die Forderung nach Einhaltung von Lebensführungspflichten erscheint nur beim ersten Hinsehen als nicht mehr zeitgemäß und von Bedeutung eher für die Vergangenheit. Die Beurteilungskriterien mögen sich geändert haben, doch werden gerade heute – verstärkt durch ein umfassendes Informationswesen – im Privatbereich und sogar in der Intimsphäre liegende Verhaltensweisen in Bezug auf das Amt oder den Beruf, den eine Person bekleidet, intensiv hinterfragt, diskutiert und auch sanktioniert. Die Praktikantinnenaffäre des amerikanischen Präsidenten Clinton, die zu einer wahrhaft globalen Moraldiskussion führte, die arbeitsrechtlichen Auseinandersetzungen verschiedener deutscher Rundfunkanstalten mit ihren Nachrichtensprechern aufgrund streitbaren Privatverhaltens und konfliktträchtiger Nebentätigkeiten, oder die allerdings schon etwas länger zurückliegende sog. Kießling – Affäre der Bundeswehr und des Verteidigungsministeriums, zeigen, daß bei bestimmten Berufen und Ämtern die private Lebensführung immer noch große öffentliche Beachtung findet und durchaus auch rechtliche Relevanz erlangen kann. Zuletzt verdeutlichte das – wohl einem „Outing" durch die Presse zuvorkommende – Bekenntnis des Berliner Regierenden Bürgermeisters Wowereit (SPD), homosexuell zu sein, die heute bestehende Verknüpfung von Privatem mit Öffentlichem im Hinblick auf die berufliche Tätigkeit.

In der kirchlichen Arbeitswelt bestehen diese Verknüpfungen ebenfalls. Und so stellen sich vor dem Hintergrund dramatischer Veränderungen in Gesellschaft, Politik und Forschung zahlreiche Fragen zur Verankerung und Bedeutung des Instituts der Lebensführungspflichten in der evangelischen Kirche. Die vorliegende Arbeit unternimmt den Versuch einer rechtlichen, vor allem kirchenrechtlichen, Beantwortung dieser Fragen, insbesondere hinsichtlich des Bestehens einer eigenen formulierten Standes- oder Sonderethik für die Mitarbeiterinnen und Mitarbeiter der christlichen Dienstgemeinschaft.

Gerade im kirchlichen Bereich gibt es kaum Lebensbereiche, die von Spannungen zwischen individueller Lebensführung und ausgeübter beruflicher Tätigkeit frei sind. Auch sieht sich die Kirche – heute oft eher kritisch als wohlwollend betrachtet – Erwartungen gegenüber, den ihren Grundsätzen zuwiderlaufenden Lebensführungen ihrer Mitarbeiterinnen und Mitarbeiter entgegenzutreten. Hierbei wird der innerkirchlich und öffentlich ausgeübte Druck, in bestimmten Situationen und bei der Erfüllung bestimmter Tatbestände mit Sanktionen zu reagieren, desto dringlicher, je stärker ein durch die Kirche selbst gesetzter Wert oder ein durch sie aufgestelltes Gebot durch private Verhaltensweisen in Mitleidenschaft gezogen wurde. In diesem Zusammenhang ist aber auch zu bedenken, daß die auf die Kirche projizierten Erwartungen und deren tatsächlichen Standpunkte oft nicht deckungsgleich sind.
Die Grundfragen des Kirchenrechts ergeben sich aus dem Spannungsverhältnis, das in der Verknüpfung der Begriffe Kirche und Recht begründet liegt. Die

Fragen zu den Lebensführungspflichten stehen im Kernbereich dieses besonderen Spannungsverhältnisses und führen an vielen Stellen folgerichtig zu den Grundproblemen des Kirchenrecht.

Unter Beachtung der Vielfalt und Unterschiedlichkeit der Beziehungen des Arbeitgebers Kirche zu seinen Mitarbeiterinnen und Mitarbeitern und der Spannungen, die sich mit dem Begriff der Lebensführungspflichten verbinden, werden die rechtlichen Regelungen bezüglich der Lebensführungspflichten in kirchlichen Arbeitsverhältnissen untersucht. Auch soll ein Ansatz dafür gefunden werden, wie die rechtlichen und kirchenrechtlichen Aspekte der Lebensführungspflichten und Pflichtverletzungen aufeinander abzustimmen sind, um zu einer stimmigen und berechenbaren Handhabung zu gelangen, die sowohl den Interessen der Kirche, dem Rechtssicherheitsbedürfnis ihrer Mitarbeiterinnen und Mitarbeiter, als auch der Wirkung in der Öffentlichkeit gerecht wird. Eine explizite Festlegung von Lebensführungspflichten und von angemessenen– auch rechtlichen – Reaktionen bei Verstößen gegen diese würde die Selbstsicherheit, das Selbstbewußtsein, sowie die Einigkeit und Geschlossenheit der Kirche zum Ausdruck bringen. Doch ist auch hier nicht zu vergessen, daß eine positive Ausfüllung und Verwirklichung dessen, was der kirchliche Dienst leisten will, ein Ziel ist, das über die Möglichkeiten einer rechtlichen Ausgestaltung hinausweist.

Erster Teil: Kirchliche Lebensführungspflichten im allgemeinen

A. Die evangelische Kirche als Arbeitgeber

Die Kirchen nehmen in Deutschland verschiedene politische, gesellschaftliche und soziale Aufgaben wahr. Vor diesem Hintergrund muß die Frage nach den Lebensführungspflichten zunächst untersucht werden. Welche kirchlichen Mitarbeiterinnen und Mitarbeiter[1] könnten von dem Anspruch des Arbeitgebers Kirche, bestimmte Lebensführungspflichten zu beachten, betroffen sein, und in was für einem Verhältnis stehen sie zur evangelischen Kirche? Was ist den verschiedenen Aufgabenfeldern der evangelischen Kirche und ihren jeweiligen Mitarbeiterinnen und Mitarbeitern gemeinsam, was unterscheidet sie, und lassen sich daraus Rückschlüsse über die Geltung und Durchsetzbarkeit von Lebensführungspflichten ziehen?

I. Verschiedene Berufsgruppen im kirchlichen Dienst

Die evangelische Kirche beschäftigt eine Vielzahl von Menschen. Die Beschäftigungsverhältnisse innerhalb der Kirche sind gemäß der großen Bandbreite der Aufgaben, die die Kirche wahrnimmt, unterschiedlich ausgestaltet. Nach einer groben Gliederung lassen sich zunächst vier Gruppen unterscheiden, die unter dem Oberbegriff der *kirchlichen Mitarbeiterinnen und Mitarbeiter*[2] zusammengefaßt werden können: Ordensleute[3] [4], Geistliche und Kirchenbeamte in öffent-

---

[1] Im Hinblick auf den erheblichen Anteil von Mitarbeiterinnen in den evangelischen Kirchen in Deutschland erscheint es gerade für die vorliegende Arbeit von besonderer Bedeutung, eine korrekte, möglichst konsequente Anwendung der männlichen und weiblichen Wortformen zu beachten. Dieses Prinzip wird lediglich bei feststehenden Rechtsbegriffen, die sich auch in Gesetzestexten finden, wie die des Arbeitnehmers oder des Arbeitgebers, sowie in Ausnahmefällen zugunsten der Verständlichkeit durchbrochen.

[2] Schon der Apostel Paulus bezeichnet sich selbst als *„Gottes Mitarbeiter"* (*1. Kor 3, 9*), Stein, Evangelisches Kirchenrecht, S. 123. Grundsätzlich ist von einem weitgespannten Verständnis dieses Begriffs auszugehen, Schilberg, Rechtsschutz und Arbeitsrecht, S. 67 FN 4.

[3] Hierzu detailliert: Briza, „Tarifvertrag" und „Dritter Weg", S. 63 f..

[4] Bei den Ordensleuten – im evangelischen Bereich betrifft dies lediglich die Diakonissenschwestern – handelt es sich, da *„sie in einem so engen Verhältnis zur Kirche stehen, daß sie mit der von ihnen gewählten Lebensform einen Stand der Kirche bilden"*, grundsätzlich nicht um Arbeitnehmer, BAG AP Nr. 26 zu Art. 9 GG, Bl. 4. Aufgrund der sehr spezifi-

lich-rechtlichen Dienstverhältnissen, Mitarbeiterinnen und Mitarbeiter in privatrechtlichen Anstellungsverhältnissen sowie Ehrenamtliche.

In diesen verschiedenen Beschäftigungsverhältnissen kommt die Vielfalt kirchlicher Aufgabenfelder zum Ausdruck. Die evangelische Kirche beschäftigt Theologen als Gemeindepfarrer und Lehrbeauftragte, aber auch in *freien* Pfarrämtern mit gemeinde-ungebundenen Tätigkeitsfeld. Es arbeiten in der kirchlichen Verwaltung verbeamtete Mitarbeiterinnen und Mitarbeiter, die neben vielen anderen Aufgaben auch das wichtige und oft komplizierte Feld der Finanzen betreuen.

In privatrechtlichen Arbeitsverhältnissen beschäftigt die Kirche Mitarbeiterinnen und Mitarbeiter vor allem in der Diakonie und in der Gemeindearbeit; sie sind Arbeitnehmer des Arbeitgebers Kirche.[5] Dieser Personenkreis erfaßt nicht nur die Ausübenden typischer Vorbereitungs- und Hilfstätigkeiten wie Reinigungskräfte, Haus- und Küchendienstkräfte, Verwaltungskräfte oder Baufachleute, sondern auch *„Repräsentanten spezifischer Aufgaben der Kirche wie Diakone, Gemeindehelfer, Pfarrverwalter, Prediger, Katecheten, Kirchenmusiker, Kindergärtnerinnen, Sozialarbeiter und Sozialpädagogen, Psychologen, Soziologen, Therapeuten und andere Berater, Gemeindeschwestern, Lehrer, Dozenten und auch Fachhochschulprofessoren"*.[6] Hinsichtlich der Ausgestaltung und des Umfangs der kirchlichen Arbeit hat sich die evangelische Kirche mit der Zeit

---

schen und facettenreichen Ausgestaltung des Verhältnisses des einzelnen Mitgliedes zu seinem Orden, die sich häufig gegen eine juristische Betrachtungs- und Verfahrensweise sperrt, bleibt dieses Gebiet hier unberücksichtigt.

[5] v. Campenhausen, Essener Gespräche 18 (1984), S. 8-39, 13. Hiervon ausgenommen und keine Arbeitnehmer der Kirche in diesem Sinne sind aber, die in Schwesternverbänden zusammengeschlossenen Krankenschwestern, die in verbandseigenen Einrichtungen arbeiten, Behinderte in spezifischen Werkstätten und Personen, die ein Praktikum im Rahmen ihrer Ausbildung an Schulen und Hochschulen ableisten, Keßler, Die Kirchen und das Arbeitsrecht, S. 34.

[6] v. Tilling, ZevKR 22 (1977), S. 322-345, 325. Seit einiger Zeit werden auch Tendenzen ausgemacht, nach denen das Institut des „Theologen im Angestelltenverhältnis" ausgebaut wird; dazu: H. Weber, ZevKR 28 (1983), 1-59, 32 ff.; Briza, „Tarifvertrag" und „Dritter Weg", S. 70.

stark verändert. Bei den beruflich wahrgenommenen Diensten ist es zu einer Vermehrung, Ausdifferenzierung und Professionalisierung gekommen. Es wurden von der Gemeinde bis zur Landeskirche, auf allen Ebenen der Kirche also, neue Stellen eingerichtet, um mehr Aufgaben sachgerechter wahrnehmen zu können.[7]

Auch die ehrenamtlichen Mitarbeiterinnen und Mitarbeiter kommen in der ganzen Breite der kirchlichen Aufgabenfelder zum Einsatz.[8] Zu ihnen gehören als Inhaberinnen und Inhaber eines kirchlichen Ehrenamts auch die Kirchenältesten oder Kirchenvorstände, Taufpaten und Trauzeugen. Nach dem Verständnis des Diakonischen Werks[9] ist ein Ehrenamt eine freiwillig, unentgeltlich und in organisierter Form erbrachte Leistung zum Nutzen von Umwelt und Mitmenschen. Wesensmerkmal der ehrenamtlichen Arbeit ist also das freiwillige und unentgeltliche Engagement der Ehrenamtlichen selbst.[10] Die Bereitschaft und das Bedürfnis des einzelnen, mit seiner Person, seiner Sachkenntnis aber auch in seiner Freizeit einen Beitrag zu einer sozialen Gemeinschaft zu leisten, ist Mittelpunkt bzw. Ziel der ehrenamtlichen Tätigkeit.

II. Zahlen zu den Beschäftigungsverhältnissen

Aufgrund der vielschichtigen Struktur der evangelischen Kirche und ihrer vielen zum Teil selbständigen Einrichtungen gestaltet es sich schwierig, einheitliche Zahlen zu den Beschäftigungsverhältnissen zu erstellen.[11] 208.389 Männer und

---

[7] Ordnung der EKU 1999, S. 101 RN 237.

[8] Insgesamt gibt es eine kaum zu beschreibende Fülle von Arbeitsfeldern für ehrenamtlich Tätige: „*Gottesdienste, Kindergottesdienste, Kirchenmusik, Gemeindeleitung, kreative Freizeit, Projekte zur Schöpfungsbewahrung, Besuche, Gemeindefeste, Ausländerintegration, Gesprächskreise, Gemeindebrief, Kinder- und Jugendarbeit und vieles, vieles mehr.*“ Mancherlei Gaben, Leitlinien zum Ehrenamt der Lippischen Landeskirche, S. 6.

[9] Schriftliche Stellungnahme des Diakonischen Werkes zur „Zukunft des bürgerschaftlichen Engagements“, www.diakonie.de/publikationen /stellungnahmen/001113_enquete.htm.

[10] Ordnung der EKU 1999, S.101, RN 235.

[11] Alle Angaben sind der Broschüre der EKD mit statistischen Daten, Stand: August 1999 und – wo aktueller – www.ekd.de.html Stand März 2001 entnommen. Einheitliche Zahlen zu einem Jahr sind nicht vorhanden. Weitere präzisierende Zahlenangaben bei Keßler, Die Kirchen und das Arbeitsrecht, S. 36 f..

Frauen arbeiteten 1992 in den verfaßten Kirchen selbst. Davon waren 24.977 Theologinnen und Theologen; der Frauenanteil betrug dabei 24%.[12] Von diesen Pfarrerinnen und Pfarrern waren 16.449 im Gemeindedienst beschäftigt, während 4.290 in einem sog. Funktionspfarramt ihren Aufgaben nachgingen. Die übrigen Theologinnen und Theologen wurden ohne Planstelle beschäftigt oder waren wegen eines Auslandpfarramts, Militärseelsorge oder ähnlichen Aufgaben beurlaubt. Die große Mehrheit der Beschäftigten der verfaßten Amtskirche aber sind die Mitarbeiterinnen und Mitarbeiter, die z.B. als Diakone, Küster, Kirchenmusiker, Bürokräfte oder Hausmeister in den Gemeinden und Kirchenverwaltungen tätig sind.

Im Jahr 1998 beschäftigte das Diakonische Werk der evangelischen Kirche insgesamt 419.438[13] Frauen und Männer in den verschiedenen diakonischen Einrichtungen.[14] In weiten Teilen der Gesundheitsversorgung wie Krankenhäusern, in Kindergärten, in der Alten- und Behindertenpflege und in der Jugendhilfe kommt kirchlichen Einrichtungen eine überragende Stellung zu. Das Diakonische Werk der EKD ist im übrigen nicht nur in Deutschland, sondern auch in anderen Ländern und Kontinenten tätig.

In der Diakonie sind über 400.000 Ehrenamtliche in praktisch allen Tätigkeitsfeldern aktiv. Ohne das ehrenamtliche Engagement ist auch diese Arbeit der Kirche, in all ihrer Vielfalt nicht denkbar. Im gemeindlichen Tätigkeitsbereich kommen auf jede hauptamtliche Mitarbeiterin und jeden hauptamtlichen Mitarbeiter etwa vier ehrenamtlich Tätige, die im Kirchenvorstand, den Besuchsdien-

---

[12] Angaben für das Jahr 1997.

[13] Davon ca. 246.000 voll- und 174.000 teilzeitbeschäftigt.

[14] Es ist dennoch verfehlt, von der Kirche – rechnet man die Mitarbeiterinnen und Mitarbeiter der Caritas noch hinzu – als zweitgrößter Arbeitgeber in Deutschland zu sprechen, so etwa: Berchtenbreiter, Kündigungsschutzprobleme, S. 1. Den Arbeitgeber Kirche gibt es im Hinblick auf die Diakonischen Einrichtungen nicht, denn innerhalb der beiden großen Kirchen gibt es ein System von über 50.000 rechtlich selbständigen Arbeitgebern, die in den verfaßten Kirchen und in Diakonie und Caritas auf unterschiedlichste Weise miteinander verbunden sind. Man kann hier aber durchaus von einer „*kirchlichen Branche*" sprechen Fey, ZevKR 42 (1997), S. 499-500, 499; Keßler, Die Kirchen und das Arbeitsrecht, S. 23 f..

sten, der Redaktion des Gemeindeblattes und vielen anderen Bereichen arbeiten. 1998 betrug die Zahl der ehrenamtlichen Mitarbeiter und Mitarbeiterinnen 937.543; hiervon waren 68,5% Frauen. Das große Reservoir ehrenamtlicher Mitarbeit bilden, neben einem beträchtlichen Teil Jugendlicher, verheiratete Frauen mit nur einem Kind oder mit erwachsenen Kindern, Witwen oder Pensionierte.[15] Hinzu kommen noch die Inhaber und Inhaberinnen kirchlicher Ehrenämter wie Taufpaten und Trauzeugen, zu deren Gesamtzahl keine verläßlichen Angaben vorliegen. Doch ist davon auszugehen, daß es sich pro Jahr um ca. 800.000 neue Personen handelt.[16]

Nach arbeitsrechtlichem Verständnis wird der Begriff *Arbeit* grundsätzlich nur für solche Tätigkeiten verwendet, die gegen eine Entlohnung erfolgen. Kirchliche Arbeit wird aber – wie anhand der Zahlen deutlich wird – zu einem ganz entscheidenden Teil auch von Ehrenamtlichen getragen, die für die erbrachte Leistung keinen Lohn erhalten. Dennoch erfaßt der im folgenden verwendete Begriff der kirchlichen Arbeitsverhältnisse auch die Beziehungen zwischen der evangelischen Kirche und ihren ehrenamtlichen Mitarbeiterinnen und Mitarbeitern, da ein ganz entscheidender Anteil der kirchlichen Arbeit eben von diesen Ehrenamtlichen getragen wird und eine begriffliche Trennung zwischen den Arbeitsverhältnissen zu Haupt- und denen zu Ehrenamtlichen die tatsächliche Aufgabenbewältigung und Arbeitsbelastung lediglich verzerrt darstellen würde.

Die große Zahl aller Mitarbeiterinnen und Mitarbeiter veranschaulicht auch das Verhältnis der von der Kirche verbeamteten zu den angestellten Mitarbeiterinnen und Mitarbeitern. Pfarrerinnen und Pfarrer, deren Dienstverhältnisse öffentlich–rechtlich geregelt sind und die im öffentlichen Bewußtsein für das *klassische kirchliche* Beschäftigungsverhältnis stehen, stellen tatsächlich nur eine kleine Minderheit im Gesamtbild des kirchlichen Dienstes dar.[17] Die

---

[15] Schröder, Schober/Seibert, Problemfeld Professionalität / Ehrenamtlichkeit in der Diakonie, S. 151-160, 152.

[16] Die Angaben der EKD liegen für das Jahr 1994 bei knapp 290.000 Taufen und 90.000 Trauungen.

[17] v. Campenhausen, Essener Gespräche 18 (1984), S. 8-39, 10.

Zeiten, in denen der Ortsgeistliche flankiert von Küster und Kantor die Kirche repräsentierten, sind vorbei.[18]

Aus den angeführten Daten ergibt sich eine Gesamtzahl von mehr als 1,5 Millionen Mitarbeiterinnen und Mitarbeitern der evangelischen Kirche. Es wird deutlich, wie viele Menschen in ihrem Berufs- und Privatleben von Regelungen zu Lebensführungspflichten in der einen oder anderen Weise betroffen sein können. Aus diesen Zahlen läßt sich erahnen, wie hoch das Potential täglicher Konfliktmöglichkeiten bei einem Anspruch auf Beachtung und Einhaltung dieser Regelungen ist.

III. Der Auftrag der evangelischen Kirche

Hinsichtlich des Wesens der Kirche und ihrer institutionellen Form gibt es innerhalb der Kirchen sehr unterschiedliche Auffassungen.[19] Die Arbeit aller kirchlichen Mitarbeiterinnen und Mitarbeiter ist auf die Verwirklichung des kirchlichen Auftrags ausgerichtet. Gerade im Hinblick auf die Rechtfertigung von Lebensführungspflichten für die kirchliche Arbeitswelt ist der Auftrag der Kirche von ganz entscheidender Bedeutung.[20]

Die Phänomene des kirchlichen Amtsrechts und die damit verbunden ablaufenden Gruppenprozesse fallen in den Bereich der Religionssoziologie. Das eigene Verhältnis zum weltlichen Recht wird vom Staatskirchenrecht behandelt; während die Antwort nach der Frage des Auftrags der Kirche grundsätzlich auf dem Gebiet der Theologie gesucht wird.[21] Die organisatorische Gestalt der Kirchen ist wandelbar und richtet sich auch nach den aktuellen Interpretationen ihres Auftrags. Im Zentrum dieses Auftags steht aber immer die Verbreitung des

---

[18] v. Tilling, ZevKR 22 (1977), S. 322-345, 325.

[19] Nach ökumenischem Verständnis ist *die Kirche* jedenfalls die Vergegenwärtigung des rettenden Handelns Gottes in Jesus Christus durch Wort und Sakrament, Winter, ZevKR 42 (1997), S. 372-392, 375 f..

[20] Isak, Das Selbstverständnis der Kirchen und Religionsgemeinschaften, S. 305.

[21] A. Stein, Evangelische Theologie 36 (1976), S. 85-94, 86.

Evangeliums.[22] Die theologische Grundlage des kirchlichen Dienstes selbst ist der Sendungsauftrag bzw. die Weitergabe des Evangeliums.[23] So liegt die zentrale Herausforderung für die Kirche heute darin, alle Menschen so anzusprechen, daß diese Anrede Anstoß zu einer Lebensgestaltung auf der Grundlage des Evangeliums wird. In der Breite der von den Kirchen übernommenen Aufgaben neben der Gemeindearbeit, wie z.B. Kindergärten, Diakoniestationen und Beratungsstellen in Orts- und Personalgemeinden, besondere Dienste im Krankenhausbereich, in den Schulen und an vielen anderen Orten der Gesellschaft, wird der Wille sichtbar, diesen Auftrag zu erfüllen.[24] Das Diakonische Werk sagt dazu in einer Selbstdarstellung:[25]

„Die Diakonie kümmert sich um Menschen in Not und sozial ungerechten Verhältnissen. Sie versucht auch, die Ursachen dieser Notlagen zu beheben. Sie tut dies als Teil der Kirche, die den Auftrag hat, Gottes Liebe zur Welt in Jesus Christus allen Menschen zu bezeugen."

Die Kirchen in Deutschland folgen einem ihnen eigenen Auftrag. Ihre Krankenhäuser, Jugendheime und anderen Einrichtungen sollen nicht Anstalten wie solche sein, in denen private Träger soziale Dienste erbringen und den Sozialstaat entlasten. Vielmehr sollen sie über ihre säkulare Nützlichkeit hinaus *Kirche* sein: Zeichen des Glaubens und Bekundung der Nächstenliebe inmitten einer nachchristlichen, pluralistischen Gesellschaft. Diese kirchliche Prägung der einzelnen Einrichtung steht und fällt mit den Menschen, die dort beschäftigt sind. Die Kirchlichkeit kirchlicher Arbeit ist also zuallererst eine Frage der religiösen Vitalität und der geistlichen Loyalität; es stellt sich aber auch die Rechtsfrage, die im Ernstfall eines Konfliktes im Zusammenhang mit einer eventuell

---

[22] Ordnung der EKU 1999, S. 11 f. RN 11: „Die Kirche hat den missionarischen Auftrag, die Versöhnung Gottes, wie sie in Jesus Christus offenbar geworden ist, der ganzen Welt zu bezeugen (*2 Kor 5, 19 f.*).".

[23] v. Campenhausen, Essener Gespräche 18 (1984), S. 8-39, 21; ders., Staatskirchenrecht, § 14, S. 113; VELKD Leitlinien S. 11.

[24] VELKD Leitlinien, S. 12.

[25] www.diakonie.de/wir/selbstdarstellung.htm.

notwendigen Sanktion z.B. der Auflösung des Arbeitsverhältnisses zu beantworten ist.[26]

Im kirchlichen Bereich wird der Dienst aller Beschäftigten also vom Wesen und Auftrag der Kirche bestimmt.[27] Demnach arbeiten alle Menschen, die sich zur Kirche bekennen und in ihr beschäftigt sind, unabhängig in welchem rechtlichen Gewand – privatrechtlich oder öffentlich-rechtlich, haupt- oder ehrenamtlich – zusammen an der Verwirklichung des kirchlichen Auftrags. Jeder dieser Mitarbeiterinnen und Mitarbeiter hat durch seine Tätigkeit, der er an seinem Platz nach Talent und Vermögen nachgeht, Anteil am allgemeinen kirchlichen Auftrag.[28] Der kirchliche Auftrag ist somit auch ein alle noch so unterschiedlichen Arbeitsbereiche einigendes Motiv.

Die Kirche kann sich nicht auf ihre Innerlichkeit zurückziehen, sondern muß durch den Dienst der Verkündung, die Verwaltung der Sakramente, die kirchliche Lehre und Erziehung sowie durch diakonisches Handeln stets ihrem Auftrag folgen.[29] Vor diesem Hintergrund dürfen die Disziplinarnormen der evangelischen Kirche z.B. Bestimmungen des Pfarrdienstrechts, aber auch die Regelungen hinsichtlich der Kirchenzucht, letztlich nur auf die Gewährleistung – die Verwirklichung und die Erfüllung – dieses Auftrags ausgerichtet sein.[30] Auch hinsichtlich der Festlegung und Durchsetzung bestimmter Lebensführungspflichten, muß das eigentliche Motiv, nämlich die Verwirklichung des kirchlichen Auftrags, immer im Mittelpunkt der Überlegungen stehen.

---

[26] Isensee, Festschrift für Obermayer, S. 203-216, 204.

[27] Kalisch, ZevKR 2 (1952/53), S. 24-63, 30. § 2 PfG der VELKD lautet: *„Der Dienst der Pfarrer und Pfarrerinnen ist bestimmt und begrenzt durch den Auftrag, den die Kirche von ihrem Herrn erhalten hat. An diesem Auftrag sind ihre Rechte und Pflichten zu messen."*

[28] *Seelemann* nimmt dabei auch auf das Bildnis „Ein Leib – viele Glieder" (*1. Kor. 12, 12 ff., Röm. 12; Eph. 4*) Bezug, Seelemann, ZevKR 44 (1999), S. 226-243, 234 und 242.

[29] v. Campenhausen, Essener Gespräche 18 (1984), S. 8-39, 22.

[30] Koller, Das Recht der Kirche, S. 153-168, 156; Pahud de Mortanges, Zwischen Vergebung und Vergeltung, S. 226.

IV. Das hohe Konfliktpotential kirchlicher Arbeitsverhältnisse

Die in vielerlei Hinsicht schwierigen Arbeitsfelder, in denen kirchlicher Arbeit nachgegangen wird, und die vor allem auch moralisch hohen Erwartungen, die der Kirche und ihren Mitarbeiterinnen und Mitarbeitern von innen und außen entgegengebracht werden, bergen auch in rechtlicher Hinsicht große Konfliktpotentiale.

1. Besonderheiten kirchlicher Aufgabenfelder

Die Verbindung von religiösen und moralischen Wertvorstellungen mit den facettenreichen und oft in besonders schwierigen, sozialen Aufgabengebieten angesiedelten kirchlichen Arbeitsfeldern, sind Auslöser dieses beachtlichen Konfliktpotentials. Die psychische Belastung, der kirchliche Mitarbeiterinnen und Mitarbeiter vielfach ausgesetzt sind, ist groß.[31] Es besteht häufig ein besonderes Spannungsverhältnis zwischen den inneren Grundsätzen der Kirche, den Erwartungen der Öffentlichkeit und den Einflüssen des Arbeitsbereichs selbst.

Natürlich gibt es in der evangelischen Kirche viele *normale* Tätigkeiten, doch gerade die Aufgabenbereiche der Seelsorge und Diakonie, z.B. die Betreuung von Menschen in sozialen Schwierigkeiten,[32] sind Schwerpunkte kirchlicher Aufgaben und besonders geeignet, Mißverständnisse und fehlerhaftes Verhalten von kirchen- und arbeitsrechtlicher Relevanz zu begründen. Läge der Schwerpunkt kirchlicher Arbeit und Betreuung z.B. im handwerklichen Bereich, wären solche Konfliktfälle, die schließlich zu rechtlichen Auseinandersetzungen führen, sicherlich seltener. Belastungen und Aggressionen der kirchlichen *Klienten* werden vielfach an die kirchlichen Mitarbeiterinnen und Mitarbeiter weitergegeben. Von der Gesellschaft oftmals verdrängte Realitäten wie Krankheit, Obdachlosigkeit, Vereinsamung, Tod und familiäre Schwierigkeiten, denen man auf vielen der kirchlichen Tätigkeitsfeldern begegnet, müssen die von der Kirche Beschäftigten täglich verarbeiten.

---

[31] Schröder, Schober/Seibert, Theologie – Prägung und Deutung der kirchlichen Diakonie, S. 151-160, 159.

[32] *Wegenast* spricht von „Randgruppen“ und „Randständigen“ die in diesen Aufgabenbereich der Kirche fallen, Wegenast, Schober/Seibert, Kirchliche Arbeit mit und für Randgruppen, S. 78-90, 78.

2. Erwartungen von außen an kirchliche Mitarbeiterinnen und Mitarbeiter

Im Rahmen der von ihren Einrichtungen wahrgenommenen sozialen Aufgaben kommt den Kirchen auch eine besondere gesellschaftliche Rolle als soziale und moralische Instanz zu, aufgrund derer sie selbst und ihre Mitarbeiterinnen und Mitarbeiter in der Öffentlichkeit an besonders strengen Maßstäben gemessen werden. Zwar wird auch bemängelt, daß in einer religiös immer indifferenter werdenden Gesellschaft eine großzügige Bereitschaft besteht, Lebensgestaltungen hinzunehmen, die dem kirchlichem Verständnis schroff zuwiderlaufen,[33] doch ist zu beobachten, daß insbesondere Streit und Fehlverhalten mit kirchlichem Bezug in der Öffentlichkeit besondere Beachtung finden, weil viele an den kirchlichen Mitarbeiterinnen und Mitarbeitern erkennen möchten, wie ein Leben aus dem Evangelium aussehen kann.[34] Dieses ambivalente Verhältnis der Gesellschaft zur Kirche beschreiben die Leitlinien der VELKD:[35]

„Entsprechend tragen die Menschen an die Kirche vielfältige, zum Teil gegensätzliche oder vage Erwartungen heran: Sie schätzen die Kirche als unverzichtbaren Faktor bei der Vermittlung von Werten und der Bewahrung von Traditionen in der Gesellschaft. Sie legen Wert auf die Begleitung der Kirche bei den Übergängen ihres Lebens. Sie suchen Gemeinschaft, übernehmen Verantwortung in der Gemeinde und wollen den Einsatz der Kirche für Schwache und Benachteiligte. Andere messen den Stellenwert der Kirche an ihrer Wirkung in der Gesellschaft oder für den einzelnen. Von der Kirche wird Sinndeutung und Zuspruch von Hoffnung erwartet. Gleichzeitig hat für viele Menschen unserer Zeit die christliche Überlieferung keine Bedeutung, und sie verbinden die Rede von Gott nicht mit ihrer Lebenserfahrung."

Schon in den Anfängen des Christentums erkannte man diese Erwartungshaltung, die der Kirche von außen entgegengebracht wird. In den Episkopen- und Diakonenspiegeln der Pastoralbriefe[36] wird für die Ansprüche an die Lebensfüh-

---

[33] Dütz, Die Neue Ordnung 42 (1988), S. 127-138, 128.

[34] Ordnung der EKU 1999 ,S. 102 RN 238.

[35] VELKD Leitlinien, S. 11.

[36] *I. Tim 3, 2-7; Tit 1, 6 7-9.*

rung eines Amtsinhabers vorwiegend auf ein äußeres Erscheinungsbild abgestellt.[37] [38] Für den Bewerber um ein Bischofsamt[39] wird im ersten Brief des *Timotheus 3, 7* festgehalten:

„Er muß aber auch einen guten Ruf haben bei denen, die draußen sind, damit er nicht geschmäht werde(...)"

Bereits hier kommt die Erkenntnis zum Ausdruck, daß jede Angelegenheit der Kirche Auswirkungen auf das soziale Leben in Staat und Gesellschaft hat.[40] Im Hinblick auf die Geistlichen kommt im Pfarrerdienstgesetz der EKU zum Ausdruck, daß im öffentlichen Bewußtsein die Person und das Amt untrennbar seien.[41]

In diesem Zusammenhang muß aber auch gesehen werden, daß die Kirche aufgrund der allgemeinen biblischen Botschaft Fehlgehende nicht einfach ausstoßen und im Stich lassen darf, sondern sich ihrer in besonderer Weise anzunehmen hat. Die Erfüllung dieser Verpflichtung durch die Kirche auch in ihrer Rolle als Arbeitgeber wird innerhalb und außerhalb der Kirche wie selbstverständlich erwartet.[42] Hinsichtlich der Reaktion auf Verstöße gegen Pflichten der Lebensführung steht die Kirche also – im Gegensatz zu anderen Arbeitgebern – vor einem besonderen Problem: Die theoretische und praktische Vorgehensweise bei unerwünschtem Verhalten im kirchlichen Dienst muß seit jeher einen Weg zwischen der notwendig repressiven Abwehr existentieller innerer und äußerer Bedrohung einerseits und dem jesuanischen Toleranz- und Liebes-

---

[37] Koller, Das Recht der Kirche, S. 153-168, 154.

[38] Daß hier vorwiegend auf äußere Gesichtspunkte abgestellt wird und daß geistliche Kriterien praktisch nicht genannt werden, mag daran liegen, daß letztere in den Anfängen der christlichen Gemeinden, als es noch keine volkskirchlichen Traditionen gab, einfach vorausgesetzt werden konnten.

[39] Bischof meint hier noch nicht das übergemeindliche Amt, sondern den Leiter der Gemeinde (Lutherbibel, Sach- und Worterklärungen).

[40] Geiger, ZevKR 26 (1981), S. 157-174, 162.

[41] § 34 Pfarrerdienstgesetz der EKU vom 16. März 1981.

[42] Dütz, NJW 1994, S. 1369-1375, 1370.

gebot andererseits finden.[43] Ziel aller Regelungen muß es also sein, in diesem Spannungsfeld ein ausgewogenes, stimmiges und praktikables Verhältnis dieser Interessen und Grundsätze zu erreichen.

3. Erwartungen aus der Kirche an die Mitarbeiterinnen und Mitarbeiter

Aus dem eben Gesagten ergibt sich für die Kirche aber noch eine besondere Schwierigkeit und zwar unter dem Aspekt ihrer volkskirchlichen Ausrichtung. Der Arbeitgeber Kirche selbst stellt – auch aufgrund dieser von außen herangetragenen Erwartungen auf ein besonders christliches Verhalten – besondere Ansprüche an seine Mitarbeiterinnen und Mitarbeiter, wobei anders als bei vielen anderen Arbeitsverhältnissen auch private Bereiche berührt sein können. Verstärkt wird dies noch durch die Erwartungen der Beschäftigten untereinander. Diese Forderungen nach Beachtung bestimmter Lebensführungspflichten werden an anderer Stelle genau untersucht. Als Beispiel sei aber schon hier aufgeführt, daß trotz der tiefgreifenden Veränderungen im Verständnis von Ehe und Familie in breiten Bevölkerungsschichten, die Kirche – schon um sich nicht widersprüchlich zu verhalten – die in der gesellschaftlichen Diskussion hierzu öffentlich vertretenen Standpunkte auch gegenüber ihren Mitarbeiterinnen und Mitarbeitern vertreten und gegebenenfalls durchsetzen muß.

Auch Pfarrerinnen und Pfarrer, kirchliche Angestellte und Ehrenamtliche geraten im Laufe ihres Lebens in Schwierigkeiten und Problemsituationen, die häufig Öffentlichkeitswirkung erfahren und zumindest teilweise auf eigenes Handeln und Verschulden zurückzuführen, also vorwerfbar sind. Ob gegenteilige Erwartungen ungerechtfertigterweise gestellt werden oder gar dem christlichen, evangelischen Selbstverständnis zuwiderlaufen, soll an dieser Stelle nicht geklärt werden. Tatsache ist, daß sie im Hinblick auf Lebensführungspflichten kirchlicher Mitarbeiterinnen und Mitarbeiter eine wichtige Rolle spielen.

Sicherlich steht bei der Beurteilung von Arbeitsrechtsregelungen in Bezug auf private Lebensführungspflichten auch die in den letzten Jahrzehnten stark vermehrte Beschäftigung *weltlicher* Arbeitnehmerinnen und Arbeitnehmer eine

[43] Pahud de Mortanges, Zwischen Vergebung und Vergeltung, S. 26.

Rolle,[44] doch liegen die Hauptmotive für ein Regelungsbedürfnis eher in der Natur des kirchlichen Arbeitsplatzes und den sich hieraus ergebenden besonderen Umständen volkskirchlicher Arbeit in einer sich zunehmend verändernden Gesellschaft.

Aufgrund der spezifischen Arbeitsgebiete und der den kirchlichen Mitarbeiterinnen und Mitarbeitern entgegengebrachten besonders hohen Erwartungen, erscheinen Konflikte, auch solche rechtlicher Natur, vorprogrammiert. In diesem Spannungsfeld gestaltet sich die kirchen- und arbeitsrechtliche Festlegung von Lebensführungspflichten schwierig. Gleichzeitig muß die *moderne Kirche* aber schlüssige, gerechte und berechenbare Regelungen treffen, um Konfliktsituationen zu entschärfen und ihrem Auftrag möglichst effizient und störungsfrei nachkommen zu können.

B. Grundlagen der Lebensführungspflichten

Bevor die Rechtslage im Hinblick auf Lebensführungspflichten im evangelischen Kirchenrecht dargestellt wird, soll zunächst ihren Grundlagen, ihrer Entstehung und ihrem grundsätzlichen Geltungsanspruch nachgegangen werden. Es ist zu untersuchen, welche Art von Handlungen und Verhaltensweisen vom Begriff der Lebensführungspflichten erfaßt werden. Wie hat sich dieses Rechtsinstitut entwickelt und auf welche rechtliche bzw. kirchenrechtliche Legitimation stützt es sich? Lebensführungspflichten könnten eine kirchenrechtliche Besonderheit sein, und es ist zu prüfen, ob andere Dienstherren, wie z.B. der Staat, ähnliche arbeitsrechtliche Regelungen getroffen haben.

I. Begriffsklärung

Die drei im Zusammenhang mit Dienstverhältnissen oft gebrauchten und in ihrer Bedeutung nahe beieinander liegenden, einander verwandt klingenden Begriffe der Leistungstreuepflichten, der Loyalitätspflichten und der Lebensführungspflichten gilt es voneinander zu unterscheiden.

---

[44] Keßler, Die Kirchen und das Arbeitsrecht, S. 70.

1. Leistungstreuepflichten

Leistungstreuepflichten beruhen auf dem Grundsatz von Treu und Glauben gem. § 242 BGB und sind – anders als Loyalitätspflichten – Verpflichtungen, die jedem Schuldverhältnis, also auch Arbeitsverhältnissen, immanent sind. Danach hat der Schuldner alles zu tun, um den Leistungserfolg vorzubereiten, herbeizuführen und zu sichern. Die Vertragsparteien haben alles zu unterlassen, was den Vertragszweck oder den Leistungserfolg beeinträchtigen oder gefährden könnte. Die Leistungstreuepflicht dient als ergänzende Nebenpflicht der Sicherung einer Hauptpflicht.[45]

2. Loyalitätspflichten

Loyalitätspflichten hingegen beziehen sich als Nebenpflichten nicht auf das Erbringen des rechtsgeschäftlich Zugesagten, sondern zielen vielmehr auf das allgemeine Verhalten einer Arbeitnehmerin oder eines Arbeitnehmers ab.[46] Loyalitätspflichten sind also Verpflichtungen, die dem Arbeitnehmer gegenüber dem Arbeitgeber entstehen. Die Loyalität des Arbeitnehmers gegenüber dem Arbeitgeber versteht sich als Rücksicht und Redlichkeit gegenüber den Zielen des Letzteren, die nicht durch schädliches Begleitverhalten gefährdet werden dürfen. Die Loyalitätspflicht ist ein Teil der allgemeinen arbeitsrechtlichen Treuepflicht.[47] Sie umfaßt auch die Lebensführungspflichten, meint darüber hinaus aber auch Verpflichtungen, die rein dienstlicher Natur sind, wie beispielsweise die Residenzpflicht von Pfarrerinnen und Pfarrern oder deren Pflicht zur amtlichen Verschwiegenheit.[48]

---

[45] Palandt - Heinrichs § 242 RN 27. Andere sehen als Grundlage der arbeitsrechtlichen Treuepflicht aber das Verbot widersprüchlichen Verhaltens, Mayer, Das außerdienstliche Verhalten von Arbeitnehmern, S. 107.

[46] Richardi, Arbeitsrecht in der Kirche, S. 57 RN 12.

[47] Mummenhoff, NZA 1990, S. 585-592, 585; Berchtenbreiter, Kündigungsschutzprobleme, S. 5.

[48] Strietzel, Das Disziplinarrecht, S. 162 f..

3. Lebensführungspflichten

Die im Zentrum der Untersuchung stehenden Lebensführungspflichten oder „Obliegenheiten kirchlicher Lebensführung“[49] erfassen dagegen ausschließlich Verhaltensweisen in Bezug auf den persönlichen Lebenswandel kirchlicher Mitarbeiterinnen und Mitarbeiter.[50] Dies kann zwar auch Auswirkungen auf dienstliche Verpflichtungen haben, die selbst aber nicht unter den Begriff der Lebensführungspflichten fallen. Lebensführungspflichten sind also ein Unterfall der Loyalitätspflichten, müssen aber nicht zwangsläufig nur für Angestellte gelten, sondern können im Falle eines vertragsähnlichen Anknüpfungspunkts auch im Verhältnis zu anderen Mitarbeiterinnen und Mitarbeitern wirksam werden.

Außerdienstliches Verhalten wird oft unter rein zeitlichen Aspekten betrachtet, nämlich als Handeln in dem Zeitraum zwischen Ende der Arbeit und Beginn der nächsten.[51] Lebensführungspflichten meinen jedoch alles Verhalten, das nicht unmittelbar zur Amtsführung von Pfarrerinnen und Pfarrern, zur Berufsausübung von Angestellten oder zu einer ehrenamtlichen Tätigkeit gehört. Sie erfassen positive Handlungen, deren Richtungen und Ziele im außerdienstlichen bzw. im privaten Bereich liegen, und gegebenenfalls auch Unterlassen[52]. So kann die sexuelle Beziehung eines Pfarrers zu einer Gemeindeangestellten oder die Äußerung einer ehrenamtlichen Mitarbeiterin während der Jugendarbeit einen Konflikt hinsichtlich der Beachtung von Lebensführungspflichten begrün-

---

[49] BVerfGE 70, S. 138, 165.

[50] Strietzel, Das Disziplinarrecht, S. 164.

[51] Mayer, Das außerdienstliche Verhalten von Arbeitnehmern, S. 21 f..

[52] In der arbeitsgerichtlichen Rechtsprechung sind jedoch, soweit ersichtlich, nur solche Lebensführungspflichten behandelt worden, die der Arbeitnehmer durch positives Tun verletzt hat. *Mayer* nennt als ein mögliches Unterlassens-Beispiel, daß der leitende Mitarbeiter der katholischen Kirche auf einer Podiumsveranstaltung beharrlich schweigt und auch auf Nachfragen nicht reagiert, obwohl andere Diskutanten vehement das Priesterzölibat in Frage stellen oder deutlich zugunsten von Schwangerschaftsabbrüchen Stellung beziehen. Es ist aber auch vorstellbar, daß eine Mitarbeiterin der evangelischen Kirche gegenüber dem kriminellen und selbstgefährdenden Verhalten ihres Sohnes in keiner Weise oder mit Desinteresse reagiert und ihren Aufgaben als Elternteil nicht nachkommt, Mayer, Das außerdienstliche Verhalten von Arbeitnehmern, S. 21 f..

den, auch wenn dies Verhalten in die Arbeitszeit der Betroffenen fällt. Lebensführungspflichten erfassen also rechtlich einen Bereich, der zwar unter bestimmten Umständen Auswirkungen auf ein Arbeitsverhältnis haben kann, in nicht-kirchlichen Arbeitsverhältnissen heute aber grundsätzlich keine juristische Regelung erfährt und eigentlich von der Rechtsbeziehung zwischen Arbeitgeber und Arbeitnehmer nicht tangiert wird.

Hier wird eine Schwierigkeit hinsichtlich des Rechtsbegriffs der Lebensführungspflichten deutlich: Wie können rechtliche Verpflichtungen aus einem Arbeitsverhältnis in die Privatsphäre des Arbeitnehmers hineinwirken, wie kann eine Mitarbeiterin oder ein Mitarbeiter zu einer bestimmten Lebensführung außerhalb seiner Arbeit *verpflichtet* werden? Denn von Pflichten kann eigentlich nur gesprochen werden, wenn ein bestimmtes Verhalten eingeklagt werden kann, wenn der Arbeitgeber nur durch das geschuldete Tun oder Unterlassen zufriedengestellt werden kann.[53] Die Verletzung dieser Pflichten, die nicht in der dienstlichen Sphäre, sondern im Privatbereich liegen, berechtigen den Arbeitgeber aber nicht, die Erfüllung eines Anspruchs zu verlangen – z.B. regelmäßig am Gottesdienst teilzunehmen oder gar eine ehebrecherische Beziehung zu beenden – oder ein solches Verhalten einzuklagen. Hierin läge ein nicht zu rechtfertigender Eingriff in das Persönlichkeitsrecht.[54] Aus diesem Grund sind Lebensführungspflichten gar keine Pflichten im rechtlichen Sinne, sondern vielmehr Obliegenheiten.[55] Die Folge einer solchen Pflicht- bzw. Obliegenheitsverletzung ist also nicht ein Erfüllungsanspruch, sondern die Möglichkeit der Kündigung, die Beendigung der Zusammenarbeit oder die Androhung oder Verhängung von disziplinarrechtlicher Maßnahmen.

Trotz dieser mit dem Schlagwort der Lebensführungspflichten verbundenen Gefahr der Mißverständlichkeit soll der Begriff hier beibehalten werden, denn er transportiert das rechtliche Spannungsverhältnis in kirchlichen Dienstverhältnis-

---

[53] Berchtenbreiter, Kündigungsschutzprobleme, S. 8.

[54] v. Campenhausen, Essener Gespräche 18 (1984), S. 8-39, 29.

[55] Mayer-Maly, Loyalitätspflichten, In memoriam Carl Holböck, S. 619-626, 622.

sen, das häufige Auseinanderfallen von Intention und Realität und die Besonderheiten des kirchlichen im weltlichen Recht auf treffende Weise.

II. Ursprung, Begründung und Herleitung der Lebensführungspflichten

Es stellt sich die Frage, welchen Überlegungen und Zielsetzungen die Lebensführungspflichten im kirchlichen Bereich entspringen: Ob sie sich lediglich religiös erklären und damit rein theologischen Ursprungs sind, oder ob sie sich aus einem allgemeinen Bedürfnis des Arbeitgebers ableiten, auch auf das private Verhalten seiner Mitarbeiterinnen und Mitarbeiter Einfluß zu gewinnen. Vor Betrachtung der besonderen Sachlage in der evangelischen Kirche soll geprüft werden, inwieweit Lebensführungspflichten und diesem Institut vergleichbare Obliegenheiten auch in nicht-kirchlichen Arbeitsverhältnissen eine Rolle spielen.

1. Lebensführungspflichten in nicht-kirchlichen Berufs- und Arbeitsfeldern

Auch in anderen, nicht-kirchlichen Bereichen des Arbeitslebens könnte einem Arbeitsverhältnis eine Sonderstellung hinsichtlich der Bedeutung der privaten Lebensführung eingeräumt werden. Fraglich ist, ob es sich hierbei um ein Unternehmen oder Arbeitsfeld handeln muß, daß sich vom Normalfall des gewinnorientiert arbeitenden Privatunternehmens unterscheidet, oder ob es Parallelen sogar in ganz gewöhnlichen Arbeitsbereichen gibt.[56] Wie schon angesprochen haben eigentlich private Verhaltensweisen vielfach tatsächliche Auswirkungen auf das Arbeitsverhältnis einer Person.

So kann das Bekanntwerden von Bordellbesuchen des Leiters einer Kleinstadt-Sparkasse, das Arbeitsverhältnis genauso belasten, wie die Scheidung der Ehe einer Kindergärtnerin. Die Spielschulden einer Kassiererin in einem Supermarkt können sich auf das Vertrauensverhältnis zum Arbeitgeber genauso negativ auswirken, wie die öffentlich bekannt gewordene Abtreibung, die eine Gemein-

---

[56] Dabei können die Berufe Selbständiger, z.B. Ärzte und Rechtsanwälte, unbeachtet bleiben, da es hierzu keine Parallele im kirchlichen Arbeitsleben gibt. Dennoch ist diesen Berufsständen eine Berücksichtigung der privaten Lebensführung nicht fremd. In § 43 BRAO heißt es: *„Der Rechtsanwalt hat seinen Beruf gewissenhaft auszuüben. Er hat sich innerhalb und außerhalb des Berufs der Achtung und des Vertrauens, welche die Stellung des Rechtsanwalts erfordert, würdig zu erweisen."*

depädagogin vornehmen läßt. Aus dem Bereich der Politik gibt es zahlreiche Beispiele, bei denen privates Verhalten massive Kritik an dem Inhaber eines politischen Amts ausgelöst hat. Der öffentliche Druck durch die Medien und die absehbaren Verluste im politischen Mehrheitsfindungsprozeß können dann zu einem Rücktritt oder einer Entlassung führen. Bemerkenswert in diesem Zusammenhang ist, daß nach den Erfahrungen aus der Amtszeit des amerikanischen Präsidenten Clinton eine der ersten Amtshandlungen seines Nachfolgers George W. Bush die Einführung eines Ethikkatalogs war, der den Mitgliedern seiner neuen Regierungsmannschaft Verhaltensregeln auch für die persönliche, private Lebensführung auferlegt.[57]

Diese Sonderfälle aus dem Bereich der Politik sind hier jedoch nicht näher zu betrachten, vielmehr sollen im Folgenden drei Bereiche außerhalb der kirchlichen Arbeitswelt untersucht werden, die eine Parallelität zu den drei Mitarbeitergruppen in der evangelischen Kirche, den verbeamteten, den privatrechtlich beschäftigten und den ehrenamtlichen Mitarbeitern, aufzeigen.

a) Lebensführungspflichten im staatlichen Beamtenrecht

Das staatliche Beamtenrecht hat das kirchliche Disziplinarrecht aufgrund einer streckenweise fast identisch verlaufenden historischen Entwicklung stark geprägt. In der Auseinandersetzung um den Problemkreis Kirche, Arbeitsrecht und Lebensführungspflichten bietet sich daher der Vergleich mit ähnlichen Problemlagen im öffentlichen Dienst an.

Die Kirchen können als Körperschaften des öffentlichen Rechts gem. Art. 140 GG i.V.m. Art. 137 Abs. 5 WRV – wie der Staat – Beamtenverhältnisse mit ihren Mitarbeiterinnen und Mitarbeitern begründen. Dennoch ist das evangelische Disziplinarrecht ein Recht eigener Ordnung, das sich aufgrund seiner Eigenständigkeit keinesfalls zwingend am staatlichen Recht orientieren muß. Grundsätzlich ist in materiellen und formellen Fragen eine Ausrichtung auf das staatliche Recht jedoch möglich und gefährdet die kirchliche Eigenständigkeit

---

[57] FAZ vom 3. Februar 2001.

nicht.[58] Deshalb muß eine Berücksichtigung des staatlichen Disziplinarrechts für das kirchliche nicht nur dann erfolgen, wenn dafür zwingende theologische oder kirchliche Gründe vorliegen.[59] Damit ist aber nicht gesagt, daß diese Parallelität zwischen dem staatlichen und dem kirchlichen Beamtenrecht für die Kirche vorteilhaft oder erwünscht ist.

Staatliche Beamte stehen zu ihrem Arbeitgeber, dem Staat, in einem besonderen öffentlich-rechtlichem Dienstverhältnis. Die arbeitsrechtliche Sonderstellung des öffentlichen Dienstes wird, ähnlich der des kirchlichen Dienstes, mit der verfassungsrechtlichen Funktionsnotwendigkeit bzw. dem Sondercharakter des Staates begründet, der sich von allen sonstigen gesellschaftlichen Verbänden unterscheidet.[60] Die verfassungsrechtliche Grundlage für die Pflichten der Beamten ist Art. 33 Abs. 4 und 5 GG. Danach steht der Beamte in einem öffentlich-rechtlichen Dienst- und Treueverhältnis, dessen besondere Rechtsnatur durch die in einem Gegenseitigkeitsverhältnis stehenden Rechte und Pflichten gekennzeichnet ist. Dabei sind die Pflichten des Beamten kein Selbstzweck, sondern Mittel zum Zweck, die Erfüllung der dem Staat gestellten Aufgaben zu sichern.[61] [62]

Die Pflichten sind in den Beamtengesetzen nicht erschöpfend aufgezählt. Sie ergeben sich auch aus anderen Gesetzen oder aus allgemeinen Dienstanweisungen und Anordnungen für den Einzelfall. Diese Vorschriften können vom Dienstherrn im Rahmen des Art. 33 Abs. 5 GG auch einseitig geändert werden.[63] Die in den Beamtengesetzen normierten Pflichten sind nicht bis in alle Einzelheiten abschließend geregelt. Fehlt es an speziellen Aussagen, müssen Einzel-

---

[58] Strietzel, Das Disziplinarrecht, S. 10; Kästner, Staatliche Justizhoheit und religiöse Freiheit, S. 184.

[59] Pahud de Mortanges, Zwischen Vergebung und Vergeltung, S. 228 f..

[60] Keßler, Die Kirchen und das Arbeitsrecht, S. 225.

[61] Wiese, Beamtenrecht, S. 102 f..

[62] *Stein* nennt die Möglichkeit des Disziplinarrechts durch den Staatsapparat provokativ *die Peitsche neben dem Zuckerbrot* der Beförderung als Mittel zur Erhaltung der Funktionstüchtigkeit des Amtsapparats, A. Stein, Evangelische Theologie 36 (1976), S. 85-94, 88.

[63] Scheerbarth/Höffken, Beamtenrecht, § 15, S. 344.

und Nebenpflichten aus den Grundpflichten, vor allem der Treuepflicht und der Pflicht zur Hingabe an den Beruf, abgeleitet werden.[64]

Die den Beamten gegenüber seinen Dienstherrn obliegende Treuepflicht – §§ 52 Abs. 2, 77 Nr. 1 BBG, §§ 35 Abs. 1 S. 3, 45 Abs. 2 S. 1 BRRG – wird als grundlegende und richtungsweisende *Auffangpflicht* gesehen, die den gesamten Pflichtenkreis des Beamten überlagert.[65] Sie besteht sogar für die Ruhestandsbeamten und früheren Beamten mit Versorgungsbezügen fort. Durch sie wird der rechtliche Charakter des Beamtenverhältnisses geprägt.[66] Der Beamte muß sich innerhalb und auch außerhalb des Dienstes so verhalten, daß er der Achtung und dem Vertrauen gerecht wird, die sein Beruf erfordern. Unter Achtung und Vertrauen sind Formen der Anerkennung eines Persönlichkeitswertes zu verstehen, die sich unter dem Begriff der *integeren Persönlichkeit* zusammenfassen lassen.[67] Außerdienstliches Verhalten eines Beamten liegt vor, wenn es sich als das Verhalten eines Privatmannes ansehen läßt, also nicht mit den Dienstverrichtungen des Beamten oder mit dem Verhältnis zu seinem Dienstherrn zusammenhängt.[68] Es kann nur dann eine Dienstpflichtverletzung darstellen, wenn es die Achtung und das Vertrauen in einer für das Amt oder das Ansehen des Beamtentums bedeutsamen Weise beeinträchtigt.

Die Ansprüche an ein achtungs- und vertrauenswürdiges Verhalten gehen über die einer etwa ungesetzmäßigen Lebensführung hinaus. Sie legen dem Beamten

---

[64] Fürst, Beamtenrecht, S. 65. In der ersten Auflage (1979) äußerte sich der Verfasser auf S. 60 noch wie folgt: *„Ihre Definition beschränkt sich auf Umschreibungen, die der Ausfüllung durch einen Ehrenkodex beamtengemäßer Auffassungen und Verhaltensweisen bedürfen, welche vielfach von den Disziplinargerichten in einzelnen Entscheidungen kasuistisch entwickelt wurden."*

[65] Wiese, Beamtenrecht, S. 104; Scheerbarth/Höffken, Beamtenrecht, § 15, S. 345; Strunck, Beamtenrecht, S. 76.

[66] Fürst, Beamtenrecht, S. 66. Auch hier zeigt sich ein bemerkenswerter Wandel in der Wortwahl, als in der ersten Auflage (1979) auf S. 61 noch vom *ethischen* Charakter des Beamtenverhältnisses gesprochen wird.

[67] Scheerbarth/Höffken, Beamtenrecht, § 15, S. 347; Strunck, Beamtenrecht, S. 71.

[68] BVerfGE 33, S. 199 ff., 201.

darüber hinaus einen sittlich einwandfreien Lebenswandel auf, um zu verhindern, daß sein außerdienstliches Fehlverhalten dienstliche Interessen berührt, indem es der Umwelt nachteilige und auch dienstrelevante Rückschlüsse auf die charakterliche Substanz des Beamten erlaubt.[69] Nach §§ 45 BRRG, 77 BBG muß das außerdienstliche Verhalten, um dienstrechtliche Relevanz zu erlangen, jedoch in besonderem Maße geeignet sein, Achtung und Vertrauen in einer für das Amt oder das Ansehen des Beamtentums in bedeutsamer Weise zu beeinträchtigen.

Beamte haben also auch außerhalb des Dienstes Pflichten zu beachten. § 77 Abs. 1 S. 2 BBG bezieht ausdrücklich auch das außerdienstliche Privatverhalten in den Bereich des disziplinarrechtlich Erheblichen ein. Wie sich aus der Einschränkung des § 77 Abs. 1 S. 2 BBG schließen läßt, ist die disziplinarische Verfolgung außerdienstlichen Privatverhaltens die Ausnahme und nur bei konkret bestimmbarem dienstlichem Interesse zulässig.[70]

Die Rechtsprechung hat feste Kategorien außerdienstlicher Dienstvergehen herausgebildet. Hierunter zählt sie Straftaten ohne Dienstbezug wie Verfehlungen im Straßenverkehr, außerdienstliche Unterschlagung, Untreue und Betrug, Diebstahl und Hehlerei, ein bestimmtes Schuldnerverhalten, Urkundenfälschung, Meineid und Falschaussage, Sexualverfehlungen, sowie Rauschtaten. Darüber hinaus gibt es noch eine Vielzahl von Straftaten, die nach Maßgabe des § 77 Abs. 1 S. 2 BBG in besonderer Weise zur Achtungs- und Ansehensbeeinträchtigung geeignet sein können.[71] Aus der Pflicht zur Hingabe an den Beruf erwächst für den Beamten auch das Verbot einer gesundheitsschädigenden Lebensführung. Er darf sich in seiner Freizeit nicht gesundheitlichen Gefahren aussetzen,

---

[69] Strunck, Beamtenrecht, S. 73.

[70] Köhler/Ratz, Bundesdisziplinarordnung, S. 308 RN 1.

[71] Zu all diesen Fallgruppen ausführlich und mit einer jeweiligen Auflistung der Gerichtsentscheidungen, Köhler/Ratz, Bundesdisziplinarordnung, S. 309-334.

die für ihn zumutbar vermeidbar sind.[72] Schließlich trifft die Beamten auch außerhalb ihres Dienstes eine politische Neutralitäts- und Mäßigungspflicht.[73]

Zwar bieten die durch § 77 Abs. 1 S. 2 BBG gesetzten Kriterien sowie ein Teil der normativen Beamtenpflichten einen Anhaltspunkt für die Pflichtwidrigkeit auch nichtkrimineller Handlungen, doch kann ein nicht strafbares Verhalten den Tatbestand des außerdienstlichen Vergehens nur ausnahmsweise begründen. Auch wenn in der Vergangenheit vereinzelt noch viele nichtstrafbare Verhaltensweisen als Dienstvergehen aufgeführt wurden,[74] reduziert sich heute die Zahl der praktisch relevanten Fallgruppen auf wenige überschaubare Tatkomplexe. Als disziplinarrechtlich relevant können z.B. Verhaltensweisen wie Ehebruch, homosexuelle Beziehungen oder leichtfertiges Schuldenmachen angesehen werden.[75] Dabei fällt auf, daß es sich um Verhaltensweisen handelt, die in der Vergangenheit strafbare Handlungen waren und heute kein kriminelles Unrecht mehr darstellen.

Bei der disziplinarrechtlichen Berücksichtigung solcher außerdienstlichen, strafrechtlich nicht relevanten Handlungen ist auch die jeweilige Stellung des Beamten von Bedeutung. Je höher die Position des Beamten, desto eher gewinnt sein außerdienstliches Verhalten an Relevanz. Doch insgesamt hat sich gegenüber der früheren Rechtslage und Handhabung in der Praxis eine wesentliche Liberalisierung hinsichtlich der Beamten auferlegten Lebensführungspflichten vollzogen. Trotz der in den einzelnen Dienststellen unterschiedlichen Handhabung der von Lehre und Rechtsprechung zu § 77 Abs. 1 S. 2 BBG entwickelten recht einheitlichen Maßstäbe, finden Verfehlungen des Beamten im Privatbe-

---

[72] Fürst, Beamtenrecht, S. 69.

[73] Wiese, Beamtenrecht, S. 112.

[74] Unehrlichkeit, gewissenlose Prozeßführung, selbstsüchtige Unredlichkeit, Umgang mit Dirnen und Kriminellen, nicht einwandfreier Lebenswandel, unzüchtiger Lebenswandel und ähnliches, Plog/Wiedow/Beck, Kommentar, § 54 RN 15 f..

[75] Hellfritzsch, Außerdienstliches Fehlverhalten von Beamten, S. 314 f..

reich heute grundsätzlich nur dann disziplinarrechtliche Berücksichtigung, wenn sie auf den dienstlichen Bereich erhebliche Auswirkungen haben.[76]

Aus der Treuepflicht lassen sich also nicht beliebig besondere Lebensführungspflichten für Beamte ableiten. Insoweit haben sich die Auslegungsgrundlagen für das öffentlich-rechtliche Treueverhältnis verändert, die sich an einer modernen, rationalen Rechtsbetrachtung zu orientieren haben. Wer heute noch von einer metaphysischen Verbundenheit zwischen dem Staat und seinen Beamten spricht, wird damit lediglich der Meinung Vorschub leisten, es sei im Treuegedanken heute ein hinfälliges Relikt aus der Zeit des Fürstendienertums zu sehen.[77]

Eine besondere Erwartungshaltung der Gesellschaft gegenüber den Beamten hinsichtlich ihres Verhaltens im Privatleben und das Gespür dafür, ob ein Verstoß gegen solche Erwartungen auch für das Vertrauen in die dienstliche Zuverlässigkeit der Betroffenen von Bedeutung sein kann, ist heute im Einzelfall kaum mehr vorhanden.[78] Im Gegensatz zum kirchlichen Arbeitsfeld bei dem eine Vielzahl von Erwartungen dem einzelnen kirchlichen Mitarbeiter von innen und außen entgegengebracht werden, sieht sich der staatliche Beamte kaum noch einer solchen Beachtung seines privaten Verhaltens ausgesetzt. Dies mag daran liegen, daß der Staat in den zurückliegenden Jahrzehnten einer stärkeren Veränderung und Liberalisierung ausgesetzt war als die Kirchen.[79] Wenn oberste staatliche, demokratisch legitimierte Volksvertreter zum dritten oder vierten Mal verheiratet sein können, ohne daß öffentlich daran Anstoß genommen wird, bewirkt dies auch eine Liberalisierung innerhalb des Beamtenwesens, die auch auf den Umgang mit außerdienstlichen Verhaltensweisen Einfluß hat. Insoweit gibt es zwar zwischen der kirchlichen und der staatlichen Ausgangslage hinsichtlich der Beachtung von Lebensführungspflichten Berührungspunkte und

---

[76] Hellfritzsch, Außerdienstliches Fehlverhalten von Beamten, S. 339 f..

[77] Strunck, Beamtenrecht, S. 76.

[78] Köhler/Ratz, Bundesdisziplinarordnung, S. 308 RN 1.

[79] Novellierungen haben sich mit Erfolg um eine Liberalisierung und Funktionalisierung des Beamtendisziplinarrechts bemüht, A. Stein, Evangelische Theologie 36 (1976), S. 85-94, 88.

geschichtliche Gemeinsamkeiten, eine Parallelität der Positionen und Regelungen ist jedoch heute nicht mehr gegeben.

b) Lebensführungspflichten in anderen Arbeits- und Dienstverhältnissen

Grundsätzlich wohnen jedem Arbeitsverhältnis die schon erwähnten Loyalitätspflichten inne.[80] Grundlage der die den Arbeitnehmer treffenden Loyalitätspflichten und Loyalitätsobliegenheiten ist jene Verbundenheit zur Fremdinteressenwahrung, die früher unter den Begriff der Treuepflicht gefaßt wurden. Die Wahrung von Fremdinteressen ist für ein Arbeitsverhältnis, das auf ein dauerhaftes und vertrauensvolles Zusammenwirken angelegt ist, von besonderer Wichtigkeit.

Fraglich ist, wie es sich mit dem Unterfall der Loyalitäts-, also den Lebensführungspflichten verhält. Bei der Beurteilung der rechtlichen Relevanz des außerdienstlichen Verhaltens oder der Privatsphäre eines Arbeitnehmers kann nach bestimmten Fallgruppen unterschieden werden. In der Vergangenheit konnte die Lebensführung eines Arbeitnehmers hinsichtlich seiner finanziellen Situation, seines Sexuallebens, des Alkoholkonsums, bei Vermögens- und Verkehrsdelikten, politischen Stellungnahmen bis hin zu Verstößen gegen Kleiderordnungen für das Arbeitsverhältnis rechtliche Relevanz erlangen, und gegebenenfalls ordentliche oder außerordentliche Kündigungen nach sich ziehen. Hierbei wurde vor allem die Vertrauenserschütterung im Arbeitsverhältnis, die Ansehensgefährdung des Arbeitgebers und eine ernstliche Gefährdung der Zusammenarbeit im Betrieb berücksichtigt.[81]

Heute vermag außerdienstliches Verhalten, sieht man von den Tendenzbetrieben und kirchlichen Einrichtungen ab, eine verhaltensbedingte Kündigung nur in seltenen Ausnahmefällen zu rechtfertigen.[82] Zur Rechtfertigung einer fristlosen Entlassung aufgrund außerdienstlichen Verhaltens wird gefordert, daß der Arbeitnehmer durch seine Lebensführung das Vertrauen des Arbeitgebers oder

---

[80] Mayer-Maly, Loyalitätspflichten, In memoriam Carl Holböck, S. 619-626, 621.

[81] Mit vielen Beispielen und Urteilen, Mayer-Maly, AuR 1968, S. 1-13, 1-5.

[82] Schwerdtner, Brennpunkte des Arbeitsrechts, S. 104-157, 115; Mummenhoff, NZA 1990, S. 585-592, 585.

seine eigene Stellung im Betrieb erschüttert oder das Ansehen des Betriebes ernsthaft schädigt.[83] Nach einer Entscheidung des BAG vom 24.09.1987[84] ist außerdienstliches Verhalten lediglich dann ein Grund für eine verhaltensbedingte Kündigung, wenn es zu einer konkreten Gefährdung des Arbeits- oder des Vertrauensverhältnisses geführt hat. Es bleibt allerdings unklar, wie der Arbeitgeber derartige konkrete Beeinträchtigung darlegen und beweisen soll.[85]

Von Bedeutung erscheinen in diesem Zusammenhang spezifische Pflichten für bestimmte Berufe. Vor allem im Arztrecht haben sich Generalpflichtenklauseln in Kammer- und Heilberufsgesetzen herausgebildet. Im Falle eines Verstoßes gegen diese Pflichten kommt es zu einer Ahndung durch berufliche Spruchinstanzen. Diese Berufspflichten haben sich im Laufe der letzten Jahre durch gesellschaftlichen Wandel und technischem Fortschritt ebenfalls verändert bzw. sind neu gewichtet worden, doch zielen sie seit jeher auf die Verhinderung und Sanktionierung von Nachlässigkeiten und Eigennutz, Vertrauensbruch und Anmaßung.[86] Außerberufliches Verhalten kann Rückwirkungen auf das berufliche Ansehen der Ärztin oder des Arztes und daher auch eine berufsgerichtliche Ahndung bewirken. Allerdings muß das außerberufliche Verhalten, wenn es als Verstoß gegen die Standespflicht gelten soll, das Empfinden Dritter erheblich verletzen.[87]

---

[83] Nikisch, Arbeitsrecht, I. Bd., S. 730.

[84] EzA § 1 KSchG Verhaltensbedingte Kündigung Nr. 18.

[85] Schwerdtner, Brennpunkte des Arbeitsrechts, S. 104-157, 115.

[86] Laufs, Arztrecht § 14 RN 29.

[87] *„Mit Rücksicht auf den Wandel in der disziplinaren Wertung kann außerberufliches Verhalten eines Arztes (...) nur dann noch als ein Berufsvergehen angesehen werden, wenn es nach den Umständen des Einzelfalls in besonderem Maße geeignet ist, Achtung und Vertrauen, die der ärztliche Beruf erfordert, in einer für die Ausübung oder das Ansehen diese Berufes bedeutsamer Weise zu beeinträchtigen.“*, OVG Münster, LberufsG f Heilber, NJW 1976, S. 2317.

aa) Arbeitsrechtlich relevantes außerdienstliches Verhalten

In der Vergangenheit – vor allem den 50er und 60er Jahren – waren auch Partnerbeziehungen und Lebenswandel als außerdienstliches aber arbeitsrechtlich relevantes Verhalten Gegenstand arbeitsrechtlicher Entscheidungen. Bis 1969 konnten sich die Gerichte dabei auf zwei Normen der Gewerbeordnung (a.F.) stützen:[88]

§ 123 Abs. 1 Ziffer 2 GewO a.F. enthielt folgende Bestimmung:

„Vor Ablauf der vertragsgemäßen Zeit und ohne Aufkündigung können Gesellen und Gehilfen entlassen werden: (...) 2. wenn sie (...) eines liderlichen Lebenswandels sich schuldig gemacht haben (...).“

Dies wird ergänzt durch § 133 c Abs. 1 Ziffer 6 GewO a.F.:

„Gegenüber den § 133 a bezeichneten Personen kann die Aufhebung des Dienstverhältnisses insbesondere verlangt werden: (...) 6. wenn sie sich einem unsittlichen Lebenswandel ergeben.“

Trotz dieser gesetzlichen Anknüpfungspunkte standen die Rechtsprechung und das arbeitsrechtliche Schrifttum Kündigungen aufgrund ehewidriger und anderer intimer Beziehungen kritisch gegenüber.[89] Zuletzt sah es das BAG als rechtsmißbräuchlich an, wenn der Arbeitgeber unter Ausnutzung der Privatautonomie dem Arbeitnehmer innerhalb der Probezeit aufgrund dessen Sexualverhaltens kündigt, denn hierin liege letztlich der Versuch einer Disziplinierung des Geschlechtsverhaltens des Arbeitnehmers durch den in der stärkeren Position befindlichen Arbeitgeber.[90] Auch die früher in Arbeitsverträgen gelegentlich enthaltene sog. Zölibatsklausel, nach der z.B. das Arbeitsverhältnis mit Stewardessen aufgelöst werden konnte, wenn die Arbeitnehmerin heiratete, wurde vom

---

[88] Mayer, Das außerdienstliche Verhalten von Arbeitnehmern, S. 251.

[89] Urteil des LAG Düsseldorf vom 12.04.1950; RdA 1950, S. 433; Schaub, Arbeitsrechts-Handbuch, § 125 VII 35, § 130 II 16.

[90] BAG vom 23.06.1994, NJW 1995, S. 275, 277.

BAG[91] zutreffend wegen eines Verstoßes gegen Art. 6 Abs. 1 GG nach § 134 BGB für nichtig erklärt.[92]

Nach heutiger Rechtslage ist die Kündigung bei Vorliegen eines gewöhnlichen Arbeitsverhältnisses wegen eines außerhalb des Dienstes liegenden Verhaltens nur in besonders krassen und schwerwiegenden Ausnahmefällen vorstellbar. So hielt das LAG Berlin[93] eine Kündigung in einem Fall für gerechtfertigt, in dem außerdienstliches Verhalten zumindest mitberührt war. Hier hatte ein Angestellter des öffentlichen Dienstes Einstellungsgespräche in der Sauna geführt, worin das LAG Berlin einen Verstoß gegen die Verpflichtung der Mitarbeiter des öffentlichen Dienstes sah, alles zu vermeiden, was den Eindruck einer Verquickung dienstlicher Angelegenheiten mit privaten Wünschen und deren Durchsetzung bezwecken könnte.[94]

bb) Sonderstellung der Tendenzbetriebe

In zwei Arbeitsbereichen erlangen Loyalitätsobliegenheiten eine beträchtliche Bedeutung: in Tendenzbetrieben und in kirchlichen Einrichtungen.[95] [96] Den Tendenzbetrieben kommt eine aus dem Grundgesetz[97] abgeleitete arbeitsrechtliche Ausnahmestellung zu. Es soll sichergestellt werden, daß deren besondere Rechtsstellung nicht durch die Gewährung eines allzu weiten Mitbestimmungsrechts der Arbeitnehmerschaft beeinträchtigt wird.[98] Der Gesetzgeber hat zwi-

---

[91] BAG vom 10.05.1957, AP Nr. 1 zu Art. 6 Abs. 1 GG Ehe und Familie.

[92] v. Hoyningen-Huene, Die Billigkeit im Arbeitsrecht, S. 195; Hueck/v. Hoyningen-Huene, Kündigungsschutzgesetz-Kommentar § 1 RN 206.

[93] LAG Berlin vom 15.08.1989, LAGE Nr. 24 zu § 1KSchG Verhaltensbedingte Kündigung.

[94] Mayer, Das außerdienstliche Verhalten von Arbeitnehmern, S. 253, 256; mit weiteren Beispielen, Hueck/v. Hoyningen-Huene, Kündigungsschutzgesetz-Kommentar § 1 RN 322 ff..

[95] Mayer-Maly, Loyalitätspflichten, In memoriam Carl Holböck, S. 619-626, 621.

[96] Zu Schadensersatzansprüchen bei Verstößen gegen die Tendenztreupflicht siehe Koller, SAE 1981, S. 91-96, 92 ff.; zu Besonderheiten von Tendenzvereinen, Dütz, Festschrift Herschel, Tendenzaufsicht im Vereinsrecht, S. 55-76.

[97] Art. 9 Abs. 3 und Art. 5 GG, Rüthers, NJW 1978, S. 2066-2070, 2070.

[98] Keßler, Die Kirchen und das Arbeitsrecht, S. 227; Mayer, Das außerdienstliche Verhalten von Arbeitnehmern, S. 104.

schen Tendenzbetrieben und Religionsgemeinschaften explizit unterschieden und nur letztere vollständig aus dem Geltungsbereich des Betriebsverfassungsgesetzes ausgenommen. § 118 BetrVG schränkt die betriebsverfassungsrechtliche Mitbestimmung für Tendenzunternehmen und –betriebe erheblich ein, schließt Religionsgemeinschaften und deren karitative und erzieherische Einrichtungen aber gänzlich aus dem Geltungsbereich des Gesetzes aus.[99]

Grundgedanke bei den Überlegungen über die Tragweite einer Tendenztreuepflicht ist die Tatsache, daß nach allen betriebs- und organisationspsychologischen Erkenntnissen eine eng aufeinander abgestimmte arbeitsteilige Organisation nur dann ihre Ziele mit maximalem Erfolg erreichen wird, wenn sich alle Teile der Organisation mit der Zielsetzung identifizieren, die einzelnen Glieder der Organisation ein möglichst intensives Gruppenbewußtsein entwikkeln, das durch den individuellen Lebensraum, in dem sich die Gruppenmitglieder bewegen, nicht gestört wird, und schließlich die Organisation samt ihrer Mitglieder nach außen geschlossen auftritt.[100] Unter dem Begriff der Tendenz wird das Wirken im Sinne einer bestimmten Absicht, beispielsweise das Verfolgen einer Anschauung aus Gründen der Moral, Religion oder Politik verstanden.[101] Tendenzunternehmen sind nach dem Betriebsverfassungsrecht jene Unternehmen, die unmittelbar und überwiegend politischen, koalitionspolitischen, konfessionellen, karitativen, erzieherischen, wissenschaftlichen oder künstlerischen Bestimmungen oder Zwecken der Berichterstattung und Meinungsäußerung im Sinne von Art. 5 GG dienen.[102] Tendenzschutz muß dahin verstanden werden, daß er sozialordnungsrechtliche Rahmenbedingungen für die individuelle Grundrechtsverwirklichung gewährleisten muß.[103] Der durch den Arbeitgeber vorgegebene und vom Arbeitnehmer bei der Erbringung der Hauptleistung zu beachtende Unternehmenszweck ist hier nicht rein wirtschaft-

---

[99] Rüthers, NJW 1978, S. 2066-2070, 2066; Hoyningen-Huene, Betriebsverfassungsrecht, § 3, S. 33.

[100] Koller, SAE 1981, S. 91-96, 93.

[101] Mayer, Das außerdienstliche Verhalten von Arbeitnehmern, S. 103 f..

[102] Hueck/v. Hoyningen-Huene, Kündigungsschutzgesetz-Kommentar § 1 RN 256.

[103] Rüthers, NJW 1978, S. 2066-2070, 2069.

licher, sondern überwiegend geistig-ideeller Natur. Gerade im Umfeld der Kirchen und kirchlichen Einrichtungen gibt es Tendenzunternehmen, wie z.B. ein konfessionell orientiertes Verlagshaus.[104]

In Tendenzbetrieben wird zwischen Tendenzträgern und anderen Arbeitnehmern unterschieden. Nur die Tendenzträger unterliegen den modifizierten kündigungsrechtlichen Anforderungen, warum bei ihnen eine Kündigung für zulässig gehalten wird, wenn sie sich im Gegensatz zur Tendenz verhalten. Diese Tendenzträger sind Arbeitnehmerinnen und Arbeitnehmer, die sich im Rahmen ihrer Tätigkeit sowohl tendenzfördernd als auch -schädlich verhalten können. Eine solche Position kommt z.B. dem Redakteur einer Gewerkschaftszeitung oder dem Hornisten eines Sinfonieorchesters zu, nicht aber dem Kraftfahrer einer Gewerkschaftsdruckerei.[105] Meist nehmen diese Tendenzträger führende Funktionen wahr, in denen sie die Tendenz repräsentieren.[106] Der Arbeitgeber der auf einem Tendenzgebiet tätig ist, darf von seinen Arbeitnehmern, die als Tendenzträger tätig sind und eigenständig die arbeitgeberische Tendenz zu vertreten haben, erwarten, daß sie sich mit ihr identifizieren und ihr nicht nachhaltig zuwiderhandeln.[107] Sie sind grundsätzlich gehalten, auch in ihrem Privatleben ohne Widerspruch zur Tendenz des Betriebes zu leben. Dem Nichttendenzträger ist es lediglich untersagt, aktive Angriffe auf die Tendenz eines solchen Betriebes zu unternehmen, Konflikte seiner privaten Lebensführung mit der jeweiligen Tendenz berühren das Arbeitsverhältnis grundsätzlich nicht.[108]

Die Besonderheit bei Tendenzbetrieben liegt darin, daß sich in Konflikten hinsichtlich einer außerdienstlichen Verhaltensweise des Arbeitnehmers beide Sei-

---

[104] Mayer-Maly, Loyalitätspflichten, In memoriam Carl Holböck, S. 619-626, 621

[105] Schaub, Arbeitsrechtshandbuch, S. 1186; so die herrschende Maßnahmetheorie, nach der – im Gegensatz zur sog. Tendenzträgertheorie – unterschieden wird, ob die betreffende Angelegenheit bezüglich des Tendenzträgers auch wirklich Tendenzaspekte aufweist, Hoyningen-Huene, Betriebsverfassungsrecht, § 3, S. 31.

[106] Zum Versuch bei den Tendenzträgern eine Abstufung in drei Ebenen vorzunehmen, Koller, SAE 1981, S. 91-96, 94.

[107] Koller, SAE 1981, S. 91-96, 94.

[108] Berchtenbreiter, Kündigungsschutzprobleme, S. 12.

ten in der Regel aufgrund mittelbarer Drittwirkung der Grundrechte auf einen Grundrechtsschutz berufen können. Diese Grundrechtspositionen gilt es, insbesondere im Hinblick auf eine im Rahmen der §§ 1 KSchG, 626 BGB vorzunehmenden Interessenabwägung, in ein angemessenes Verhältnis zu bringen.[109]

c) Lebensführungspflichten in ehrenamtlichen Tätigkeitsbereichen

Hinsichtlich der zahlreichen ehrenamtlichen Tätigkeitsfelder fällt auf, daß vergleichsweise wenig rechtliche Normierungen bestehen und die Rechtswissenschaft diesem Bereich insgesamt wenig Beachtung schenkt.[110] Letzteres liegt vor allem darin begründet, daß sich die ehrenamtliche Tätigkeit regelmäßig nicht durch das Erstreben eines Erwerbs auszeichnet, daher nicht als Arbeit i.S.d. Arbeitsrechts anzusehen ist und somit auch nicht diesem Regelungsbereich unterliegt. Bei den Bemühungen der rechtlichen Durchdringung von ehrenamtlicher Tätigkeit ist zum einen zu berücksichtigen, daß sie rechtlichen Regelungen nicht völlig unzugänglich ist, andererseits aber bei der Normsetzung eine gewisse Zurückhaltung geboten ist, damit das Recht die Übernahme eines Ehrenamts nicht erschwert, sondern eher erleichtert.[111]

Ein Ehrenamt bringt eine Tätigkeit mit sich, für die keinerlei Vergütung, sondern nur Aufwandsentschädigung und die Erstattung konkret ausgewiesener Auslagen gewährt wird. Die Wirkung dieser Tätigkeit beschränkt sich nicht auf die Privatsphäre des Ausübenden, sondern ist auf die Gesellschaft im weitesten Sinne ausgerichtet und wird im Rahmen einer Organisation erbracht, deren rechtliche Gestalt auch die Beschäftigung erwerbstätiger Arbeitnehmerinnen und Arbeitnehmer zuließe.[112] Abgesehen vom kirchlichen Bereich gibt es vor

---

[109] Mayer, Das außerdienstliche Verhalten von Arbeitnehmern, S. 105; Rüthers, NJW 1978, S. 2066-2070, 2067.

[110] Sonderregelungen bestehen z.B. für Schöffen gem. §§ 28 ff GVG oder für Gemeinderäte Art. 31 ff. BayGO bzw. § 21 HGO (Abs. 1.: *„Eine ehrenamtliche Tätigkeit für die Gemeinde soll nur Bürgern übertragen werden, die sich in der Gemeinde allgemeinen Ansehens erfreuen und das Vertrauen ihrer Mitbürger genießen, (...)"*).

[111] Engel, Ehrenamt und Arbeitsrecht, S. 7 f..

[112] Engel, Ehrenamt und Arbeitsrecht, S. 52 f.. *Engel* unterscheidet zwischen diesem echten und einem unechten Ehrenamt, mit dem neben der Aufwands- und Kostenerstattung auch andere Leistungen verbunden sind.

allem ehrenamtliche Tätigkeiten, die aufgrund der Mitgliedschaft in einem Verein oder in sog. „öffentlichen Ehrenämtern“ ausgeübt werden. Für diese Ehrenämter gelten grundsätzlich auch allgemeine Loyalitätspflichten.[113] So besteht z.B. eine Pflicht zur Wahrung des Betriebsfriedens, nach der auch der ehrenamtlich Tätige gehalten ist, Störungen des Arbeitsverhältnisses im Leistungsbereich und im Bereich der betrieblichen Verbundenheit zu vermeiden. Gerade in Anbetracht der Tatsache, daß hauptamtliche und ehrenamtliche Mitarbeiter – etwa in der Sozialarbeit – häufig direkt kooperieren müssen, wäre die Handhabung, dem Ehrenamtlichen völlig freie Bahn zu lassen, nicht vertretbar.[114]

Bezüglich des Anspruchs auf eine bestimmte Lebensführung eines Ehrenamtlichen bestehen aber schon im Hinblick auf die Notwendigkeit Bedenken. Engagiert sich eine Person in einer Einrichtung oder in einem Verein ehrenamtlich, wird er sich grundsätzlich nicht illoyal gegenüber den verfolgten Zielen der Institution verhalten, denn seine Motivation ist in fast allen Fällen eine Befürwortung der von dieser verfolgten Ziele, die soweit geht, daß sich der Ehrenamtliche in seiner Freizeit unentgeltlich für sie einsetzt. Auch hinsichtlich des juristischen Ansatzpunktes zur Geltendmachung der außerdienstlichen Pflichten über § 242 BGB fehlt einem ehrenamtlichen Arbeitsverhältnis im Gegensatz zum hauptamtlichen der Aspekt, daß die Arbeitnehmer durch den Betrieb und dessen Arbeit und Zweckverfolgung Geld verdienen und sich schon daher auch in ihrem Privatleben kaum gegen ihre Arbeitgeber stellen werden. Für juristische Folgen bzw. Handlungsmöglichkeiten im Falle eines Lebensführungspflichtverstoßes bei einem nicht im kirchlichen Bereich engagierten Ehrenamtlichen gibt es demnach keinen Ansatzpunkt.

---

[113] Diese entstehen für den Ehrenamtlichen in Folge eines sich aus der Tätigkeit ergebenden Vertragsverhältnisses. Zu den im einzelnen möglichen Verträgen: Engel, Ehrenamt und Arbeitsrecht, S. 59 ff.

Im Vereinsrecht richtet sich der Umfang der Loyalitätspflicht grundsätzlich nach den Umständen des Einzelfalls, van Randenborgh - Schauhoff, Handbuch der Gemeinnützigkeit, § 2 RN 75 f..

[114] Dabei ist zu bedenken, daß die Androhung der Kündigung bzw. Entlassung aus dem Dienst, als Folge einer solchen Verletzung der betrieblichen Loyalitätspflicht einen ehrenamtlichen Mitarbeiter nur bedingt davon abhalten wird, den Betriebsfrieden weiter zu stören, Engel, Ehrenamt und Arbeitsrecht, S. 104.

Eine Ausnahme davon kann auf der Grundlage des Verbands- oder Vereinsrechts in Fällen bestehen, bei denen es zu einer Überlagerung von mitgliedschaftlichem und vertraglichem Verhältnis kommt. Hier steht nämlich der mit dem Personenzusammenschluß verfolgte Zweck im Mittelpunkt der Vereinssatzung oder des Gesellschaftsvertrags. Wenn sich nun ein ehrenamtliches Mitglied des Verbandes offen in Widerspruch zu diesem Zweck stellt, liegt es bei den zuständigen Verbandsorganen, darüber zu entscheiden, ob dieses Verhalten toleriert, die Forderung nach Rücktritt bzw. Abwahl erhoben oder von der Möglichkeit einer Sanktion durch Ausschluß Gebrauch gemacht werden kann. Diese Ausschlußmöglichkeit ist Ausdruck der Disziplinargewalt des Vereins und die tatbestandlichen Voraussetzungen sind häufig in der Satzung festgelegt. Grundsätzlich muß ein schwerwiegend vereinsschädliches Verhalten vorliegen, wobei es auf ein Verschulden des Betroffenen nicht ankommt.[115]

2. Die besondere Ausgangslage des kirchlichen Dienstes

Da sich die Kirche als Institution einer Religionsgemeinschaft nicht ohne weiteres in die Rolle eines *normalen* Arbeitgebers, der auf dem freien Markt gewinnorientiert wirtschaftet und handelt, einfügen kann, steht sie auch in einem besonderen Verhältnis zu ihren Beschäftigten. Die evangelische Kirche, als Ausführungs- und Verwaltungsorgan christlicher Religion, muß, wie dargestellt,[116] nicht nur nach außen, sondern auch als Arbeitgeber – und in dieser Rolle steht sie immer mehr im Blickfeld der Öffentlichkeit – nach innen Positionen vertreten und verteidigen, die durch religiöse Standpunkte und christliches Selbstverständnis geprägt sind. Ursprung, Wesen und Ziele der Religion sollen nicht in der Gewohnheit täglicher Arbeit und in der Vielzahl von Aufgaben und Mitarbeitern verloren gehen.

Das Verhalten Einzelner, das zu wesentlichen Grundpositionen der verfaßten Kirche im Widerspruch steht, kann in der Öffentlichkeit, bei den Mitgliedern der Religionsgemeinschaft selbst, aber auch bei den anderen Mitarbeiterinnen und Mitarbeitern auf Unverständnis und Ablehnung stoßen. Es besteht demnach ein Bedürfnis des Arbeitgebers Kirche, einen Anspruch gegenüber dem einzelnen

---

[115] van Randenborgh in Schauhoff, Handbuch der Gemeinnützigkeit, § 2 RN 86.

[116] s.o. Seite 33 f..

kirchlichen Mitarbeiter auf loyales Verhalten und eine angemessene, mit religiösen Grundsätzen im Einklang stehende Lebensführung geltend machen zu können.

Vor dem Hintergrund des Selbstverständnisses der Kirche, den kirchlichen Dienst als Teilnahme an der Erfüllung des kirchlichen Auftrags zur *Verkündigung des Evangeliums in Wort und Tat* zu sehen, kommt der kirchlichen Arbeit im Vergleich mit nicht kirchlichen Arbeitsfeldern eine grundlegende Andersartigkeit zu.[117]

Eine weitere Besonderheit liegt in dem Spannungsfeld zwischen der Notwendigkeit, sich an die selbstgesetzten moralischen Grenzen zu halten, und den christlichen Grundüberzeugungen von Schuld und Vergebung, denen eine Sanktion bzw. Bestrafung zumindest teilweise entgegensteht. Die evangelische Kirche muß sich bewußt sein, daß alle für die Gegenwart erarbeiteten Ordnungen hinsichtlich der Regelungen des kirchlichen Lebens immer wieder in Spannung zu der Lebensgestalt stehen können, die ihr von der biblischen Botschaft für eine konkrete Situation nahegelegt wird.[118] Eine reine Orientierung an Glaubwürdigkeitsgesichtspunkten bei der Umgangsweise mit gegen Lebensführungspflichten verstoßende Mitarbeiterinnen und Mitarbeitern, kann aber evangelischen Grundüberzeugungen zuwiderlaufen. Auch vor dieser besonderen Ausgangslage sind die Grundlagen des Instituts der Lebensführungspflichten in der evangelischen Kirche zu sehen, wobei sich hier schon ein Grundproblem des Kirchenrechts und damit auch des kirchenrechtlichen Verständnisses von Lebensführungspflichten abzeichnet, nämlich die Dialektik von Recht und Liebe.

---

[117] Jurina, ZevKR 29 (1984), S. 171-188, 173 f..

[118] Ordnung des kirchlichen Lebens der EKU, S. 5.

3. Das „Koordinatensystem" der kirchlichen Lebensführungspflichten

Um die kirchenrechtliche Herleitung der Lebensführungspflichten zu erfassen, spricht *Maurer* von einem „Koordinatensystem" der Lebensführungspflichten.[119] Danach ist heute bei Pfarrerinnen und Pfarrern für die rechtliche Beurteilung von Fragen im Zusammenhang mit Lebensführungspflichten, seien diese in Pfarrerdienstgesetzen geregelt oder nicht, ein Koordinatensystem maßgebend, das durch biblische Weisungen und die sie aufnehmenden und konkretisierenden kirchlichen Lebensordnungen einerseits und die Erwartungen der jeweiligen Gemeinde andererseits, gebildet wird. Es ist zu untersuchen, inwieweit dieses Modell auch auf die Arbeitsverhältnisse anderer kirchlicher Mitarbeiterinnen und Mitarbeiter anwendbar ist.

a) Biblische Weisungen

Der 1971 verstorbene Freiburger Professor *Erik Wolf* hat es nach dem Zweiten Weltkrieg in programmatischen Vorträgen, in Kernabschnitten seines großen Kirchenrechtshandbuches und in späteren rechtstheologischen Einzelstudien unternommen, das Wesen der biblischen Weisungen zu verdeutlichen. Diese Arbeit wurde von *Albert Stein* aufgenommen und weitergeführt. Die so entwikkelte rechtstheologische Konzeption übt nachhaltigen Einfluß auf das heutige Grundverständnis des Verhältnisses vom Recht der Kirche zu ihren geistlichen Grundlagen aus.[120] Unter biblischen Weisungen versteht man danach Grundaussagen des neuen Testaments zu bestimmten Lebensbereichen. Ihnen kommt im evangelischen Kirchenrecht eine besondere Bedeutung zu. Biblische Weisungen sind vor allem grenzsetzende Richtschnüre: was ihnen widerspricht, ist ungültig; was vor ihnen Bestand hat, muß sich nach ihnen ausrichten.[121]

Als *Jus divinum* treten insbesondere biblische Weisungen in Erscheinung.[122] In der Methode, bestimmte kirchenrechtliche Grundsätze direkt der Bibel zu entnehmen, liegt aber auch die Gefahr, mit dem Gebrauch biblischer Weisungen

---

[119] Maurer, ZevKR 32 (1987), S. 571-598, 593.

[120] Winter, Staatskirchenrecht, S.43.

[121] Wolf, Ordnung der Kirche, S. 469.; Stein, Evangelisches Kirchenrecht, S. 22.

[122] Winter, Staatskirchenrecht, S.45.

eine Art *Jus biblicum* zu schaffen, das Evangelium und Gesetz in unzulässiger Weise verkürzen würde.[123] Daher sollten biblische Weisungen immer mit Blick auf ihren literarischen und historischen Kontext gelesen werden. Sie entfalten ihre Bedeutung für das Kirchenrecht nicht in wörtlicher Anwendung, sondern das von ihnen hier und jetzt Gewiesene wird erst vor dem Kontext der gesamten Schrift und vor dem Hintergrund der vorgegebenen Verhältnisse deutlich. Auch die konkreten Umstände der zu regelnden Frage müssen mitberücksichtigt werden. So sind die Weisungen also selbst nicht Rechtssätze, sondern wirken grenzziehend, grundlegend und normativ. Grenzziehend meint dabei, daß die Weisung den Rechtsakt bewertet und gegebenenfalls korrigiert: auch wenn das formelle Verfahren eingehalten wurde, ist alles was der Weisung widerspricht als ungültig zu betrachten. Grundlegend ist die Weisung, sofern sie den Rechtsakt legitimiert; nur eine weisungsgemäße Rechtshandlung ist korrekt angewandtes evangelisches Kirchenrecht. Normativ wirkt die Weisung, indem sie Zielvorgabe für den Erlaß und die Anwendung des Rechts sein will.[124]

Aus biblischen Weisungen ergibt sich also eine Grundstruktur ordnenden kirchlichen Handelns, sie bringen alles vor ihnen verantwortete Recht in eine gleiche Richtung. Dabei bedarf das gewiesene Vorbild immer einer gewissen zeitgemäßen Nachformung.[125] Biblische Weisungen, aus denen sich im Hinblick auf Lebensführungspflichten bestimmte Vorgaben für die Lebensordnungen ableiten lassen, sollen nun aufgeführt werden, wobei zwischen biblischen Weisungen hinsichtlich des Anspruchs auf Beachtung bestimmter Lebensführungspflichten selbst und dem Umgang und Verfahren im Falle eines Verstoßes zu unterscheiden ist.

---

[123] Falsch wäre es, würde dem aus biblischen Weisungen abgeleiteten kirchlichen Recht, irgendwie eine höhere Dignität als anderem Recht zugerechnet, so als geschehe hier eine Inkarnation des göttlichen Willens in Rechtsnormen. Richtig ist aber, daß dieses kirchliche Recht dem spezifisch kirchlichen Ordnungsbedürfnis besonders angepaßt sein muß, v. Tilling, ZevKR 30 (1985), S. 345-354, 353.

[124] Pahud de Mortanges, Zwischen Vergebung und Vergeltung, S. 191.

[125] Winter, Staatskirchenrecht, S. 45.

Nochmals sei darauf hingewiesen, daß die nachfolgend aufgeführten Weisungen beispielhaften Charakter haben, sie erheben keinen Anspruch auf Vollständigkeit; sie *weisen* durch ihren Wortlaut trotz Fehlens einer rechtsförmigen Eindeutigkeit auf ein deutliches Verhaltensziel hin.[126] Im Mittelpunkt des Verständnisses muß als goldene Regel immer das Recht des Nächsten[127] stehen.[128] Bei der Würdigung biblischer Weisungen ist auch stets die Bekenntnisgebundenheit evangelischen Kirchenrechts zu beachten. Maßgebliche, nicht zu übergehende Kriterien bei der Auslegung der Schrift bilden die lutherischen und reformierten Bekenntnisschriften; bekenntniswidriges Kirchenrecht ist ungültig.[129]

aa) Begründung von Lebensführungspflichten

Schon in den Pastoralbriefen, der ältesten Kirchenordnung, wird deutlich, daß es beim Dienst der Episkopen und Diakone um die Weitergabe des Evangeliums geht, dessen Kernaussage in *1. Tim 1, 15* genannt wird:[130]

„Christus Jesus kam in die Welt, um die Sünder zu retten."[131]

Vor dieser Botschaft ist das Bemühen von Paulus zu sehen, das seinen Ratschlägen, Weisungen, Mahnungen und Vorschriften zugrunde liegt, nämlich dem Evangelium in der Welt zur Durchsetzung zu verhelfen.[132] Also müssen sich auch die biblischen Weisungen hinsichtlich etwaiger Lebensführungspflichten auf jeden Fall am Auftrag der Kirche ausrichten.

---

[126] Stein, Evangelisches Kirchenrecht, S. 24.

[127] *Matthäus 22, 37-40.* Zur Bedeutung der Nächstenliebe als kirchliches Auslegungsprinzip, Bernrads, Die Schlichtungsstelle, S. 15 f..

[128] Winter, Staatskirchenrecht, S.45.

[129] Pahud de Mortanges, Zwischen Vergebung und Vergeltung, S. 192.

[130] Koller, Das Recht der Kirche, S. 153-168, 153 und 155.

[131] Alle zitierten Bibelstellen sind der 1984 revidierten Übersetzung Martin Luthers, herausgegeben von der Evangelischen Kirche in Deutschland, entnommen.

[132] Roloff, Der erste Brief des Timotheus, S. 247.

In den Pastoralbriefen Parinäsen an Thimotheus und Titus finden sich Beschreibungen von idealen Gemeindeleitern und kirchlichen Amtsträgern.[133] Diese Weisungen beziehen sich sowohl auf Amtspflichten als auch auf Pflichten hinsichtlich der Lebensführung, und sie unterstreichen die Forderung an den Amtsträger, im Hinblick auf Gemeindeglieder und Außenstehende als Vorbild zu leben.[134]

Paulus schreibt *1.Tim 3, 2 -4*:

„Ein Bischof[135] aber soll untadelig sein, Mann einer einzigen Frau, nüchtern, maßvoll, würdig, gastfrei, geschickt im Lehren, kein Säufer, nicht gewalttätig, sondern gütig, nicht streitsüchtig, nicht geldgierig, einer der seinem Haus gut vorsteht und gehorsame Kinder hat in aller Ehrbarkeit."

Ähnlich stellen sich die Forderungen von Paulus in *Tit 1, 1-9* dar:

„Denn ein Bischof soll untadelig sein als ein Haushalter Gottes, nicht eigensinnig, nicht jähzornig, kein Säufer, nicht streitsüchtig, nicht schändlichen Gewinn suchen; sondern gastfrei, gütig, besonnen, gerecht, fromm, enthaltsam; er halte sich an das Wort der Lehre, das gewiß ist, damit er Kraft habe, zu ermahnen mit der heilsamen Lehre und zurechtzuweisen, die widersprechen."

Dies schließt aus heutiger Sicht sicherlich Geistliche mit ein, aber es meint zumindest nach reformatorischem Verständnis auch die Kirchenältesten. Also sind mit diesen Worten nicht nur Pfarrer, sondern auch andere kirchliche Mitarbeiter – zumindest aber auch die ehrenamtlichen Leiter der Gemeinde – erfaßt.

Für die in den ersten Gemeinden wahrscheinlich überwiegend mit Verwaltungsaufgaben betrauten Diakone werden in *1. Tim 3, 8-10* ganz ähnliche Voraussetzungen genannt:

---

[133] *I Tim 4, 6-16; 6, 11-16; II Tim 1, 6-14; 2, 1-13. 22-26; 3, 10-17; 4, 1-8; Tit 2, 7 f.; 3, 8-11.*

[134] Koller, Das Recht der Kirche, S. 153-168, 154 f..

[135] Bischof meint auch hier nicht das übergemeindliche Amt, sondern den Leiter einer Gemeinde, s.o. Seite 31.

„Desgleichen sollen die Diakone ehrbar sein, nicht doppelzüngig, keine Säufer, nicht schändlichen Gewinn suchen; sie sollen das Geheimnis des Glaubens mit reinem Gewissen bewahren. Und man soll sie zuvor prüfen, und wenn sie untadelig sind, sollen sie den Dienst versehen."

Zum einen ist davon auszugehen, daß diese Voraussetzungen Varianten eines für ehrbare Berufe vorgegebenen Pflichtentafelschemas dieser Zeit sind, auf das der Verfasser hier zurückgreift.[136] Die hier beschriebene Pflichtenlehre beschränkt sich bezeichnender Weise auf die Außenansicht christlicher Lebensführung. Dies wird durch den Gesichtspunkt des werbenden Charakters christlicher Lebensführung bestimmt. Es ist wichtig, daß der die Gemeinde nach außen vertretende Bischof den Anforderungen entspricht, die man in der Öffentlichkeit ganz allgemein an die Träger angesehener Berufe stellt.[137] [138]

Zum anderen weisen viele der an den Gemeindeleiter gerichteten Forderungen auch auf eine eigene christliche Prägung hin. In *1. Tim 4, 7b-8* heißt es im Hinblick auf Lehrer des Evangeliums:

„(...) übe dich selbst aber in Frömmigkeit. Denn die leibliche Übung ist wenig nütze; aber die Frömmigkeit ist zu allen Dingen nütze und hat die Verheißung dieses und des zukünftigen Lebens."

Im Zusammenhang mit *1. Tim 4, 6-11* kommt in der Forderung nach Frömmigkeit des Gemeindeleiters in *1. Tim 4, 7b* ansatzweise eine für das gemeindeleitende Amt spezifische Ethik zum Ausdruck.[139] Mit Blick auf die Lebensführung kann das Wort nicht als eine vom konkreten menschlichen Leben losgelöste Größe weitergegeben werden, sondern muß vielmehr als ein Wort bezeugt werden, das den eigenen Wandel prägt. Der Prediger des Evangeliums soll selbst

---

[136] Roloff, Der erste Brief des Timotheus, S. 150 f..

[137] Roloff, Der erste Brief des Timotheus, S. 154.

[138] Zur genauen Untersuchung der im einzelnen hier aufgeführten Voraussetzungen siehe Roloff, Das erste Buch des Thimotheus, S. 154 ff..

[139] Roloff, Der erste Brief des Timotheus, S. 249.

sein erster Hörer sein und die Macht des Evangeliums an ihm sichtbar werden.[140]

In *1. Korinther 9, 27* nennt Paulus noch die Selbstdisziplin als eine wichtige Voraussetzung für das Predigen des Evangeliums:[141]

„(...) ich bezwinge meinen Leib und zähme ihn, damit ich nicht anderen predige und selbst verwerflich werde."

Da sich die hier angeführten Zitate nicht nur auf den Gemeindeleiter, sondern auch auf mit Verwaltungsaufgaben betraute Mitarbeiter beziehen, und da die Gemeindeleitung nach dem reformatorischen Verständnis und der heutigen Praxis in der evangelischen Kirche nicht ausschließlich bei den hauptamtlichen Pfarrerinnen und Pfarrern liegt, kann festgehalten werden, daß sich die aufgeführten Weisungen und die daraus erwachsenden Verpflichtungsansprüche nicht ausschließlich auf Geistliche beziehen. Sie können grundsätzlich gegenüber allen kirchlichen Mitarbeiterinnen und Mitarbeiter Geltung erlangen.

Wesentliche Gedanken dieser biblischen Weisungen sind in die Lebensordnungen der evangelischen Kirchen aufgenommen worden.

bb) Folgen eines Verstoßes gegen Lebensführungspflichten

In der Zusammenstellung biblischer Weisungen von *Albert Stein*[142] finden sich drei bei insgesamt zehn Weisungen, die im Hinblick auf die Vorgehensweise im Falle eines Verstoßes gegen Lebensführungspflichten von Bedeutung sein könnten:

Hierzu zählt zum einen die Weisung zum Rechtsverzicht statt Richten in *Mt 5, 39-41*[143]*:*

---

[140] Roloff, Der erste Brief des Timotheus, S. 252 und 260 f..

[141] In diesem Grundsatz liegt auch die Basis des kirchlichen Disziplinarrechts, Müller, ZevKR 36 (1991), S. 199-204, 200; Guntau, ZevKR 39 (1994); S. 138-160, 142.

[142] Stein, Evangelisches Kirchenrecht, S. 24 f..

[143] *Röm 12, 9 ff.; 1 Kor 6, 1 ff.; 1 Petr 3, 8 f..*

„Ich aber sage Euch, daß ihr nicht widerstreben sollt dem Übel, sondern: wenn dich jemand auf deine rechte Backe schlägt, dem biete die andere auch dar. Und wenn mit dir jemand rechten will und dir deinen Rock nehmen, dem laß auch den Mantel. Und wenn dich jemand nötigt, eine Meile mit ihm zu gehen, dann geh mit ihm zwei."

Zum anderen geht es um die Weisung zu nachgehender, verbindlicher und vollmächtiger Seelsorge in *Mt 18, 15 ff.*[144], die als Begründung für Sanktionen gegen sündhaftes Verhalten innerhalb der christlichen Gemeinde herangezogen wird[145]*:*

„Sündigt aber dein Bruder, so gehe hin und halte es ihm vor zwischen dir und ihm allein!"

Schließlich zitiert *Stein* die Weisung zur konziliarischen Schlichtung in *1 Kor 6, (1 ff.) 5*[146], auf die hinsichtlich der Einrichtung und Durchführung kirchlicher Gerichtsbarkeit hingewiesen wird[147]:
„Ist so gar kein Weiser unter euch, auch nicht einer, der da könnte richten zwischen Bruder und Bruder?"

Für das Verhalten gegenüber fehlbaren Gläubigen war im Laufe der Entwicklung des Kirchenrechts das Vorbild mitprägend, daß Christus im Umgang mit Judas gab.[148] Obwohl er wußte, daß Judas ein Verräter war, verstieß Christus ihn nicht aus dem Kreis der Apostel, sondern ließ ihn am letzten Abendmahl teilnehmen.[149] Inwieweit heute diese Weisungen im Hinblick auf Lebensführungspflichtverstöße beachtet werden und den Verfahrensablauf, der einem Verstoß folgt, mitbestimmen, wird noch zu untersuchen sein.

---

[144] *Joh 20, 19 ff.* (Die *„Schlüsselgewalt"* der Jünger Jesu), *Gal 6, 1 f.; Jak 5, 16.*

[145] Pahud de Mortanges, Zwischen Vergebung und Vergeltung, S. 192.

[146] *Apg 15; Gal 2.*

[147] Schilberg, Rechtsschutz und Arbeitsrecht, S. 78.

[148] Pahud de Mortanges, Zwischen Vergebung und Vergeltung, S. 27.

[149] *Lk 22; Mt 26-28.*

b) Lebensordnungen

Neben den biblischen Weisungen sind Lebensordnungen[150] ein weiterer Orientierungspunkt im Koordinatensystem der Lebensführungspflichten. Sie sind eine spezielle Form der Gestaltung des kirchlichen Lebens im Bereich der evangelischen Kirche. Sie haben dort Geltung, wo sich christlicher Glaube und die Probleme des alltäglichen Miteinanders überschneiden, und wo christliche Lebensformen mit anderen Lebensorientierungen in Konkurrenz treten können. Sie sind darauf ausgerichtet, daß es in den Gemeinden *„ehrbar und ordentlich zugehe"*[151] und sich die Praxis kirchlichen Handelns nicht in Beliebigkeit verliert.[152]

Lebensordnungen sind auch der Versuch, in Zeiten, in denen vieles strittig ist, einen Konsens darüber zu formulieren, was für Christen typisch ist.[153] Sie sollen der Kirche helfen, sich verbindlich und abgestimmt gegenüber den vielen Menschen zu verhalten, die aus den unterschiedlichsten Anlässen mit kirchlichem Leben in Berührung kommen.[154] Im klassischen Verständnis bezogen sich Lebensordnungen lediglich auf Amtshandlungen der Kirche wie Taufe, Konfirmation, Trauung und Bestattung.[155] Neuerdings erfassen sie aber – neben den Amtshandlungen – auch theologische Grundlegungen und ethische Anforderungen an Gemeindeglieder.[156] Es werden in ihnen kirchliche Standpunkte zu bestimmten gesellschaftlich bedeutenden Themen artikuliert. Sie sind mehr als Verhaltensregelkataloge für einzelne Christen und Gemeinden und verbinden

---

[150] Ordnung des kirchlichen Lebens der EKU von 1999 und Leitlinien des kirchlichen Lebens der VELKD, April 1997.

[151] *1. Korinther 14, 40.*

[152] Winter, Staatskirchenrecht, S. 50.

[153] VELKD Richtlinien, S. 4.

[154] Ordnung des kirchlichen Lebens der EKU, S. 9 RN 3 und 4.

[155] Winter, Staatskirchenrecht, S. 47.

[156] Traten Lebensordnungen im Sinne einer Festigung von Sitte und Ordnung erstmals in den Jahren nach dem Ersten Weltkrieg in Erscheinung, waren sie im Anschluß an die Erfahrungen des Kirchenkampfes im *„Dritten Reich"* mit dem Ziel der geistlichen Erneuerung in den evangelischen Landeskirchen Deutschlands eingeführt worden, Winter, Staatskirchenrecht, S. 49.

verschiedene Funktionen miteinander, indem sie theologische Grundlegungen, ethische Anforderungen an die Gemeindeglieder, Verfahrensregeln und Anweisungen an die Pfarrerinnen und Pfarrer enthalten.

Lebensordnungen umfassen aber auch Aussagen zur Gesamtkirche, über die Gemeinden, über die persönliche Lebensverantwortung und über die christliche Mitverantwortung in der Gesellschaft. Lebensordnungen stehen also für das Interesse der Kirche, wesentliche Momente evangelischer Lebensgestaltung zur Geltung zu bringen.[157]

Lebensordnungen *ordnen* das kirchliche *Leben* auf Gemeindeebene unter Verzicht auf eine förmliche Rechtssprache mehr in seelsorgerlichem Ton, der Anleitung geben und Verständnis wecken, ordnen und werben will.[158] Ihre rechtliche Verbindlichkeit ist daher umstritten und in den verschiedenen Gliedkirchen unterschiedlich ausgeprägt. Die Meinungen schwanken stark zwischen der Auffassung, die Lebensordnungen dienten lediglich als geistliche Handreichungen ohne eigentliche Rechtsqualität, und der, sie seien Gesetze zu den Amtshandlungen.[159] Grundsätzlich sollten Lebensordnungen aber zumindest insofern auch rechtlich an Bedeutung gewinnen, als die in ihnen enthaltenen Anweisungen für die jeweilige Kirche in ihrem Kerngehalt die gewohnheitsrechtlich verfestigte liturgische Ordnung wiedergibt. So ist dem vermittelnden Verständnis zu folgen, daß es sich bei den Lebensordnungen um Regelungen handelt, denen sich niemand ohne gewichtigen Grund entziehen sollte,[160] und sobald es zu einer erheblichen Gefährdung des kirchlichen Auftrags kommt, nicht entziehen darf.

Aufgrund solcher Zweifel an ihrer allgemeinen rechtlichen Bindungswirkung stellt sich die Frage, ob dienstrechtlich eine Bindung an die biblische Weisungen

---

[157] VELKD Leitlinien, S. 3.

[158] Stein, Evangelisches Kirchenrecht, S. 33.

[159] Winter, Staatskirchenrecht, S. 47 f..

[160] Wendt, ZevKR 10 (1963/64), S. 101-133, 115.

und die Regelungen der Lebensordnungen besteht.[161] Der rechtsverbindliche Charakter der sich aus den Lebensordnungen ergebenden Anweisungen liegt bei ihrer Zuordnung und Verknüpfung mit dem Wort Gottes und dem antwortenden Bekenntnis in einem besonderen Rechtsakt der Kirche begründet, der sich in den verbindlichen Richtlinien der Lebensordnung konkretisiert.[162] Viele den Pastoralbriefen entnommene Bestimmungen haben Eingang in die heutigen Pfarrerdienstgesetze gefunden.[163] In diesen Fällen, in denen sie ins Dienstrecht übernommen wurden, ist von einer rechtlichen Bindung auszugehen.[164] Hinsichtlich der ehren- und hauptamtlichen Mitarbeiterinnen und Mitarbeiter, an die sich die Lebensordnungen und Leitlinien vor allem richten[165], muß die Beantwortung nach der rechtlichen Verbindlichkeit dieser Grundsätze wegen des Fehlens entsprechender Gesetze zunächst offen bleiben.[166]

c) Erwartungen der Gemeinde

Die in *Maurers* Bild vom Koordinatensystem aufgezeigten Erwartungen jeder einzelnen Gemeinde sind von der Vielfalt und Unterschiedlichkeit einzelner Glaubensüberzeugungen und –schwerpunkte ihrer Mitglieder individuell geprägt und wurden schon angesprochen.[167] Denen von der verwaltenden Institution christlicher Religion – der Kirche – artikulierten Ansprüchen an die Gläubigen, stehen ihrerseits Ansprüche der Gläubigen gegen die Institution und ihre Ver-

---

[161] Maurer ZevKR 38 S. 397-412, 403.

[162] Winter, Staatskirchenrecht, S. 48.

[163] Koller, Das Recht der Kirche, S. 153-168, 156 f..

[164] Maurer ZevKR 38 S. 397-412, 403.

[165] VELKD Leitlinie, S. 7.

[166] Vor dem Ziel der Ausweitung der Lebensordnungen, die Kirche solle sich stärker als Kirche des Angebots als der Verpflichtungen verstehen, erscheint eine stärkere, rechtsverbindliche Inanspruchnahme anderer Mitarbeitergruppen zumindest fragwürdig. Die Kirche soll sich ja heute öffnen und sie soll einladen, nicht in erster Linie ab- und ausgrenzen. Dabei geht es um Ordnungen, die nicht darauf bedacht sind, im institutionellen Eigeninteresse Grenzen abzustecken und Vorleistungen zu verlangen, sondern – durch Christus befreit – einen offenen Umgang miteinander zu ermöglichen, Winter, Staatskirchenrecht, S. 49.

[167] s.o. Seite 33.

treter gegenüber, sich in besonders sorgfältiger Art und Weise an die selbst vorgegebenen Gebote, Ziele und Grenzen zu halten. Diese innerkirchlichen Erwartungen sind von jenen von außen an die Kirchen herangetragenen Erwartungen der *Gesellschaft* zu unterscheiden.[168]

Es mag als selbstverständlich erscheinen, daß zumindest nicht überzogene, *normale* Erwartungen, wie sie an einen *„ehrbaren Bürger und Christenmenschen"* gestellt werden, auch von einem Geistlichen verlangt werden können.[169] Häufig gehen die Ansprüche an Pfarrerinnen und Pfarrer jedoch über dieses Maß hinaus. Sie sind vielschichtig, verschiedenartig und ständig Veränderungen unterworfen und werden auch anderen kirchlichen Mitarbeiterinnen und Mitarbeitern entgegengebracht.[170] In solchen gemeindlichen Erwartungen kommt – wie schon an den vagen und subjektiven Begriffen wie *„ehrbare Bürger"* und *„Christenmenschen"* erkennbar – immer wieder auch ein falsches Verständnis des Evangeliums zum Ausdruck, so daß kirchliche Mitarbeiterinnen und Mitarbeiter nicht alle Erwartungen erfüllen, nicht allen Ansprüchen gerecht werden können und dürfen, die ihnen aus der Gemeinde entgegengebracht werden.[171]
Doch zumindest den Geistlichen muß im Hinblick auf die an sie gestellten Erwartungen im Sinne von *I Kor. 9, 22 a. 23* ein gewisses Maß an Selbstverleugnung bzw. Anpassungsfähigkeit abgefordert werden:

„Ich bin allen alles geworden, damit ich auf alle Weise einige rette. Alles aber tue ich um des Evangeliums willen, um an ihm teilzuhaben."

Hier prägt Paulus ein Verständnis des Praktizierens evangelischer Freiheit, die zur Folge haben kann, daß Geistliche nicht unbedingt tun können, was anderen Christenmenschen erlaubt ist.[172] Geistliche unterscheiden sich von ihren Mitchristen nach evangelischem Verständnis aber nicht hinsichtlich ihres Christ-

---

[168] s.o. Seite 31.

[169] Berger, Tagung 1997, S. 4 und 7.

[170] Insoweit werden auch diese vom benannten Koordinatensystem erfaßt.

[171] Koller, Das Recht der Kirche, S. 153-168, 160, f..

[172] Koller, Das Recht der Kirche, S. 153-168, 161.

seins, sondern weil sie einen anderen weltlichen Beruf haben: sie sind *„hauptamtliche Funktionsträger einer Vereinigung für alternative Lebensführung“.*[173] Sie stehen somit in einer besonderen Verantwortung gegenüber der Gemeinschaft, weil deren Fremd- und Selbstachtung entscheidend durch diese Funktionsträger geprägt wird. Insoweit werden ihnen zurecht ganz besondere Erwartungen entgegengebracht.

Inwieweit sich alle kirchlichen Mitarbeiterinnen und Mitarbeiter dem Anspruch auf Einpassung in das Koordinatensystem bzw. dem einer eingeschränkten Selbstverleugnung anpassen müssen, muß vor allem hinsichtlich des Zwecks der kirchlichen Arbeit, wesentlicher Erkenntnisse der Reformation sowie des augenblicklichen Selbstverständnisses der evangelischen Kirche untersucht werden.

4. Motive und Notwendigkeit des Instituts der Lebensführungspflichten

Neben den Ansprüchen auf eine bestimmte Lebensführung, die sich wie gezeigt auch theologisch motiviert aus biblischen Weisungen ableiten lassen, machen es Umstände aus der täglichen Praxis kirchlicher Arbeit erforderlich, bestimmte Lebensbereiche und Verhaltensweisen der kirchlichen Mitarbeiterinnen und Mitarbeiter rechtlich zu erfassen.

In der Erfüllung kirchlicher Aufgaben gibt es keine scharfe Trennung der dienstlichen Loyalität von außerdienstlicher Ungebundenheit.[174] Geistlichen kommt schon durch ihre Tätigkeit, die oft selbst privateste Lebensbereiche einzelner Gemeindeglieder berührt, eine besondere Stellung zu. Sie artikulieren und predigen die Ansprüche der christlichen Glaubenslehre an den Menschen und sind in ihrer Gemeinde und Nachbarschaft als Seelsorgerin oder Seelsorger, Pfarrerin oder Pfarrer und als Vertrauenspersonen auch und gerade in vielerlei familiären Angelegenheiten bekannt und gefragt. Daneben sind sie normale Bürger, Ehepartner oder Elternteil. Natürlicherweise hat ihr eigenes Privatleben und das, was in der Gemeinde davon bekannt wird, Einfluß auf diese Tätigkeiten. Die Lebensführung des Amtsträgers oder der Amtsträgerin wird so konstitutiver Bestandteil des Amtes.

---

[173] Berger, Konferenz S. 4, 8.

[174] BAGE 30, S. 247, 257; BAGE 33, S. 14, 21.

Der Lebenswandel von Geistlichen läßt sich grundsätzlich nicht von ihrem Verkündigungsauftrag trennen und einer isolierten Privatsphäre zuweisen.[175] Somit wird das öffentliche Interesse – die Beachtung ihres Privatlebens – ein Teil des *Berufsrisikos*. Das Pfarramt verleiht seinen Inhaberinnen und Inhabern keinen besonderen Status und auch kein besonderes Charisma, sondern vermittelt einen bestimmten funktionellen Auftrag. Die Gewährleistung der sachgerechten Erfüllung dieses Auftrags ist Grund und Grenze der den außerdienstlichen Bereich betreffenden Pflichten und Bindungen.[176]

Das evangelische Selbstverständnis ist nicht grenzenlos tolerant, sondern sucht nach den geeigneten Mitteln zum Schutz und zur Bewahrung der kirchlichen Gemeinschaft.[177] Die im Folgenden[178] aufgezählten Ansatzpunkte beinhalten Motive, die Ansprüche an eine bestimmte Lebensführung der Betroffenen in der Praxis notwendig machen. Es gibt sicherlich gewisse Überschneidungen zwischen einzelnen Punkten, die das gesamte Feld nicht abschließend, aber doch im wesentlichen erfassen. Das Leitmotiv, das hinter den einzelnen Begründungsansätzen für Lebensführungspflichten steht, ist der Schutz der Fähigkeit der evangelische Kirche, ihren Auftrag wahrzunehmen und zu erfüllen. Solche Begründungsansätze für das Bedürfnis, bestimmte Lebensführungspflichten festzulegen, sind vorwiegend für die Geistlichen aufgestellt worden. Dennoch gelten diese Positionen auch im Hinblick auf andere kirchliche Mitarbeiterinnen und Mitarbeiter als schützenswert und können daher grundsätzlich nicht nur im Hinblick auf Pfarrerinnen und Pfarrer als Legitimation für Lebensführungspflichten angesehen werden.

---

[175] Müller, ZevKR 36 (1991) S. 199-204, 200.

[176] Maurer, ZevKR 38 (1993) S. 397-412, 404.

[177] Pahud de Mortanges, Zwischen Vergebung und Vergeltung, S. 197.

[178] a) bis e).

a) Der gute Ruf

Im Hinblick auf die oben erwähnten Pastoralbriefe[179] wird deutlich, daß in erster Linie das Ansehen des Amtsinhabers in der nicht direkt zur Gemeinde gehörenden Öffentlichkeit positiv geprägt werden sollte.[180] Gemeindeleiter und Mitarbeiter müssen also Rücksicht darauf nehmen, daß ihr Reden und Handeln in der Öffentlichkeit der Kirche angerechnet wird. Deren Erscheinungsbild wird ganz entscheidend durch ihre Mitarbeiterinnen und Mitarbeiter mitbestimmt, sowohl durch deren amtliches und offizielles Handeln, als eben auch – aufgrund der engen Bindung von Person und Amt – durch deren außerdienstliches Verhalten.

Diese Erwartung der Öffentlichkeit, die letztlich aus dem Anspruch der Kirche resultiert, umfassende Anleitung und Hilfe für alle Lebensbereiche des Menschen vorzugeben, darf aber nicht als Begründung dafür gelten, kirchlichen Mitarbeiterinnen und Mitarbeitern insbesondere Pfarrerinnen und Pfarrern ein moralisches *Vorzeigeleben* abzuverlangen.[181] Dennoch ist *der gute Ruf* der Kirche oder der Gemeinde, und damit ihre Akzeptanz und Wirkungskraft in der Gesellschaft, zu einem ganz erheblichen Teil vom *guten Ruf* ihrer nach außen in Erscheinung tretenden Vertreterinnen und Vertretern abhängig, so daß in allen Arbeitsverhältnissen auch ein besonderes Augenmerk auf die Beachtung einer bestimmten Lebensführung gelegt werden muß.

b) Vorbildfunktion

Streit und Fehlverhalten von kirchlichen Mitarbeiterinnen und Mitarbeitern finden in der Öffentlichkeit besondere Beachtung, da viele Menschen in den Amtsträgerinnen und Amtsträgern Vorbilder für eine gelungene christliche Lebensgestaltung erkennen möchten.[182] Für die Begründung von Lebensführungspflichten liegt das Argument nahe, durch ein vorbildliches Leben der kirchlichen Mitarbeiterinnen und Mitarbeiter werde die Glaubwürdigkeit der Kirchen, damit letztlich ihre gesellschaftliche Position und die Verfolgung ihres

---

[179] s.o. Seite 57 ff..

[180] *I. Tim 3, 7.*

[181] Maurer ZevKR 38, S. 397-412, 407.

[182] VELKD, Leitlinien 1997, S. 36.

Auftrags geschützt. Ob dies sachgemäß ist, ob eine solche Argumentation im Kirchenrecht Platz hat und für dienst- und disziplinarrechtliche Entscheidungen relevant werden darf, wird angezweifelt.[183]

Was aber ist unter dem Begriff des Vorbildes[184] zu verstehen? Das frühere Verständnis, nach dem der Pfarrer seiner Gemeinde durch einen exemplarisch-christlichen Lebenswandel vorzuleuchten habe, scheint heute in Zeiten vielschichtiger Individualisierungsprozesse kaum mehr vertretbar. Es kann und muß aber wohl von ihm erwartet werden, daß er den Anforderungen entspricht oder zumindest zu entsprechen versucht, deren Einhaltung von jedem Kirchenglied erwartet wird.[185] Insofern kann zumindest der Pfarrer aber auch Vorbild sein, wenn auch nur in einem sehr begrenzten Rahmen.

c) Glaubwürdigkeit, Unanstößigkeit und Akzeptanz

Fraglich ist inwieweit dem oben unter b) schon im Zusammenhang mit der Bedeutung des Vorbildes genannten Begriff der Glaubwürdigkeit im Hinblick auf die Notwendigkeit der rechtlichen Regelung von Lebensführungspflichten zentrale Bedeutung zukommt. Daß Predigt und christliche Unterweisung ins Zwielicht geraten, wenn die Pfarrerinnen und Pfarrer sich nicht selbst an das halten, was sie als göttliches Gebot und biblische Weisung verkünden, wenn also der eigene Lebenswandel die Lehre in Zweifel zieht, ist selbstverständlich.[186] Durch ihr Verhalten können sich Geistliche und grundsätzlich auch alle kirchlichen Mitarbeiterinnen und Mitarbeiter den Zugang zu Gemeindegliedern und Außenstehenden erschweren und verbauen, so daß diese nicht mehr bereit sind, die Verkündigung zu hören und ernst zu nehmen.[187] Auch toleriertes Fehlverhalten macht das Zeugnis der Kirche in der Welt unglaubwürdig.[188] Aus solchen Situationen folgen regelmäßig verletzende Diskussionen, Ärger,

---

[183] Koller, Das Recht der Kirche, S. 153-168, 158.

[184] *Vorbild* als neutestamentlicher Begriff, siehe *Phil 3, 17; I Tim 4, 12; Tit 2, 7; I Petr 5, 3.*

[185] Maurer, ZevKR 38 (1993), S. 397-412, 405 f..

[186] Maurer, ZevKR 38 (1993), S. 397-412, 406.

[187] Koller, Das Recht der Kirche, S. 153-168, 159.

[188] Pahud de Mortanges, Zwischen Vergebung und Vergeltung, S. 197.

Frustration und Empörung und damit auch ein erheblicher Reibungsverlust in den betroffenen Gemeinden und kirchlichen Einrichtungen, was einer Wahrnehmung des Auftrags der Kirche erheblich im Wege stehen kann. Die Glaubwürdigkeit einer Gemeinde in der Öffentlichkeit ist daher ein besonderes Schutzgut. Im Vergleich zur gewerblichen Wirtschaft ergeben sich aus diesem Glaubwürdigkeitsanspruch auch erhöhte Anforderungen an eine harmonische Zusammenarbeit unter den Mitarbeiterinnen und Mitarbeitern.[189]

Dennoch darf die Lebensführung der kirchlichen Mitarbeiterinnen und Mitarbeiter nicht zum Test für die Richtigkeit der Lehre gemacht werden. Der Anspruch auf Glaubwürdigkeit darf nicht suggerieren, es könne am Verhalten einer bestimmten Person liegen, ob die Verkündigung des Evangeliums den Glauben an Jesus Christus weckt oder nicht. Dies würde dem Gedanken widersprechen, daß Gottes Wort auf die Glaubwürdigkeit seiner Zeugen nicht angewiesen ist.[190]

Insofern trifft der Begriff der Glaubwürdigkeit vielleicht weniger die zu schützenden Interessen, als dies die Begriffe *Unanstößigkeit*[191] und *Akzeptanz*[192] vermögen. Diese erfassen die Problematik, daß das Verhalten einzelner kirchlicher Mitarbeiterinnen und Mitarbeiter, Gemeindeglieder und Außenstehender den Zugang zur Gemeinde und damit auch zur Verkündigung verbauen kann.[193] Unanstößigkeit und Akzeptanz haben im Hinblick auf den Begriff der Glaubwürdigkeit den Vorzug, daß sie einen richtigen Umgang mit Problemsituationen einfordern und nicht suggerieren, solche Problemsituationen ließen sich gänzlich vermeiden.

---

[189] BVerfG, NJW 1990 S. 2053 ff..

[190] Zu berücksichtigen ist dies besonders im Hinblick auf Artikel V der *Confessio Augustana*: *„De ministerio ecclesiastico: Spiritus sanctus (...) fidem efficit, ubi et quando visum est Deo."*

[191] Stein, Evangelisches Kirchenrecht, S. 112.

[192] Tompert, Das Recht der Kirche, S. 169-199, 172.

[193] Tompert, Das Recht der Kirche, S. 169-199, 159.

Ob aber Geistliche Akzeptanz erfahren, ist nicht zwingend mit fehlerfreiem und unanstößigem Lebenswandel zu erreichen, sondern vor allem eine Frage vieler anderer in der Persönlichkeit der betroffenen Personen liegender Umstände. So können Pfarrerinnen und Pfarrer durch Engagement, positives Auftreten und Zuverlässigkeit Vertrauen wecken. Vertraut man ihnen, wird ihnen auch zugestanden, nicht fehlerfrei durch das Leben und die Gemeinde zu gehen.[194]

Pfarrerinnen und Pfarrer werden auch immer wieder bestimmten Verhaltensweisen von Gemeindegliedern und anderen Menschen, die mit Ihnen in Kontakt treten, widersprechen müssen. Sie werden dabei um so eher Gehör finden, als auch Ihr Verhalten so wenig wie möglich zur Kritik berechtigt und Anstoß erregt. Auch bei der Forderung nach Unanstößigkeit und Akzeptanz ist es wohl richtig, wenn nicht mehr positiv verlangt wird, daß sich die Pfarrerinnen oder die Pfarrer so zu verhalten hat, daß ihr Zeugnis glaubwürdig erscheint, sondern lediglich in doppelter Verneinung bestimmt wird, daß sie sich so zu verhalten haben, daß ihr Zeugnis nicht unglaubwürdig werde.[195]

Bezüglich der kirchlichen Angestellten und anderen kirchlichen Mitarbeiterinnen und Mitarbeiter wird das Argument des Schutzes kirchlicher Arbeit durch eine Forderung nach Unanstößigkeit und Akzeptanz angezweifelt. Zum einen sei fraglich, wen z.B. die Konfession eines Buchhalters interessiert, zum anderen gebe es viel Heuchelei beim Abschluß eines Arbeitsvertrags in dem auch – unabhängig vom Wahrheitsgehalt – unterschrieben werde, daß der Arbeitnehmer oder die Arbeitnehmerin um die von christlichen Grundwerten bestimmte Motivation und Ausrichtung des Arbeitsplatzes weiß.[196] Auch hier greift die Begründung, einen Anspruch auf bestimmte Verhaltensweisen der Mitarbeiterinnen und Mitarbeiter aus Gründen der Glaubwürdigkeit zu haben, vielleicht zu kurz. Ist es aber nicht unter dem Gesichtspunkt der Akzeptanz – diesmal nicht in Bezug auf eine einzelne Person, sondern unter dem Gesichtspunkt der positiven Wahrnehmung christlicher Arbeit im Allgemeinen – erforderlich, daß in der Kirche und

---

[194] Koller, Das Recht der Kirche, S. 153-168, 160.

[195] Maurer, ZevKR 38 (1993), S. 397-412, 406.

[196] Struck, NZA 1991, S. 249-256, 253.

in diakonischen Einrichtungen, ob in der Bahnhofsmission oder in einem unter evangelischer Leitung stehenden Krankenhaus, als gemeinsames Fundament, als kleinster gemeinsamer Nenner aller Mitarbeiterinnen und Mitarbeiter eine christliche Überzeugung und Lebenshaltung wahrgenommen werden kann? Oder ist das *„unanstößig"* im Hinblick auf die Mitarbeiterschaft nicht eher nur als *„stimmig"* zu verstehen, und zwar in dem Sinne, daß in einer christlichen Einrichtung die von christlichen Grundwerten geprägte Gemeinschaft zumindest spürbar sein sollte?

Es genügt sicherlich nicht, die kirchliche Mitarbeiterschaft von jeglichen Ansprüchen auf Lebensführungspflichten mit dem Argument freizusprechen es drohe Verlogenheit[197], vielmehr ist festzuhalten, daß sich auch Angestellte und Ehrenamtliche vor dem Hintergrund der Glaubwürdigkeit, der Akzeptanz und der Unanstößigkeit kirchlicher Arbeit nicht von vornherein den Anspruch auf Einhaltung bestimmter Lebensführungspflichten entziehen dürfen.

d) Rücksicht auf die Gemeinde

Ganz nah bei der Forderung nach Unanstößigkeit und Akzeptanz liegt das Argument, der Pfarrer unterliege bestimmten Pflichten schon aus der Obliegenheit, auf die Gemeinde Rücksicht nehmen zu müssen, damit nicht Anstoß und Ärgernis erregt wird. Hieraus entsteht ihm sogar die rechtliche Verpflichtung, in einem bestimmten Rahmen auch Vorstellungen und Gebräuche seiner Gemeinde zu tolerieren, selbst wenn er diese für fragwürdig hält oder sie mit seinen eigenen Positionen und Ansichten sonst nicht auf einer Linie liegen. Diese Verpflichtung zu Toleranz und Verständnis muß umgekehrt aber auch dem Geistlichen von der Gemeinde bezüglich seines Verhaltens im privaten, gesellschaftlichen und politischen Bereich entgegengebracht werden.[198] Es besteht demnach ein Gebot der Rücksichtnahme in beide Richtungen.

Dem Argument, Lebensführungspflichten seien schon aus Rücksicht auf die Gemeinde zu beachten und Verstöße rechtlich zu sanktionieren, steht bei der Betrachtung aller kirchlichen Mitarbeiterinnen und Mitarbeiter entgegen, daß

---

[197] Struck, NZA 1991, S. 249-256, 253.

[198] Maurer, ZevKR 38 (1993), S. 397-412, 406.

viele kirchliche Angestellte nicht mit einer Gemeinde durch ihre berufliche Tätigkeit in Kontakt stehen; hiervon sind vor allem die zahlreichen diakonische Mitarbeiterinnen und Mitarbeiter der evangelischen Kirche betroffen. Um so mehr muß dieses die Notwendigkeit von Lebensführungspflichten begründende Argument in Bezug auf die Geistlichen, Ehrenamtlichen und kirchlichen Angestellten in den Gemeinden gelten.

Für die kirchlichen Mitarbeiterinnen und Mitarbeiter ohne direkten Gemeindebezug läßt sich aber – mag dieser letzte Begründungsansatz so nicht greifen – auch eine Rücksichtnahme auf die jeweilige Einrichtung selbst, als legitime Forderung formulieren. Gegenüber der Einrichtung ist auch Rücksichtnahme geboten, denn eine Mitarbeiterin, die gegen Grundsätze der kirchlichen Glaubens- und Sittenlehre verstößt, stört damit auch die Dienst- und Vertrauensgemeinschaft, die als Voraussetzung des kirchlichen Wirkens unter allen Mitarbeiterinnen und Mitarbeitern bestehen muß. Der vertrauensvollen Zusammenarbeit mit den übrigen Mitarbeiterinnen und Mitarbeitern kann soweit die Grundlage entzogen werden, daß eine weitere mit dieser Mitarbeiterin nicht mehr zumutbar ist.[199] Hier ist also Rücksicht auf die anderen Mitarbeiterinnen und Mitarbeiter einer kirchlichen Einrichtung ein Argument für die Notwendigkeit der Beachtung von Lebensführungspflichten.

e) Finanzierung der kirchlichen Arbeit

Schließlich könnte noch die Finanzierung kirchlicher Arbeit ein Argument für das Institut der Lebensführungspflichten liefern. Die Arbeit der evangelischen Kirche finanziert sich überwiegend aus Kirchensteuern, Einnahmen aus Grundbesitz und Spenden. Es sind also die Mitglieder – in erster Linie Gläubige oder zumindest der Kirche positiv und solidarisch gegenüberstehende Menschen –, die den umfassenden und weitreichenden Aktionsradius der evangelischen Kirche finanziell ermöglichen. Die Leitlinien der VELKD sagen dazu:[200]

„Wer die Arbeit der Kirche für wichtig hält, muß auch bereit sein, etwas zu ihrer Finanzierung beizutragen. Die Kirchenmitglieder, die steuerpflichtiges

[199] Marx, Die arbeitsrechtliche Kirchlichkeitsklausel, S. 15.

[200] Leitlinien der VELKD, S. 15.

Einkommen bzw. andere Einnahmen erzielen, leisten ihren Pflichtbeitrag zu den Kosten des kirchlichen Dienstes durch die Kirchensteuer und das Kirchengeld."

Stets gleichbleibende zentrale Aufgaben der Kirche sind Gottesdienst, Verkündigung und Seelsorge, deren personelles und sachliches Substrat durch die Kirchensteuer finanziell gesichert wird. In diesen geistlich-religiösen Zentralbereich fallen auch die sozial-karitativen und diakonischen Dienste der Kirche, da aus dem Glauben notwendigerweise auch christliches Tun folgt, bei dem die Kirche nur überzeugend von Gerechtigkeit und Liebe sprechen kann, wenn sie selbst alles in ihrer Kraft stehende tut, um Gerechtigkeit und Liebe zu verwirklichen.[201]

Im Jahr 1999 wurden allein an Kirchenlohn- und Einkommenssteuer 8,226 Milliarden DM eingenommen.[202] Der überwiegende Teil der kirchlichen Einnahmen wird für Personalkosten[203] verwendet. Die Kirche soll bei ihrem wirtschaftlichen Handeln nicht nur die Regeln des Marktes beachten, sondern muß auch dafür Sorge tragen, daß es als Wahrnehmung ihres Auftrages zu erkennen ist.

„Die in der Gemeinde Verantwortlichen müssen deshalb darauf achten, daß das Vermögen dem Auftrag der Kirche untergeordnet bleibt. Die Verteilung bzw. Ausgabe der kirchlichen Mittel geschieht immer treuhänderisch im Namen Jesu Christi. Auch alle Finanzangelegenheiten haben eine geistliche Dimension."[204]

Die Verantwortlichen müssen sorgfältig und sachkundig darauf achten, daß das Vermögen der Kirche nicht Marktgesetzen und Mechanismen ausgeliefert wird, die zum Auftrag der Kirche im Widerspruch stehen.[205] Und so stellt Artikel 97

---

[201] Marré, Die Kirchenfinanzierung, S. 57.

[202] Angaben der EKD, www.ekd.de/statistik/steuer.html. Dabei ist das Verfahren der staatlichen Kirchensteuereinziehung aus kirchlicher Sicht vorteilhaft, weil es dem Staat, der dem System grundsätzlich seine Effektivität verleiht, nur ein Minimum an Einflußmöglichkeiten einräumt, Marré, Die Kirchenfinanzierung, S. 42.

[203] Meist über 60 % der Haushalte, Keßler, Die Kirchen und das Arbeitsrecht, S. 70.

[204] Ordnung der EKU 1999, S. 113 RN 274.

[205] Es liegt an Gottes Hilfe und der religiösen Energie der Christen, ob die Kirchensteuer – und auch der Kirchenbeitrag, das Geld der Kirche überhaupt – dazu beitragen, die Kirche

der Ordnung der EKU deutlich heraus, daß das Geld und Vermögen der Kirche dem kirchlichen Auftrag dienen.

So lassen sich auch Rückschlüsse auf die Verwendungspflichten beim Einsatz der von den Mitgliedern aufgebrachten Gelder und den Ansprüchen auf Einhaltung einer bestimmten Lebensführung der von diesem Geld finanzierten Mitarbeiterinnen und Mitarbeiter ziehen. Die Tatsache, daß ein Großteil der Gelder von Gläubigen und anderen der Kirche Nahestehenden, auch als Ausdrucks ihres Glaubens und mit dem Willen, die Sache der Kirche zu unterstützen, gegeben werden, bedingt eine Zweckbindung. Der Kirche ist auferlegt, an die Lebensführung ihrer Mitarbeiterinnen und Mitarbeiter, die mit diesen Geldern bezahlt werden, zumindest Ansprüche dahingehend zu stellen, daß die Verwirklichung des kirchlichen Auftrags nicht gefährdet wird. Umgekehrt müssen die Verantwortlichen gem. Art. 100 S. 1 der Ordnung der EKU bei der Entgegennahme von Zuwendungen prüfen, ob damit Zwecke verfolgt oder daran Bedingungen geknüpft werden, die mit dem Auftrag der Kirche nicht vereinbar sind. Solche Zuwendungen sind nach Art. 100 S. 2 der EKU Ordnung zurückzuweisen. Somit ist die Verpflichtung der Kirche, das ihr zugewendete Geld zur Erfüllung ihres Auftrags zu verwenden, auch ein Grundlage für das Institut der Lebensführungspflichten.

Die genannten Motive und Begründungsansätze für das Rechtsinstitut der Lebensführungspflichten greifen in unterschiedlicher Stärke bei allen kirchlichen Mitarbeiterinnen und Mitarbeitern. Die Notwendigkeit der Festlegung von Lebensführungspflichten greift nicht nur im Hinblick auf Pfarrerinnen und Pfarrer, sondern – orientiert man sich an den schützenswerten Interessen, denen die Wahrung des kirchlichen Auftrags übergeordnet ist – auch in Bezug auf andere kirchliche Mitarbeiterinnen und Mitarbeiter. Es finden sich also hinreichend Motive, die eine rechtliche Verbindlichkeit von Lebensführungspflichten hinsichtlich aller Mitarbeiterinnen und Mitarbeiter begründen.

Christi zur Hoffnung für die Menschen werden zu lassen, Marré, Die Kirchenfinanzierung, S. 60.

5. Die Entwicklung kirchlicher Lebensführungspflichten

Die kirchenrechtlichen Regelungen haben sich im Laufe der Geschichte verändert. Zwar gibt es nach evangelischem Verständnis immergültige Normen, doch die aus ihnen erwachsenden Lebensformen unterliegen einem geschichtlichen Wandel.[206] Ein Vergleich der Pastoralbriefe mit den Bestimmungen des Pfarrdienstrechts der evangelischen Landeskirchen in Deutschland, die den Zusammenhang von Amts- und Lebensführung zum Inhalt haben, zeigt aber auch, daß trotz aller Wandlungen der kirchlichen Ämter vom 1. bis ins 21. Jahrhundert wesentliche Grundansprüche gleich geblieben sind.[207]

Bei Betrachtung der Entstehung, Entwicklung und Wandlung des kirchlichen Rechts hinsichtlich der Geltung von Lebensführungspflichten muß berücksichtigt werden, daß auch kirchliches Recht in der Regel nicht durch einen unvermittelten Akt seitens einer rechtsetzenden Instanz entstanden ist, sondern dadurch, daß über bestimmte Verhaltensweisen, Institutionen und Regelungen, die die kirchliche Praxis ihres Selbstverständnisses wegen als notwendig erachtete, allmählich ein rechtsgründender Konsens entstanden ist.[208] Verschiedene Einflüsse haben das Disziplinarrecht in seiner heutigen Ausformung stark beeinflußt.

a) Die ersten Gemeinden

Schon in den Episkopen- und Diakonenspiegeln – den Pastoralbriefen[209] – wird der Frage nach Ansprüchen an die Lebensführung von Kirchenamtsinhabern nachgegangen.[210] Hier werden Qualifikationsmerkmale für Bewerber eines kirchlichen Amtes genannt, die somit sicherlich auch Maßstab für die Inhaber solcher Ämter waren. Diese relativ niedrigen Anforderungen stellten, wie gesagt, weniger auf geistliche als auf äußerliche Kriterien ab.[211] Dies steht auf-

---

[206] VELKD, Leitlinien 1997, S. 5.

[207] Koller, Das Recht der Kirche, S. 153-168, 155-157.

[208] Pirson, Festschrift für Obermayer, S. 295-304, 303 f..

[209] *I. Tim 3, 2-7; Tit 1, 7-9.*

[210] s.o. Seite 55 ff..

[211] Koller, Das Recht der Kirche, S. 153-168, 153 f..

fallend im Gegensatz zu den heutigen Ansprüchen der katholischen Kirche an ihre Priester.[212] Das kanonische Recht entwickelte zahlreiche Standespflichten, um vor allem die Würde des geistlichen Amtes[213] zu wahren.[214]

Gegenüber normalen Kirchengliedern bestand die Möglichkeit der Exkommunikation und der Versagung der Teilnahme am Gottesdienst oder am eucharistischen Mahl, die spätere sog. kleine Exkommunikation. Zu Beginn des vierten Jahrhunderts entwickelte sich eine mit dem Ausschluß vom Abendmahl verwandte Strafe heraus, die zeitweilige Suspension von den kirchlichen Gliedschaftsrechten. Dabei war den Betroffenen das Betreten der Kirche, die Teilnahme am Gottesdienst und am eucharistischen Gebet sowie die Erbringung von Opfergaben untersagt.[215]

Das kirchliche Strafrecht verlief seit dem 9. Jahrhundert zweispurig. Während die *Peccata manifesta* mit Sanktionen der öffentlichen Buße belegt wurden, sanktionierte man die *Peccata occulta* in Form der Privatbuße, die *Paenitentia publica* kam zur Anwendung, wenn Dritte von der Tat Kenntnis erlangt hatten.[216] Um im Umgang mit fehlbaren Klerikern und Laien praktikable Kriterien zur Verfügung zu haben, die es ermöglichen sollten, rechtlich relevante und faßbare Verbrechen vom grenzenlosen Reich der Sünde zu trennen, wurde schließlich zwischen *Forum internum* und *Forum externum* unterschieden.[217]

b) Die Reformation

In den reformatorischen Bekenntnisschriften finden sich keine besonderen Vorschriften für das Verhalten der Pfarrer, ging es doch in erster Linie um die Begründung und den Ausbau der rechten Lehre und der sich daraus ergebenden

---

[212] Koller, Das Recht der Kirche, S. 153-168, 157 f..

[213] *decorum clericale.*

[214] Maurer ZevKR 38 (1993), S. 397-412, 398.

[215] Rees, Die Strafgewalt der Kirche, S. 120.

[216] Hier wurde also klar zwischen Vorfällen, die in der Öffentlichkeit und solchen, die nur zwischen der Kirche und dem Mitglied bekannt waren, unterschieden.

[217] Pahud de Mortanges, Zwischen Vergebung und Vergeltung, S. 26 f..

Lehrverpflichtungen der Geistlichen.[218] Das Projekt, eine der Schrift unterworfene bischöfliche Jurisdiktion zu erhalten, mißlang.[219] Luther selbst hatte im Zusammenhang mit aktuellen Fällen gesagt, ein Pfarrer habe sich so zu verhalten, daß kein Ärgernis – kein *scandalon* – in der Gemeinde entstehe.[220] Die Reformatoren konnten sich auf die Versorgung des Volkes mit Geistlichem beschränken, denn alle notwendigen Vorbedingungen hierfür personeller und sachlicher Art wurden von der weltlichen Obrigkeit geschaffen.[221]

Die Disziplinargerichtsbarkeit des Bischofs wurde während der Frühreformation auf den Landesherrn als Summepiskopus übertragen, welcher diesen Teil der episkopalen Jurisdiktionsgewalt zunächst von Visitatoren ausüben ließ und sie gegen Ende des 16. Jahrhunderts auf die Konsistorien übertrug.[222] Es bestand die eindeutige Lehrverpflichtung, „Gehorsam, Ehre und Liebhaben" gegenüber der Obrigkeit zu vermitteln.[223]

Die im 16. und 17. Jahrhundert erlassenen evangelischen Kirchenordnungen enthalten durchweg Regelungen bezüglich des persönlichen Verhaltens und Lebenswandels in Form von allgemein gehaltenen Formulierungen, aber auch durch kasuistische Aufzählungen. Diese Regelungen knüpfen an frühe Vorschriften des kanonischen Rechts[224] an, die wiederum direkt aus der Bibel abgeleitet waren.[225] Es handelte sich aber nicht um eine einheitliche Strafgesetzgebung, sondern um eine Reihe selbständiger und teilweise durchaus heterogener landeskirchlicher Rechtsordnungen. Diese disziplinarrechtlichen

[218] Maurer ZevKR 38 S. 397-412, 398.

[219] A. Stein, Evangelische Theologie 36 (1976), S. 85-94, 87.

[220] Bubenheimer, Scandalon et ius divinum, ZRG 90 (1973), Kann. Abt. 59, S. 263-342, 268 ff.

[221] Friedrich, Einführung in das Kirchenrecht, S. 300.

[222] Pahud de Mortanges, Zwischen Vergebung und Vergeltung, S. 227; Schlaich, ZevKR 29 (1984), S. 355-378, 367; Friedrich, Einführung in das Kirchenrecht, S. 545.

[223] v. Lenthe, Zur politischen Betätigung kirchlicher Mitarbeiter, S. 13.

[224] *Decorum clericale*; diese wurden in den reformatorischen Kirchenordnungen als subsidiäre Rechtsquellen bezeichnet, Pahud de Mortanges, Zwischen Vergebung und Vergeltung, S. 227.

[225] Maurer ZevKR 38 S. 397-412, 399.

Normen für Amtsträger und die übrigen Kirchenglieder fallen nach reformatorischem Sprachgebrauch unter den Begriff der Kirchenzucht.[226] Diese teilweise sehr detaillierten Anforderungen entsprachen dem patriarchalisch ausgerichteten System der Landesherren dieser Zeit, die sehr weit in das gesellschaftliche, das private und auch in das kirchliche Leben hineinreichende Regelungen vorzuschreiben suchten. Mit dem Tod der großen Reformatoren verringerte sich aber der geistliche Einfluß auf die Landesherren, und deren Rechtssetzung, und die spezifisch evangelische Prägung landesherrlich gesetzten Kirchenrechts wurde immer geringer.[227]

c) Vom 18. bis ins 20. Jahrhundert

Bis Mitte des 18. Jahrhunderts wurden die Kompetenzen der Konsistorien durch die Überordnung einer staatlichen Rekursinstanz erheblich gemindert oder – wie in Preußen – durch die Übertragung der kirchlichen Gerichtsbarkeit an den Staat mit der Folge aufgehoben, daß das kirchliche Disziplinarrecht stark vom staatlichen Beamtenrecht beeinflußt wurde und der Bezug zur Kirchenzucht fast vollständig verloren ging.[228] *Suarez,* der Schöpfer des Preußischen Allgemeinen Landrechts äußerte sich der Überlieferung nach wie folgt dazu:[229]

„Sobald ich mir einen protestantischen Geistlichen denke, denke ich mir allemal eine Gemeinde, bei welcher er als Prediger, Lehrer oder Seelsorger bestellt ist. Qua talis gehört er zu den mittelbaren Beamten des Staates und hat als solcher gewisse Rechte und Pflichten."

Im ausgehenden 18. und frühen 19. Jahrhundert bestand für die Angelegenheiten kirchlicher Amtsträger, die praktisch den Status mittelbarer Staatsbeamten hat-

---

[226] Pahud de Mortanges, Zwischen Vergebung und Vergeltung, S. 189.

[227] v. Lenthe, Zur politischen Betätigung kirchlicher Mitarbeiter, S. 17.

[228] Pahud de Mortanges, Zwischen Vergebung und Vergeltung, S. 227;

Eine Ausnahme führt *Friedrich* auf, wonach nach Kirchenratsinstruktion (KRI) von 1797 in Baden-Durlach dem Kirchenrat (Konsistorium) noch die Aufgabe eines Ehegerichts und eines Kirchengerichts zukam, was sich erst aufgrund des § 14 Absatz 2 Bad. Verf. von 1818 (*„Alle Erkenntnisse in bürgerlichen Rechtssachen müssen von den ordentlichen Gerichten ausgehen."*) änderte, Friedrich, Einführung in das Kirchenrecht, S. 545.

[229] Zitiert bei: Frank, RDA 1979, S. 86-93, 87.

ten, die Zuständigkeit staatlicher Gerichte. Die Kirchenverfassungen des 19. Jahrhunderts widmen sich den Pfarrern mit recht knappen Regelungen. So legt § 67 der Rheinisch-Westfälischen Kirchenordnung von 1835/1853 mit einer Generalklausel fest:[230]

„*Er* (der Pfarrer) *muß mit einem unbescholtenen, exemplarisch-christlichen Lebenswandel der Gemeinde, welche ihm anvertraut ist, vorleuchten und überall den Ernst und die Würde eines Geistlichen behaupten.*"

Von den Regelungen des Disziplinargesetzes der evangelischen Landeskirche der älteren Provinzen Preußens vom 16. Juli 1886 sind die in einem Privatverhältnis beschäftigten kirchlichen Mitarbeiterinnen und Mitarbeiter ausgenommen. Für sie gelten allein zivilrechtliche Vorschriften und vertragliche Vereinbarungen.

Mit der allmählich zunehmenden Distanzierung von Obrigkeit und Kirche gegen Ende des 19. und zu Beginn des 20. Jahrhunderts und der staatsverfassungsrechtlichen Anerkennung des kirchlichen Selbstbestimmungsrechts, mußte die Kirche auch mehr und mehr selber Sorge für ihre rechtliche Ordnung tragen. Es wurden schließlich von einigen Landeskirchen eigene Disziplinargesetze erlassen, die überwiegend eine Nachformung der parallel bestehenden staatlichen Gesetze waren. Auch durch diese Veränderung gewann das Landeskirchentum neu an Bedeutung. Die Pfarrer und nichtgeistlichen Kirchenbeamten der evangelischen Kirche wurden nicht mehr als Staatsbeamte angesehen und unterstanden so auch nicht mehr dem allgemeinen staatlichen Beamtenrecht.[231] Grundsätzlich wurden die kirchlichen Amtsträger nun als Kirchenbeamte bezeichnet.[232] Dennoch bleibt festzuhalten, daß es der Staat seit der zweiten Hälfte des 19. Jahrhunderts mehrfach unternommen hat, seine Gerichtsbarkeit in

---

[230] Ähnlich auch: § 91 Badische Kirchenverfassung von 1861.

[231] v. Lenthe, Zur politischen Betätigung kirchlicher Mitarbeiter, S. 23; Schilberg, Rechtsschutz und Arbeitsrecht, S. 78.

[232] Frank, RDA 1979, S. 86-93, 87.

Konfrontation mit der Kirche auch als Mittel des politischen Kampfes einzusetzen.[233]

Bis heute tragen die Landeskirchen die Verantwortung für die Gewährleistung einer den Zeitbedürfnissen angepaßten Verkündigung.[234] Diese Prägung ist auch Ausfluß kirchlicher Rechtswissenschaft. Am Staatsrecht orientiert, betonte diese in der Vergangenheit besonders das kirchliche Disziplinarrecht als ein Hoheitsrecht, das sich aus der Eigenschaft der Kirche als Körperschaft des öffentlichen Rechts ergibt. Aufgrund dieser Verknüpfung verselbständigte sich das kirchliche Disziplinarrecht parallel zum staatlichen.[235]

d) Seit Ende des Zweiten Weltkriegs

Die Erfahrungen des Kirchenkampfes der Jahre nach 1933 veränderten die Haltung der evangelischen Kirche zum Staat und ermöglichten eine Neubesinnung auf das Wesen der Kirche und die Erkenntnis der Eigengeartetheit des evangelischen Kirchenrechts.[236] Die nach dem Krieg, ab 1945 in Deutschland erlassenen Kirchenverfassungen und Kirchengesetze schließen an die Regelungen und Tendenzen der Zeit zwischen Erstem und Zweiten Weltkrieg – insgesamt zurückhaltender – an.[237] So verlangt z.B. die badische Grundordnung in recht allgemeiner Form von einem Diener im Predigtamt ein Verhalten, das sein

[233] Der Versuch einer kirchenpolitischen Instrumentalisierung trat insofern schon bei der versuchten Einbindung der Gerichte in den *Kulturkampf* zutage, wobei staatliche Richter in Gegnerschaft zur Kirche auch zur Disziplinierung eingesetzt wurden. Noch umfassender und planmäßiger war der Versuch einer Indienstnahme der staatlichen Gerichtsbarkeit zum Zwecke nationalsozialistischer Kirchenpolitik, Kästner, Staatliche Justizhoheit und religiöse Freiheit, S. 27 f..

[234] Dies ist wegen einer damit einhergehenden teilweisen Entmündigung der einzelnen Gemeinde auch kritisiert worden, Diem, ZevKR 4 (1955), S. 291-307, 299.

[235] Pahud de Mortanges, Zwischen Vergebung und Vergeltung, S. 227.

[236] Frank, RDA 1979, S. 86-93, 88. Wobei im Mittelpunkt dieses neuen Verständnisses die dritte These der Barmer Erklärung vom 30. Mai 1934 steht, die als falsche Lehre verwirft, die Gestalt der kirchlichen Botschaft und der kirchlichen Ordnung seien dem Belieben oder dem Wechsel der jeweils herrschenden weltanschaulichen und politischen Überzeugung unterworfen, Schilberg, Rechtsschutz und Arbeitsrecht, S. 69.

[237] Maurer ZevKR 38 S. 397-412, 400.

Zeugnis nicht unglaubwürdig macht.[238] Dennoch hatte sich der eigenständigen kirchlichen Rechtssetzung ein weites und schließlich auch tatkräftig in Anspruch genommenes Feld der Betätigung eröffnet.[239] Heute sind Lebensführungspflichten im evangelischen Kirchenrecht in den verschiedenen Pfarrerdienstgesetzen und Lebensordnungen[240] geregelt. Anders als bei der katholischen Kirche wird dort keine allgemein gültige Lebensordnung formuliert.

Eine der einschneidensten Veränderungen des 20. Jahrhunderts in die Arbeit der Pfarrer (und dann auch der Pfarrerinnen) war, daß sie nicht mehr allein die Gemeinde leiten, sondern daß neben und nicht unter ihnen andere haupt-, neben- und ehrenamtliche Mitarbeiterinnen und Mitarbeiter Dienst in der Gemeinde tun.[241] Sind dieser Entwicklung kirchenrechtliche Veränderungen im Hinblick auf den Anspruch auf Einhaltung bestimmter Lebensführungspflichten gefolgt?

In Bezug auf die privatrechtlich Beschäftigten stellte sich in der zweiten Hälfte des 19. und Anfang des 20. Jahrhunderts mit der Entwicklung der Grundlagen für das heutige kollektive Arbeitsrecht die Frage nach der Notwendigkeit der Schaffung eigener Formen der Arbeitsrechtsregelungen für die Kirchen nicht so dringend, da zu dieser Zeit in solchen Arbeitsverhältnissen nur wenige Mitarbeiterinnen und Mitarbeiter beschäftigt wurden. Ganz überwiegend herrschte in der verfaßten Kirche die öffentlich-rechtliche Anstellungsform vor. Die kirchliche Wohlfahrtspflege lag überwiegend in der Verantwortung freier Rechtsträger, die außer ordinierten Geistlichen in erster Linie Angehörige von Orden und anderen Gemeinschaften sowie Ehrenamtliche beschäftigten.[242] Erst zur Zeit der Weimarer Republik wuchs die Zahl der kirchlichen Arbeitnehmer beträchtlich,

---

[238] § 46 II GO von 1972. Diese kurze und negative Umschreibung der Amtspflichten liegt nach Meinung *Friedrichs* ganz auf der Linie der Minderung des Predigtamts, Friedrich, Einführung in das Kirchenrecht, S. 548.

[239] Frank, RDA 1979, S. 86-93, 88.

[240] Die Lebensordnungen wurden nach dem Krieg auch aufgestellt, um die verlorengegangene Kirchenzucht wiederherzustellen, Diem, ZevKR 4 (1955); S. 291-307, 299; Kuhn, ZevKR 9 (1962/63), S. 264-293, 267.

[241] Koller, Das Recht der Kirche, S. 153-168, 167 f..

[242] Keßler, Die Kirchen und das Arbeitsrecht, S. 42 f.; Frank, RDA 1979, S. 86-93, 87.

was in Ansätzen auch zu tarifrechtlichen Regelungen führte. Diese wurden durch die Abschaffung des kollektiven Arbeitsrechts nach der nationalsozialistischen Machtergreifung jedoch wieder beseitigt.

Insbesondere aus den Erfahrungen des Kirchenkampfes im „Dritten Reich" heraus, setzte die Suche nach der spezifischen Eigenart des evangelischen Kirchenrechts ein. Dabei kam dem – auf dem *lex Christi* und den biblischen Weisungen begründeten – Liebesrecht für die Anwendung des Kirchenrechts gerade dort, wo es um Sanktionen geht, eine besondere Rolle zu. Denn Sanktionen sollen als Akte der Bruder- und Schwesterliebe ausgesprochen werden mit dem Ziel, die Irrenden in die Gemeinschaft der Gläubigen zurückzuführen. Sanktionen sollen also vor einem pädagogischen Hintergrund gesehen werden und zugleich Maßnahmen zur Gewährleistung der Verkündigung in Wort und Sakrament sein.[243]

Aufgrund der erheblichen Ausweitung kirchlicher Aufgabenbereiche vor allem in der Wohlfahrtspflege, stieg die Zahl der kirchlichen Mitarbeiterinnen und Mitarbeiter nach dem Krieg weiter stark an. In den sechziger und siebziger Jahren wurde es den Kirchen aufgrund – parallel zu Lohn- und Einkommenssteuer - steigender Kirchensteuereinnahmen ermöglicht immer mehr Menschen hauptberuflich zu beschäftigen.[244] Deshalb erwies es sich für die Kirchen als unausweichlich, in erheblichem Umfang auch nicht oder nur schwach kirchlich gebundene Arbeitnehmer einzustellen. Dies lag sicherlich zum einen daran, daß auf dem Markt ein tatsächlicher Mangel an *religiosi* – mit der christlich-evangelischen Religion Verbundenen – entstand.[245] Der Religion nicht so nahestehende Personen wurden aber auch eingestellt, um der immer stärker werdenden Spezialisierung und Professionalisierung gerecht zu werden.

Zunehmend sahen sich die Kirchen daher mit der Notwendigkeit konfrontiert, das in der staatlichen Rechtsordnung – anknüpfend an die Tradition der Weimarer Republik – qualitativ weiterentwickelte Arbeitsrecht auch in ihrem Bereich

---

243 Pahud de Mortanges, Zwischen Vergebung und Vergeltung, S. 190 f..

244 Rauscher, Die Eigenart des kirchlichen Dienstes, S. 63.

245 Berchtenbreiter, Kündigungsschutzprobleme, S. 1.

anzuwenden. Schon in den fünfziger Jahren kam es zu einer Diskussion über Alternativen zu dem noch immer überwiegend praktizierten sog. *Ersten Weg*, bei dem die kirchlichen Arbeitgeber die Arbeitsbedingungen praktisch einseitig festlegten, indem sie Kirchengesetze, Verordnungen oder Richtlinien erließen auf welche die nach vorformulierten Mustern abzuschließenden Arbeitsverträge Bezug nahmen.[246] Nachdem in den siebziger und achtziger Jahren die Zahl der angestellten Mitarbeiterinnen und Mitarbeiter nochmals angestiegen war, fiel schließlich in fast allen Bereichen des kirchlichen Dienstes die Entscheidung zugunsten des sog. *Dritten Weges*. Dieser gewann enorme Bedeutung für das kollektive Arbeitsrecht, berührt aber auch die individuellen Arbeitsverträge der Mitarbeiterinnen und Mitarbeiter hinsichtlich der Vereinbarung von Lebensführungspflichten.

III. „Klassische" Konfliktbereiche kirchlicher Lebensführungspflichten

Kirchliche Arbeitsverhältnisse sind für die Probleme der besonderen Rückwirkungen außerdienstlichen Verhaltens auf die arbeitsvertragliche Ebene geradezu exemplarisch.[247] Im Hinblick auf die von der Kirche mit der Vorgabe bestimmter Lebensführungspflichten verfolgten Motive und Ziele, ergeben sich „klassische" Konfliktbereiche, in denen es regelmäßig zu Kollisionen von individueller Lebensführung mit vorgegebenen Pflichten kommt. So können privaten Entscheidungen mit beruflichem Bezug, wie z.B. einem Kirchenaustritt, rechtliche Auseinandersetzungen mit dem Arbeitgeber folgen. Selbst privates und intimes Verhalten kann – wenn es bekannt wird – zu Konfliktsituationen mit dem Arbeitgeber führen, z.B. wenn der Arbeitnehmer homophil veranlagt ist. Auch können das allgemeine Verhalten in der Öffentlichkeit, eine Nebenbeschäftigung und ähnliches dazu geeignet sein, das Verhältnis zum Arbeitgeber Kirche zu belasten.

Es gibt also in Arbeitsverhältnissen der Kirchen – die gegenüber anderen Arbeitgebern die Eigenart aufweisen, für ein besonderes Wertesystem zu stehen, das sie aufgrund ihres Sendungsauftrags nach außen tragen – eine unüberschaubare Fülle von Konfliktmöglichkeiten hinsichtlich der Lebensführung ihrer Mitar-

[246] Keßler, Die Kirchen und das Arbeitsrecht, S. 46 -50.

[247] Mayer, Das außerdienstliche Verhalten von Arbeitnehmern, S. 115.

beiterinnen und Mitarbeiter. Zwei typische Konfliktbereiche – politische Aktivitäten und das Verhalten des kirchlichen Mitarbeiters im Hinblick auf Ehe und Familie – sowie die besondere Problematik bei strafrechtlichen Verstöße, sollen im Folgenden dargestellt werden.

1. Verhalten in Bezug auf Ehe und Familie

In diesem Bereich gibt es zahlreiche Probleme, die für kirchliche Mitarbeiterinnen und Mitarbeiter im Hinblick auf den Arbeitsplatz und die Lebensführung entstehen können. Die kirchliche Haltung befindet sich zu Fragen der Lebens- und Familienführung heute teilweise nicht mehr im Konsens mit der übrigen Gesellschaft, und es haben sich auch aufgrund des technischen Fortschritts ganz neue Felder aufgetan, auf denen kirchliche Mitarbeiterinnen und Mitarbeiter mit Standpunkten der Kirche in Widerspruch geraten können. Um diese Schwierigkeiten zu veranschaulichen seien zwei Beispiele angeführt:

Auf der „Aufklärungsseite" eines Jugendmagazins werden Mädchen und Jungen im Alter ab 16 Jahren vorgestellt. In jeder Ausgabe zeigt ein großes Farbfoto jeweils einen Jugendlichen völlig unbekleidet. In einer Ausgabe kommt die Mutter eines auf einem solchen Foto abgebildeten Mädchens in einem daneben abgedruckten Interview zu Wort. Sie äußert sich positiv über die sexuelle Aufgeschlossenheit ihrer 16jährigen Tochter. Unter einem kleinen Foto der Mutter wird deren Name erwähnt und ihr Beruf mit Gemeindepädagogin in XY angegeben.

Ein Pfarrer und seine Lebensgefährtin, die beide berufstätig sind, wohnen gemeinsam im Pfarrhaus. Da die Frau ihre berufliche Tätigkeit augenblicklich nicht mit einer „Babypause" unterbrechen will und sie befürchtet, im fortgeschrittenen Alter auf natürlichem Wege kein Kind mehr bekommen zu können, beschließt sie zusammen mit dem Pfarrer, sich eine Eizelle entnehmen und einige Jahre später befruchtet wieder einsetzen zu lassen. Dies wird der Kirchenleitung und in der Gemeinde bekannt.

2. Politische Aktivitäten

Die VELKD bestimmt, daß, wer ein Dienstverhältnis mit der Kirche eingeht, sich über die mit der Beschäftigung verbundene Verpflichtung zur Zurückhaltung bei politischer Betätigung im klaren sein muß.[248] Zunächst ist bei der Betrachtung politischer Aktivitäten nicht der verfehlten Idee zu folgen, daß dem geistlichen Amt aufgrund seines Auftrags zur öffentlichen Verkündigung des Evangeliums in gottesdienstlicher Form ein Monopol für öffentliches, kirchliches Wirken im politischen Feld zukomme. Vielmehr ist nach reformatorischer Auffassung das Prinzip des Priestertums aller Gläubigen und damit auch die Gleichrangigkeit aller Christen zu berücksichtigen, mit Auswirkungen auf das Recht, öffentlich und damit auch politisch kirchlich zu wirken.[249]

Probleme entstehen vor allem dann, wenn Konflikte, die für unsere pluralistische Gesellschaft typisch sind, durch Kirchenglieder und Amtsträger in die Kirche hineingetragen werden und dort kontroverse Standpunkte in Erscheinung treten lassen. Hier wird die Wahrnehmung des kirchlichen Auftrages durch innerkirchliche, wenn auch von außen eingebrachte Konflikte beeinträchtigt. Mit Rücksicht auf die Glaubensnot Vieler muß aber eine weitere Entfremdung von der Kirche durch politische Akzentuierung der christlichen Verkündigung vermieden werden. Denn nicht nur die Konfliktträchtigkeit der einzelnen politischen Aktivität selbst, sondern auch eine ihr innewohnende weitere Gefahr muß erkannt werden: Außenstehende, aber auch Kirchenglieder selbst, denen die innerkirchlichen Kompetenzen nicht in vollem Umfang geläufig sind, rechnen das Handeln des Amtsträgers oder des exponierten Kirchengliedes der Kirche insgesamt zu.[250]

Dieses Problemfeld muß aber auch unter dem Aspekt einer theologischen und sozialen Verpflichtung der Kirche betrachtet werden, in bestimmten Fällen sehr wohl politisch Stellung zu nehmen. Politisch – wegschauende und systemkon-

---

[248] VELKD, Leitlinien 1997, S. 38.

[249] Pirson, Festschrift für Obermayer, S. 295-304, 299.

[250] Pirson, Festschrift für Obermayer, S. 295-304, 296 f..

forme Kirchenteile haben zur Zeit des Nationalsozialismus eine unglaubwürdige und enttäuschende Rolle eingenommen, während die politisch-kritisch engagierten Kirchenglieder und kirchlichen Institutionen richtig handelten. So sind politische Äußerungen und politisches Engagement von kirchlich und religiös motivierten Menschen nicht etwa von vornherein zu mißbilligen. Konflikte und Diskussionen innerhalb der Kirche und unter deren Teilnahme müssen viel mehr auch als Aufgabe und Auftrag gesehen werden. Auch hier wird deutlich, daß mit pauschalen Forderungen und Regelungen dem differenzierten Auftrag der evangelischen Kirche kaum gerecht zu werden ist.

3. Strafrechtliche Verstöße

Eine ganz besondere Problematik ist gegeben, wenn ein kirchlicher Mitarbeiter oder eine kirchliche Mitarbeiterin gegen Vorschriften des Strafrechts verstößt.[251] Neben der staatlichen strafrechtlichen Sanktion im Falle des Überschreitens der Normen des Strafgesetzbuchs, stellt sich besonders bei kirchlichen Mitarbeiterinnen und Mitarbeitern immer wieder die Frage nach zusätzlichen kirchenrechtlichen Schritten. Dabei darf diese Frage nicht von vornherein mit dem Hinweis auf das Verbot einer Doppelbestrafung negativ beantwortet werden. Es ist vorstellbar, daß in bestimmten Situationen auch eine *zusätzliche* kirchenrechtliche Reaktion nicht ausbleiben darf.

Deutlich wird das Problem in den verschiedensten Bereichen der kirchlichen Mitarbeit. Wie ist mit dem Taufpaten zu verfahren, der sein Patenkind mißhandelt, wie mit der kirchlichen Angestellten, die betrunken Auto fährt und in diesem Zustand jemanden verletzt?

Ein besonders gravierender Fall geriet 1997 ins Licht der Öffentlichkeit. Unter großer Anteilnahme der Medien[252] wurde der niedersächsische Pfarrer Geyer wegen Totschlags an seiner Ehefrau zu einer Freiheitsstrafe von acht Jahren

---

[251] In profanen Arbeitsverhältnissen kann es hier zur personenbedingten und sozial gerechtfertigten Kündigung kommen, wenn die Straftat die Eignung für den konkret ausgeübten Beruf entfallen läßt, mit zahlreichen Beispielen Hueck/v. Hoyningen-Huene, Kündigungsschutzgesetz-Kommentar § 1 RN 255.

[252] „Bild" sprach ausschließlich vom „Mordpastor".

verurteilt.[253] Zwar war dies die erste Verurteilung eines Geistlichen wegen eines Kapitalverbrechens in der Nachkriegsgeschichte, doch wird an diesem Fall ein besonderes Problem der evangelischen Kirche hinsichtlich verschiedener innerkirchlicher Grundsätze, dem Spannungsfeld von Disziplinar- und Liebesrecht deutlich. Es ist zu klären, wie neben der staatlichen Reaktion durch das Strafrecht, die christliche Gemeinde/Gemeinschaft auf der Ebene des Kirchenrechts mit solchen Übertretungen umgehen soll.

4. Andere Bereiche und deren Entwicklung

Kaum jemand, der mit kirchlicher Arbeit betraut ist, kennt nicht solche Konfliktfälle aus der täglichen Praxis, z.B. im Zusammenhang mit Nebentätigkeiten, Kirchenaustritten oder aggressiv-kritischen Verhalten von kirchlichen Mitarbeiterinnen und Mitarbeiter. Doch ist in der evangelischen Kirche in den letzten Jahren ganz besonders die Haltung gegenüber homosexuell veranlagten Menschen diskutiert und überdacht worden. Parallel zu den Auseinandersetzungen über die Bewertung von gleichgeschlechtlichen Partnerschaften und deren Gleichstellung in der Öffentlichkeit, wurden in der evangelischen Kirche Fragen im Zusammenhang mit dem christlichen Glauben und der Kirche erörtert. Am Ende dieser breit angelegten Diskussion, die auf den unterschiedlichsten Ebenen der Kirche stattfand, wurde von einer ad-hoc-Kommision ein Text erarbeitet, der den Meinungsstand und die Diskussionsergebnisse festhält und sich als Orientierungshilfe versteht.[254] Es wird sowohl zur Frage nach Segnungen homosexueller Menschen als auch zur Vereinbarkeit von Homosexualität und kirchlichem Amt Stellung bezogen. Hier zeigt sich, daß es die evangelische Kirche durchaus versteht, in Konfliktsituationen progressiv und aufgeschlossen nach Problemlösungen zu suchen und hierbei auch auf die Betroffenen zuzugehen. Sicherlich hat ein solches Papier für sich allein rechtlich nur eingeschränkt Bedeutung. Doch ist es insofern relevant, als es als Maßstab des kirchlichen Meinungsstands zu

---

[253] Urteil des LG Braunschweig vom 16. April 1998.

[254] Mit Spannungen leben, Eine Orientierungshilfe des Rates der Evangelischen Kirche in Deutschland zum Thema „Homosexualität und Kirche", www.ekd.de/EKD-Texte/homo.html.

diesem Thema herangezogen werden kann. Es zeigt sich hier eine Beweglichkeit und Bereitschaft, auch rechtlich, durch Festlegung und Gestaltung von Lebensführungspflichten, auf eine klarere und verbesserte Situation hinsichtlich der Lebensführungspflichten und eventueller Verstöße gegen diese hinzuarbeiten.

Zweiter Teil: Festlegung und Gestaltung von Lebensführungspflichten

Lebensführungspflichten kirchlicher Mitarbeiterinnen und Mitarbeiter bestehen nicht aufgrund der Natur der Sache. Damit die besonderen Vorstellungen und Ansprüche der Kirche gegenüber ihren Mitarbeiterinnen und Mitarbeitern diesbezüglich eine rechtliche Relevanz erlangen, bedarf es ihrer Einbeziehung in das jeweilige Arbeitsverhältnis. Vor allem in gerichtlichen Auseinandersetzungen, aber auch schon bei der Entstehung von Konflikten zwischen der evangelischen Kirche und ihren Mitarbeiterinnen und Mitarbeitern, stellt sich die Frage, wer welche Verpflichtungen festlegt, deren Reichweite und Grenzen bestimmt und überprüft und die Kompetenz hat, im Einzelfall einen Bewertungsmaßstab fest- und diese Regelungen für den Zweifelsfall auszulegen.

A. Bei Pfarrerinnen und Pfarrern

Zu dem grundsätzlichen Verhältnis zwischen amtlichem und nichtamtlichem, also privatem Verhalten von Geistlichen äußern sich die Pfarrgesetze der Landeskirchen unterschiedlich.[255] Bezüglich der Lebensführungspflichten von Pfarrerinnen und Pfarrern ist bei diesem Verhältnis der unauflösliche Zusammenhang von Christsein, Zeugesein und dem kirchlichen Auftrag zu berücksichtigen. Vor diesem Hintergrund gilt zum einen, daß der Unterschied zwischen Amt und Person nicht verwischt werden darf, zum anderen, daß Amt und Person nicht voneinander getrennt werden dürfen.[256] Das Pfarrdienstverhältnis ist ein kirchengesetzlich geregeltes Dienst- und Treueverhältnis der Pfarrerinnen und Pfarrer zu ihren Landeskirchen, das grundsätzlich auf Lebenszeit geschlossen wird. Daß es häufig als öffentlich-rechtliches Dienstverhältnis der besonderen Art bezeichnet wird, ändert nichts an seiner ausschließlich kirchenrechtlichen Zuordnung und Regelung.[257]

---

[255] Mit Beispielen v. Lenthe, Zur politischen Betätigung kirchlicher Mitarbeiter, S. 134 f..

[256] Linnenbrink, ZevKR 38 (1993), S. 381-396, 382.

[257] Maurer, ZevKR 32 (1987), S. 571-598, 576.

I. Der kirchliche Arbeitgeber als Körperschaft des öffentlichen Rechts

Gegenüber ihren Pfarrerinnen und Pfarrern sowie Kirchenbeamten und Kirchenbeamtinnen spielt die Kirche kraft ihrer Rechtsform als Körperschaft des öffentlichen Rechts gem. Art. 140 GG i.V.m. Art. 137 Abs. 5 WRV eine besondere Rolle als Arbeitgeber.[258] Zunächst ergibt sich aus dieser Stellung für die Kirchen als Dienst- bzw. Arbeitgeber die sog. *Dienstherrenfähigkeit.* Diese umschließt die Befugnis, Personen in ein Beamtenverhältnis zu übernehmen, also Dienstverhältnisse öffentlich-rechtlicher Natur zu begründen, die dem staatlichen Arbeitsrecht nicht unterliegen. Es handelt sich daher bei diesen Mitarbeiterinnen und Mitarbeitern nicht um Arbeitnehmer im arbeitsrechtlichen Sinne. Im evangelischen Kirchenrecht besteht im Gegensatz zum katholischen – auch hinsichtlich der Ausgestaltung des Verhältnisses zu den Geistlichen – schon lange ein ausgeprägtes Kirchenbeamtenwesen.[259]

Die öffentlich-rechtlichen Dienstverhältnisse der Kirche mit ihren Pfarrerinnen und Pfarrern sowie Kirchenbeamten und Kirchenbeamtinnen orientieren sich an den *hergebrachten Grundsätzen des Berufsbeamtentums* nach Art. 33 Abs. 5 GG und sind wie die entsprechenden staatlichen Dienstverhältnisse öffentlich-rechtliche Dienst- und Treueverhältnisse. Diese werden nicht etwa durch Vertrag sondern einseitig durch Hoheitsakt begründet.[260] Die Ausgestaltung dieser Dienstverhältnisse durch die Kirche erfolgt einseitig, nämlich durch die von ihren berufenen Organen erlassenen Kirchengesetze, denen sich der Dienstnehmer unterwirft und die im wesentlichen staatlichem Beamtenrecht nachgebildet sind.[261]

Dort wo innerhalb der verfaßten Kirche ein ständiger Dienst von besonderer Verantwortung erfüllt wird, wo vor allem kirchliche Hoheits- und Aufsichtsbefugnisse ausgeübt, kirchliche Dienststellen geleitet oder sonstige beaufsichti-

---

[258] v. Campenhausen, Staatskirchenrecht, § 31, S. 288.

[259] Briza, „Tarifvertrag“ und „Dritter Weg“, S. 65.

[260] v. Campenhausen, Staatskirchenrecht, § 31, S. 289.

[261] Stein, Evangelisches Kirchenrecht, S. 124; Briza, „Tarifvertrag“ und „Dritter Weg“, S. 66; Keßler, Die Kirchen und das Arbeitsrecht, S. 33.

gende Funktionen in eigener Verantwortung wahrgenommen werden, da regeln die Kirchen ihre Dienstverhältnisse öffentlich-rechtlich.[262] Während in vergangenen Jahrhunderten die wirtschaftliche Stellung der Pfarrer durch den Ertrag von Pfründen und durch die bei Amtshandlungen gezogenen Gebührnisse gewährleistet wurde, ist heute die Besoldung durch zentral aufgebrachte und angewiesene Dienstbezüge üblich. Dadurch und durch die weitere Angleichungen in der rechtlichen Berufsordnung, hat sich der Pfarrberuf im wirtschaftlichen Status wie in der rechtlichen Form dem allgemeinen Beamtentum weithin angenähert. Die Rechtsform des evangelischen Pfarramtes ist als öffentlich-rechtliches Dienstverhältnis zur jeweiligen Kirche ausgestaltet und grundsätzlich auf eine lebenslange Beschäftigung ausgerichtet, da die Pensionierung nicht als Trennung zwischen Dienstnehmer und Dienstgeber verstanden wird, wobei diese Bindung auf einer theologisch-wissenschaftlichen Ausbildung gründet.[263]

Aufgrund dieses öffentlich-rechtlichen Dienstverhältnisses steht die evangelische Kirche zu ihrem *verbeamteten* Personal in einem besonderen Fürsorge- und Treueverhältnis. Zu der umfassenden Sorgepflicht gehören unter anderem das Alimentations-, das Lebenszeit- und das Laufbahnprinzip. Demgegenüber wird von den verbeamteten kirchlichen Mitarbeiterinnen und Mitarbeiter die Einhaltung bestimmter Treuepflichten – z.B. die Pflicht zur Wahrung der Interessen des Dienstherren – erwartet und eingefordert.

Trotz dieser Nähe zum staatlichen Beamtenrecht sind die Kirchen aber nicht in den Staatsaufbau integriert und unterliegen auch nicht einer staatlichen Aufsicht. Die Verleihung des Status einer Körperschaft des öffentlichen Rechts bedeutet nach der herrschenden staatskirchenrechtlichen Lehre lediglich die Anerkennung durch den Staat, bestimmte öffentlich-rechtliche Befugnisse ausüben zu können, ohne deswegen selbst Staatsorgan zu sein.[264] Das von ihnen in Wahrnehmung ihrer Eigenschaft als Körperschaft des öffentlichen Rechts gesetzte

---

[262] v. Campenhausen, Staatskirchenrecht, § 31, S. 290.

[263] Stein, Evangelisches Kirchenrecht, S. 123.

[264] Bietmann, Betriebliche Mitbestimmung im kirchlichen Dienst, S.26.

Dienstrecht bleibt eigenständiges Kirchenrecht, es wird nicht staatliches Recht, seine Anwendung ist die Anwendung öffentlicher, nicht aber – im staatlichen Sinne – hoheitlicher Gewalt.[265] [266]

Der Dienstherrenfähigkeit immanent ist die kirchliche Disziplinargewalt. Sie sichert die Wirkung disziplinarrechtlicher Maßnahmen auch für den weltlichen Rechtskreis. Das Recht selbst kirchenrechtliche Zuchtmaßnahmen gegen ihre Amtsträgerinnen und Amtsträger zu verhängen, kommt den Kirchen, als das rechtliche Mittel des Dienstherren, die Beamtinnen und Beamten zur Pflichterfüllung anzuhalten, ohnehin – unabhängig vom Bestehen der Disziplinargewalt – kraft eigenen Rechts zu.[267]

II. Die rechtliche Bedeutung der Ordination

Die Grundlage für das Entstehen der Ordinationspflichten, Lehrverpflichtungen und Amtspflichten evangelischer Pfarrerinnen und Pfarrer ist das durch die Ordination übertragene und übernommene Amt.[268] Die Ordination ist die Berufung zur Ausübung des Predigtamtes durch die Kirche. Sie ist Ausgangspunkt für die Rechte und Pflichten der Pfarrer und Pfarrerinnen.[269] Nach evangelisch-theologischer Lehre ist die Ordination *„die gottesdienstliche Handlung, bei der ein theologisch vorgebildetes und geprüftes Gemeindeglied unter Mitwirkung und in Gegenwart der Gemeinde in den Dienst der öffentlichen Verkündigung berufen wird“.*[270] [271] Sie setzt voraus, daß ein hauptamtliches Dienstverhältnis zur Landeskirche als Pfarrerin oder Pfarrer angestrebt wird.

---

[265] Briza, „Tarifvertrag“ und „Dritter Weg“, S. 65; Pirson, Festschrift Ruppe, S. 277-311, 297.

[266] Zum Streit in der Literatur, ob und wieweit die Kirchen bei öffentlich-rechtlicher Gestaltung Inhaltsgrenzen des Art. 33 Abs. 5 GG – dem sog. Typenzwang – unterliegen, siehe Briza, „Tarifvertrag“ und „Dritter Weg“, S. 67 f..

[267] v. Campenhausen, Staatskirchenrecht, § 31, S. 294.

[268] Dagegen entstehen Amtspflichten beim staatlichen Beamten mit dem Amtsgelöbnis und beim katholischen Pfarrer mit Weihe und Amtseinsetzung (Investitur), Pahud de Mortanges, Zwischen Vergebung und Vergeltung, S. 235.

[269] v. Lenthe, Zur politischen Betätigung kirchlicher Mitarbeiter, S. 136; Honecker in ZevKR 30 (1985) S. 63-70, 65.

[270] Arnoldshainer Konferenz, Theologische Grundsätze zu Ordination und Einführung, S. 80 f..

Im Lauf der Geschichte hat die Ordination im evangelischen Bereich eine wechselhafte und uneinheitliche Entwicklung genommen, weshalb auch in den Gliedkirchen heute noch unterschiedliche Ordinationstraditionen bestehen.[272] Die Ordination ist primär ein geistlicher Akt und ein theologischer Begriff und basiert auf den Aussagen der Artikel V und XIV der Confessio Augustana.[273] Durch sie wird ein Glied der Kirche in den Dienst des Predigtamtes berufen und zur Wortverkündigung und Sakramentsverwaltung ermächtigt.[274] Anders als in der katholischen Kirche begründet die Ordination keinen besonderen Stand. Sie ist vielmehr eine historisch entwickelte Form der öffentlichen Beauftragung eines Christen oder einer Christin aufgrund einer anerkannten Gabe zum Predigtdienst. Dieser ist als besonderer Dienst in Wort und Sakrament innerhalb des Auftrags aller Christen zu sehen und auf eine dauernde und grundsätzlich eigenverantwortliche sowie vollzeitlich ausgeübte Beschäftigung ausgerichtet.[275] Der geistliche Charakter der Ordination wird auch dadurch deutlich, daß sie als gottesdienstliche Handlung vom Bischof oder einem von ihm beauftragten Geistlichen vor und mit der Gemeinde nach einer bestimmten Agende vollzogen wird.[276]

Die Ordination hat neben diesem geistlich-theologischen Aspekt, aber auch rechtlichen Charakter.[277] Im Kirchenrecht wird der Begriff der Ordination aufgenommen, ihre Voraussetzungen und ihr Vollzug werden geordnet, ihre Rechtswirkungen geregelt, die durch die Ordination verliehene Ermächtigung als Rechte qualifiziert und schließlich Voraussetzungen bestimmt, wie diese

[271] Zur Problematik einer zeitlich und örtlich begrenzten Ordination, beziehungsweise deren Wiederholbarkeit siehe: Stellungnahme der evangelisch-theologischer Fakultät der Universität Bonn vom 17. April 1984 in ZevKR 30 (1985) S. 63-70, 65.

[272] Rohde, ZevKR 41 (1996), S. 369-387, 375.

[273] Maurer, ZevKR 32 (1987), S. 571-598, 574.

[274] z.B. § 4 PfG VELKD.

[275] Stein, Badische Pfarrvereinsblätter 1985, S. 82-86, 82.

[276] Maurer, ZevKR 32 (1987), S. 571-598, 575; Honecker, ZevKR 30 (1985) S. 63-70, 65.

[277] Rohde, ZevKR 41 (1996), S. 369-387, 375.

Rechte wieder aufgegeben oder entzogen werden können.[278] Ordination und Dienstverhältnis fallen zwar in unterschiedliche Kategorien, sind aber eng miteinander verbunden. Die Ordination ist Voraussetzung und Grundlage, aber auch prägendes Element und maßgebliche Substanz des Pfarrerdienstverhältnisses.[279] Dementsprechend bilden die Rechte und Pflichten aus der Ordination den wesentlichen Inhalt des Pfarrerdienstverhältnisses.[280] Durch die Ordination entsteht für Pfarrer und Pfarrerinnen die Pflicht, Schrift und Bekenntnis wahrzunehmen, d.h. das Evangelium rein zu verkündigen und die Sakramente recht zu verwalten. Hieraus ergeben sich auch für den Bereich der persönlichen Lebensführung Folgepflichten.[281] Bei der Ordination verpflichtet sich die Gesitlichen zur Einhaltung auch dieser Forderungen.[282]

„Seid ihr bereit, euch in den Dienst der öffentlichen Verkündigung berufen zu lassen, versprecht ihr, das Evangelium von Jesus Christus zu predigen, wie es in der Heiligen Schrift gegeben und in den Bekenntnissen unserer Kirche bezeugt ist, und wollt ihr euren Dienst nach der geltenden Ordnung treu und gewissenhaft tun zur Ehre Gottes und zum Besten der Gemeinde, so antwortet: Ja, mit Gottes Hilfe."[283]

Durch die Einbeziehung der Ordination in das Pfarrerdienstverhältnis werden die Ordinationspflichten zugleich Dienstpflichten. Damit kommt ihnen Rechtscharakter zu. In den Kirchenverfassungen und Pfarrergesetzen finden sich Dienstpflichten, die sich teils mit den Ordinationspflichten decken, zum Teil aber auch über diese hinausgehen. In beiden Fällen sind sie aber als kirchen-

---

[278] §§ 3 I, 4, 7 ff. Pfarrgesetz VELKD; §§ 4, 66 f. Pfarrerdienstgesetz der EKU.

Die Ordination selbst gehört aber *„zur persönlichen, geistlichen Lebensgeschichte des Ordinanden. So gesehen ist sie ebensowenig folgenlos zurücknehmbar oder aufhebbar wie ein anderer biographischer Akt"*, Stein, Evangelisches Kirchenrecht, S. 99.

[279] Rohde, ZevKR 41 (1996), S. 369-387, 374.

[280] Maurer, ZevKR 32 (1987), S. 571-598, 577.

[281] s. § 4 Abs. 2 PfG VELKD.

[282] v. Lenthe, Zur politischen Betätigung kirchlicher Mitarbeiter, S. 138.

[283] Ordination, Einführungen und Einweihungen, S. 55.

rechtliche Pflichten für Pfarrerinnen und Pfarrer rechtsverbindlich.[284] Die Pflichten hinsichtlich der Lebensführung folgen, wie auch alle anderen Pflichten des Pfarrers oder der Pfarrerin, unmittelbar aus dem durch die Ordination übertragenen Auftrag, nicht etwa aus der konkret übertragenen Aufgabe, wodurch eine Akzentuierung oder Erweiterung durch Dienstanweisung oder Stellenbeschreibung im Einzelfall jedoch nicht ausgeschlossen ist.[285] Dieser Auftrag kann als eine Verkündigung des Evangeliums und stiftungsgemäße Verwaltung der Sakramente beschrieben werden.[286] Die Frage nach dem konkreten Anknüpfungspunkt für die Rechtspflichten im außerdienstlichen Verhalten der Pfarrerinnen und Pfarrer ist jedoch noch nicht abschließend geklärt.[287]

Die Ordination begründet ein Verhältnis der Unterordnung der Ordinierten unter ihren Dienstherrn Kirche, denn die Ordiniertenrechte werden von der Kirche verliehen und die Geistlichen verpflichten sich, in Lehre und Wandel treue Diener zu sein; sie unterwerfen sich zugleich kirchlicher Aufsicht.[288]

III. Der persönliche Geltungsbereich kirchlicher Disziplinargesetze

Die Bestimmungen über den persönlichen Geltungsbereich des Disziplinarrechts der evangelischen Kirche finden sich zum Teil in den beiden gesamtkirchlichen Disziplinargesetzen[289], zum Teil aber auch in den Rechtsvorschriften der Gliedkirchen, wobei die gesamtkirchlichen Regelungen Vorrang genießen.[290] Gem. § 2 Abs. 1 findet das DG der EKD auf die Amtspflichtverletzung von Geistlichen Anwendung.[291] Nach § 1 Abs. 1 a DG fallen darunter alle Ordinierten, die von der Kirche für den Dienst an Wort und Sakrament gestellt sind. Da hier von *ordinierten Amtsträgern* gesprochen wird, sind nur solche Personen

---

[284] Maurer, ZevKR 32 (1987), S. 571-598, 578.

[285] Rohde, ZevKR 41 (1996), S. 369-387, 376.

[286] Linnenbrink, ZevKR 38 (1993), S. 381-396, 393.

[287] v. Lenthe, Zur politischen Betätigung kirchlicher Mitarbeiter, S. 137.

[288] Hansch, Die Disziplinargerichtsbarkeit in der Evangelischen Kirche, S. 83.

[289] DG der EKD und AZG der VELKD.

[290] Strietzel, Das Disziplinarrecht, S. 62.

[291] Zum Gebrauch des Begriffs *Geistlicher*, siehe Strietzel, Das Disziplinarrecht, S. 63 f..

erfaßt, die zur Kirche in einem öffentlich-rechtlichen Dienst- und Treueverhältnis stehen.[292] Nach §§ 123 f. DG der EKD werden auch alle verbeamteten Personen in vollem Umfang dem Disziplinarrecht unterworfen.[293] [294]

B. Bei kirchlichen Angestellten

Bei den kirchlichen Angestellten werden Obliegenheiten hinsichtlich einer bestimmten Lebensführung zwischen den Vertragsparteien grundsätzlich im Rahmen des Arbeitsvertragsabschlusses vereinbart. Doch eine Vereinbarung solcher Pflichten kann nicht ohne weiteres zwischen den Parteien eines kirchlichen Arbeitsverhältnisses festgelegt werden, da die Vertragsfreiheit im Arbeitsrecht stark eingeschränkt ist. Aufgrund der verfassungsrechtlichen Ausgestaltung ihrer Rechte kommen den Kirchen jedoch besondere Gestaltungsmöglichkeiten zu.

I. Das Selbstbestimmungsrecht der Kirche

Im Gegensatz zu den Anforderungen profaner Arbeitgeber[295] reicht der kirchliche Anspruch bezüglich der Beachtung bestimmter Loyalitätsanforderungen nicht nur ausnahmsweise, sondern regelmäßig und grundsätzlich in die Privatsphäre des Arbeitnehmers hinein.[296] Hinsichtlich der darauf gerichteten Gestaltungsmöglichkeiten der Kirchen ist das in der Verfassung verankerte kirchliche Selbstbestimmungsrecht von entscheidender Bedeutung. Die Kirche wird dadurch zu einem besonderen Arbeitgeber und Vertragspartner für den Arbeitnehmer. Selbst vor den staatlichen Gerichten kommt den kirchlichen Grundsätzen und Ansichten hinsichtlich des Beschäftigungsverhältnisses eine besondere Bedeutung zu.

---

[292] Strietzel, Das Disziplinarrecht, S. 65.

[293] Auch ein Kirchenbeamter „*handelt pflichtwidrig, wenn er sich vom Gottesdienst fortgesetzt fernhält, wenn er ungehörigen Umgang mit Frauen unterhält, wenn er ein Schwätzer und Krakeeler in Wirtshäusern ist.*“ Friedrich, Einführung in das Kirchenrecht, S. 552.

[294] Zur ausführlichen Darstellung des Geltungsbereich, auch unter Berücksichtigung der gliedkirchlichen Regelungskompetenzen, siehe Strietzel, Das Disziplinarrecht, S. 62-86.

[295] s.o. Seite 45.

[296] Mummenhoff, NZA 1990, S. 585-592, 585.

Für diese im Grundsatz heute unbestrittene Sichtweise ist eine Entscheidung des Bundesverfassungsgerichts aus dem Jahr 1985[297] ausschlaggebend, die als ein *„wirklicher Markstein"* der Rechtsentwicklung auf diesem Gebiet gewertet wird.[298] Es ging um die Frage, ob und inwieweit die Kirchen im Hinblick auf ihren Auftrag ihren Arbeitnehmern besondere Loyalitätspflichten auch hinsichtlich der persönlichen Lebensführung auferlegen und ob und unter welchen Umständen sie das Arbeitsverhältnis wegen Verletzung solcher Pflichten kündigen können.

Die Anerkennung des kirchlichen Selbstbestimmungsrechts ist neben der Religionsfreiheit aus Art. 4 GG und der Trennung von Staat und Kirche gem. Art. 140 GG i.V.m. Art. 137 WRV die dritte Säule der staatskirchenrechtlichen Ordnung des Grundgesetzes.[299] Damit kommt dem kirchlichen Selbstbestimmungsrecht im Zusammenhang mit dem Grundsatz der Trennung von Staat und Kirche eine tragende Bedeutung zu. Es bestehen zwei Realitäten, Kirche und Staat, die voneinander rechtlich unabhängig sind. Dabei existieren der Rechtskreis des kirchlichen Rechts und der des staatlichen Rechts in einer Gleichordnung nebeneinander. Die staatskirchenrechtlichen Vorschriften sind so zu verstehen, daß es eines wechselseitigen Respektierens und einer gegenseitigen Bedachtnahme, der Koordinierung, Verständigung und Kooperation bedarf.[300]

Art. 140 GG i.V.m. Art. 137 Abs. 3 WRV garantiert den Kirchen das Recht, ihre Angelegenheiten selbständig zu ordnen und zu verwalten, bindet sie aber gleichzeitig an das für alle geltende Gesetz. Diese partielle Autonomie der Kirchen schafft institutionelle Rahmenbedingungen, die es ihnen ermöglichen, ihren geistlich-karitativen Auftrag zu erfüllen; sie erstreckt sich auf sämtliche Maßnahmen, die in Verfolgung der vom kirchlichen Grundauftrag her bestimmten Aufgaben zu treffen sind.[301] Zur Kirchenautonomie gehören die Organisations-

[297] BVerfGE 70, S. 138 ff..

[298] Spengler, NZA 1987, S. 833-839, 833.

[299] v. Campenhausen, Staatskirchenrecht, § 14, S. 105; Winter, Staatskirchenrecht, S. 105.

[300] Geiger, ZevKR 26 (1981), S. 157-174, 159.

[301] Mummenhoff, NZA 1990, S. 585-592, 586.

gewalt, die Personalhoheit und auch die Regelungskompetenz für das Dienstrecht.[302] Bei letzterem befinden die Kirchen darüber, *„welche Dienste es in ihren Einrichtungen geben soll und in welchen Rechtsformen sie wahrzunehmen sind"*.[303] Sie können sich also der jedermann offenstehenden Privatautonomie bedienen, um ihre Dienstverhältnisse zu begründen, müssen aber nicht auf die Formen staatlichen Rechts zurückgreifen, da es ihnen frei steht, eigene Gestaltungsformen und ein eigenes Dienstrecht zu entwickeln.[304]

Dennoch gehen die Kirchen durch die Begründung von Arbeitsverhältnissen einen Schritt aus ihrer eigenen Sphäre kirchlicher Ordensgemeinschaften und Gesellschaften des apostolischen Lebens heraus und hinein in den weltlich geregelten Lebenskreis.[305] Bedienen sie sich der Privatautonomie, folgt dieser Wahl auch die grundsätzliche Geltung und Anwendung des staatlichen Arbeitsrechts, womit die Zugehörigkeit dieses Bereichs zu den eigenen Angelegenheiten aber nicht automatisch aufgehoben ist.[306] Die Kirchen können ihr Selbstbestimmungsrecht also nicht nur in der eigenen Ordnung, sondern darüber hinaus auch innerhalb des staatlichen Regelwerks in Anspruch nehmen.[307] So läßt das Staatskirchenrecht einerseits ein Eingebundensein in die weltliche Rechtsordnung erkennen, hebt aber gleichzeitig die Selbständigkeit der Kirchen hervor.[308]

Bei der Erfüllung kirchlicher Aufgaben ist eine scharfe Trennung von dienstlicher Loyalität des Arbeitnehmers und seiner außerdienstlichen Ungebundenheit nicht möglich.[309] Das in der Verfassung garantierte Selbstbestimmungsrecht, erlaubt den Kirchen daher, im Wege des Vertragsschlusses einem Arbeitnehmer

---

[302] Isensee, Festschrift für Obermayer, S. 203-216, 205.

[303] BVerfGE 70, S. 138, 164.

[304] Spengler in NZA 1987 S. 833-839, 834.

[305] Klar, NZA 1995, S. 1184-1186, 1184.

[306] Dütz, NJW 1990, S. 2025-2031, 2025; BVerfGE 70, S. 138, 165.

[307] Mummenhoff, NZA 1990, S. 585-592, 586.

[308] Rüfner, Festschrift der Universität Köln, S.797-811, 797.

[309] s.o. Seite 53; BAGE 30 S. 247, 257.

grundsätzlich besondere Lebensführungspflichten aufzuerlegen.[310] Auch wenn sie sich hierbei in den Bereich des staatlichen Arbeitsrechts begeben, verlassen sie nicht automatisch den Schutzbereich ihres verfassungsmäßigen Selbstbestimmungsrechts, vielmehr bringen sie dieses in das Vertragsverhältnis mit ein. Ungeachtet der Geltung des staatlichen Arbeitsrechts bleibt also die Verfassungsgarantie des Selbstbestimmungsrechts für die Gestaltung der Arbeitsverhältnisse wesentlich.[311]

Die verfassungsrechtlich gewährleistete Selbstordnungs- und Selbstverwaltungsgarantie kommt nicht nur den verfaßten Kirchen und deren rechtlich selbständigen Teilen zu, sondern allen der Kirche in bestimmter Weise zugeordneten Einrichtungen unabhängig von ihrer Rechtsform. Sie müssen jedoch nach kirchlichem Selbstverständnis ihrem Zweck und ihrer Aufgabe entsprechend berufen sein, ein Teil des Auftrags der Kirche wahrzunehmen und zu erfüllen, ihre Zweckbestimmung muß also als Lebens- und Wesensäußerung der Kirche verstanden werden können.[312]

II. Europarechtlicher Einfluß auf das Selbstbestimmungsrecht

Gemäß dem „Vorrang des Europarechts" sind Eingriffe der EG in das nationale Verfassungsrecht grds. durchaus möglich. Die fehlende Regelungskompetenz der EG bezüglich des kirchlichen Selbstbestimmungsrechts ergibt sich aber aus dem EG-Vertrag, der keine Kompetenz hinsichtlich kirchlicher Angelegenheiten enthält. Dennoch ergeben sich Berührungspunkte zum kirchlichen Arbeitsrecht im Hinblick auf die Zuständigkeit der EG für das allgemeine Arbeits- und Sozialrecht ergeben.[313] Zwar berühren nach dem augenblicklichen Rechtszustand europäische Initiativen in Form von Richtlinien das kirchliche Arbeitsrecht insofern kaum, als diejenigen Grundsätze, die einen Minimalstandard im Bereich des

---

[310] Richardi, Arbeitsrecht in der Kirche, S. 57 RN 13.

[311] BVerfGE 70, S. 138, 164 f.; Mummenhoff, NZA 1990, S. 585-592, 586.

[312] So bereits: BVerfGE 46, S. 73, 85 f.; 53, S. 366, 391 f.; Spengler in NZA 1987, S. 833-839, 834, Mummenhoff, NZA 1990, S: 858-892, 856; Klimpe-Auerbach, Der Personalrat 1988, S. 148-150, 148; Berchtenbreiter, Kündigungsschutzprobleme, S. 20; Schilberg, Rechtsschutz und Arbeitsrecht, S.14.

[313] v. Campenhausen, Staatskirchenrecht, § 39, S. 415.

Arbeitsschutzes bei Massenentlassungen, Jahresurlaub, Arbeitszeiten, Überstunden- und Altersgrenzenregelungen betreffen, meist Empfehlungscharakter haben und ihnen eine unmittelbare rechtliche Verbindlichkeit fehlt.[314] Es ergeben sich jedoch Gefahren für die kirchlichen Positionen in Deutschland aus scheinbar religionsneutralen Regelungen mit wirtschaftlichen Zielsetzungen, die aber – eher ungewollt – staatskirchenrechtlich erhebliche Auswirkungen haben können.[315] [316] Obwohl die hier geltenden Besonderheiten auf europäischer Ebene schon deshalb auf Verständnisschwierigkeiten stoßen, weil in keinem anderen Vertragsstaat eine auch nur entfernt ähnlich große Arbeitnehmerzahl davon erfaßt wird,[317] hat zumindest die Europäische Kommission für Menschenrechte bereits anerkannt, daß die Kirchen zumindest im Individualarbeitsrecht spezifische Leistungsanforderungen stellen dürfen.[318] Die nach dem deutschen Verfassungsverständnis aus dem kirchlichen Selbstbestimmungsrecht abgeleitete Personalhoheit findet im Gemeinschaftsrecht nur im allgemeinen Tendenzschutz eine Entsprechung. Danach werden die einer religiösen Tendenz verpflichteten Organisationen um ihrer Glaubwürdigkeit willen auch als Arbeitgeber in einer spezifischen Werthaltung geschützt.[319] Die Kirchen dürfen also grundsätzlich – auch im europäischen Kontext – im Arbeitsverhältnis zu ihren Angestellten besondere Obliegenheiten hinsichtlich der privaten Lebensführung festlegen.[320] Gleichwohl ist in der Zukunft nach Wegen zu suchen, die besonderen Loyalitäts- und damit auch Lebensführungspflichten, die nach nationalem Recht von kirchlichen Mitarbeiterinnen und Mitarbeitern verlangt werden dürfen, auch

---

[314] Streinz, Essener Gespräche 31 (1997), S. 53-87, 75.

[315] Link, ZevKR 42 (1997), S. 130-157, 131.

[316] Problematisch in diesem Zusammenhang ist auch das weite Verständnis des Begriffs vom Arbeitnehmer, der nach der Rechtsprechung des EuGH (EuGH, Rspr. 1986, S. 2144, Egrd. 17; EuGH, Rspr. 1982, S. 1035, 1050, Egrd. 16 f.; EuGH Rspr. 1974, S. 153, 165, Egrd. 5 f.) auch Pfarrer und Bischöfe erfaßt, Streinz, Essener Gespräche 31 (1997), S. 53-87, 76.

[317] Link, ZevKR 42 (1997), S. 130-157, 139.

[318] EKMR, Entscheidung vom 6.9.1989, BNr. 12242/86 „Der Fall Rommelfanger".

[319] Link, ZevKR 42 (1997), S. 130-157, 141.

[320] LAG Hamm, BB 1987, S. 1322.

gegen gemeinschaftsrechtliche Vorgaben zu sichern.[321] [322] Die Grundvoraussetzungen hierfür sind gegeben, denn die insgesamt rudimentäre ausdrückliche Berücksichtigung der Religion im Gemeinschaftsrecht zeigt, daß die Kraftfelder des Strebens nach europäischer Einheit nach wie vor im wirtschaftlichen liegt. Insoweit gibt es keinen Grund, das Staatskirchenrecht einer Homogenisierung und Unitarisierung zu unterwerfen. Für einen Pluralismus staatskirchenrechtlich, stark von unterschiedlichen nationalen Traditionen geprägter Ordnung ist auch in der Europäischen Union Raum. Eben in dieser Vielfalt liegt die besondere Rolle der Kirchen und Religionsgemeinschaften, die stark technokratische Integration geistig-kulturell zu begleiten.[323] Insoweit muß die Eigenständigkeit des Staatskirchenrechts auch – soweit möglich – vor indirekten Einschränkungen geschützt werden.

III. Maßstabs- und Überprüfungskompetenz

Der Staat verfügt im kirchlichen Arbeitsrecht – im Gegensatz zum öffentlichen Recht der Kirchenämter – klar über die Jurisdiktionsgewalt. Es wird heute nicht mehr bestritten, daß das staatliche Arbeitsrecht für Arbeitsverhältnisse zwischen Arbeitern und Angestellten und der Kirche sowie ihren Institutionen gilt, da diese privatrechtlich mittels eines Arbeitsvertrages begründet werden. Daraus folgt aber nicht automatisch, daß die Zugehörigkeit dieser Angelegenheit zum kirchlichen Selbstbestimmungsrecht damit aufgehoben wäre.[324] Entscheidend für die Geltung jedweder vereinbarten Lebensführungspflichten ist, wessen Maßstab im Streitfall zur Interpretation des Vereinbarten heranzuziehen ist und inwieweit dieser Maßstab wie auch das Vereinbarte selbst einer Prüfung unterzogen werden kann.

---

[321] Streinz, Essener Gespräche 31 (1997), S. 53-87, 76.

[322] Hinsichtlich der besonderen Schwierigkeiten, die sich bezüglich der Umsetzung der Richtlinie zur Gleichbehandlung in Beschäftigung und Beruf 2000/78/EG ergeben, verweise ich auf eine Dissertation von Heidi Reichegger, die voraussichtlich im nächsten Jahr erscheinen wird: „Staatskirchenrechtliche Probleme im Zusammenhang mit der Umsetzung von Richtlinien am Beispiel der Umsetzung der Richtlinie zur Gleichbehandlung in Beschäftigung und Beruf 2000/78/EG".

[323] Jeand'Heur/Korioth, Staatskirchenrecht S.263 RN 380.

[324] Schilberg, Rechtsschutz und Arbeitsrecht, S. 20.

1. Kirchliche Kompetenz

Die kirchlichen Grundverpflichtungen, die Gegenstand eines Arbeitsverhältnisses werden können, richten sich aufgrund der Geltung des Selbstbestimmungsrechts grundsätzlich nach den von der Kirche verfaßten Maßstäben, über die sich das Arbeitsgericht unter bestimmten Umständen durch Rückfragen bei den Kirchen, im Bedarfsfalle bei den zuständigen Kirchenbehörden, Aufklärung verschaffen muß.[325] Die Verfassungsgarantie hält den Kirchen die Möglichkeit offen, den Eigenarten des kirchlichen Dienstes in der Ausgestaltung der Arbeitsverhältnisse gerecht zu werden und sie ihrem Selbstverständnis anzupassen. Sie berechtigt vor allem, auch Maßnahmen zu ergreifen, die eine Sicherstellung der religiösen Dimension des Wirkens der Einrichtung im Sinn des kirchlichen Selbstverständnisses gewähren.[326] Die Kirchen sind befugt, ihren Arbeitnehmern jedenfalls die Beachtung *„der tragenden Grundsätze der kirchlichen Glaubens- und Sittenlehre aufzuerlegen und zu verlangen, daß sie nicht gegen die fundamentalen Verpflichtungen verstoßen, die sich aus der Zugehörigkeit zur Kirche ergeben und die jedem Kirchenglied obliegen“*.[327] Dabei können die Kirchen dem Arbeitnehmer eigens Loyalitätsobliegenheiten auferlegen und so das besondere Leitbild der kirchlichen Dienstgemeinschaft in die Ausgestaltung des jeweiligen Arbeitsverhältnisses verbindlich einbeziehen.[328]

Das Bundesverfassungsgericht hat ausdrücklich darauf hingewiesen, daß es grundsätzlich den verfaßten Kirchen überlassen bleibt festzulegen, was ihre Verkündigung und Glaubwürdigkeitswahrung erfordert, was unter spezifisch kirchlichen Aufgaben zu verstehen ist, was Nähe zu ihnen bedeutet, welches die wesentlichen Grundsätze der Glaubens- und Sittenlehre sind, und was als ein – gegebenenfalls schwerer – Verstoß gegen diese Grundsätze anzusehen ist.[329] Zunächst kommt es also auf das Selbstverständnis der Kirche an. Doch nicht alles, was von Seiten der evangelischen Kirche geäußert und verbreitet wird,

[325] BVerfGE 70, S. 138, 165 f..

[326] Mummenhoff, NZA 1990, S. 585-592, 586.

[327] BVerfGE 70, S. 138, 165 f..

[328] Isensee, Festschrift für Obermayer, S. 203-216, 206.

[329] BVerfGE 70, S. 138, 168.

kann gleich wichtig sein und zur Auslegung im Zweifels- oder Streitfalle in gleicher Weise berücksichtigt werden.

Schon lange vor der bedeutenden Entscheidung des Bundesverfassungsgerichts stellte *v. Tilling* fest[330], daß das staatliche Gericht in strittigen Fällen von den von der Kirche in maßgeblichen Texten, wie Kirchenverfassungen, Bischofsworten und Synodalvereinbarungen niedergelegten und formulierten Maßstäben auszugehen hat. Hingegen dürfe es nicht die Maßstäbe einzelner betroffener Anstellungskörperschaften berücksichtigen, bei denen die Meinungsbilder leicht von unsachgemäßen, persönlichen Motiven mitgeprägt sein könnten. Auch die Ansichten breiter Kreise unter den Kirchengliedern oder gar die avantgardistischer jüngerer Mitarbeiterinnen und Mitarbeiter seien nicht entscheidend.

Es ist also weder auf die Auffassung der im einzelnen betroffenen Einrichtung abzustellen, deren Meinungsbildung von einer Vielzahl von Motiven geprägt sein kann, noch auf die Überzeugung breiterer Kreise von Kirchengliedern oder gar einzelner, bestimmten Tendenzen verbundener Mitarbeiterinnen und Mitarbeiter. Es besteht eine grundsätzliche Nichtzuständigkeit für einzelne Theologinnen und Theologen sowie Kirchenmitglieder[331], und im Streitfalle entscheidet die generelle Maßstabskompetenz, die bei der zuständigen Kirchenbehörde liegt. Sollten die hier vorgegebenen Maßstäbe nicht eindeutig oder unzureichend sein, müssen die Arbeitsverträge konform zu den offiziellen Maßstäben der Kirche ausgelegt werden,[332] die auch in den Rechtsordnungen der Kirche zum Ausdruck kommen können.[333]

Ein staatliches Gericht darf sich also selbst kein theologisches Urteil anmaßen oder eine kirchliche Bestimmung theologisch auslegen. Die Gerichte des säkularen Staates sind durch die Verfassungsgarantie des religiösen Selbstbestim-

---

330 v. Tilling, ZevKR 22 (1977), S. 322-345, 345.

331 Auch wenn diese mit ihren Ansichten in der Öffentlichkeit Rückhalt finden sollten, Richardi, Arbeitsrecht in der Kirche, S. 70 RN 18.

332 Mummenhoff, NZA 1990, S. 585-592, 587.

333 Richardi, Arbeitsrecht in der Kirche, § 6, S. 71 RN 21.

mungsrechts strikt daran gehindert, kirchliches Recht religiös zu hinterfragen.[334] Rückfragen des jeweiligen Gerichts an die Kirchen haben nur in Zweifelsfällen ihre Berechtigung, nämlich wenn kein kirchliches Gesetz, keine kirchlichen Verlautbarungen und keine Vertragstexte eindeutig Auskunft geben können.[335] Doch bleibt zu klären, welche Kompetenz den Arbeitsgerichten hinsichtlich einer etwaiger Überprüfung dieser von der Kirche vorgegebenen Maßstäbe zukommt. Hier stellt sich in verfassungsrechtlicher Hinsicht die Frage nach der Reichweite und den Grenzen des kirchlichen Selbstbestimmungsrechts und damit auch nach Abgrenzung und Zuordnung kirchlicher und staatlicher Zuständigkeiten. Dabei geht es letztlich um die diffizile Bereichsabgrenzung von staatlichem und kirchlichem Recht, mithin um die Frage, inwieweit die Kirche im pluralistischen freiheitlichen Rechts- und Sozialstaat von kirchlichen Grundsätzen geprägte Ordnungsmodelle verwirklichen kann, ohne an die Grenzen des für alle geltenden Rechts zu stoßen.[336]

2. Staatliche Kompetenz

Die Reichweite der staatlichen Kompetenz hinsichtlich einer gerichtlichen Überprüfung der von Seiten der Kirchen als Reaktion auf eine Lebensführungspflichtverletzung getroffenen Entscheidung wird unterschiedlich beurteilt. Insoweit erfährt auch das Urteil des Bundesverfassungsgerichts[337] keine einheitliche Interpretation. Im Folgenden sollen die beiden Hauptrichtungen sowie eine vermittelnde Auffassung bzgl. dieser Diskussion dargestellt werden. Während eine Auffassung das Selbstbestimmungsrecht der Kirche betont, sieht eine andere stärkere Überprüfungskompetenzen auf Seiten der staatlichen Arbeitsgerichte. Im Zentrum dieser Diskussion steht die vom BAG in Kündigungsschutzprozessen grundsätzlich vorgenommene zweistufige Prüfung. Danach wird auf der ersten Prüfungsebene geprüft, ob an sich ein Kündigungsgrund gegeben ist.

---

[334] Kästner, Staatliche Justizhoheit und religiöse Freiheit, S. 182.

[335] Rüfner, Festschrift der Universität Köln, S.797-811, 800.

[336] v. Campenhausen, Essener Gespräche 18 (1984), S. 10 f..

[337] BVerfGE 70, S. 138 ff..

Wird dies bejaht, ist auf der zweiten Stufe in Form einer Interessenabwägung eine allgemeine Billigkeitskontrolle vorzunehmen.[338]

a) Umfassende arbeitsgerichtliche Kompetenz

Gegen die Beschränkung einer umfassenden Prüfungskompetenz der Arbeitsgerichte und damit für eine Gewichtung zuungunsten des kirchlichen Selbstbestimmungsrechts sind vielerlei Argumente vorgebracht worden:

In bestimmten Einzelfällen (homosexuelles Verhalten, Eheverbot für Geschiedene) müsse das Arbeitsgericht eine umfassende Prüfungskompetenz haben, die es ihm ermöglicht, insbesondere die Grundrechte und das Kündigungsschutzrecht in vollem Umfang zu berücksichtigen, um nicht zu unbilligen und verfassungsrechtlich bedenklichen Ergebnissen zu gelangen.[339] Andernfalls komme es für den kirchlichen Arbeitnehmer zu einer dem weltlichen Arbeitsverhältnis in dieser Strenge unbekannten Aufbürdung von Loyalitätspflichten. Das kirchliche Arbeitsverhältnis geriete in eine Schieflage, die mit dem Grundgesetz unvereinbar sei.[340]

Auch vor dem Hintergrund der deutschen Wiedervereinigung und der damit möglich gewordenen Neugestaltung des Grundgesetzes wurden Einwände gegen eine *Überbetonung* des Selbstbestimmungsrechts der Kirchen vorgebracht. Denn auch nach dem Urteil des Bundesverfassungsgericht von 1985 könne von einer Kirchensouveränität nicht gesprochen werden, selbst wenn das Urteil eine *„Parteinahme"* zugunsten der Kirchen darstelle.[341]

Besondere Probleme entstünden auch in Arbeitsbereichen, bei denen kirchlichen Einrichtungen eine monopolähnliche Stellung zukomme. Wenn die Kirchen hierbei eigentlich dem Staat obliegende Aufgaben übernähmen, bestehe ein

---

[338] Unabhängig von Entscheidungen zu kirchlichen Arbeitsverhältnissen ist diese Vorgehensweise, als eine einseitig für den Arbeitgeber nachteilige und unberechenbare kritisiert worden Schwerdtner, Brennpunkte des Arbeitsrechts, S. 104-157, 104 und 122.

[339] Geck/Schimmel, AuR 1995, S. 177-184, 181 und 184.

[340] Klimpe-Auerbach, Der Personalrat 1988, S. 148-150, 149.

[341] Bischoff/Hammer, AuR 1995, S.161-168, 163.

Konflikt mit der Neutralitätspflicht des Staates, die es gebiete, soziale Dienstleistungen indoktrinationsfrei zur Verfügung zu stellen.[342]

So wird das Urteil des Bundesverfassungsgerichts dahingehend interpretiert, daß unabhängig von den eben aufgezeigten Festlegungszuständigkeiten kirchlicher Stellen die arbeitsgerichtliche Prüfungs- und Entscheidungskompetenz im Kündigungsschutzprozeß voll erhalten bliebe.[343] Ein Verzicht auf eine Abwägung des Einzelfalls liefe dem System des Kündigungsschutzes zuwider, womit das staatliche Arbeitsgericht unberechtigterweise zu einem *„Notar der Kirchen"* würde.[344] Sollte das Gericht einen Verstoß gegen die nur begrenzt überprüfbaren kirchlichen Maßstäbe feststellen, müsse es weiter klären, ob diese Verletzung nach den Vorschriften § 1 KSchG und § 626 BGB eine Kündigung rechtfertigt, denn das eigentlich Neue an der Entscheidung des Bundesverfassungsgerichts sei lediglich die Bestätigung einer klar konstruierten zweistufigen Prüfung:[345]

Zunächst müsse die generelle Eignung des Sachverhalts als Kündigungsgrund festgestellt werden. Auf dieser ersten Stufe sei also zu überprüfen, ob nach dem Selbstverständnis der verfaßten Kirche im konkreten Fall eine arbeitsrechtlich abgesicherte Loyalitätspflicht durch den Arbeitnehmer verletzt wurde und wie schwer diese Verletzung wiegt. Diese Prüfung habe allein anhand des arbeitsrechtlich abgesicherten kirchlichen Selbstverständnisses zu erfolgen, wobei das Arbeitsgericht diese vereinbarten Maßstäbe dahingehend überprüfen könne, ob ein Widerspruch zu den Grundprinzipien der Rechtsordnung gegeben ist. Die Grenzen innerhalb derer diese Überprüfung stattzufinden habe, seien das allgemeine Willkürverbot (Art. 3 I GG), der Begriff der guten Sitten (§ 138 I BGB) und der Ordre public (früher: Art. 30 EGBGB, heute: Art. 6 EGBGB). Würden

[342] Klimpe-Auerbach, AuR 1995, S. 170-177, 172. Ähnlich problematisch sei die Lage bei kirchlichen Übernahmen von privaten und staatlichen Einrichtungen. Von dem betroffenen Arbeitnehmer sei nicht zu erwarten, daß er seine private Lebensführung wie ein Mäntelchen im Wind nach den Empfindlichkeiten des jeweiligen Trägers der Einrichtung ausrichte, Klimpe-Auerbach, Der Personalrat 1988, S. 148-150, 150.

[343] Weber, NJW 1986, S. 370-371.

[344] Geck/Schimmel, AuR 1995, S. 177-184, 181, 183.

[345] Weber, NJW 1986, S. 370-371, 370.

diese Grenzen nicht überschritten, seien die staatlichen Gerichte nun uneingeschränkt an das kirchliche Selbstverständnis gebunden. Ihnen bliebe dann noch den Sachverhalt festzustellen und unter die kirchlicherseits vorgegebenen, arbeitsrechtlich abgesicherten Loyalitätsobliegenheiten zu subsumieren.

Anschließend habe das Gericht zu prüfen, ob diese Verletzung eine Kündigung des kirchlichen Arbeitsverhältnisses auch sachlich rechtfertigt. Dieses dürfe ausschließlich nach § 1 KSchG und § 626 BGB und eben nicht unter Berücksichtigung des kirchlichen Selbstverständnisses erfolgen. Als das für alle geltende Gesetz i.S.d. Art. 137 Abs. 3 S. 1 WRV unterlägen die Vorschriften umfassender arbeitsgerichtlicher Anwendungskompetenz. Dabei müsse das Arbeitsgericht eine umfassende Interessenabwägung vornehmen, bei der selbst bei schwerstwiegenden Verstößen gegen Lebensführungspflichten elementare Interessen des Arbeitnehmers – auch dessen Grundrechte – der Kündigung entgegenstehen könnten. Deshalb müßten die kirchlichen Arbeitgeber im Falle eines Verstoßes gegen Lebensführungspflichten immer auch die näheren Einzelfallumstände berücksichtigen.

b) Eingeschränkte arbeitsgerichtliche Kompetenz

Dieser Interpretation des Bundesverfassungsgerichtsurteils wird entgegengehalten, daß gerade eine wesentliche Aussage dieses Urteils die Kritik an der bisherigen arbeitsgerichtlichen Rechtsprechung vorinstanzlicher Gerichte mittels vorgenommener Interessenabwägung gewesen sei:[346]

Danach habe das Bundesverfassungsgericht das kirchliche Selbstbestimmungsrecht erst wieder her- und klargestellt, daß der Staat keinerlei ekklesiologische Kompetenz hat. Die Gesetzesbestimmungen, die für die Rechtswirksamkeit der Kündigung maßgeblich seien, unterlägen aber als das für alle geltende Gesetz gem. Art. 137 Abs. 3 WRV umfassender arbeitsgerichtlicher Anwendungskompetenz. Die grundsätzliche Geltung der weltlichen Regeln über den Arbeitsvertrag machten den durch die Verfassung gebotenen Respekt vor dem kirchlichen Selbstverständnis aber nicht obsolet.[347]

---

[346] Richardi, Arbeitsrecht in der Kirche, § 6, S. 70 ff., RN 18 bis 21.

[347] Mummenhoff, NZA 1990, S. 585-592, 586.

Welche Pflichten hinsichtlich der Lebensführung mit dem Arbeitnehmer vereinbart wurden, sei aufgrund des kirchlichen Selbstbestimmungsrechts eine Angelegenheit der Kirche. Das Arbeitsgericht dürfe bei der Beurteilung der Kündigung nicht seine Sicht bezüglich der Beurteilung des Verstoßes zugrunde legen, selbst nicht hinsichtlich dessen Schwere und Tragweite. Damit sei aber kein *Sonderkündigungsrecht* für die Kirchen geschaffen worden, denn die Kirchen hätten sich hinsichtlich ordentlicher und außerordentlicher Kündigung an die gesetzlichen Vorschriften nach § 626 BGB und § 1 KSchG zu halten.[348] Das bedeute: auch für eine fristlose Kündigung durch die arbeitgebende Kirche muß ein wichtiger Grund vorliegen; die Kündigung hat gegebenenfalls auch sozial gerechtfertigt zu sein. Die Beurteilung oder Interpretation aber, was einen solchen wichtigen Grund für eine außerordentliche Kündigung darstellt oder ob die ordentliche Kündigung sozial gerechtfertigt ist, dürfe nur nach den kirchlichen Vorgaben entschieden werden. Dem Arbeitsgericht obliege es, den Sachverhalt festzustellen und unter die kirchlicherseits vorgegebenen, arbeitsrechtlich abgesicherten Loyalitätsobliegenheiten zu subsumieren. Auch hier sind die kirchlichen Vorgaben aber lediglich für die Rechtsanwendung bindend, wenn sich die Gerichte mit dieser Rechtsanwendung nicht in einen Widerspruch zu den Grundprinzipien der Rechtsordnung begeben.[349]

Kommt das staatliche Arbeitsgericht zur der Annahme, eine Verletzung der Loyalitätsobliegenheiten liege vor, so sei nach dem Urteil des Bundesverfassungsgerichts weiter zu fragen, ob diese Verletzung eine Kündigung des kirchlichen Arbeitsverhältnis sachlich rechtfertige, was nach den Kündigungsvorschriften §§ 1 KSchG, 626 BGB zu beurteilen sei. Diese Vorschriften unterlägen als das für alle geltende Gesetz einer umfassenden arbeitsgerichtlichen Anwendungskompetenz.

Aus dem zuletzt genannten könne aber keine – wie oben dargestellte – zweistufige Prüfung abgeleitet werden, bei der das Arbeitsgericht das letzte Wort

[348] Richardi, Arbeitsrecht in der Kirche, § 6, S. 71 RN 20.

[349] Spengler, NZA 1987, S. 833-892, 835.

habe.[350] Ausdrücklich beanstandet habe das Bundesverfassungsgericht nämlich, daß die vom Bundesarbeitsgericht bei seiner Interessenabwägung im Rahmen der Anwendung der §§ 1 KSchG, 626 BGB vorgenommene Gewichtung der Obliegenheitsverletzung nicht den verfassungsrechtlichen Anforderungen genügt habe.[351] Im Falle eines Verstoßes gegen wesentliche kirchliche Glaubensgrundsätze und Kirchenrechtsnormen sei das Selbstverständnis der Kirche verfassungsrechtlich die maßgebliche Richtschnur für die Beurteilung des festgestellten Loyalitätsverstoßes, die nicht auf einer zweiten Prüfungsstufe dann doch unberücksichtigt bleiben dürfe. Eine inhaltliche Relativierung kirchlicher Normen durch die Anwendung des Prinzips der Güterabwägung stelle aber ein nicht hinnehmbares Eindringen des Staates in den Kernbereich kirchlicher Ordnung dar.[352] Eine durch die zweistufige Prüfung bedingte Güterabwägung könne bei einer grundsätzlichen Gleichwertigkeit von Staat und Kirche dazu führen, daß die eine Institution von der anderen abhängig wird, wenn es der einen erlaubt wird, einseitig die Grenzen zwischen beiden Institutionen zu ziehen.[353]

c) Besondere Gewichtung des Selbstbestimmungsrechts

Der Auffassung, mit dem Urteil des Bundesverfassungsgerichts sei die Kündigung im Dienst der Kirche stehender Arbeitnehmer aus kirchenspezifischen Gründen völlig dem Selbstbestimmungsrecht der Kirche überlassen worden, kann so nicht gefolgt werden. Aber auch die Gegenmeinung, in solchen Fällen könne das Arbeitsgericht eine ganz normale Prüfung des Sachverhalts vornehmen ohne die Besonderheit eines kirchlichen Arbeitsverhältnisses zu berücksichtigen, kann so nicht gelten. Zur Umsetzung im Einzelfall ist vielmehr eine sehr differenzierte Umsetzung der bundesverfassungsgerichtlichen Entscheidung geboten.[354]

---

[350] Richardi, Arbeitsrecht in der Kirche, § 6, S. 73 RN 23.

[351] BVerfGE 70, S. 138, 169.

[352] Geiger, ZevKR 26 (1981) S. 156-174, 169 f..

[353] Spengler, NZA 1987, S. 833-892, 835.

[354] Dütz, NJW 1990, S. 2025-2031, 2025.

Sicherlich dürfen staatliche Gerichte zum Schutz der öffentlichen Ordnung nicht zu Entscheidungen genötigt werden, die im Ergebnis grundlegenden Rechtsanschauungen zuwiderlaufen. Kirchliche Stellen haben also nicht im Einzelfall die entscheidungserheblichen Fakten zu sammeln und zu subsumieren, vielmehr ist es Aufgabe der staatlichen Arbeitsgerichte, im konkreten Fall die wesentlichen Tatsachen zu ermitteln und rechtsanwendend zu prüfen, ob sie die Voraussetzungen der kirchlicherseits vorgegebenen Verhaltenspflichten erfüllen.[355] Diese sind dabei auf ihre Vereinbarkeit mit der allgemeinen Rechtsordnung hinsichtlich Art. 3 Abs. 1 GG, § 138 Abs. 1 BGB und Art. 6 EGBGB zu untersuchen.

Doch dem Selbstbestimmungsrecht der Kirchen kommt heute eine bedeutendere Rolle zu, als ihm das viele vor dem Urteil des Bundesverfassungsgerichts zugestehen wollten. Zu Zeiten, in denen das Selbstbestimmungsrecht noch nicht in seiner arbeitsrechtlichen Bedeutung erkannt war, wurden die Vertreter der Kirchen vor den staatlichen Gerichten häufig so behandelt, als ob sie Skurilitäten oder eine abwegige Privatmeinung vortrügen.[356] Das kirchliche Recht, Pflichten auch für die private Lebensführung ihrer Arbeitnehmer festzulegen, geht über die im Arbeitsrecht sonst stark eingeschränkte Vertragsfreiheit hinaus.[357] Das kirchliche Selbstbestimmungsrecht stellt insofern eine bereichsspezifische Bastion der Privatautonomie gegen die Einwirkungen des Sozialstaates in das Arbeitsrecht dar.[358] Ihm muß als eine Art „*Toleranzrelikt für religiöse Minderheiten in einem weltanschaulich neutralen pluralistischen Staat*“[359] ein besonderes Gewicht beigemessen werden.

Die Gestaltungsfreiheit des kirchlichen Arbeitgebers bleibt trotzdem gem. Art. 137 Abs. 3 S. 1 WRV unter dem Vorbehalt des für alle geltenden Gesetzes, zu dem auch die kündigungsschutzrechtlichen Normen gehören. Beanstandet hat das Bundesverfassungsgericht die vom Gericht der Vorinstanz bei der Interes-

---

[355] Dütz, NJW 1990, S. 2025-2031, 2026.

[356] v. Campenhausen, Staatskirchenrecht, § 21, S. 203.

[357] v. Campenhausen, Staatskirchenrecht, § 21, S. 201.

[358] Isensee, Festschrift für Obermayer, S. 203-216, 205.

[359] Rüthers, NJW 1976, S. 1918-1923, 1922.

senabwägung im Rahmen von § 1 KSchG und § 626 BGB vorgenommene Gewichtung der Obliegenheitsverletzung, da sie den verfassungsrechtlichen Anforderungen, insbesondere dem kirchlichen Selbstbestimmungsrecht nach 137 Abs. 3 WRV im gebotenen Umfang Rechnung zu tragen, nicht genügt habe. Bei einer Güterabwägung ist also der Wechselwirkung von Kirchenfreiheit und Schrankenzweck Rechnung zu tragen, wobei dem Selbstbestimmungsrecht der Kirchen ein besonders Gewicht beizumessen ist.[360] Das staatliche Gericht muß also das Selbstbestimmungsrecht bei der Interessenabwägung für die Wertung der Schwere des Verstoßes ausreichend berücksichtigen,[361] und so sind auch bei der Überprüfung einer Kündigung anhand der kündigungsrechtlichen Bestimmungen die kirchlicherseits formulierten Maßstäbe in den verfassungsrechtlichen Grenzen maßgebend.[362] Die kirchlich selbstbestimmten Festlegungen mit ihrer nur begrenzten arbeitsgerichtlichen Nachprüfbarkeit müssen sich in das System des Kündigungsschutzrechts und seiner arbeitsgerichtlichen Durchführung einfügen.[363]

Ob eine Kündigung[364] i.S.d. § 1 Abs. 1 KSchG sozial gerechtfertigt ist, muß demnach in zwei Schritten geprüft werden:
Mit dem ersten Schritt prüft das Arbeitsgericht, ob durch den Loyalitätsverstoß eine Kündigung i.S.d. § 1 Abs. 2 S. 1 KSchG personen-, verhaltens- oder betriebsbedingt in Betracht kommt. Ein Sachverhalt ist dann generell als Kündigungsgrund bei kirchlichen Arbeitsverhältnissen geeignet, wenn wegen der kirchlichen, vom Arbeitsgericht grundsätzlich hinzunehmenden Festlegungen von einer erheblichen Verletzung kirchenspezifischer Loyalitätsobliegenheiten oder Unvereinbarkeiten ausgegangen werden muß.[365] Diese Loyalitätsobliegen-

---

[360] Dütz, NJW 1990, S. 2025-2031, 2025.

[361] BVerfGE 70, S. 138, 168.

[362] v. Campenhausen, Staatskirchenrecht, § 21, S. 203.

[363] Dütz, NJW 1990, S. 2025-2031, 2030.

[364] Zwischen Gründen, die eine ordentliche Kündigung sozial rechtfertigen und solchen, die zum Ausspruch einer außerordentlichen Kündigung führen können bzw. deren Überprüfung, bestehen nur graduelle Unterschiede, Dütz, NJW 1990, S. 2025-2031, 2031.

[365] Dütz, NJW 1990, S. 2025-2031, 2030.

heiten dürfen nicht im Widerspruch zu Grundprinzipien unserer staatlichen Rechtsordnung stehen.[366]

Im Hinblick auf § 1 Abs. 2 S. 1 KSchG rechtfertigt dieser Kündigungsgrund nur dann eine Entlassung, wenn er für diese nicht nur ursächlich war, sondern sie als letzte mögliche Maßnahme notwendig machte. Der Grundsatz der Verhältnismäßigkeit ist insbesondere hinsichtlich der Möglichkeit zu beachten, statt einer fristlosen eine fristgerechte Kündigung auszusprechen. Vor diesem Hintergrund ist auch die Möglichkeit zur Abmahnung ebenso zu berücksichtigen, wie die Vorrangigkeit einer Änderungskündigung nach § 2 KSchG mit dem Ziel, auf eine andere Beschäftigung auszuweichen, für die der Kündigungsgrund nicht relevant ist.

Innerhalb der im zweiten Schritt vorzunehmenden Interessenabwägung ist zu ermitteln, ob die Kündigung im Einzelfall aus der verobjektivierten Sicht eines sozial verständigen Arbeitgebers angemessen ist. Absolute Kündigungsgründe gibt es demnach nicht, eine den Einzelfall nicht berücksichtigende schematische Kündigungspraxis ist nicht zulässig. Grundsätzlich gilt auch hier das ultima – ratio – Prinzip, daß vor der Maßnahme Kündigung andere Vorgehensmöglichkeiten ausgeschöpft werden müssen. Es besteht ein Gebot der zwingenden Einzelfallabwägung.[367] Auf Seiten des betroffenen Arbeitnehmers sind vom Arbeitsgericht der hoch angesetzte Wert des sozialen Schutzgedankens im Kündigungsschutz, insbesondere die Beschäftigungsdauer, die Höhe des Lebensalters sowie etwaiges Verschulden hinsichtlich der Obliegenheitsverletzung zu berücksichtigen. Eventuell ist auch ein Grundrechtsschutz des betroffenen Arbeitnehmers in die Güterabwägung einzubeziehen.

Demgegenüber müssen die Schwere und Tragweite des Loyalitätsverstoßes nach kirchlichem Verständnis, die Eigenart des kirchlichen Dienstes, die Glaubwürdigkeit der kirchlichen Einrichtung, die Vertrauensbasis der kirchlichen Mitarbeiterinnen und Mitarbeiter im Rahmen der christlichen Dienstgemeinschaft und

---

[366] Schilberg, Rechtsschutz und Arbeitsrecht, S. 94.

[367] Dütz, NJW 1990, S. 2025-2031, 2030.

die Ansprüche der Kirche auf eine vertrauensvolle Zusammenarbeit zwischen den Arbeitsvertragsparteien in die Abwägung mit einfließen,[368] soweit dies in den Vertrag miteinbezogen wurde. Dabei darf der soziale Schutz des Arbeitnehmers nicht übersteigert gewertet und die kirchlichen Interessen in verfassungsrechtlich unvertretbarer Weise zurückgesetzt werden.[369] Vielmehr ist den von der Kirche aufgestellten Maßstäben für Verhaltensanforderungen an ihre Mitarbeiterinnen und Mitarbeiter aufgrund des kirchlichen Selbstbestimmungsrechts in dieser Einzelfallprüfung ein ganz besonderes Gewicht beizumessen,[370] denn es handelt sich um einen besonders wichtigen Auslegungsgesichtspunkt.[371] Hieraus läßt sich kein genereller Vorrang der zu berücksichtigenden verfassungsrechtlich garantierten Selbstverwaltung herleiten,[372] doch führt dies bei Fällen kirchlichenfeindlicher Aggressivakte regelmäßig zur Rechtfertigung der Kündigung. Ein absoluter Kündigungsgrund liegt in einem solchen Verhalten aber nicht.[373] Eine Qualifizierung in diesem Sinne hat das BVerfG gerade vermieden.

Mit einer solchen Güterabwägung wird der Tatsache Rechnung getragen, daß die Bundesrepublik Deutschland ein freiheitlicher Rechtsstaat ist, in dem Freiheit und Staat, Rechte und deren Schranken jeweils im Einzelfall durch Abwägung in wertende Beziehungen gesetzt werden müssen. Die besondere Gewichtung des Selbstverständnisses der Kirchen wiederum ist dadurch bedingt, daß Deutschland ein weltanschaulich-religiös neutraler Staat ist.[374]

---

[368] Dütz, NJW 1990, S. 2025-2031, 2026.

[369] Rüfner, Festschrift der Uni Köln, S. 797-811, 809.

[370] BVerfGE 70, S. 138, 167 und 169; Dütz, Die Neue Ordnung 42 (1988), S. 127-138, 133; für eine besondere Gewichtung des Eigenverständnisses der Kirchen in Abwägungen: BVerfGE 24, S. 236, 246; 44, S. 37, 49 f.; 53, S. 366, 401; 66, S. 1, 22; Schilberg, Rechtsschutz und Arbeitsrecht, S. 24; Kammerer, Der Betriebs-Berater 1985, S. 1986-1992, 1988.

[371] Rüthers, NJW 1976, S. 1918-1923, 1918.

[372] Wie sich auch nicht umgekehrt ein genereller Vorrang für Grundrechte der Arbeitnehmer herleiten läßt, Mayer, Das außerdienstliche Verhalten von Arbeitnehmern, S. 132.

[373] Zuletzt gefordert von Seelemann, ZevKR 44 (1999), S. 226-243, 238.

[374] Schilberg, Rechtsschutz und Arbeitsrecht, S. 24 f..

IV. Grenzen des kirchlichen Selbstbestimmungsrechts

Die von der Kirche aufgestellten und in den Arbeitsvertrag miteinbezogenen Maßstäbe können von den staatlichen Gerichten aber nicht *blind* in die Abwägung einbezogen werden. Der weltanschaulich und religiös neutrale Staat gewährleistet auf der einen Seite Freiheit, muß für diese aber auch gleichzeitig Grenzen, um der Freiheit selbst willen, festlegen.[375] Auch wenn die Bestimmung des genauen Gehalts der Schranke aus Art. 137 Abs. 3 WRV zu den schwierigsten Problemen des Staatskirchenrechts gehört,[376] herrscht doch bezüglich des Überprüfungsmaßstabs für die Rechtmäßigkeit der kirchlich vorgegebenen Normen Übereinstimmung.[377] Das kirchliche Selbstbestimmungsrecht stößt also auf Schranken, denn der Staat überläßt den Kirchen das arbeitsrechtliche Feld der Loyalitätspflichten nicht vorbehaltlos, er wahrt sich Entscheidungskompetenzen. Ihm bleibt in materiellrechtlicher Hinsicht die letztverbindliche Entscheidung im Widerstreit der Relevanz des Tatbestandes und der Schranken der Freiheitsrechte des kirchlichen Selbstbestimmungsrechts vorbehalten.[378] Schließlich rezipiert der Staat die heterogenen, kirchlichen Regelungen mit dem Vorbehalt, daß diese bestimmten Mindestanforderungen genügen müssen.

Die Gestaltungsfreiheit kirchlicher Arbeitgeber steht gem. Art. 137 Abs. 3 S. 1 WRV unter dem Vorbehalt des für alle geltenden Gesetzes. Daher darf das bürgerlich-rechtliche Arbeitsverhältnis nicht zu einem die Person kirchlicher Mitarbeiterinnen und Mitarbeiter total ergreifenden und die private Lebensführung voll umfassenden kirchlichen Statusverhältnis werden. Auch darf es nicht als klerikalisierte und säkulare Ersatzform für kirchliche Ordensgemeinschaften und Gesellschaften des apostolischen Lebens ausgestaltet werden.[379] Zu einer *Totalhingabe*, wie sie die Wahl einer religiösen Lebensform prägt, kann ein Arbeit-

[375] Schilberg, Rechtsschutz und Arbeitsrecht, S. 17.

[376] Winter, Staatskirchenrecht, S. 110.

[377] Geck/Schimmel, AuR 1995, S. 177-184, 179.

[378] Isensee, Festschrift für Obermayer, S. 203-216, 212.

[379] BVerfGE 70, S. 138 ff., 166; Rüfner, Festschrift der Universität Köln, S.797-811, 800 f..

nehmer nicht verpflichtet werden.[380] Eine staatliche Schrankenregelung ist aber nur dort vertretbar, wo sie im Einzelfall zur Erfüllung der öffentlichen Aufgaben unumgänglich ist, wenn sie also für das friedliche Zusammenleben von Staat und Kirche in einem religiös und weltanschaulich neutralem politischen Gemeinwesen erforderlich ist.[381]

Das Selbstbestimmungsrecht der Kirchen findet nach dem Urteil des BVerfG dort seine Grenzen, wo es in Widerspruch zu den Grundprinzipien der staatlichen Rechtsordnung gerät, wie sie im allgemeinen Willkürverbot, dem Begriff der guten Sitten und im Ordre public ihren Niederschlag gefunden haben.[382] An diesen Schranken prüft der Staat durch die staatlichen Gerichte, ob die kirchlichen Regelungen seinen *„sozialethischen Mindestanforderungen"*[383] genügen. Dies sind die Abgrenzungskriterien für das Selbstbestimmungsrecht, mit denen staatliche Gerichte sicherstellen, daß die Kirchen nicht unannehmbare Forderungen an die Loyalität der Arbeitnehmer stellen. Das *für alle geltende Gesetz* ist Einfallstor für die Berücksichtigung des staatlichen Interesses an einer einheitlichen Rechtsordnung.[384]

1. Willkürverbot

Anerkanntermaßen ist dem Gleichheitssatz, vor allem auch im Hinblick auf arbeitsrechtliche Fragen, große Bedeutung beizumessen. Der Ansatzpunkt dafür, Arbeitnehmer im Einzelfall vor unannehmbaren Anforderungen und krassen Mißverhältnissen zu bewahren, liegt somit auf der verfassungs- und grundrechtlichen Ebene des Willkürverbots von Art. 3 Abs. 1 GG.[385] Willkürlich sind Regelungen, denen jeglicher Sachbezug fehlt und die in Hinsicht auf den zu

---

[380] Richardi, Arbeitsrecht in der Kirche S. 62. Allerdings dürfte die staatliche Überprüfung durch Gerichte, was unannehmbar ist und was nicht, im Einzelfall schwierig sein, siehe Isensee, Festschrift für Obermayer, S. 203-216, 213.

[381] Winter, Staatskirchenrecht, S. 113.

[382] BVerfGE 70, S. 138, 168.

[383] Isensee, Festschrift für Obermayer S. 203-216, 212.

[384] Schilberg, Rechtsschutz und Arbeitsrecht, S.25; Rüthers, NJW 1986, S. 356-359, 357 f..

[385] Klar, NZA 1995, S. 1184-1186, 1186.

ordnenden Gegenstand eindeutig unangemessen sind.[386] Es ergibt sich somit ein Verbot der Verwertung sachfremder Überlegungen. Eine willkürliche Ungleichbehandlung einzelner Arbeitnehmer im Vergleich zu anderen Arbeitnehmern, die sich in vergleichbarer Lage befinden, ist verboten. Ein kirchlicher Arbeitgeber darf also gleichliegende Fälle nicht aus unsachlichen Gründen ungleich behandeln.[387]

Bei aller Gewichtigkeit des Selbstbestimmungsrechts der Kirchen sind demnach Arbeitsbedingungen zu beanstanden, die aufgrund des Schutzzwecks des Art. 137 Abs. 3 WRV nicht mehr plausibel erscheinen. Loyalitäts- bzw. Lebensführungsanforderungen und Arbeitsmodalitäten, die über die allgemeinen Regelungsmöglichkeiten der Vertragsfreiheit hinausgehen, müssen sich auf den geistig-religiösen Auftrag der Kirche zurückführen lassen können, wenn sie Bestand haben wollen.[388] Der Gleichheitssatz des Art. 3 Abs. 1 GG ist also auch innerkirchlich zu beachten.[389] Dies ist vor allem auch im Hinblick auf die arbeitsvertraglichen Einheitsregeln und einer damit verbundenen Kündigungspraxis zu berücksichtigen.

Die Forderung, daß die von der Kirche vorgegebenen Maßstäbe sachlich einleuchtend begründet sein müssen, damit sie die Grenzen des ihr zustehenden Gestaltungsspielraums nicht überschreiten, wirft beim näheren Betrachten jedoch Schwierigkeiten auf. Denn die von der Kirche gegenüber ihren Mitarbeiterinnen und Mitarbeitern gestellten Ansprüche sind abgeleitet aus ihren Maßstäben. Sie sind zwar nicht zwangsläufig, aber regelmäßig religiös begründet, so daß sie sich einer weltanschaulich neutralen Instanz wie dem Staat nicht automatisch als sachlich einleuchtend erschließen. Vor diesem Hintergrund

---

[386] BVerfGE 4, S. 144, 155.

[387] Dütz, NJW 1990, S. 2025-2031, 2027; Marré, Theologie und Glaube 78 (1988), S. 397-414, 405.

[388] Mummenhoff, NZA 1990, S. 585-592, 587.

[389] Verfassungs- und Verwaltungsgericht der VLKD, NJW 1985, S. 1862-1864, 1862, Urteil vom 7.09.1984.

kommt den kirchlichen Vorgaben eine bestimmte Richtigkeitsgewähr zu.[390] Eine weitere Schwierigkeit ist die enorme Bandbreite der kirchlichen Aufgaben und möglichen Konfliktmöglichkeiten hinsichtlich der Lebensführung, die es oftmals erschwert, Einzelfälle miteinander zu vergleichen.

2. Die guten Sitten

Trotz seiner langen Tradition hat der Begriff der guten Sitten bis heute keine abschließende Klärung gefunden.[391] Am gebräuchlichsten für die Bestimmung der guten Sitten ist wohl die Umschreibung, die auf das Anstandsgefühl aller billig und gerecht Denkenden verweist.[392] Im Hinblick auf eine Begrenzung des kirchlichen Selbstbestimmungsrechts wirkt diese Einschränkung unpräzise und vage. Hier wird besonders deutlich, daß sich griffige Faustregeln für die Zulässigkeit bestimmter Einschränkungen durch Lebensführungspflichten kaum finden lassen. Vielmehr bleibt hier nur, im Zweifelsfall eine dem Einzelfall gerecht werdende Abwägung hinsichtlich der Vereinbarkeit eines Anspruchs auf Einhaltung einer bestimmten Lebensführung mit dem Verständnis der guten Sitten vorzunehmen,[393] die nicht ein für allemal feststehen, sondern dem Wandel der Zeiten und Anschauungen unterworfen sind.[394]

3. Ordre public

Der *Ordre public* als ein Begriff des internationalen Privatrechts, beschreibt die Grenzen der Anwendbarkeit ausländischen Rechts. Nach Art. 6 EGBGB wird die Rechtsnorm eines anderen Staates nicht angewandt, wenn die Anwendung zu einem Ergebnis führen würde, das offensichtlich mit den Grundsätzen des deutschen Rechts unvereinbar ist. Dieser Gedanke kann auf eine Begrenzung kirchlichen Rechts bezogen werden, wobei Fälle, in denen die Ausübung des kirchlichen Selbstbestimmungsrechts an diese Grenze gestoßen sein könnte,

---

[390] Mayer, Das außerdienstliche Verhalten von Arbeitnehmern, S. 125.

[391] Hierzu: Mayer-Maly, AcP 194 (1994),S. 105-176.

[392] sog. Anstandsformel, v. Hoyningen-Huene, Die Billigkeit im Arbeitsrecht, S. 108 f.; Medicus, BGB - AT, § 46 II 2. S. 252.

[393] v. Campenhausen, Staatskirchenrecht, § 37, S. 373.

[394] v. Hoyningen-Huene, Die Billigkeit im Arbeitsrecht, S. 109.

bislang nicht bekannt wurden.[395] *Isensee* spricht hier von einer *„staatskirchenrechtlichen Ordre-public-Klausel"*.[396]

Festzuhalten bleibt, daß sowohl Verstöße der Kirchen gegen die guten Sitten, also gegen das Anstandsgefühl aller billig und gerecht Denkenden, und gegen den Ordre public insofern schwer vorstellbar sind, als die christliche Religion und die beiden großen Kirchen die sozialethische Sphäre, in der sich heute der weltliche Verfassungsstaat bewegt, wesentlich mitgeprägt haben.[397]

4. Andere Grenzen

Über diese äußersten Verträglichkeitsgrenzen – auf die hin eine Kündigung im ersten Schritt einer arbeitsgerichtlichen Prüfung untersucht wird – hinaus, steht das kirchliche Selbstbestimmungsrecht des Art. 137 Abs. 3 WRV unter dem Vorbehalt des für alle geltenden Gesetzes. Dies gilt zumindest insoweit, als andere Rechtsnormen in die Abwägung mit einbezogen werden. Fehlt ein entsprechendes Gesetz, beschränkt sich die Prüfung materiell auf die Frage nach den eben angesprochenen Grenzen.[398]

Bei kirchlichen Beschäftigungsverhältnissen kommen hier vor allem Arbeitsschutzgesetze in Betracht.[399] Diese für jedermann geltenden Gesetze haben keine solche begrenzende Wirkung, wenn sie die Kirchen speziell in ihrem Selbstverständnis treffen und ihren geistig–religiösen Auftrag beschränken.[400] Hat das Gesetz aber Schrankenqualität, so geht es dem kirchlichen Selbstbestimmungsrecht nicht zwingend vor, sondern findet in der im zweiten Schritt vorzuneh-

---

[395] Mummenhoff, NZA 1990, S. 585-592, 587 f..

[396] Isensee, Festschrift für Obermayer S. 203-216, 212.

[397] Marx, Die arbeitsgerichtliche Kirchlichkeitsklausel, S. 30 f.; Isensee, Festschrift für Obermayer, S. 203-216, 213.

[398] Schilberg, Rechtsschutz und Arbeitsrecht, S. 62.

[399] So z.B. das MutterschutzG, das JugenarbeitsschutzG, als Mindestregelung das BundesurlaubsG, etc., v. Campenhausen, Staatskirchenrecht, § 21, S. 203; Schilberg, Rechtsschutz und Arbeitsrecht, S. 27.

[400] BVerfGE 42, S. 312, 334; Mummenhoff, NZA 1990, S. 585-592, 588.

menden Interessenabwägung bei entsprechend gesonderter Gewichtung des kirchlichen Selbstbestimmungsrechts Berücksichtigung.

Um einen Ausgleich der miteinander konkurrierenden Verfassungsbestimmungen zu erreichen, kann es auch zu einer Berücksichtigung von Grundrechten des Arbeitnehmers kommen.[401] [402] Hervorzuheben ist an dieser Stelle nochmals, daß das kirchliche Selbstbestimmungsrecht nicht zwischen der Kirche und ihren Arbeitnehmern seine Wirkung entfaltet, so wenig wie sich die Grundrechte der kirchlichen Arbeitnehmer gegen den Arbeitgeber Kirche richten.[403] Vielmehr regelt das kirchliche Selbstbestimmungsrecht als wichtige Regelung des Staatskirchenrechts die Beziehung zwischen Kirche und Staat, während die Grundrechte primär Abwehrrechte der Bürgerinnen und Bürger gegenüber dem Staat sind. In verfassungsrechtlicher Hinsicht besteht also keine unmittelbare Beziehung zwischen der Kirche und ihren Arbeitnehmern. Die Verbindung zwischen diesen Verfassungsrechten erfolgt auf der Ebene des Staats, der an beiden Verhältnissen partizipiert. Im Rahmen einer konkreten Auseinandersetzung zwischen der Kirche und ihren Arbeitnehmern wird diese Rolle vom Staat durch die Arbeitsgerichte und gegebenenfalls durch das BVerfG wahrgenommen.[404] Also werden kirchliche Arbeitsverhältnisse auch grundrechtlich „ausgestrahlt"[405]; sie sind einer mittelbaren Drittwirkung der Grundrechte zugänglich. Auch der Grundrechtsschutz des Arbeitnehmers kann also in die Güterabwägung mitein-

---

[401] Schilberg, Rechtsschutz und Arbeitsrecht, S. 27.

[402] Hinsichtlich des Streits um die zweite Stufe einer arbeitsgerichtlichen Überprüfung wird auch vertreten, daß unabhängig von einer Abwägung auf der zweiten Stufe die Grundrechte zumindest Berücksichtigung bei der Begrenzung des kirchlichen Selbstbestimmungsrechts nach Art. 6 EGBGB finden müssen, Geck/Schimmel, AuR 1995, S. 177-1182, 180.

[403] Isensee, Festschrift für Obermayer, S. 203-216, 207.

[404] Klar, NZA 1995, S. 11884-1186, 1185; ders.: Das kirchliche Selbstbestimmungsrecht, S. 43; sog. „Lüth-Urteil", BVerfGE 7, S. 198 ff..

Zur grundsätzlichen Drittwirkung von Grundrechten im Zusammenhang mit außerdienstlichen Verpflichtungen von Arbeitnehmern, siehe: Mayer, Das außerdienstliche Verhalten von Arbeitnehmern, S. 56 ff..

[405] BVerfGE 34, S. 269, 280.

bezogen werden. Hier geht es um den Ausgleich der konkurrierenden Verfassungsbestimmungen des kirchlichen Selbstbestimmungsrechts mit den eventuell betroffenen Grundrechten des Arbeitnehmers.

Zu beachten sind vor allem Art. 4 Abs. 1, Art. 5 und Art. 6, aber auch Art. 2 Abs. 1, Art. 4 Abs. 1, Art. 12 GG und Art. 9 GG.[406] Dabei ist zu berücksichtigen, daß das kirchliche Selbstbestimmungsrecht als Verfassungsbestimmung nicht isoliert gesehen werden darf, sondern als Bestandteil des Grundgesetzes in der Beziehung zu den anderen Verfassungsbestimmungen Beschränkungen verfassungsimmanenten Ursprungs unterworfen wird, die nicht aus der Schrankenklausel in Art. 137 Abs. 3 WRV herrühren.[407] Ziel ist ein einheitliches Verständnis der Verfassung.[408]

In der Abwägung wird sich regelmäßig jedoch die Kirchenfreiheit im Verhältnis zu der verfassungsmäßig geschützten Position des Mitarbeiters oder der Mitarbeiterin als gewichtiger erweisen.[409] Es ist außerdem zu beachten, daß der kirchliche Arbeitnehmer aufgrund der bei Vertragsabschluß getroffenen Vereinbarungen generell auf kollisionsgefährdete Arbeitnehmerpositionen verzichtet haben kann.[410]

V. Die Vertragsfreiheit

Trotz der privilegierten Stellung der Kirchen unterliegen deren Arbeitnehmer nur dann besonderen Lebensführungspflichten, wenn sich hierfür ein Rechtsgrund finden läßt. Die Rechte und Pflichten eines Arbeitnehmers werden durch

---

[406] Berchtenbreiter, Kündigungsschutzprobleme, S. 33; Mayer, Das außerdienstliche Verhalten von Arbeitnehmern, S. 64 ff..

[407] Klar, Das kirchliche Selbstbestimmungsrecht, S. 43; Jurina, Das Dienst- und Arbeitsrecht, S. 91.

[408] Dütz, NJW 1990, S. 2025-2031, 2030.

[409] Berchtenbreiter, Kündigungsschutzprobleme, S. 19; Mayer, Das außerdienstliche Verhalten von Arbeitnehmern, S. 105 FN 14; Struck, NZA 1991, S. 249-256, 252; BGB, AP Art. 140 GG Nr. 14.

[410] Berchtenbreiter, Kündigungsschutzprobleme, S. 9; Dütz, Anm. zu BAG, AP Art. 140 GG Nr. 20.

den Arbeitsvertrag festgelegt, und so ist auch die Rechtsgrundlage der kirchenspezifischen Loyalität immer der abgeschlossene Arbeitsvertrag.[411] Kirchenrechtliche Regelungen des Mitarbeiterrechts gehen von der Notwendigkeit und Relevanz des individualrechtlichen Dienstvertrages aus. Sie enthalten und fordern Grundbestimmungen für Geltungsbereich, Rechte und Pflichten, Anstellungsvoraussetzungen, Verfahren bei Kündigung und Dienstpflichtverletzung, gottesdienstliche oder andere Formen der Einführung in den Dienst, Gelöbnis, Vergütung und Versorgung, sowie für Schlichtungsverfahren und –instanzen bei dienst- und arbeitsrechtlichen Streitigkeiten zwischen kirchlichen Anstellungsträgern und Amtsträgerinnen sowie ihren Mitarbeiterinnen und Mitarbeitern.[412]

Dem kirchlichen Bedürfnis nach kirchenloyalem Verhalten und nach Einhaltung von Lebensführungspflichten läßt sich am besten durch einzelvertragliche Abmachungen Rechnung tragen. Der kirchliche Arbeitgeber kann kirchenspezifische Verpflichtungen hinsichtlich einer bestimmten Lebensführung dem Arbeitnehmer jedoch nicht einseitig auferlegen.[413] Das Prinzip, daß Pflichten des Arbeitnehmers eines Rechtsgrundes bedürfen und nur durch einzelvertragliche Vereinbarungen begründet werden können, findet in der Anerkennung der Privatautonomie seine Rechtfertigung.[414] Kirchengesetzliche Regelungen der Dienst- und Arbeitsverhältnisse werden für die Arbeitnehmer also nur verbindlich, wenn sie entweder im Einzelarbeitsvertrag durch einen entsprechenden „Einbeziehungsvertrag" vereinbart wurden, sich der Arbeitnehmer also mit ihnen einverstanden erklärt hat, oder wenn solche Pflichten unmittelbar im individuellen Arbeitsvertrag – so häufig in Musterarbeitsverträgen – genannt werden.[415] Der Arbeitsvertrag muß also die Pflichten nicht im einzelnen regeln, sondern kann z.B. auf eine allgemeine Arbeitsvertragsordnung verweisen.

---

[411] Isensee, Festschrift für Obermayer, S. 203-216, 206; Berchtenbreiter, Kündigungsschutzprobleme, S. 46 f..

[412] Frank, RdA 1979, S. 86-93, 89.

[413] Marx, Die arbeitsrechtliche Kirchlichkeitsklausel, S. 15.

[414] Isak, Das Selbstverständnis der Kirchen und Religionsgemeinschaften, S. 303.

[415] Weber, NJW 1983, S. 2541-2554, 2550 f.; Berchtenbreiter, Kündigungsschutzprobleme, S. 47.

Soweit der Vertrag aber keine Regelungen diesbezüglich enthält, gelten lediglich die allgemeinen privatrechtlichen Grundsätze.

Das Arbeitsrecht selbst läßt grundsätzlich wenig Raum für die vertragliche Gestaltungsfreiheit.[416] Es gibt Stimmen, die den Blütezeiten des Liberalismus nachtrauern, als die Vertragsfreiheit noch uneingeschränkt im Arbeitsrecht herrschte, und auch kirchliche Vertragsparteien noch die Möglichkeit hatten, den Arbeitsvertrag nach Maßgabe ihrer Bedürfnisse frei auszugestalten. Heute, im Zeichen des Sozialstaates, sei die Vertragsfreiheit durch eine Fülle gesetzlicher und richterrechtlicher Regelungen, die dem Schutz des Arbeitnehmers dienen, überlagert und eingeengt; die Arbeitsverhältnisse selbst seien schwerfällig, starr und schematisch geworden. Die Ausgestaltung des Arbeitsverhältnisses sperre sich so gegen eine Differenzierung, die Privatautonomie verfange sich in immer dichter werdenden sozialen Netzen.[417] Selbst wenn man dieser Betrachtungsweise zustimmen sollte, muß erkannt werden, daß den Kirchen auch heute noch aufgrund des oben dargestellten Selbstbestimmungsrechts ein ausreichender Gestaltungsspielraum bleibt.

Wenn die Kirchen unter Nutzung der Privatautonomie privatrechtliche Arbeitsverhältnisse abschließen, findet das in der oben beschriebenen Weise entwikkelte staatliche Arbeitsrecht zwar grundsätzlich Anwendung, die Zugehörigkeit dieses Bereichs zu den eigenen Angelegenheiten der Kirche wird dabei aber – wie festgestellt – nicht aufgehoben. Daher bleiben für die Kirchen auch in der Ausgestaltung der privatrechtlicher Arbeitsverträge Wege offen, die Arbeit in ihrem Sinne zu *ordnen* und zu *verwalten*. Die Verfassungsgarantie des Selbstbestimmungsrechts ermöglicht den Kirchen, ihren Arbeitnehmern die Beachtung der wesentlichen Grundsätze der Glaubens- und Sittenlehre vertragsrechtlich aufzuerlegen.[418] Sind also bestimmte Lebensführungspflichten im Arbeitsvertrag festgelegt, nimmt der Arbeitgeber die allgemeine Vertragsfreiheit für sich in

[416] v. Tilling, ZevKR 22 (1977), S. 322-345, 340.

[417] Isensee, Festschrift für Obermayer, S. 203-216, 205.

[418] BVerfGE 70, S. 138, 165 f..

Anspruch und macht zugleich auch von seinem verfassungsmäßigen Selbstbestimmungsrecht Gebrauch.[419]

Der kirchliche Arbeitgeber kann aber die Treuepflichten nicht einseitig oktroyieren, vielmehr muß sich der Arbeitnehmer selbst an diese im Vertrag binden. So werden kirchliche Grundsätze nur dadurch für das staatliche Arbeitsrecht verbindlich, daß sich der einzelne Arbeitnehmer diesen freiwillig unterwirft. Der dem Neutralitätsgebot unterworfene Staat beachtet und schützt die kirchenrechtliche Normensubstanz nur, soweit sie im Arbeitsvertrag vereinbart und so in den staatlichen Rechtskreis transformiert wurde.[420] Auch dieser vertraglichen Ausgestaltung ihres Dienstes darf die Kirche also z.B. ihr Verständnis von einer gemeinsamen Arbeits- und Auftragserfüllung, das besondere Leitbild der kirchlichen Dienstgemeinschaft, zugrunde legen, denn für die Beurteilung der entscheidenden Gesichtspunkte im Falle eines Verstoßes gegen Lebensführungspflichten hat der weltanschaulich neutrale Staat keine Kriterien.[421] Bestehen aber keine ausdrücklichen, einzelvertraglichen Vereinbarungen, sind die Arbeitsverträge dennoch mit der gebotenen Rücksicht auf die verfassungsrechtlich gewährte Kirchenfreiheit und konform zu den offiziellen Maßstäben der Kirche auszulegen.[422]

In diesem Zusammenhang ist auch die Frage zu beantworten, ob eine bestimmte Lebensführungspflicht – nach einer Art Bestimmtheitsgrundsatz – vor einer zum Konflikt führenden Handlung des Arbeitnehmers formuliert bestehen muß, also ob die Möglichkeit einer nachträglichen Ad hoc - Festlegung eines kirchlichen Standpunktes zu Lasten der Mitarbeiterinnen und Mitarbeiter im Sinne des strafrechtlichen Grundsatzes *nulla poena sine lege* verwehrt ist.[423]

---

[419] Marx, Die arbeitsrechtliche Kirchlichkeitsklausel, S. 15.

[420] s.o. Seite 110 f.; Isensee, Festschrift für Obermayer, S. 203-216, 206 f..

[421] Richardi, Arbeitsrecht in der Kirche, S. 55 RN 6; Isak, Das Selbstverständnis der Kirchen und Religionsgemeinschaften, S. 305.

[422] Mayer, Das außerdienstliche Verhalten von Arbeitnehmern, S. 127; Mummenhoff, NZA 1990, S. 585-592, 587; Hanau, ZevKR 25 (1980), S. 61-70, 65.

[423] Doch einen Bestandsschutz hinsichtlich Freiheiten der Lebensführung gibt es nicht. Arbeitnehmer, die sich neugefaßten und ins Arbeitsverhältnis miteingebrachten Überzeu-

Anders und weiter als andere Arbeitgeber haben die Kirchen, soweit es die Erfüllung bestimmter Aufgaben erfordert, die Möglichkeit, die Loyalitätspflichten ihrer Mitarbeiterinnen und Mitarbeiter im Arbeitsvertrag festzulegen.[424] Bedenkt man, daß es grundsätzlich auf die von der Kirche vorgegebenen Maßstäbe bei der Beurteilung des Einzelfalls ankommt und die Kirchenleitung in Zweifelsfällen zu einzelnen unklaren Einstellungen und Ansichten befragt werden muß, würde die Möglichkeit einer Ad hoc - Festlegung von Lebensführungspflichten die betroffenen kirchlichen Mitarbeiterinnen und Mitarbeiter in Streitigkeiten offensichtlich benachteiligen. Insofern kann eine solche nachträgliche Festlegungsmöglichkeit für den Einzelfall nicht bestehen.[425] Die Kirchenleitungen müssen, wenn sie bestimmte Pflichten für verletzt halten, auf formulierte und arbeitsvertraglich festgelegte Grundsätze zurückgreifen können. Die Kirche hat also die Lebensführungspflicht, deren Verletzung sie ahndet, zuvor erkennbar zu verankern und den Mitarbeiterinnen und Mitarbeitern deutlich vor Augen zu führen.[426] [427]

Die Kirche kann sich also auf den für alle geltenden bürgerlich-rechtlichen Grundsatz der vertraglichen Abschlußfreiheit berufen, wie er in § 305 BGB geregelt ist.[428] Mit der arbeitsvertraglichen Festlegung von Lebensführungs-

---

gungen und Grundsätzen verweigern und diesen zuwiderhandeln können grundsätzlich entlassen werden. Dies gilt auch für Tendenzunternehmen, Koller, SAE 1981, S. 91-96, 94.

[424] Rüfner, Festschrift der Universität Köln, S.797-811, 800.

[425] Zeuner, ZfA 1985, S. 127-139, 133.

[426] Marx, Die arbeitsrechtliche Kirchlichkeitsklausel, S. 34; Geck/Schimmel, AuR 1995 S. 177-184, 178; Kirchliche Grundauffassungen zur Lebensführung erlangen also dann Geltung, wenn sie durch den Normsetzungsakt entweder in Tarifverträgen oder in kirchengesetzlichen Grundlagen, erkennbar für den objektiven Empfängerhorizont zugrundegelegt wurden. Das bezieht sich aber nur auf Lebensführungspflichten. Normale Leistungstreuepflichten sind hiervon nicht berührt, Seelemann, ZevKR 44 (1999), S. 226-243, 233.

[427] Anderes gilt für die Vereinbarung sog. dynamischer Verweisungen, deren Wirksamwerden sich über die §§ 315, 317 BGB begründen läßt, siehe hierzu: Berchtenbreiter, Kündigungsschutzprobleme, S. 49.

[428] Bedenken hiergegen werden aber in Fällen vorgebracht, in denen die Kirchen eine quasi monopolartige Arbeitgeberstellung einnehmen, wie das z.B. in Nordrhein-Westfalen hinsichtlich des Krankenhauswesens und in Bayern bei Kindergärten der Fall sei. Hier dürften

pflichten nimmt der kirchliche Arbeitgeber nicht nur diese ihm zustehende Vertragsfreiheit war, sondern macht zugleich von seinem verfassungsrechtlich gesicherten Selbstbestimmungsrecht Gebrauch.[429] Darin liegt keine Klerikalisierung der Rechtsstellung des kirchlichen Arbeitnehmers, keine Umdeutung des bürgerlich-rechtlichen Arbeitsverhältnisses in eine Art kirchliches Statusverhältnis.[430] Es geht hier vielmehr um die Klarstellung seitens der Kirche, welche tragenden kirchlichen Grundsätze dem Arbeitsverhältnis zugrunde liegen und damit auch um die Schaffung von Rechtssicherheit. Der Arbeitnehmer soll erkennen können, welche besonderen Anforderungen sein kirchlicher Arbeitgeber an ihn stellt.

In der katholischen Kirche werden im Arbeitsvertrag Vorschriften für die Einhaltung einer bestimmten Lebensführung durch die sog. allgemeine Kirchlichkeitsklausel bzw. die Einbeziehung der *Neuen Kirchlichen Grundordnung* festgelegt. Die arbeitsrechtliche Kirchlichkeitsklausel ist eine Vereinbarung, die kirchlichen Beamten und Beamtinnen sowie Arbeitnehmern im Rahmen ihres Beamtenrechts oder Arbeitsvertrags ein Verhalten auferlegt, das innerhalb und außerhalb des Dienstes nicht gegen die kirchlichen Grundsätze verstößt.[431]

In den Arbeitsverträgen der evangelischen Kirche gibt es ebenfalls solche Klauseln. Hier interessieren insbesondere die Dienstvertragsordnungen. Aufgrund des kirchlichen Selbstbestimmungsrechts sind diese kirchenrechtlichen Regelungen nicht nur Vertragsschablonen, die – vergleichbar mit allgemeinen Geschäftsbedingungen – von jedem Arbeitgeber genauso verwendet werden könnten. Sie werden nicht etwa einfaches Vertragsrecht durch die Einbeziehung

---

Stellenbewerber nicht willkürlich unter Verletzung der Grundsätze aus Art. 3 Abs. 3 GG und 12 GG diskriminiert werden. Auch hätten Klienten und Kunden dieser Bereiche in solchen Situationen ein Recht darauf, von den kirchlichen Mitarbeitern nicht glaubensmäßig indoktriniert zu werden, Klimpe-Auerbach, AuR 1995, S. 170-177, 175.

[429] v. Campenhausen, Essener Gespräche 18 (1984), S. 8-39, 15.

[430] Spengler, NZA 1987, S. 833-839, 834.

[431] Marx, Die arbeitsrechtliche Kirchlichkeitsklausel, S.9.

in den Vertrag,[432] sondern behalten ihren Normcharakter.[433] [434] Die Einbeziehung einer solchen Regelungen durch dynamische Verweisung[435] im Arbeitsvertrag ist zulässig.[436]

In den Arbeitsvertragsrichtlinien des Diakonischen Werks von 1994, auf die in dessen Arbeitsverträgen stets Bezug genommen wird und die so Vertragsinhalt werden, heißt es in § 1 Abs. 2 und 3:

„(2) Alle in einer diakonischen Einrichtung tätigen Mitarbeiter bilden eine Dienstgemeinschaft. Von den Mitgliedern dieser Dienstgemeinschaft wird erwartet, daß ihr Verhalten innerhalb und außerhalb des Dienstes der Verantwortung für den Nächsten entspricht.
(3) Der diakonische Dienst geschieht im Auftrag Jesu Christi. Wer sich aus anderen Beweggründen hierfür bereit findet, ist Mitarbeiter mit gleichen Rechten und Pflichten; er muß jedoch die evangelische Grundlage der diakonischen Arbeit anerkennen."

In den Erläuterungen zu diesen Richtlinien wird zur *Dienstgemeinschaft* ausgeführt:

---

[432] so aber: v. Tilling, ZevKR 22 (1977), S. 322-345, 340; Hanau in ZevKR 25 (1980), S. 61-70, 65.

[433] v. Campenhausen, Essener Gespräche 18 (1984), S. 8-39, 14 f.; Briza, „Tarifvertrag" und „Dritter Weg", S. 287, 290, spricht hinsichtlich der Dienstvertragsordnungen von Sonderformen allgemeiner Geschäftsbedingungen, deren Einbeziehung als Geltung eines externen Normenkomplexes zu begreifen ist.

[434] Auch wenn Arbeitsverträge aus dem Anwendungsbereich des AGBG gem. § 23 Abs. 1 AGBG ausdrücklich ausgenommen sind, müssen arbeitsrechtliche Einheitsregelungen, um wirksam und verbindlich zu werden, wie Allgemeine Geschäftsbedingungen dem Arbeitnehmer zur Einsichtnahme bei Vertragsschluß vorgelegen haben, so daß dieser zumindest die Möglichkeit zur Einsichtnahme hatte, Berchtenbreiter, Kündigungsschutzprobleme, S. 48.

[435] s.o. Seite 121.

[436] Briza, „Tarifvertrag" und „Dritter Weg", S. 290; Dütz, Essener Gespräche 18 (1984) S. 67-115, 95.

„Christliche Dienstgemeinschaft wurzelt in der Berufung zum gemeinsamen Dienst durch Jesus Christus. Als eine geistliche Gabe kann sie niemandem vertraglich auferlegt werden, wohl aber sollte sie von jedem Mitarbeiter ernstlich angestrebt werden. (...) Die Mitarbeiter sollten bereits vor der Einstellung von den Grundsätzen, auf denen eine christliche Dienstgemeinschaft beruht, Kenntnis erhalten und sich positiv zu ihr zu stellen bereit sein."

C. Bei Ehrenamtlichen

Mit der Kirchenzucht geht die kirchliche Gemeinde gegen öffentliches ärgerniserregendes Verhalten ihrer Mitglieder mit dem Ziel vor, sie um ihres eigenen Heiles willen zur Einsicht in das Unrecht ihres Verhaltens zu bringen, durch welches sie sich von der kirchlichen Heilsgemeinschaft entfernt haben.[437] Erfaßten die evangelischen Bestimmungen der Kirchenzucht früher noch wie selbstverständlich neben den Amtsträgern auch alle übrigen Mitglieder der Gemeinde, spielt sie für *normale* Gemeindeglieder nunmehr nur noch eine marginale Rolle, obwohl sie die relevanten Pflichten grundsätzlich aller Kirchenglieder sanktioniert.

Im Gegensatz zum katholischen Kirchenrecht sind die Disziplinarbestimmungen für die Amtsträgerinnen und Amtsträger heute ausgegliedert. Aufgrund der Selbständigkeit des evangelischen Disziplinarrechts erfolgt eine grundsätzliche Reduktion der Kirchenzucht auf geistliche Ziele. Für Inhaber und Inhaberinnen eines kirchlichen Ehrenamts muß die Möglichkeit einer Kirchenzuchtsanktion aber eröffnet bleiben. Gemessen an der hochtechnischen staatlichen Strafrechtsdogmatik handelt es sich bei diesen Regelungen um wenig dogmatisch durchgearbeitete, einfach strukturierte Sanktionsbestimmungen.[438] Diese – von den einzelnen Landeskirchen entwickelt – nehmen nicht eigens Bezug auf die Inhaberinnen und Inhaber der kirchlichen Ehrenämter. Bestimmungen zur Lebensführung lassen sich für die Ehrenamtlichen aber in den Regelungen und Vorgaben der Kirchenordnungen sowie einzelnen Verlautbarungen und Stellungnahmen der evangelischen Kirche formulieren und festlegen. Doch vor dem anerkannten Ziel, Menschen für ehrenamtliches Engagement in der Kirche zu

---

[437] Pahud de Mortanges, Zwischen Vergebung und Vergeltung, S. 192.

[438] Pahud de Mortanges, Zwischen Vergebung und Vergeltung, S. 200.

gewinnen, zeigt schon der Mangel an tatsächlich bestehenden Regelungen in diesem Bereich, daß vor allem den einzelnen Gemeinden andere Verfahrens- und Umgangsweisen mit den Ehrenamtlichen richtiger und wichtiger erscheinen.

„Es sind nicht einzelne Regelungen oder Aktionen, die das Ehrenamt in Gemeinden und Einrichtungen unserer Landeskirche voranbringen. Wohl aber: Es ist der Geist einer Gemeinde, der Stil des Umgangs miteinander, der Menschen hindert oder ermutigt, sich mit ihrer Zeit und ihren Fähigkeiten in kirchliches Leben einzubringen."[439]

So kann man hinsichtlich der Lebensführungspflichten für Ehrenamtliche allenfalls von vereinzelten und sporadischen Festlegungen und Gestaltungen ausgehen.

[439] Mancherlei Gaben, Leitlinien zum Ehrenamt der Lippischen Landeskirche, S. 5.

Dritter Teil: Geltung der Lebensführungspflichten

Grundsätzlich unterliegen alle Arbeitnehmer bestimmten Loyalitätsanforderungen, deren Inhalt aber nicht für alle von vornherein feststeht. Die Anforderungen an die Loyalität und damit auch an die Lebensführung richten sich nach dem Inhalt der jeweiligen Tätigkeit und deren Gewicht für die Erreichung des vom Arbeitgeber bestimmten Unternehmensziels.[440] Die bis hierhin festgestellten Ergebnisse zur Entstehung, Zielsetzung, Motivation für die Vereinbarung und Festlegung von Lebensführungspflichten lassen sich grundsätzlich auf alle Arbeitsverhältnisse der evangelischen Kirche anwenden, und zwar nicht nur hinsichtlich der kirchlichen Angestelltenverhältnisse, sondern bezüglich aller kirchlichen Mitarbeiterinnen und Mitarbeiter. Die evangelische Kirche hat demnach Möglichkeiten, Lebensführungspflichten mit allen ihren Mitarbeiterinnen und Mitarbeitern zu vereinbaren, und so in ihren Arbeitsverhältnissen bestimmten Anforderungen an das außerdienstliche Verhalten rechtliche Relevanz zu verleihen.

Im Hinblick auf die eingangs beschriebenen unterschiedlichen Mitarbeitergruppierungen unter dem „Dach“ der evangelischen Kirche stellt sich allerdings die Frage, ob auf der Basis christlicher, protestantischer Grundüberzeugungen und kirchenrechtlicher Gesichtspunkte die Lebensführungspflichten für alle kirchlichen Mitarbeiterinnen und Mitarbeiter in gleicher Intensität gelten können oder gar müssen. Oder sind zwischen den verschiedenartigen kirchlichen Mitarbeiterinnen und Mitarbeitern schon im Hinblick auf das Verbot der willkürlichen Gleich- oder Ungleichbehandlung Unterschiede zu machen und für die Geltung dieser Pflichten Abstufungen vorzunehmen?

Wie schon erwähnt, war die im vergangenen Jahrhundert einschneidendste Veränderung im kirchlichen Dienst, daß der Pfarrer[441] die Gemeinde nicht mehr alleine leitet, sondern neben, und nicht mehr nur unter ihm, andere haupt-, neben- und ehrenamtliche Mitarbeiterinnen und Mitarbeiter auch in leitenden

---

[440] Berchtenbreiter, Kündigungsschutzprobleme, S. 34.

[441] Und seit dem Zweiten Weltkrieg auch die Pfarrerin.

Positionen Dienst in der Gemeinde tun.[442] Interessant ist, ob auch eine rechtliche Angleichung an diese neue Situation erfolgte.

Kirchenverfassungsrechtlich wird zwischen den verschiedenen Anstellungs- und Beschäftigungsformen der Mitarbeiterinnen und Mitarbeiter kein Unterschied gemacht. So hält die Verfassung der Ev.-luth. Landeskirche Hannover vom 11.02.1965 fest:

Art. 1 Abs. 1: *„Für die Erhaltung und Förderung der rechten Verkündigung des Wortes Gottes und der stiftungsgemäßen Darreichung der Sakramente sind die Landeskirche und die Kirchengemeinden mit allen ihren Gliedern, Amtsträgern und Organen verantwortlich, (...).“*

Art. 12 Abs. 1: *„Die Inhaber kirchlicher Dienststellungen sind in ihrem dienstlichen Handeln an das evangelisch-lutherische Bekenntnis und an das in der Landeskirche geltende Recht gebunden."*

Ähnlichen Veränderungen wie der Bereich der Geistlichen unterlag auch die Kirchenleitung, die sich im Laufe der Zeit immer mehr demokratisierte, so daß heute einfache Kirchenglieder aus der Mitte einzelner Gemeinden in den Synoden ganz maßgeblich an der Leitung der evangelischen Kirche teilhaben. So haben sich ursprünglich deutliche Unterschiede zwischen bestimmten Funktions- und Aufgabenbereichen von Haupt- und Ehrenamtlichen, Theologen und Laien, aber auch Angestellten und Arbeitern im Dienst der evangelischen Kirche Deutschlands aufgelöst, Abgrenzungen zwischen den verschiedenen Mitarbeiterinnen und Mitarbeitern sind unkenntlicher und unklarer geworden.

Mit dem Zuwachs an Rechten und Aufgaben des einzelnen Kirchengliedes stellt sich aber auch die Frage nach dessen stärkerer Verantwortung und Verpflichtung. Ist die Kirchenleitung aufgrund der Institute der kirchlichen Dienstgemeinschaft und des Priestertums aller Gläubigen zur Gleichbehandlung verpflichtet, oder muß sie zwischen den verschiedenen Mitarbeitergruppen eine Differenzie-

[442] s.o. Seite 81.

rung und Abstufung vornehmen? Die sich aus den beschriebenen Veränderungen ergebenden Fragen hinsichtlich der Reichweite und Geltungsintensität von Lebensführungspflichten bedürfen einer Beantwortung.

A. Ausgangslage der evangelischen Kirche

Entscheidend für die Verpflichtung der Mitarbeiterinnen und Mitarbeiter auf Beachtung bestimmter Lebensführungspflichten ist die Beantwortung der Frage nach der Erforderlichkeit einer Abstufung dieser Pflichten. Aufgrund ihrer verfassungsrechtlichen Sonderstellung hat die evangelische Kirche grundsätzlich ein freies Gestaltungsrecht hinsichtlich ihrer Arbeitsverhältnisse.[443] Verändert sich diese Ausgangslage hinsichtlich der Geltung bestimmter Lebensführungspflichten aufgrund der großen Unterschiedlichkeit der Aufgabenbereiche im kirchlichen Dienst oder verschiedener Glaubensschwerpunkte und -grundsätze der Kirche?

I. Rechtsprechung zur Notwendigkeit einer Abstufung

Die höchstrichterlichen Entscheidungen, in deren Kern es letztlich um die Frage geht, wie *treu* kirchliche Arbeitnehmer sein müssen, genießen in der Öffentlichkeit beachtliches Interesse, geht es doch um das fesselnde Spannungsfeld zwischen Recht und Religion, Staat und Kirche, in einem nach seiner Verfassung weltanschaulich neutralen Staat, der den Kirchen jedoch das Recht einräumt, ihre Angelegenheiten selbständig innerhalb des für alle geltenden Gesetzes zu ordnen und zu verwalten.[444] Nachdem bereits festgestellt wurde, daß die staatlichen Gerichte dem Selbstbestimmungsrecht der Kirchen eine große Bedeutung zukommen lassen, dieses aber auch begrenzen, ist zunächst an eine Verpflichtung zur Abstufung aufgrund rechtlicher Normen und staatlicher Rechtsprechung zu denken. Auch hierfür ist die schon mehrfach erwähnte Entscheidung des Bundesverfassungsgerichts von 1985 von ganz zentraler Bedeutung.

---

[443] s.o. Seite 97 f..

[444] Marré, Theologie und Glaube 78 (1988), S. 397-414, 400; Rüthers, NJW 1986, S. 356-359, 356.

1. Das Bundesarbeitsgericht

Die Rechtsprechung des Bundesarbeitsgerichts zur Geltung der Loyalitäts- und Lebensführungsobliegenheiten kirchlicher Arbeitnehmer hat sich im Laufe der letzten Jahrzehnte gewandelt.[445] Anfänglich ging das BAG davon aus, daß die Verletzung eines kirchlichen Sittengesetzes durch den Arbeitnehmer dem kirchlichen Arbeitgeber eine Weiterbeschäftigung grundsätzlich unzumutbar mache.[446] Die Differenzierung nach Tätigkeitsmerkmalen des jeweiligen Mitarbeiters – z.B. das Fehlen einer seelsorgerischen Komponente in der Tätigkeit einfacher Beschäftigter – blieb vom Gericht damals noch gänzlich unberücksichtigt.

Eine Änderung dieser Sichtweise des BAG trat erst Mitte der siebziger Jahre ein, als Prozesse um die Kündigung kirchlicher Mitarbeiterinnen und Mitarbeiter, wieder verstärkt ins Blickfeld der Öffentlichkeit kamen. In einem Fall, bei dem es um die Heirat der Leiterin eines katholischen Kindergartens mit einem Geschiedenen ging, rückte das BAG von der „Anstreicherentscheidung" ab und sprach besondere Pflichten nur solchen Arbeitnehmern zu, die am christlichen Verkündigungsauftrag teilhaben, wobei es allerdings von einem sehr weit gefaßten Verkündigungsauftrag ausging.[447] Gleichzeitig gab das Gericht zum ersten Mal Kriterien für die Beurteilung solcher Konfliktfälle nach einer sog. Stufenlehre vor. Im konkreten Fall wurde die Kündigung danach als gerechtfertigt beurteilt.

---

[445] siehe hierzu: Marré, Theologie und Glaube 78 (1988), S. 397-414, 400 ff.; Struck, NZA 1991, S. 249-256, 250 ff.; Mayer, Das außerdienstliche Verhalten von Arbeitnehmern, S. 118 ff..

[446] In dieser *„berühmt-berüchtigten Entscheidung"* (Weber, NJW 1986, S. 370 f.) hatte das BAG die soziale Rechtfertigung einer Kündigung anerkannt, die gegenüber einem in einem katholischen Krankenhaus beschäftigten Anstreicher ausgesprochen worden war. Dieser hatte, nachdem seine frühere Ehe aus alleinigem Verschulden der Frau geschieden worden war entgegen den Geboten der katholischen Kirche eine neue Ehe mit einer ebenfalls in diesem Krankenhaus beschäftigten (evangelischen) Hausgehilfin geschlossen, als diese ein Kind von ihm erwartete, sog. „Anstreicherentscheidung" vom 31.01.1956, BAGE 2, 279, NJW 1956, S. 646.

[447] BAG vom 25.4.1978, AP Nr. 2 zu Art. 140 GG = BAGE 30, S. 247 = NJW 1978, S. 2216.

Die nächste einschlägige Entscheidung des BAG aus dem Jahre 1980 betraf eine geschiedene Sekretärin der Caritas, die sich zu Lebzeiten ihres ersten Mannes wiederverheiratet hatte.[448] Das Gericht erklärte zwar die Kirche für berechtigt, den Umfang der Loyalitätspflichten selbst festzulegen, entwickelte aber ein Prüfungsschema, das die Berechtigung einer Kündigung damit verknüpft, inwieweit die Tätigkeit des gekündigten Arbeitnehmers mit dem Verkündigungsauftrag der Kirche identifiziert werden kann, welchen Stellenwert das verletzte Sittengebot in der kirchlichen Ordnung hat und welches Gewicht den Belangen des Arbeitnehmers zuzumessen ist. Damit war das BAG endgültig von seiner in der „Anstreicherentscheidung" vertretenen Sichtweise abgerückt und hatte sich vollends der Stufenlehre zugewandt. Obwohl im einzelnen sehr weitgehende Loyalitätspflichten beschrieben wurden, fielen weitere Urteile nicht etwa einseitig zu Gunsten der Arbeitgeber aus.[449]

Zwei weitere Entscheidungen des BAG aus dem Anfang der achtziger Jahre fanden starke öffentliche Beachtung und kamen schließlich auch vor das Bundesverfassungsgericht. An diesen zwei Streitigkeiten wird nochmals deutlich, daß kirchlichen Arbeitsverhältnissen ein ganz besonderes Konfliktpotential innewohnt.[450]

Im ersten Fall beteiligte sich der Assistenzarzt eines katholischen Krankenhauses an einem öffentlichen Aufruf, das Recht und die Praxis der Abtreibung gegen Angriffe von *„klerikal-konservativer und standesärztlicher Seite"* zu verteidigen.[451] Dieser Aufruf wurde auch in einer Illustrierten als Leserbrief

---

[448] BAG vom 14.10.1980, AP Nr. 7 zu Art. 140 GG = BAGE 34, S. 195 = NJW 1981, S. 1228.

[449] Struck, NZA 1991, S. 249-256, 250.

[450] Wobei in beiden Fällen eine Besonderheit insofern bestand, als das problematische Verhalten des kirchlichen Mitarbeiters nicht ausschließlich im privaten, sondern auch mit im dienstlichen Bereich lag.

[451] Das BAG traf hier am selben Tag zwei Entscheidungen zwischen denselben Parteien: BAG vom 21.10.1982 – 2 AZR 591/80, EZA Nr. 12 zu § 1 KSchG Tendenzbetrieb und BAG vom 21.10.1982 – 2 AZR 628/80, EZA Nr. 13 zu § 1 KSchG Tendenzbetrieb.

abgedruckt, und der Arzt bestätigte anschließend seine Auffassung nochmals in einem Fernsehinterview.

Im zweiten Fall erklärte ein seit 30 Jahren im Jugendwohnheim eines Ordens beschäftigter Buchhalter wegen beruflicher Verärgerung den Austritt aus der katholischen Kirche, wovon die Kirchenleitung erst durch einen entsprechenden Eintrag auf der Lohnsteuerkarte erfuhr.[452]

Die Urteile bestätigten die vorangegangene Entwicklung der Rechtsprechung des BAG. Im Fall des Assistenzarztes beschied das Gericht unter Anwendung einer besonderen zweistufigen Prüfung zugunsten des Arbeitnehmers mit der Argumentation, das Kündigungsschutzgesetz stelle eine Schranke für die Kirchenautonomie dar, und der für § 1 KSchG relevante Pflichtverstoß sei *„im Lichte der Wertentscheidung der verfassungsrechtlichen Garantie der Kirchenautonomie"* vorliegend zuungunsten der Kirche zu gewichten.[453] Im Fall des Buchhalters, der eine Tätigkeit wahrnahm, die keine Nähe zu spezifischen Kirchenaufgaben aufwies, stellte das Gericht fest, die Kirche könne einseitig in der Weise Loyalitätspflichten festlegen, daß auch die formale Kirchenzugehörigkeit umfaßt werde. Nach ausführlicher – auch hier zweistufiger – Abwägung kam das Gericht jedoch zu dem Ergebnis, daß die Kündigung aufgrund der Funktion des Arbeitnehmers, seiner langen Beschäftigungsdauer, seines Lebensalters und der ungünstigen Arbeitsmarktsituation als ungerechtfertigt zu bewerten sei.[454]

Das BAG ging also davon aus, daß die Kirchen kraft ihres Selbstbestimmungsrecht grundsätzlich berechtigt seien, in ihren Einrichtungen die von ihrem Sendungsauftrag her gebotenen Voraussetzungen für die Loyalitätspflichten der im kirchlichen Dienst tätigen Arbeitnehmer festzulegen. Im Gegensatz zu seiner früheren „Anstreicherentscheidung" stellte es hier aber fest, daß nicht jede Tätigkeit in einem kirchlichen Arbeitsverhältnis eine solche Nähe zu spezifischen

---

[452] BAG vom 23.3.1984, EZA Nr. 15 zu § 1 KSchG Tendenzbetrieb = BAGE 45, S. 250.

[453] BAG vom 21.10.1982 – 2 AZR 591/80, EZA Nr. 12 zu § 1 KSchG Tendenzbetrieb (unter B II 3, 4 der Gründe).

[454] BAG vom 23.3.1984, BAGE 45, S. 250, 258 f..

kirchlichen Aufgaben habe, daß Interessen der Kirche berührt würden, wenn sich ein Arbeitnehmer in seinem Privatleben nicht an tragende kirchliche Grundsätze hält.[455] Für Mitarbeiterinnen und Mitarbeiter, deren Tätigkeit nicht mit der Kirche identifiziert werde, gebe es lediglich eine eingeschränkte Loyalitätspflicht. Danach bestehe unter arbeitsrechtlichen Gesichtspunkten kein einheitliches kirchliches Arbeitsverhältnis.[456] Ob im Einzelfall die Funktion des Arbeitnehmers eine höhere oder eine nur abgeschwächte Loyalitätspflicht erfordere, war nach Auffassung des BAG von den Arbeitsgerichten festzustellen. Im Falle eines Verstoßes sollte das Gericht dann noch in einer am Einzelfall orientierten umfassenden Interessenabwägung feststellen, ob eine Kündigung gerechtfertigt sei. Auf dieser zweiten Stufe müsse dann das verfassungsrechtlich verbürgte Recht der Kirche gegen die Interessen des Arbeitnehmers abgewogen werden.[457] [458]

Die beiden Entscheidungen des BAG wurden durch die Entscheidungen des Bundesverfassungsgerichts vom 4.06.1985 aufgehoben und die Sachen zur erneuten Verhandlung an das BAG zurückverwiesen.

2. Das Bundesverfassungsgericht

Die Streitigkeiten zwischen einem kirchlichen Arbeitnehmer und seinem Arbeitgeber bezüglich der Wirksamkeit einer Kündigung aufgrund von Loyalitäts- und Lebensführungspflichtverletzungen sind an sich gewöhnliche privatrechtliche Konflikte. Die verfassungsrechtlich garantierte Selbstbestimmung der Kirche gilt zwar nicht zwischen dieser und ihren Bediensteten, jedoch zwischen Staat und Kirche.[459] Und so ging es bei den vom BVerfG zu entscheidenden, unter 1. beschriebenen Fällen nicht um eine Problematik der Kollision

---

[455] Marx, Die arbeitsrechtliche Kirchlichkeitsklausel, S. 21.

[456] Berchtenbreiter, Kündigungsschutzprobleme, S. 36.

[457] Weber, NJW 1986, S. 370-371, 370.

[458] *Richardi* kritisiert, das BAG sei mit diesen zur Urteilsbegründung entwickelten Thesen von einer abgestuften Loyalitätspflicht einer Versuchung erlegen, Richardi, ZevKR 32 (1987), S. 628-641, 628 f..

[459] s.o. Seite 119 f..

zwischen dem Individualgrundrecht des Bediensteten und der Kirchenautonomie, sondern um die Kollision der Kirchenautonomie mit der Staatsgewalt, d.h. um die Anwendbarkeit des staatlichen Kündigungsschutzes durch die Arbeitsgerichtsbarkeit.[460] Grundsätzlich ist es der Staat in Gestalt des Gerichts, der Gründe und Argumente sichtet und eigenverantwortlich das Für und Wider einer Kündigung abwägt. Er richtet sich dabei nicht nur nach vertragsimmanenten Maßstäben, sondern fügt eigene, insbesondere soziale Wertungen hinzu. Der privatautonom begründete Vertragsinhalt soll so sozialstaatlich korrigiert werden.[461]

Hinsichtlich der bis zu diesem Zeitpunkt erfolgten Rechtsprechung, stellt die Entscheidung des BVerfG gerade in Bezug auf die bis dahin vertretene Stufenlehre einen Einschnitt dar.[462] Die gerichtliche Kontrolle mittels einer Abstufung der kirchlichen Ansprüche – wie es das BAG vorsah – hatte vor dem BVerfG so keinen Bestand. Das BVerfG stellte Verfassungsverstöße in den Urteilen des BAG fest, da nach seiner Auffassung bei der Abwägung der kündigungsrechtlichen Gesichtspunkte das verfassungsmäßig garantierte kirchliche Selbstbestimmungsrecht – und damit auch das kirchliche Selbstverständnis – nicht ausreichend berücksichtigt und damit in verfassungswidriger Weise die Freiheit der Kirche, ihre Angelegenheiten selbst zu regeln, beschränkt worden sei.[463] Das BVerfG betont in dieser Entscheidung zunächst, daß die von der verfaßten Kirche anerkannten und zugrundegelegten Maßstäbe darüber entscheiden, welche kirchlichen Grundverpflichtungen als Gegenstand des Arbeitsverhältnisses von Bedeutung sind. Das Selbstbestimmungsrecht erlaube den Kirchen, allein über Bestehen, Umfang und Abstufung der kirchlichen Loyalitätspflichten – und damit auch der Lebensführungspflichten – zu bestimmen.

Das Gericht bestätigte nochmals, daß die verfassungsrechtlich gewährleistete Selbstordnungs- und Selbstverwaltungsgarantie nicht nur den verfaßten Kirchen

---

[460] Isensee, Festschrift für Obermayer, S. 203-216, 207.

[461] Isensee, Festschrift für Obermayer, S. 203-216, 208.

[462] Mayer, Das außerdienstliche Verhalten von Arbeitnehmern, S. 117.

[463] BVerfGE 70, S. 138, 172.

und deren rechtlich selbständigen Teilen zugestanden wird, sondern auch *„allen der Kirche in bestimmter Weise zugeordneten Einrichtungen ohne Rücksicht auf ihre Rechtsform, wenn sie nach kirchlichem Selbstverständnis, ihrem Zweck oder ihrer Aufgabe nach berufen sind, ein Stück des Auftrags der Kirche wahrzunehmen und zu erfüllen.“*[464]

Das BVerfG legt für die Arbeitsgerichte das schon angesprochene zweistufige Verfahren fest.[465] Danach liegt es zunächst bei den Arbeitsgerichten, den Sachverhalt festzustellen und unter die von kirchlicher Seite vorgegebenen Loyalitätsobliegenheiten zu subsumieren. Dann – falls eine Verletzung festgestellt wird – ist zu klären, ob sie eine Kündigung des kirchlichen Arbeitsverhältnisses rechtfertigt.[466] [467] Inzwischen ist das BAG dem BVerfG gefolgt.[468] [469]

II. Wesensverschiedenheit der Kirchen zu Tendenzbetrieben

Wie schon erwähnt, erfahren Loyalitäts- und Lebensführungspflichten auch bei Tendenzbetrieben eine besondere juristische Bewertung. Die Tendenzträgerinnen und Tendenzträger trifft nicht nur die normale, sondern eine gesteigerte

---

464 BVerfGE 46, S. 73, 85 f. „Goch-Fall“; BVerfGE 53, S. 366, 391, „St. Marienentscheidung“; BVerfGE 57, S. 220, 242, „Volmarsteinentscheidung“.

465 s.o. 105ff..

466 Marx, Die arbeitsrechtliche Kirchlichkeitsklausel, S. 27.

467 Inwieweit dieses Verständnis des kirchlichen Selbstbestimmungsrechts im Hinblick auf europäisches Recht in Zukunft unangefochten bleibt, ist fraglich, da auf europäischer Ebene lediglich ein allgemeiner Tendenzschutz anerkannt wird, der zwar in besonderen Fällen eine spezifische Wertehaltung des Arbeitgebers schützt, dabei aber zwischen den Funktionen und Aufgaben des einzelnen Arbeitnehmers unterscheidet und insofern wohl nur gestufte Loyalitätspflichten akzeptiert, Link in ZevKR 42 (1997), S. 130-157, 141 f..

468 BAG vom 18.11.1986, EzA Nr. 26 zu § 611 BGB Kirchliche Arbeitnehmer; BAG, DB 1997, S. 1878; zuletzt: BAG Entscheidung vom 21.02.2001 (Az.: 2 AZR 139/00), Handelsblatt vom 21.03.2001.

469 Es ist aber auch seither zu arbeitsgerichtliche Entscheidungen gekommen, die zeigen, daß hier noch Fragen offen sind und vom BVerfG noch nicht abschließend geklärt wurden, LAG Hannover v. 9.3.1989, Lage Nr. 3 zu § 611 BGB Kirchliche Arbeitnehmer; LAG Rheinland-Pfalz vom 12.09.1991, Lage Nr. 6 zu § 611 BGB Kirchliche Arbeitnehmer; OLG Düsseldorf vom 17.10.1991, EzA Nr. 1 zu § 18 BerzGG. Näheres dazu: Mayer, Das außerdienstliche Verhalten von Arbeitnehmern, S. 122 f..

bzw. eine solche Tendenztreuepflicht, die sich auch auf das außerdienstliche Verhalten auswirken kann. Doch zwischen Kirchen und Tendenzbetrieben muß unterschieden werden: *„Kirchen und kirchliche Einrichtungen sind keine Tendenzbetriebe, sondern Kirchen."*[470] Daher wird auch zwischen den Kirchen und den Tendenzbetrieben hinsichtlich der Geltung dieser Pflichten ein erheblicher Unterschied deutlich:

Bei einem Tendenzbetrieb richten sich die Anforderungen, deren Erfüllung vom Arbeitnehmer erwartet werden, nach seiner Nähe zur Tendenzverwirklichung.[471] Daraus folgt automatisch eine Abstufung der an ihn gestellten Loyalitätsobliegenheiten. Im Hinblick auf die Kirchen hat das BVerfG festgestellt, daß sie zum Staat ein qualitativ anderes Verhältnis besitzen, als irgendeine andere gesellschaftliche Großgruppe. Das folge nicht nur aus der Besonderheit, daß jene gesellschaftlichen Gruppen nur partielle Interessen vertreten, während die Kirchen, ähnlich wie der Staat, den Menschen als Ganzes in allen Feldern seiner Betätigung und seines Verhaltens ansprechen und (rechtliche oder sittlich-religiöse) Forderungen an ihn stellen, sondern insbesondere auch aus dem Spezifikum des geistig-religiösen Auftrags der Kirchen.[472]

Daraus ergibt sich eine einzigartige Sonderstellung der Kirchen im Staat, der, weil die Kirchen ihre Gewalt nicht vom Staat ableiten, auch nicht in ihre Verhältnisse eingreifen darf.[473] Während sich die Grundrechtsgewährleistungen, denen der Tendenzschutz dient, nur auf bestimmte Lebensbereiche beziehen, die der Einzelne in Staat und Gesellschaft ausübt, erstreckt sich der Anspruch der Kirche auf sämtliche Bereiche des Lebens. Aus dem in der Verfassung gesicherten Recht ergibt sich der kirchliche Anspruch, Begründung und Inhalt der Arbeitsverhältnisse am kirchlichen Auftrag und der daraus folgenden Besonderheit der Dienstgemeinschaft auszurichten. Der Staat hat zu respektieren, daß es

---

[470] v. Campenhausen, Essener Gespräche 18, S. 8-39, 19; Richardi, ZevKR 32 (1987), S. 628-641, 632; dagegen: Keßler, Die Kirchen und das Arbeitsrecht, u.a. S. 227; Zeuner, ZfA 1985, S. 127-139, 128.

[471] Rüthers NJW 1978, S. 2066-2071, 2069 f..

[472] BVerfGE 42, S. 312, 333; Richardi, Arbeitsrecht in der Kirche, S. 59 RN 18.

[473] Berchtenbreiter, Kündigungsschutzprobleme, S. 22.

der Sendungsauftrag den Kirchen verbietet, die äußere Ordnung vom Bekenntnis zu trennen.[474] Die arbeitsrechtliche Unterscheidung von Tendenzträgern und tendenzfreien Bediensteten, die für Presseunternehmen, Gewerkschaftsfirmen, Parteistiftungen und ähnliche hilfreich ist, entspricht nicht dem kirchlichen Selbstverständnis.[475] Nach diesem ist grundsätzlich jeder Dienst, sei er auch nur rein technischer Natur, durch einen vom Glauben her vorgegebenen Bezug zur kirchlichen Aufgabenstellung geprägt.[476] Eine Unterscheidung nach Tendenz- und Nichttendenzträgerinnen und -trägern ist für das kirchliche Arbeitsfeld seit der Entscheidung des BVerfG nicht mehr zu rechtfertigen.

Im Hinblick auf die Intensität des Anspruchs auf Leistungstreue wird aber eine Differenzierung nach dem Grad der Nähe zum kirchlichen Auftrag vorgenommen.[477] Geht es aber nicht um bestimmte Verrichtungen, Leistungen und Pflichten, die jedem Schuldverhältnis innewohnen, sondern um eine bestimmte Haltung und Lebensführung insgesamt, handelt es sich also um den Bereich der Loyalität, kommt es grundsätzlich – im Unterschied zu den Tendenzbetrieben – nicht so sehr auf die Nähe zum kirchlichen Auftrag an.[478] Insofern sind alle kirchlichen Mitarbeiterinnen und Mitarbeiter, unabhängig von ihrer Stellung und ihrem Arbeitsfeld, *Träger kirchlicher Tendenz.*

Auch in diesem Zusammenhang ist der Meinung, daß die Identifikation des Arbeitnehmers mit den religiösen und weltanschaulichen Zielsetzungen des Arbeitgebers dem freiheitlich orientierten Arbeitsvertragsrecht Deutschlands fremd sei,[479] zu widersprechen. Denn selbst für Tendenzunternehmen, etwa politische Parteien oder soziale Koalitionen gilt ähnliches. So kann z.B. eine Gewerkschaftsangestellte nicht zu einer Konkurrenzkoalition übertreten oder der Redakteur einer Parteizeitung sich nicht gegen die Tendenzrichtung seines

[474] Richardi, Arbeitsrecht in der Kirche, S. 59 RN 18.

[475] v. Campenhausen, Staatskirchenrecht, § 21, S. 205.

[476] v. Campenhausen Essener Gespräche 18 (1984), S. 8-39, 19 f..

[477] Mayer-Maly, Loyalitätspflichten, In memoriam Carl Holböck, S. 619-626, 625.

[478] Richardi, Arbeitsrecht in der Kirche, 1984, S. 43 f..

[479] Klimpe-Auerbach, Der Personalrat 1988, S. 148-150, 150.

Blattes stellen, ohne daß dies bestimmte Konsequenzen zur Folge hätte. Um so mehr muß dies für das eigens verfassungsrechtlich geschützte Selbstbestimmungsrecht der Kirchen gelten.[480]

Bei einer Abwendung des Arbeitnehmers von der Einrichtung oder dem Betrieb wird deutlich, daß die Gleichstellung von Kirchen und Tendenzbetrieben schon deswegen falsch ist, weil sich die zugrundeliegenden gesetzlichen Schutznormen unterscheiden: Stützt sich z.B. die Presse bei ihren auch im Arbeitsrecht bestehenden Privilegien auf das Recht der freien Meinungsäußerung und die Pressefreiheit, also auf zwei inhaltlich-materielle Rechtspositionen, so wird die Rechtsstellung der Kirche nicht überwiegend aus der Religionsfreiheit als materiellem Grundrecht auch der Kirchen abgeleitet, sondern aus ihrem „Organisationsprivileg“ nach Art. 140 GG i.V.m. Art. 137 WRV. Die Kirche ist also mehr als ein bloßer Tendenzbetrieb, der zur Gewährleistung der Tendenz lediglich gewisse Treuepflichten einfordern kann.[481] Die zu Tendenzbetrieben entwickelten Differenzierungskriterien von tendenzoffensivem und tendenzdefensivem Verhalten,[482] können im Zusammenhang mit kirchlichen Arbeitsverhältnissen nicht zur Anwendung kommen. Die arbeitsrechtliche Sonderstellung erschöpft sich also nicht in einer besonderen Ausprägung des Tendenzschutzes.[483]

III. Auswirkungen staatlicher Mitfinanzierung

Zu untersuchen ist auch, inwieweit es für die Geltung von Lebensführungspflichten von Bedeutung ist, wenn der Staat – was immer häufiger der Fall ist – einen mehr oder weniger bedeutenden Anteil der Kosten einer kirchlichen Einrichtung trägt. Die evangelische Kirche finanziert sich und ihre Arbeit aus Kirchensteuern, Spenden und anderen Einnahmen wie Miete oder Pacht, außerdem aber auch aus Staatsleistungen, indirekten staatlichen Förderungen kirchlicher Einrichtungen und staatlichen Subventionen für bestimmter Tätigkeitsfelder.

---

480 Marx, Die arbeitsrechtliche Kirchlichkeitsklausel, S. 32.

481 Seelemann, ZevKR 44 (1999), S. 226-243, 231.

482 Röper, NJW 1975, S. 1873-1874, 1874. *Mayer* stellt jedoch den praktischen Nutzen dieser Differenzierung in Frage, Mayer, Das außerdienstliche Verhalten von Arbeitnehmern, S. 110 f..

483 Schilberg, Rechtsschutz und Arbeitsrecht, S.19.

Eines der Motive für das Institut der Lebensführungspflichten ist eine Art Zweckbindung der von den Kirchenmitgliedern aufgebrachten Gelder, die eine beliebige Verwendung der Gelder verbietet.[484] Wird kirchliche und diakonische Arbeit vom Staat finanziert oder mitfinanziert, stellt sich die Frage, inwieweit er hierdurch auch Einfluß auf die kirchliche Personalhoheit gewinnt und sich der kirchenspezifische Anspruch auf Einhaltung bestimmter Lebensführungspflichten der Mitarbeiterinnen und Mitarbeiter in solchen Fällen relativiert.

1. Die gegenwärtige Situation

Staatsleistungen als die älteste und heute geringste kirchliche Einnahmequelle sollen Unterhaltspflichten gegenüber den Kirchen ausgleichen, die durch die Säkularisation vergangener Jahrhunderte eines Großteils ihrer wirtschaftlichen Basis beraubt worden sind. Der Staat unterstützt die Kirchen aber auch indirekt durch steuerliche Begünstigung von Spenden und die steuerliche Privilegierung in anderen Bereichen. Am gewichtigsten sind jedoch die staatlichen Subventionen.[485]

Eine solche staatliche und kommunale Subventionierung[486] gibt es unter anderem in den Bereichen der Erziehung und Bildung, in der Jugend- und Altenhilfe, in der Unterhaltung von Krankenhäusern und in der Entwicklungshilfe, also im Sozial- und Kulturbereich. Es handelt sich dabei um ein Entgelt des Staates dafür, daß er durch die freien kirchlichen Verbände von eigenen Aufgaben entlastet wird. Auf dem Arbeitsfeld der Wohlfahrtsverbände sind für die evangelische Kirche in erster Linie Einrichtungen des diakonischen Werks tätig.[487] In weiten Teilen der Gesundheitsversorgung, wie z.B. den Krankenhäu-

---

[484] s.o. Seite 73 f..

[485] Marré, Die Kirchenfinanzierung, S. 35.

[486] Gegen die Anwendung des Begriffs der Subvention, siehe Delbrück, ZevKR 40 (1995), S. 21-48, 34.

[487] Vor allem im Bereich der Wohlfahrtspflege gibt es eine Vielzahl von Organisationen, die kirchliche Arbeit leisten oder im Sinne der Kirche wirken, ohne in die Verfaßte Kirche eingegliedert zu sein. Sie stehen der Kirche rechtlich selbständig als Verein, Stiftung oder GmbH gegenüber, sind ihr aber z.B. durch Satzungsbestimmungen und vielfältige organisatorische Verknüpfungen verbunden. Die wichtigste Rolle spielt hierbei als eingetragener

sern, in Kindergärten und in der Alten- und Behindertenpflege sind die Kirchen oft Hauptträger der in diesen Bereichen geleisteten Arbeit. Dort wo die Kirchen statt des Staates Versorgungsaufgaben erfüllen, werden sie von ihm mit bis zu 100% ihrer Aufwendungen finanziell entschädigt.[488]

Die von der evangelischen Kirche selbst aufgebrachten Mittel sind in den letzten Jahren aufgrund mehrerer Ursachen, wie höhere Kosten bei der Instandhaltung der Gebäude, aber auch rückläufige Einnahmen bei der Kirchensteuer zurückgegangen, so daß in fast allen Bereichen kirchlicher Arbeit Einsparungsmaßnahmen ergriffen werden mußten.[489]

2. Auswirkungen auf die kirchliche Sonderstellung

Aufgrund der staatlichen Subventionen wird das Selbstbestimmungsrecht der Kirchen in den betroffenen Bereichen immer wieder in Frage gestellt, auch wenn es nach allgemeiner Ansicht grundsätzlich die Verfolgung der vom kirchlichen Grundauftrag her bestimmten karitativ-diakonischen Aufgaben umfaßt. Wo die Kirchen bzw. ihre Einrichtungen im staatlichen Aufgabengebiet tätig würden und hierfür staatliche Mittel erhielten, müsse dies bei der Ausgestaltung der Arbeitsverhältnisse berücksichtigt werden.[490] Wenn sich die Kirchen vom Staat für bestimmte gesellschaftliche Aufgaben in die Pflicht nehmen und hierfür legitimerweise bezahlen ließen, nähmen sie gemeinsam mit dem Staat und den anderen freien Trägern der Wohlfahrtspflege an der Aufrechterhaltung eines sozialen Systems teil, das nach dem gesetzlichen Auftrag der Staat seinen Bürgern garantieren muß. Die weltanschauliche Neutralitätspflicht des Staates gebiete es, soziale Dienstleistungen indoktrinationsfrei zur Verfügung zu stellen. Das sei zumindest in den Bereichen nicht gewährleistet, in denen den Kirchen quasi eine Monopolstellung zukomme.[491] [492] Hieran wird der Gedanke ange-

---

Verein das Diakonische Werk der evangelischen Kirche, Keßler, Die Kirchen und das Arbeitsrecht, S. 26 f..

488 Klimpe-Auerbach, AuR 1995, S.170-177, 172.

489 Keßler, Die Kirchen und das Arbeitsrecht, S. 70 f..

490 Geck/Schimmel, AuR 1995, S. 177-184, 181 und 180.

491 s.o. Seite 106.

knüpft, daß in Fällen, in denen die Hilfeempfänger keine oder nur geringe Wahlmöglichkeiten zwischen unterschiedlich orientierten Einrichtungen haben, es gerade im Interesse dieser Bedürftigen geboten sein könnte, daß der Träger eine gewisse Pluralität hinsichtlich der Anschauungen bzw. des beruflichen Selbstverständnisses des pflegenden und betreuenden Personals duldet oder sogar fördert.[493]

Dieser Argumentation, die im Ergebnis dazu führen würde, daß der Staat in den Fällen, in denen er kirchliche Arbeit fördert oder kirchliche Aufwendungen ausgleicht, praktisch durch die Hintertür, die kirchliche Prägung dieses Betätigungsfeldes der Kirche neutralisiert, muß entgegengetreten werden. Das Sonderverhältnis der Kirche zum Staat ist als ein durch die Eckpunkte einer prinzipiellen Trennung von Staat und Kirche einerseits und des öffentlichen Status der Kirchen sowie deren Wahrnehmung vielfältiger öffentlicher Aufgaben andererseits geprägtes Aufeinander-Bezogen-Sein zu kennzeichnen.[494]

Daß die Wohlfahrtsverbände einen bedeutenden Teil der sozialpflegerischen Aufgaben erfüllen und dies als einen wesentlichen, auch vom Staat anerkannten Beitrag zur sozialstaatlichen Ordnung verstehen, macht die Verbände noch nicht zu den alleinigen oder ausschließlichen Trägern der Verantwortung für die Erfüllung der sozialpflegerischen Aufgaben. Auf Grund des für ihn unmittelbar bindenden Sozialstaatsprinzips steht vielmehr der Staat grundsätzlich weiter in verfassungsrechtlicher Verantwortung für diese Sicherung und – falls nötig – aktive Gestaltung der sozialstaatlichen Ordnung. Das Zusammenspiel von öffentlichen und privaten Institutionen, vor allem den zahlenmäßig bedeutendsten, kirchlich orientierten, im Bereich der Wohlfahrtspflege ist in Deutschland charakteristisch und historisch gewachsen.[495] Hier handeln die Wohlfahrtsverbände auf Grund ihrer freiwillig übernommenen Verantwortung im sozialen

---

[492] Parallel zu der Geltung des Selbstbestimmungsrechts im Zusammenhang mit der Personalhoheit und der Geltung von Lebensführungspflichten liegt die Frage nach der staatlichen Finanzkontrolle kirchlicher Verbände, siehe Delbrück, ZevKR 40 (1995), S. 21-48.

[493] Keßler, Die Kirchen und das Arbeitsrecht, S. 250

[494] Delbrück, ZevKR 40 (1995), S. 21-48, 31 f..

[495] v. Campenhausen, Staatskirchenrecht, § 20, S. 179 f..

Bereich, während der in diesem Bereich tätige Staat seiner verfassungsrechtlichen Bindung an das Sozialstaatsprinzip nachzukommen sucht.[496]

Um das Verhältnis von Staat und Wohlfahrtsverbänden in diesem Aufgabenbereich verfassungsrechtlich zu klären, wurden zwei Ansätze verfolgt:

Zum einen wurde aus dem Gedanken des Subsidiaritätsprinzips eine Vorrangstellung der Verbände vor dem staatlichen Eintritt in die soziale Verantwortung zu postulieren gesucht. Dem Staat stünde demnach lediglich dann der Eintritt in die Aufgabenerfüllung zu, wenn die Wohlfahrtsverbände hierzu nicht in der Lage wären. Der Vorteil dieses Ansatzes ist, daß er es ermöglicht, dem den Verbänden zukommenden Freiraum für eigenverantwortliche karitative Tätigkeit über die Gewährleistung der – einschränkbaren – Handlungsfreiheit hinaus eine objektive verfassungsrechtliche Grundlage zu geben. Außerdem fände so das gesellschafts- und verfassungspolitische Anliegen Unterstützung, angesichts der immer umfangreicheren und intensiveren Präsenz des Staates in allen Lebensbereichen die Unterscheidung von Staat und Gesellschaft sozusagen verfassungsstrukturell zu unterstützen.[497]

Zum anderen aber wurde, vor allem von kommunaler Seite vorgetragen, der Staat habe grundsätzlich Vorrang vor den freien Wohlfahrtsverbänden, da der Verfassungsauftrag zur aktiven Gestaltung der sozialstaatlichen Ordnung sich mit einer Privilegierung der Wohlfahrtsverbände nicht vereinbaren lasse und deshalb dem Staat die bedeutendere Rolle im Verhältnis zu den Verbänden zukommen müsse.[498]

Die Verfassungspraxis, wie sie sich insbesondere in einfachgesetzlichen Regelungen[499] und in der vielzitierten „Sozialhilfeentscheidung" des BVerfG[500] nie-

[496] Delbrück, ZevKR 40 (1995), S. 21-48, 29.

[497] Delbrück, ZevKR 40 (1995), S. 21-48, 29.

[498] v. Campenhausen, Staatskirchenrecht, § 20, S. 185.

[499] § 17 III SGB I, § 10 BSGH, § 4 II SGB VIII und § 1 II KHG.

[500] BVerfGE 22, S. 180 ff..

dergeschlagen hat, geht von einem vermittelnden Modell der gegenseitigen Zuordnung von freien Wohlfahrtsverbänden und Staat aus. Dieses Modell ist sowohl von dem erforderlichen verfassungskräftigen Respekt vor dem den Wohlfahrtsverbänden zukommenden Freiraum für eigenverantwortliche, unabhängige Ziel- und Zweckbestimmung ihrer Tätigkeit, als auch von der staatlichen, durch das Sozialstaatsprinzip bestimmten Verantwortung für das Funktionieren der sozialstaatlichen Ordnung geprägt. Es hält deswegen ein partnerschaftliches Zusammenwirken von Verbänden und staatlichen Stellen für geboten. Diese Auffassung, nach der dem Staat zwar die Gesamtverantwortung nicht aber ein Monopol der sozialen Betätigung zukommt, ist bis heute in der Praxis maßgeblich.

Dennoch ist weiterhin eine fortschreitende Ausdehnung des staatlichen Einflusses im sozialen Bereich festzustellen. Der Staat greift mit Strukturregelungen in die innere Gestaltung der nichtstaatlichen Einrichtungen ein, und er stützt sich dabei auf die finanzielle Förderung und die ihm zweifelsfrei zustehende Planungshoheit. An diesem Punkt werden die Stimmen laut, die die aufgrund des Selbstbestimmungsrecht bestehende Personalkompetenz der Kirche zurückgedrängt sehen wollen. Konsequenterweise könnten dann aber an die Mitarbeiterinnen und Mitarbeiter dieser durch Staatsmittel finanzierten oder mitfinanzierten diakonischen Einrichtungen keine kirchenspezifische Anforderungen hinsichtlich der Beachtung bestimmter Lebensführungspflichten mehr gestellt werden.

Doch hat das BVerfG in seinem Urteil zum nordrhein-westfälischen Krankenhausgesetz[501] den Kirchen im Hinblick auf kirchliche Krankenhäuser die Organisations- und Personalkompetenz zuerkannt, was auch für die Vereinbarung von Lebensführungspflichten von entscheidender Bedeutung ist. Dem Staat obliegt größtmögliche Zurückhaltung, er hat den Kirchen immer eigene Wege offenzuhalten, daß besondere kirchliche Aspekte und die vom kirchlichen

---

[500] BVerfGE 22, S. 180 ff..

[501] BVerfGE 53, S. 366 ff..

Selbstverständnis her gebotene Form Berücksichtigung finden.[502] Denn in diesem Bereich, genauso wie auf anderen kirchlichen Tätigkeitsfeldern, hängt die Glaubwürdigkeit hinsichtlich arbeitsrechtlicher Bestimmungen weitgehend davon ab, wie weit die Gesinnung und das Engagement der kirchlichen Bediensteten reicht und den besonderen Charakter der jeweiligen kirchlichen Einrichtung zu prägen vermag.[503] Daher darf auch durch die staatliche Mitfinanzierung der Anspruch auf Beachtung bestimmter Lebensführungspflichten nicht eingeschränkt oder nach staatlichen Vorstellungen abgestuft werden. Die alleinige Regelungskompetenz verbleibt bei der Kirche selbst.

3. Gefahr für das „Profil" christlicher Arbeit

Die Ausbreitungsbestrebungen staatlicher Aktivität und staatlichen Einflusses lassen die Forderung laut werden, daß die Kirche deutlicher machen muß, wer sie ist und was sie will. In einer pluralistischen, immer weltlicher werdenden Gesellschaft, in der Glaube und Kirche in Konkurrenz zu vielen Weltanschauungen und Lebensentwürfen stehen, sei die Kirche gezwungen, Flagge zu zeigen, und gerade beim kirchlichen Dienst ihr Profil stärker zur Geltung bringen.[504] Angesichts der Gegebenheiten in großen, anonymen und spezialisierten diakonischen Einrichtungen, schätzte *v. Tilling* schon 1977 die kirchliche Prägung einer solchen Einrichtung als graue Theorie ein und riet, einen vorsichtigen Rückzug in manchen Bereichen in Erwägung zu ziehen.[505]

Vielfach ist in der Vergangenheit davor gewarnt worden, daß die Bezeichnung christlich oder evangelisch im Namen einer kirchlichen Einrichtung nur noch zum Beiwerk geraten könne, wenn Inhalte nicht mehr deutlich transportiert würden. Das Kronenkreuz der Diakonie werde zum reinen Schmuckemblem und die kirchliche Einrichtung selbst zur Mogelpackung. Wenn die Kirche noch

[502] BVerfGE 53, S. 366 ff., 404-406.

[503] v. Campenhausen, Staatskirchenrecht, § 20, S. 187.

[504] Marx, Die arbeitsrechtliche Kirchlichkeitsklausel, S. 10.

[505] v. Tilling, ZevKR 22 (1977), S. 322-345, 345.

weiter an Profil verliere, sei das spezifisch kirchliche bald nicht mehr erkennbar.[506]

Diese Schwierigkeiten sind durch den Wandel der Hilfeformen im Zuge der zeitgeschichtlichen Entwicklung entstanden. Solange in den kirchlichen Einrichtungen Ordensleute und für *Gottes Lohn* arbeitende Ehrenamtliche tätig waren, mußte man sich um das kirchliche Profil dieser Einrichtungen nicht allzu viele Gedanken machen.[507] Die *Organisierte Nächstenliebe* durch professionelle Sozialarbeit und helfende Berufe hat ein Selbstverständnis und ein Professionsverhalten, das sich leichter an organisatorisch-erfolgreicher Leistungserbringung, als an moralisch-religiösen Wertpositionen orientiert.[508] Insgesamt muß es im kirchlichen Dienst und kirchlichen Einrichtungen auch darum gehen die religiöse Dimension nach außen effektiv erfahrbar zu machen, da die Kirchen sonst lediglich Leistungen anbieten, die ebensogut von anderen Unternehmen erbracht werden können.[509]

In diesem Zusammenhang müssen aus drei Gründen auch die staatlichen Subventionen kritisch gesehen werden. Zum einen besteht die Gefahr einer ungesunden Expansion kirchlicher Arbeit, bei der immer neue Aufgabenfelder und Einrichtungen geschaffen werden, die daraus entstehenden Folgekosten aber außer Acht gelassen werden. Zum anderen erzeugen Subventionen Abhängigkeiten[510] und können in bestimmten Situationen auch als politisches Druckmittel eingesetzt werden. Schließlich vergibt der Staat die Finanzhilfe notwendig zweckgebunden, er kontrolliert die Verwendung der Mittel und gewinnt damit Einfluß auf den Subventionsempfänger.[511] Die staatlichen Förderung gefährdet

---

[506] Seelemann, ZevKR 44 (1999), S. 226-243, 242.

[507] Rauscher, Die Eigenart des kirchlichen Dienstes, S. 62.

[508] Plaschke, Caritas 92 (1991), S. 223-227, 223.

[509] Dütz, NJW 1994, S. 1369-1375, 1370.

[510] z.B. werden heute die kirchlichen Krankenhäuser in die Finanzmisere des Staates mithineingerissen, Leisner, Essener Gespräche 17 (1983), S. 9-29, 24.

[511] Marré, Die Kirchenfinanzierung, S. 36.

so die Selbständigkeit der freien Träger und birgt die Gefahr von Staatsdirigismus.[512]

Damit wird auch die Bedeutung des Selbstverständnisses der Kirche herausgestellt. Was für ein Bild der Kirche soll geprägt werden? Ist sie heute, wie provokativ gefragt wird, vielleicht eine Mischung aus Wohlfahrtsverband und Greenpeace, oder liegt der Schwerpunkt ihres Strebens darin, Menschen die frohe Botschaft von der Rechtfertigung des Sünders zu vermitteln?[513] Die religiöse Dimension des kirchlichen Dienstes darf auch durch die Organisation und die Modelle der Finanzierung und Zusammenarbeit nicht zurückgedrängt und ausgehöhlt werden. Den Mitarbeiterinnen und Mitarbeitern der Kirche und ihrer Einrichtungen muß deutlich bleiben, daß sie der Kirche eine besondere Loyalität schulden.[514] So wird befürchtet, die Kirche hätte nicht mehr die Menschen, die aus christlichem Geist kirchliche Arbeit in allen ihren Ausprägungen leisten, sie übernähme sich und würde über kurz oder lang in wesentlichen Punkten nicht mehr von den anderen kulturellen und sozialen Institutionen zu unterscheiden sein.[515]

Zu Recht verweist *v. Campenhausen* darauf, daß in der Diskussion um die Kirchensteuer und die gegenwärtige Rolle der Kirche in der Gesellschaft bisweilen der Eindruck entstehe, beide fänden ihre Existenzberechtigung in den diakonischen und sozialen Diensten, die sie in der und für die Gesellschaft erbringen. Die Kirche sei aber eine Gemeinschaft der Gläubigen, in der das Evangelium gepredigt wird und die Sakramente ordnungsgemäß verwaltet werden. Daher bestehe der Dienst der Kirche für Staat und Gesellschaft darin, daß sie die göttliche Rechtfertigung verkündigt und ihrem Auftrag durch Predigt und Unterweisung nachkommt.[516] Letztlich bedeutet das aber auch, daß es den Kirchen überlassen bleiben muß, ihre Arbeitsverhältnisse auch gerade dort nach ihren

---

[512] Leisner, Essener Gespräche 17 (1983), S. 9-29, 24.

[513] Tagung 1997, Böttcher S. 30, 34.

[514] Marré, Theologie und Glaube 1988, S. 397-414, 410.

[515] Marx, Die arbeitsrechtliche Kirchlichkeitsklausel, S. 39.

[516] v. Campenhausen, Staatskirchenrecht, § 20, S. 187 f..

Vorstellungen regeln zu können, wo der Staat die Arbeit der Kirche mitfinanziert. Und so bestehen auch für die weitestgehend vom Staat besoldeten Dozenten kirchlicher Hoch- und Fachhochschulen die gleichen Postulate, die gleichen spezifischen Treuepflichten wie für Kirchenbedienstete allgemein.[517]

Unter diesen Gesichtspunkten trifft aber auch die Kirche eine Verpflichtung, gerade bei finanzieller Förderung durch den Staat eigene Struktur- und Arbeitsgrundlagen deutlich zu machen. Auch wegen des Schwindens des Ordensnachwuchses und der Zunahme von Laienbediensteten müssen die Träger kirchlicher Krankenhäuser, Kindergärten und ähnlicher Einrichtungen aufmerksam darauf achten, daß die christliche Gesinnung und das christliche Engagement der Mitarbeiterinnen und Mitarbeiter wichtiger sind als die äußerliche Expansion der Einrichtung.[518]

Insofern muß *v. Tilling* nicht darin gefolgt werden, daß sich die Kirche nun zwingend aus einigen Tätigkeitsbereichen zurückziehen sollte. Sie hat vielmehr dafür Sorge zu tragen, daß auch in staatlich mitfinanzierten Tätigkeitsfeldern der staatlichen Einflußnahme Einhalt geboten wird und ihre besondere Prägung – auch anhand der Ausgestaltung ihrer Arbeitsverträge – klar erkennbar bleibt. Nur wenn diese Prägung auch nach außen erkennbar ist, kann ihr im Rahmen einer arbeitsgerichtlichen Abwägung eine besondere Gewichtung zukommen.

IV. Grundsätzliche Möglichkeiten der evangelischen Kirche

Die der Kirche verfassungsrechtlich garantierten Freiheiten dienen auch dazu, die kirchlichen Sonderregelungen, soweit sie in den Arbeitsvertrag eingegangen sind, gegen eine sie verletzende Anwendung des Kündigungsschutzrechts abzusichern, also die privat- und kirchenautonome Substanz der Loyalitätsobliegen-

---

[517] Marré, Die Kirchenfinanzierung, S. 38.

[518] Gleiches gilt auch für das kirchliche Schulwesen, bei dem es nicht darum gehen kann, möglichst viele kirchliche Schulen zu errichten und in den Genuß staatlicher Förderung kommen zu lassen. Vielmehr kommt es darauf an, nur Schulen zu unterhalten, die mit kirchlich gesonnen Lehrern besetzt werden und so dem kirchlichen Bildungs- und Erziehungsauftrag gerecht werden können, Marré, Die Kirchenfinanzierung, S. 36 f. und 38.

heiten vor einer staatlichen Abwertung oder Fremdbestimmung zu bewahren.[519] Danach liegt im Kündigungsschutzverfahren der systematische Ort zur Berücksichtigung spezifischer kirchlicher Belange und Anliegen bei der Ausfüllung kündigungsschutzrechtlicher Begriffe der Verhaltens-, Personen- und Betriebsbedingtheit.[520]

Die Verfassung selbst schützt nicht die Treuepflicht, sondern lediglich den Freiraum der Kirche, innerhalb dessen sie ihrem Selbstverständnis – auch von Treuepflichten und Lebensführung – Geltung verschaffen kann. Hiervon miterfaßt ist die Möglichkeit die Geltungsbereiche dieser Ansprüche bei den verschiedenen Tätigkeiten in der kirchlichen Arbeit festzulegen. Somit obliegt den Kirchen selbst auch die Entscheidung darüber, ob und wie gegenüber den im kirchlichen Dienst tätigen Mitarbeiterinnen und Mitarbeitern eine Abstufung der Loyalitätspflichten greifen soll, da es sich hierbei um eine dem kirchlichen Selbstbestimmungsrecht unterliegende Angelegenheit handelt.[521] Das BAG hatte eine arbeitsgerichtliche Entscheidung an Stelle einer kirchlichen gesetzt. Nach dem BVerfG steht aber auch die Beurteilung einer eventuell vorzunehmenden Abstufung grundsätzlich den Organen der Kirche gemäß ihrem Selbstverständnis zu.[522]

Für die kirchliche Belange wird im Gegensatz zu den allgemein im Arbeitsrecht zum Willkürverbot abgehandelten Problemkreisen – die zweite Alternative[523] von größerer Bedeutung sein, also die willkürliche Gleichbehandlung ungleicher Fälle. Denn im Rahmen der Diskussion um die kirchliche Dienstgemeinschaft stellt sich die Frage nach der Möglichkeit, bestimmte Anforderungen an alle Arbeitnehmer unterschiedslos zu richten. Hier wird jedoch die Gefahr deutlich mit Argumenten des Art. 3 GG einer irgendwie gearteten arbeitsgerichtlichen

[519] Isensee, Festschrift für Obermayer, S. 203-216, 209.

[520] Zeuner, ZfA 1985, S. 127-139, 128.

[521] Marx, Die arbeitsgerichtliche Kirchlichkeitsklausel, S. 27.

[522] Marx, Die arbeitsgerichtliche Kirchlichkeitsklausel, S. 29.

[523] s.o. Seite 116 f..

Kompetenz zur (Wiedereinführung der) Abstufung das Wort zu reden, doch genau dagegen hat sich das BVerfG mit seiner Entscheidung 1985 gewandt.[524]

Es bleibt der evangelischen Kirchenleitung aber überlassen zu entscheiden, in welcher Weise eine Abstufung hinsichtlich der Anforderungen an die Einhaltung von Lebensführungspflichten zu erfolgen hat. Aufgrund der Entscheidung des BVerfG ist die Auffassung, eine Abstufung habe zwangsläufig zu erfolgen, nicht aufrechtzuerhalten. Von *außen* können der evangelischen Kirche keine Vorgaben gemacht werden, an die sie sich halten müßte. Es steht ihr vielmehr zu, selbst darüber zu entscheiden, ob sie hinsichtlich des Anspruchs auf Beachtung der Lebensführungspflichten differenzieren will.

B. Abstufung vor dem Hintergrund innerkirchlicher Grundsätze

Eine Abstufung der Lebensführungspflichten könnte von der Kirchenleitung verbindlich vorzunehmen sein, wenn innere, kirchenrechtliche und theologische Vorgaben und Grundsätze eine solche Differenzierung vorschreiben. Umgekehrt wären diese Vorgaben auch zu beachten, wenn sie einer Abstufung zuwiderliefen. Für das Disziplinarrecht gilt nach § 57 Disziplinargesetz der EKD und § 108 Amtszuchtgesetz der VELKD zwingend die Bindung an die Bekenntnisgrundlagen der Kirche. Das Bekenntnis gibt also den Rahmen vor, innerhalb dessen die evangelische Kirche ihre Angelegenheiten rechtlich ordnen kann. Eine Abstufung der Ansprüche auf Beachtung bestimmter Lebensführungspflichten der Kirche müßte dieser Vorgabe ebenso gerecht werden, wie ein bewußtes *Nichtabstufen.* Als Anknüpfungspunkte, kommen hier der Grundsatz des Priestertums aller Gläubigen und das Leitbild der christlichen Dienstgemeinschaft in Betracht.

I. Priestertum aller Gläubigen

Die Untersuchung bestimmter Lebensführungspflichten und ihrer eventuellen Abstufung, muß aus kirchenrechtlicher Sicht also auch der Substanz eines wesentlichen Fundaments protestantischen Glaubens gerecht werden, nämlich dem Priestertum aller Gläubigen. Dieser evangelische Grundsatz wirkt sich nicht nur auf die Berechtigung des einzelnen Christen in Bezug auf bestimmte reli

[524] Mayer, Das außerdienstliche Verhalten von Arbeitnehmern, S. 124 f..

giöse Handlungen aus, sondern auch auf die Stellung der einzelnen Christen zueinander.[525]

Die gemeinsame Synode der Bistümer in der Bundesrepublik Deutschland äußerte sich im Jahre 1976 hierzu wie folgt:[526]

„Alle sind Brüder durch dieselbe Berufung und dieselbe Sendung (...). An der Aufgabe der Kirche, Träger der Heilsendung Christi zu sein, haben die ganze Gemeinde und jedes ihrer Glieder Anteil. Von der gemeinsamen Verantwortung kann sich niemand ausschließen oder ausgeschlossen werden. Kraft der Taufe und der Firmung wirken alle in ihrer Weise mit am Auftrag Christi, seine Botschaft zu verkünden, seine Gemeinde aufzuerbauen und sein Heil in der liturgischen Feier zu vergegenwärtigen und im Leben zu bezeugen."

Hier wird deutlich, daß vom Auftrag der Kirche jedes ihrer Glieder, also auch jeder Mitarbeiter und jede Mitarbeiterin erfaßt wird, und eine Unterscheidung nach Kriterien wie den einer wichtigen oder unwichtigen Position, eines sprechenden oder handelnden Amts zunächst nicht erfolgt.

Der untrennbare Zusammenhang von kirchlichem Auftrag und kirchlicher Gestalt wird in der dritten These von Barmen[527] deutlich, wonach eine Scheidung der äußeren Ordnung vom äußeren Bekenntnis in der Kirche nicht möglich ist. Damit wurde die These der Trennung in eine sichtbare und eine unsichtbare, eine Rechts- und eine Geisteskirche überwunden. Das evangelische Dienst- und Arbeitsrecht folgte dieser These mit der Überwindung der Unterscheidung von innerem und äußerem Dienst[528] und hat somit einen Anhaltspunkt für eine eventuell vorzunehmende Abstufung aufgegeben. Heute spiegeln die Kirchen-

---

525 Für das katholische Verständnis von der Kirche greift hier das Bild vom Leib Christi (*1. Korinther 12, 12-31*), wobei die Gliedschaft an diesem Leib alle Christen sind, und das Haupt Christus selbst ist.

526 Gemeinsame Synode der Bistümer in der Bundesrepublik Deutschland, Offizielle Gesamtausgabe I, 1976, S. 652 f., Nr. 1.2, 1.4.

527 Theologische Erklärung der Bekenntnissynode von Barmen, 29.-31. Mai 1934.

528 v. Campenhausen, Essener Gespräche 18 (1984), S. 8-39, 23.

verfassungen den Konsens über die bekenntnismäßige Bestimmtheit jedes kirchlichen Dienstes wider.

„Das der Kirche anvertraute Amt gliedert sich in verschiedene Dienste. Die in diese Dienste haupt-, neben- und ehrenamtlich Berufenen tragen die Verantwortung dafür, daß jeweils in ihren Aufgabenbereichen der Auftrag der Kirche wahrgenommen wird. Damit dienen sie der Einheit der Kirche."[529] Am Wirken Christi, der sich bis zur Hingabe des Lebens zum Diener aller gemacht hat, soll sich auch das Leben der Nachfolgerinnen und Nachfolger orientieren. So ist der kirchliche Dienst, als Tatgemeinschaft Christi mit den Christen, als Beteiligung am Tun Christi durch eigenes verantwortliches Handeln zu verstehen,[530] [531] bei dem die Gesamtverantwortung von jedem, unabhängig von seiner Position, mitgetragen wird.

Sieht man den Gedanken des Priestertums aller Gläubigen als Rechte und Pflichten begründend an, stellt sich die Frage, wer im einzelnen von diesen Rechten und Pflichten erfaßt ist. Bedeutet Mitverantwortung von haupt-, neben- und ehrenamtlichen Mitarbeiterinnen und Mitarbeitern, daß sie die gleichen Verpflichtungen haben, ihr Leben auf die eine oder andere Art zu führen und bestimmte Handlungen und Äußerungen mit Rücksicht auf ihre berufliche Tätigkeit oder ihr ehrenamtliches Engagement zu unterlassen, oder sind von den Pflichten zunächst einmal nur an der Verkündigung Beteiligte und andere nach außen in Erscheinung tretende Personen betroffen?

Es handelt sich beim Grundsatz des Priestertums aller Gläubigen nicht um das Recht eines Einzelnen, der seine individuelle Entfaltung bestmöglich verwirklichen soll, sondern um eine Art Organrecht, das nur in Loyalität gegenüber der

---

[529] Kirchenverfassung der Nordelbischen Ev.-Luth. Kirche vom 12. Juni 1976, Art. 19, in: Abl. EKD 1977, S. 19.

[530] Barth, Kirchliche Dogmatik, S. 685, 985 ff..

[531] Grundsätzlich kann man in diesem Zusammenhang zwischen dem Dienst des Sprechens (Gotteslob, Predigt, Unterricht, Evangelisation, Mission und Theologie) und dem Dienst des Handelns (Gebet, Seelsorge, vorbildliches Leben, Diakonie, prophetisches Tun und Gemeinschaftsleben) unterscheiden.

Kirche als Träger des Auftrags wahrgenommen werden kann und darum die Verpflichtung beinhaltet, bei jedem Verhalten, das sich als Teilnahme am Auftrag der Kirche erweist, die Überzeugungskraft und Glaubwürdigkeit der Kirche insgesamt zu beachten. Ein dem allgemeinen Priestertum innewohnender theologischer Gedanke ist die geistliche, auf der Taufe gegründete Vollmacht zur wahren Mitwirkung an der Sendung der Kirche. Die Erfüllung des Auftrages ist also nicht den Amtsträgern und Amtsträgerinnen vorbehalten, sondern im Sinne des Priestertums aller Gläubigen allen Kirchengliedern übertragen.

Für die Beantwortung der Frage, wie christliche Glaubenshaltung in politische Verantwortung umgesetzt werden kann, ist kein Monopol aus der Sonderstellung des öffentlichen Predigeramts ersichtlich. So liegt z.B. politisches Engagement unter Berufung auf die christliche Botschaft, aus dem nicht hervorgeht, daß es primär um die christliche Botschaft und nicht um einen bestimmten politischen Effekt geht, außerhalb jener Loyalitätsverpflichtung, die jedes einzelne Kirchenglied der Kirche bei der Teilhabe an der Wahrnehmung des Auftrags (der Sendung) schuldet. Es ist wichtig zu erkennen, daß mit dem Recht auf Teilhabe am Auftrag der Kirche auch Pflichten korrespondieren können. Eine solche Verpflichtung bei der Wahrnehmung dieses Sendungsauftrags ist es, genau diesem Auftrag dienstbar zu bleiben.[532] Dies gilt grundsätzlich also für alle Mitarbeiterinnen und Mitarbeiter.

Das Verkündigungsamt hat in der evangelischen Kirche eine besondere Würde und Vollmacht, und so sind Unterschiede in den Aufgaben, in der Zuständigkeit und in der Verantwortung bei diesem Amt nicht von vornherein ausgeschlossen. Zwar sind nach dem reformatorischen Gedanken des Priestertums aller Gläubigen alle, die glauben und getauft sind, gleichermaßen von Gott berufen und ermächtigt, die christliche Botschaft glaubwürdig zu bezeugen. Doch mit den Pfarrerinnen und Pfarrern hat die Kirche einen für die Weitergabe des Evangeliums besonders ausgebildeten Berufsstand, dem sie aufgrund der Verpflichtung aus der Ordination eine besondere Verantwortung überträgt.[533] Daß hieraus aber

[532] Pirson, Festschrift für Obermayer, S. 295-304, 299 f..

[533] VELKD, Leitlinien 1997, S. 36; s.o. Seite 93 ff..

eine generelle Verpflichtung der Kirche begründet würde, Geltungsunterschiede für Lebensführungspflichten vorzugeben, kann nicht gefolgert werden.

In der theologischen Auseinandersetzung über das Verhältnis von allgemeinem Priestertum und kirchlichem Amt besteht in der evangelischen Kirche Einigkeit darüber, daß nur ein Teil der kirchlichen Dienstfunktionen als Teilhabe am Amt der Verkündigung gesehen werden kann, während andere Dienstfunktionen als Entfaltung des allgemeinen Priestertums verstanden werden müssen. Die Frage nach einer exakten Grenzziehung ist wohl noch nicht geklärt, entscheidend ist, daß die Funktionen im kirchlichen Dienst eine Gesamtheit bilden, deren Aufspaltung nicht hingenommen werden kann.[534] Gerade eine solche Aufspaltung würde aber durch eine kirchenrechtlich festgeschriebene Differenzierung einer Abstufung des Anspruches auf Einhaltung bestimmter Lebensführungspflichten zwischen den Geistlichen und anderen kirchlichen Mitarbeiterinnen und Mitarbeitern faktisch geschaffen.

II. Leitbild der kirchlichen Dienstgemeinschaft

Der zweite Gedanke, der für die Beurteilung der Erforderlichkeit einer Abstufung der Lebensführungspflichten von Bedeutung sein könnte, ist der des Leitbilds von der kirchlichen oder christlichen Dienstgemeinschaft. Dieses Prinzip spielt im evangelischen Kirchenrecht eine bedeutende Rolle, hat auf die Gestaltung innerer Kirchenstrukturen Einfluß genommen und in vielen Kirchengesetzen Ausdruck gefunden.[535] Dem theologischen Verständnis des Dienstgemeinschaftsgedankens folgt ein Bedürfnis, auch in rechtlicher Hinsicht eine prinzipielle Einheit der Dienstaufgaben in der Kirche herzustellen. Das geordnete Miteinander einer Dienstgemeinschaft bei unterschiedlichen Aufgaben, doch in gemeinsamer Verantwortung vor dem für allen geltenden Auftrag, und nicht etwa die hierarchische Vorrangstellung des Pfarramts gegenüber unselbständigen Hilfsämtern, ist der Schlüssel zur Ordnung der Mitarbeiter-

[534] v. Campenhausen, Essener Gespräche 18 (1984), S. 8-39, 24 FN 72.

[535] Ungeachtet der konfessionellen Unterschiede wird der Gedanke der Dienstgemeinschaft in beiden Kirchen im wesentlichen gleich begründet, Richardi, ZevKR 32 (1987), S. 628-641, 632; v. Campenhausen, Essener Gespräche 18 (1984), S. 8-39, 21.

schaft in einer Gemeinde.[536] Die Bemühungen, alle Dienste der in der Kirche Wirkenden zu definieren, deren Befugnisse zu umschreiben und persönliche und fachliche Qualifikationsmerkmale zu bestimmen, sind also rechtstheologisch begründet.[537]

1. Der Rechtsbegriff

Durch die Entscheidung des BVerfG von 1985[538] ist das Leitbild der kirchlichen Dienstgemeinschaft, auch wenn es in den Leitsätzen nicht ausdrücklich erwähnt wird, aufgrund ihrer rechtlichen Bedeutung für die Ausgestaltung kirchlicher Arbeitsverträge zu einem wichtigen Rechtsbegriff geworden.[539] Eine Dienstgemeinschaft ist kein Verband im Rechtssinne und definiert auch keine soziologische Gemeinschaft.[540] Das Leitbild der kirchlichen Dienstgemeinschaft ist *„Bestandteil der christlichen Lebensordnung"* und Ausdruck der *„Dienst- und Lebensgemeinschaft der Gemeinde, die eine Gemeinschaft kraft des Priestertums aller ihrer Glieder ist"*.[541] Nach evangelischem Verständnis ist das Priestertum aller Gläubigen Grundstruktur kirchlicher Gemeinschaft und bildet den Ausgangspunkt des Dienstgemeinschaftsbildes.[542]

Ergänzend wird die kirchliche Dienstgemeinschaft aus dem objektiven Sachverhalt der Mitwirkung aller kirchlichen Mitarbeiterinnen und Mitarbeiter am Auftrag der Kirche abgeleitet. Hierauf begründet sich die prinzipielle Gemeinsamkeit aller kirchlichen Mitarbeiterinnen und Mitarbeiter. Die Dienstgemeinschaft beruht also auf dem für den kirchlichen Dienst fundamentalen Sachverhalt, daß die Mitarbeit im kirchlichen Dienst objektiv eine Mitwirkung

---

536 Stein, Evangelisches Kirchenrecht, S. 123.

537 v. Campenhausen, Essener Gespräche 18 (1984), S. 8-39, 21.

538 BVerfGE 70, S. 138 ff..

539 Rüthers, NJW 1986, S. 356-359, 357; Rüfner, Festschrift der Universität Köln, S.797-811, 802.

540 Richardi, Arbeitsrecht in der Kirche, S. 46.

541 Pahlke, Kirche und Koalitionsrecht, S. 40 und 42.

542 Klimpe-Auerbach, AuR 1995 S. 170-177, 173; v. Campenhausen, Essener Gespräche 18 (1984), S. 9-66, 24.

an der Erfüllung des kirchlichen Auftrags darstellt.[543] Mit dem Begriff des Leitbilds verdeutlicht die Kirche, daß sie ihren Dienst als Teilhabe am Sendungsauftrag und Heilswerk Jesu Christi versteht. Durch diesen Auftrag werden alle Glieder der Kirche als Volk Gottes miteinander verbunden, was auch die soziale Gestaltungsform des kirchlichen Dienstes beherrschen muß.[544] Daher verbietet sich eine Trennung der verschiedenen Aufgaben in etwa einen kirchlichen und einen weltlichen Bereich.[545]

Die Rechtsstruktur und der Rechtscharakter kirchlicher Dienstverhältnisse wird durch die Kennzeichnung als Dienstgemeinschaft nicht geschwächt oder aufgehoben. Die christliche Dienstgemeinschaft als Rechtsbegriff erfaßt lediglich das besondere Spannungsverhältnis von arbeitsrechtlichen Problemstellungen mit bestimmten Standpunkten eines kirchlichen Arbeitgebers. Er berücksichtigt dabei auch die *„religiöse Dimension“*, – ein Begriff, den sich auch das BVerfG im Fall Volmarstein[546] zu eigen gemacht hat.

Der religiösen Dimension oder religiösen Ausrichtung der Arbeit in einer kirchlichen Dienststelle folgt keine Reduzierung dieser Tätigkeit auf einen rein geistlichen Aspekt. Die auch fachlich kompetente Erfüllung der Dienste ist vielmehr Ausdruck der Kirche, in der Welt für Menschen und Glauben tätig zu sein. Doch kommt auch in den profanen kirchlichen Diensten eine grundlegende Andersartigkeit zum Ausdruck. Dies ist zunächst keine Antwort auf die Frage nach der Glaubenshaltung einzelner Mitarbeiterinnen und Mitarbeiter, sondern die Beschreibung eines gegebenen Sachverhalts: Da die von der Kirche und ihren Einrichtungen übernommenen Dienste *Lebens- und Wesensäußerung* der Kirche

---

543 Die christliche Dienstgemeinschaft ist demnach also ein Prinzip, das sich auf das Selbstverständnis der Kirchen gründet, den kirchlichen Dienst als Teilnahme an der Erfüllung des kirchlichen Auftrages zur Verkündigung des Evangeliums in Wort und Tat sowie als Mitarbeit an der Erfüllung der drei kirchlichen Grunddienste der Verkündigung, der sakramentalen Heiligung und des aus dem Glauben erwachsenden Bruderdienstes zu verstehen, Jurina, ZevKR 29 (1984), S. 171-188, 173, 177 und 181.

544 Richardi, Arbeitsrecht in der Kirche, S. 46.

545 Schilberg, Rechtsschutz und Arbeitsrecht, S. 68.

546 BVerfGE 57, S. 220, 243.

sind, ist diese Arbeit objektiv eine Teilnahme an der Erfüllung des kirchlichen Auftrags.[547] Auch der Begriff der kirchlichen Dienstgemeinschaft bringt also – wie schon der des Priestertums aller Gläubigen – zum Ausdruck, daß alle kirchlichen Bediensteten mit ihrer Arbeit dem Auftrag der Kirche folgen und damit auch gleichzeitig verpflichtet sind, diesem Auftrag dienstbar zu bleiben.

Diese Forderung nach Einheitlichkeit erfaßt alle Kategorien und Ebenen der Dienstgemeinschaft: Pfarrerinnen und Pfarrer, Beamte und Beamtinnen, Angestellte, Arbeiter und Diakonissen.[548] Die Dienstgemeinschaft erfaßt also die Gesamtheit der Mitarbeiterinnen und Mitarbeiter und ist nicht auf einzelne Personen mit besonderen Aufgaben beschränkt.[549] Das Selbstbestimmungsrecht der Kirchen schließt nach dem BVerfG auch in Fällen, in denen die Kirchen ihre Arbeitsverhältnisse durch Arbeitsverträge regeln, das Recht ein, das besondere Leitbild einer Dienstgemeinschaft aller ihrer Mitarbeiterinnen und Mitarbeiter zugrunde legen zu können.[550] Dieses Recht ist nichts anderes, als das Spiegelbild der Pflicht des Staates, den spezifisch religiösen Charakter des kirchlichen Dienstes zu respektieren und ihn in dieser Prägung rechtlich anzuerkennen.[551] So sind Amtsträgerinnen und Amtsträger, Laien, hauptberufliche und ehrenamtliche Mitarbeiterinnen und Mitarbeiter des pastoralen und liturgischen Dienstes sowie Mitarbeiterinnen und Mitarbeiter mit verwaltenden oder technisch-organisatorischen Aufgaben an der Ausübung und Erfüllung des kirchlichen Auftrags beteiligt.[552] [553]

---

[547] Jurina, ZevKR 29 (1984), S. 171-188, 174.

[548] v. Campenhausen, Essener Gespräche 18 (1984), S. 8-39, 21 und 24 f..

[549] Rüfner, Festschrift der Universität Köln, S.797-811, 803; v. Campenhausen, Staatskirchenrecht, § 21, S. 201.

[550] BVerfGE 70, S. 138 ff., 165.

[551] Richardi, Arbeitsrecht in der Kirche, S. 41.

[552] Jurina, ZevKR 29 (1984), S. 171-188, 174. Zum besonderen Verhältnis des geistlichen Standes zu dem der Laien in der katholischen Kirche, siehe: Rauscher, Die Eigenart des kirchlichen Dienstes, S. 39-42.

[553] Diese aufgrund des Leitbilds der christlichen Dienstgemeinschaft auch kirchenrechtlich zu beachtende prinzipielle Gleichheit wirft bei konsequenter Verfolgung des Dienstgemeinschaftsgedankens ein neues Licht auf bestimmte im kirchlichen Arbeitsrecht

Eine generelle, aufgrund der jeweiligen Position des Betroffenen automatisch vorgenommenen Abstufung bestimmter Verpflichtungen würde nämlich zu einer „Ständebildung" innerhalb der christlichen Dienstgemeinschaft führen. Eine solche Spaltung darf die Kirche nicht hinnehmen, und so muß die staatliche Seite tolerieren, daß nach kirchlichem Verständnis die Verschiedenartigkeit der Aufgaben grundsätzlich kein Kriterium dafür ist, die Einheit der Sendung in Frage zu stellen.[554]

Die Anerkennung des Leitbilds der Dienstgemeinschaft für die im kirchlichen Dienst Stehenden, bedeutet aber keineswegs, daß es in dieser Gemeinschaft nicht zu Meinungsverschiedenheiten und Konflikten kommen kann oder darf. *„Die Dienstgemeinschaft schließt die Existenz und Verfolgung unterschiedlicher Interessen – einen Grundkonsens aller über den kirchlichen Auftrag voraussetzend – bei Mitarbeitern und Dienstgebern nicht aus."*[555] Auch den grundsätzlichen Interessengegensatz zwischen Arbeitnehmern und Arbeitgebern kann die kirchliche Dienstgemeinschaft nicht aufheben, er ist natürliches Ergebnis der aufgeteilten Organisation im Arbeitsleben. Bei Verfahrensregelungen zur Lösung dieser Interessengegensätze muß das Leitbild der kirchlichen Dienstgemeinschaft aber herangezogen und zugrunde gelegt werden.[556]

Dieses hier entwickelte Verständnis vom Prinzip der kirchlichen Dienstgemeinschaft ist aber nicht alleinige Grundlage des kirchlichen Arbeitsrechts, es bedarf vielmehr der Beachtung anderer, vor allem auch arbeitsrechtlicher Gesichts-

---

vorgenommene und inzwischen oft hinterfragte Regelungen betreffend einer Unterscheidung von Angestellten und Arbeitern oder einer Abstufung beim Erholungsurlaub aufgrund des Alters der Mitarbeiterinnen und Mitarbeiter. Vom Gedanken der Dienstgemeinschaft ausgehend, wird auch eine Abschaffung der Privilegien von Bischhöfinnen und Bischöfen, Kirchenräten und beamteten Pastoren und Pastorinnen gefordert. Veränderungen in diese Richtung seien zu begrüßen, dürften im Ergebnis aber nicht zu einer ungerechten Gleichbehandlung führen, Schilberg, Rechtsschutz und Arbeitsrecht, S. 74.

[554] Richardi, Arbeitsrecht in der Kirche, S. 60 RN 21; a. A.: Berchtenbreiter, Kündigungsschutzprobleme, S. 37 f..

[555] Erklärung der Bischöfe zum kirchlichen Dienst vom 27. Juni 1983 unter Nr. 4.

[556] Richardi, Arbeitsrecht in der Kirche, S. 47 RN 19.

punkte. Das Prinzip der Dienstgemeinschaft muß ergänzend als Entscheidungs- und Verständnishilfe herangezogen werden.[557] Die kirchliche Dienstgemeinschaft wird als maßgebendes Strukturelement für kirchliche Arbeitsverhältnisse begriffen, in der Dienstgeber und Dienstnehmer einer religiösen Grundlage und Zielrichtung verpflichtet sind. Kirchliche Arbeitgeber und Arbeitnehmer haben danach nicht nur wie in anderen Arbeitsverhältnissen funktionale Leistungen zu erbringen. Sie sind vielmehr gehalten – auch im Hinblick auf ihre persönliche Lebensführung – an der Verwirklichung der religiösen Sendung der Kirche und ihrer Einrichtungen, in denen sie tätig sind, teilzunehmen.[558] Daraus folgt eine Gleichrangigkeit aller Dienste – auch der anscheinend niedrigsten.[559]

Als zentrale Aussage des Leitbilds der Dienstgemeinschaft kann festgehalten werden, daß der Auftrag Jesu Christi, ihm im Dienst der Versöhnung zu folgen, sich nicht nur auf dienende Nachfolge des Einzelnen bezieht, sondern auch auf ein Zusammenstehen vieler in einer „Gemeinschaft des Dienstes“.[560] [561] Daher bilden alle, die in einer Einrichtung mit dieser Zweckbestimmung tätig sind, über die Verschiedenheiten der einzelnen Dienste hinweg eine Dienstgemeinschaft.

2. Einwände gegen die Konzeption der christlichen Dienstgemeinschaft

Gegen die Umsetzung des Leitbilds der Dienstgemeinschaft im kirchlichen Arbeitsrecht sind aber immer wieder Bedenken laut geworden. Das Konzept ist grundsätzlichen Einwendungen begegnet, die zum Verzicht des Dienstgemeinschaftsgedankens geraten haben.

---

[557] Jurina, ZevKR 29 (1984), S. 171-188, 182.

[558] Dütz, Die Neue Ordnung 42 (1988), S. 127-138, 129.

[559] Mayer-Maly, Loyalitätspflichten, In memoriam Carl Holböck, S. 619-626, 621.

[560] Vergleiche den griechischen Ursprungstext *2 Kor 8, 4.*

[561] Diese gemeinsame Beteiligung ist die erste und allgemeinste Begründung für das Bestehen der kirchlichen Dienstgemeinschaft, die sich auf die prinzipielle Gleichheit und die für den einzelnen bestehende Mitverantwortung für den christlichen Auftrag gründet. Dieses Verständnis läßt den kirchlichen Dienst als Teil des geistlichen Lebensvollzugs in der Kirche verstehen, so daß die Besonderheit dieses Dienstes deutlich wird. Jurina, ZevKR 29 (1984), S. 171-188, 175 f..

Zum einen wurde dem Leitbild der christlichen Dienstgemeinschaft und seiner Bedeutung für das kirchliche Arbeitsrecht die Frage entgegengehalten, ob hinsichtlich der Verhältnisse im kirchlichen Dienst überhaupt von einer „religiös-ethischen Einheit“ gesprochen werden kann, ob es eine dafür erforderliche Homogenität im christlichen Ethos überhaupt gibt. Eine Verneinung dieser Frage könnte durch die Tatsache gestützt werden, daß im Dienst der evangelischen Kirche neben Angehörigen anderer christlicher Kirchen auch Nichtchristen, insbesondere nicht-christliche Ausländer arbeiten.[562] Die Begründungen für solche Beschäftigungen reichen vom sozialen Aspekt (sonst vielfach benachteiligten Ausländern eine Chance zu geben), dem Gedanken der ökumenischen Zusammenarbeit bis hin zum praktischen Problem, daß für bestimmte Aufgaben Kirchenangehörige nicht in ausreichender Zahl zu Verfügung stehen.

Obwohl die evangelische Kirche die Religionsfreiheit der ihr nicht zugehörigen Mitarbeiterinnen und Mitarbeiter respektiert, wird ihre vom Leitbild der kirchlichen Dienstgemeinschaft mitgeprägte Sonderstellung durch die Beschäftigung solcher Mitarbeiterinnen und Mitarbeiter nicht gefährdet. In ihrem Dienst verwirft die Kirche jede Diskriminierung eines Menschen um seiner Religion willen, weil dies dem Geist Christi widerspräche.[563] [564] Doch diese Tatsache kann nicht gegen eine Geltung des Begriffs der Dienstgemeinschaft vorgebracht werden. Denn die Mitarbeit im kirchlichen Dienst einer Einrichtung stellt als solche – unabhängig von der inneren Einstellung des einzelner Mitarbeiterinnen und Mitarbeiter – Erfüllung am kirchlichen Auftrag in dieser Welt dar.[565] Die tatsächlich in kirchlichen Einrichtungen geleistete Arbeit geschieht in Erfüllung des kirchlichen Auftrags. Aufgrund dieser gemeinsamen Ausrichtung der Arbeit

[562] Rüfner, Festschrift der Universität Köln, S.797-811, 806.

[563] Richardi, Arbeitsrecht in der Kirche, S. 55 RN 4.

[564] Gleichzeitig sollen die Kirchen aber darauf achten, daß die Einrichtungen, die ihnen zugeordnet sind, ihren spezifischen evangelischen oder katholischen Charakter behalten und dies im Zweifelsfall mit einer Quote hinsichtlich der nicht der Kirche zugehörigen Arbeitnehmern gewährleisten. Richardi, Arbeitsrecht in der Kirche S. 55 RN 4; Rüfner, Festschrift der Universität Köln, S.797-811, 806 f.; Marx, Die arbeitsrechtliche Kirchlichkeitsklausel, S. 37 f..

[565] Dütz, NJW 1990 S. 2025-2031, 2027; Richardi, NZA 1994, S. 19-24, 20.

finden sich alle Mitarbeiterinnen und Mitarbeiter unabhängig von ihrer persönlichen Einstellung in der christlichen Dienstgemeinschaft wieder. Dies geschieht nicht durch Zwang, sondern auf der Basis einer privatautonomen Willensentscheidung, die durch Abschluß des Arbeitsvertrages zum Ausdruck kommt. Ob sich der vertragsschließende Arbeitnehmer den Auftrag der Kirche zu eigen machen will oder nicht, ist für die Geltung und Wirkung der vertraglich übernommenen Rechte und Pflichten grundsätzlich unerheblich.[566]

Vor dem Hintergrund eines solchen Verständnisses vom Leitbild greift auch das Argument nicht, das Arbeitnehmerbewußtsein habe sich im Laufe der letzten Jahrzehnte entscheidend verändert, mit der Folge, daß der heutzutage aufgeklärte und selbstbewußte Berufstätige sich nicht mehr in dem Maße Ansprüchen der Arbeitgeberseite bedingungslos unterwerfe, wie dies früher vielfach der Fall gewesen sei.[567] Nach diesen Überlegungen handelt es sich bei den Besonderheiten des kirchlichen Dienstes um Erscheinungen, die in den Augen weiter gesellschaftlicher Kreise nicht mehr in die Gegenwart passen und die nach der Meinung vieler Menschen überholt sind. Viele kirchliche Mitarbeiterinnen und Mitarbeiter selbst verstünden den kirchlichen Dienst nicht mehr als Wahrnehmung eines besonders geprägten, geistig-religiös bestimmten Auftrags, sondern eher als Abwicklung eines Arbeitsverhältnisses, wie es zu jedem profanen Arbeitgeber auch bestehen kann.[568] Auch dies spielt für den Geltungsanspruch des Leitbilds der kirchlichen Dienstgemeinschaft aufgrund dessen Begründung durch faktisches Mitwirken keine Rolle.[569] Es handelt sich um ein objektives Strukturprinzip des kirchlichen Dienstes, dessen Gültigkeit nicht von der sub-

---

[566] Schilberg, Rechtsschutz und Arbeitsrecht, S. 72.

[567] v. Nell-Breuning, Stimmen der Zeit 195 (1977) S. 705-710, 705.

[568] Marx, Die arbeitsrechtliche Kirchlichkeitsklausel, S. 10; Dütz, Die Neue Ordnung 42 (1988), S. 127-138, 128; Hanau, ZevKR 25 (1980), S. 61-70, 63.

[569] Auch wenn in diesem Zusammenhang gefordert wird, von der Anstellung solcher Personen abzusehen, die sich vom Glauben und von der Kirche abgewandt haben und dieser vielleicht gar feindselig gegenüberstehen, Rüfner, Festschrift der Universität Köln, S.797-811, 806.

jektiven Annahme oder inneren Einstellung der Mitarbeiterinnen und Mitarbeiter abhängt.[570]

Schließlich wird dem Begriff der christlichen Dienstgemeinschaft noch entgegengehalten, es bestehe hier eine Parallele zum nationalsozialistischen Begriff der Betriebsgemeinschaft, der 1934 für den Sprachgebrauch im öffentlichen Dienst durch den Begriff der Dienstgemeinschaft ersetzt wurde. Es wird in diesem Zusammenhang von einer *„unheimlichen Nähe der kirchlichen Dienstgemeinschaft zur faschistischen Wertung des Arbeitsverhältnisses"* gesprochen.[571] Hierbei handelt es sich um eine krasses Mißverständnis,[572] auch wenn der grundsätzliche Hinweis, es habe auch Verstrickungen zwischen Einrichtungen der evangelischen Kirche und dem NS-Unrechtsstaat gegeben, zutreffend ist. Ein solcher Vergleich zeugt – auch wenn hier die Begrifflichkeiten nahe beieinander liegen oder sich gar decken mögen – doch von einem starken Mangel an Kenntnissen über die ideengeschichtlichen Grundlagen der christlichen Dienstgemeinschaft, die sehr viel weiter zurückreichen als in die Zeit des „Dritten Reichs". Intellektuelle Redlichkeit gebietet es, den Kirchen nicht zu unterstellen, was ihrem Selbstverständnis widerspricht.[573]

Aufgrund allein dieser Ergebnisse ist festzustellen, daß weder äußere noch innere Vorgaben der evangelischen Kirche auferlegen, eine Abstufung hinsichtlich der Geltung von Lebensführungspflichten gegenüber den für sie arbeitenden Menschen vorzunehmen. Dennoch ist nicht zu übersehen, daß die kirchlichen Gesetze und selbst die kirchlichen Gerichte bei den Voraussetzungen für den kirchlichen Dienst und der Geltung von Loyalitätspflichten differenzieren.[574]

---

[570] Jurina, ZevKR 29 (1984), S. 171-188, 177 f..

[571] Wahsner, AuR 1995 S. 189-191, 190.

[572] *v. Campenhausen* spricht hier von *„wüsten Verdächtigungen"*, v. Campenhausen Staatskirchenrecht, § 21, S. 201 FN 24.

[573] Richardi, Arbeitsrecht in der Kirche, S. 46 RN 18; Schilberg, Rechtsschutz und Arbeitsrecht, S. 75 f..

[574] Keßler, Die Kirchen und das Arbeitsrecht, S. 34.

III. Sonder- oder Standesethik für Geistliche?

Dieser vor allem innerkirchliche Widerspruch zwischen den Grundsätzen der christlichen Dienstgemeinschaft bzw. dem Priestertum aller Gläubigen sowie der kirchenrechtlichen Ausgestaltung und der praktischen Handhabung von Verstößen gegen Lebensführungspflichten bei Geistlichen wirft Fragen auf. In der Vergangenheit wurde diese Problematik oft unter dem provokativen Schlagwort der *Sonder- oder Standesethik* diskutiert.[575] [576] Eine positive Beantwortung der Frage nach der Existenz einer Standesethik für Pfarrerinnen und Pfarrer wäre auch ein Legitimationsansatz für eine generell auszugestaltende und zu praktizierende Abstufung.

1. Sonderrolle der Geistlichen im kirchlichen Leben

Im Alltag und bei der Organisation christlichen Lebens nimmt der Einzelne in Hauskreisen, Gemeinden, Synoden und auf anderen Ebenen verschiedenste Aufgaben war. Ganz zentrale Bereiche des kirchlichen Dienstes, von der Verkündigung bis zur Sakramentsverwaltung, sind den Inhaberinnen und Inhabern des geistlichen Amts übertragen. Dort besteht auch die größte kirchenrechtliche Regelungsdichte, mit der am weitesten zurückreichenden Tradition.[577] Hier liegt ein grundsätzlicher, in der Organisation und Ausgestaltung christlichen Lebens wurzelnder Unterschied zwischen den Geistlichen und allen anderen Mitarbeiterinnen und Mitarbeitern.[578]

In einer Kirchengemeinde – dem Kernbereich kirchlichen Lebens – obliegen den Pfarrerinnen und Pfarrern Verkündigung, Unterweisung, Seelsorge und häufig

---

[575] Linnenbrink, ZevKR 38 (1993), S. 381-396, S. 381 f.; Tompert, Das Recht der Kirche, S. 169-199, 198; Berger, Tagung 1997, S. 4-29, 5-9.

[576] Die 6. Tagung der Arnholdshainer Konferenz fand zum Thema: „Bestehen für die Lebensführung von Pfarrern und Kirchenbeamten besondere ethische und rechtliche Anforderungen?“, Bericht über die 6. Tagung der Arnholdshainer Konferenz, ZevKR 38 (1993), S. 462-464.

[577] v. Campenhausen, Staatskirchenrecht, § 21, S. 199.

[578] An das Verhalten des Geistlichen werden auch ganz besondere Erwartungen gestellt, s.o. Seite 64 ff..

auch die Leitung des Kirchenvorstands.[579] Der Auftrag jedes getauften Christen, nämlich das Evangelium rein zu verkündigen und die Sakramente stiftungsgemäß zu verwalten, trifft die ordinierten Amtsträger und Amtsträgerinnen in besonderer Weise.[580] Die sich für Pfarrerinnen und Pfarrer ergebenden Pflichten lassen sich in drei Gruppen unterteilen. So gibt es Pflichten, die sich unmittelbar aus dem Amt ergeben, solche, die die persönliche Lebensführung betreffen sowie Pflichten im Zusammenhang mit der ordnungsgemäßen Erledigung der pfarramtlichen Verwaltungsgeschäfte. Der letztere Bereich – zu dem Vermögensverwaltung, Aktenführung, die Verwaltung kirchlicher Gebäude und ähnliches zählen – wirft kaum Probleme hinsichtlich der Einhaltung von Lebensführungspflichten auf und soll hier nicht weiter untersucht werden.

Daß zu den Amtspflichten z.B. die Pflicht zur Wahrung des Beichtgeheimnisses gehört und zum zweiten Bereich die Eheführung oder die politische Betätigung zählen, verleitet dazu, dies alles als untereinander grundverschieden zu beurteilen. Trotzdem läßt sich eine Trennung dieser Bereiche auch rechtlich nicht konsequent durchhalten.[581] Führt ein Pfarrer eine außereheliche Beziehung und wird dies publik, kann seine Glaubwürdigkeit in der Verkündigung, aber auch seine Vertrauensposition in der Seelsorge gefährdet sein. In einer säkularisierten Gesellschaft wird von den Pfarrerinnen und Pfarrern erwartet mit der Art ihrer Lebensführung glaubwürdig zu machen, daß die biblische Tradition kritisch und konstruktiv zu einem alternativen Leben im Glauben verhilft.[582] Da die gesamte Lebensführung der Geistlichen ihren Dienst, die Erfüllung des Auftrags, fördern oder stören kann, gibt es stets einen unmittelbaren Zusammenhang von Auftrag und Lebensführung. Hier muß das Dienstrecht anknüpfen, dessen Aufgabe es ja

---

[579] Verfassungs- und Verwaltungsgericht der VELKD, Urteil vom 7.9.1984, NJW 1985 S. 1862-1864, 1862 f..

[580] Linnenbrink, ZevKR 38 (1993), S. 381-396, 393.

[581] Maurer, ZevKR 32 (1987), S. 571-598, 583; Koller, Das Recht der Kirche, S. 153-168, 167.

[582] Josuttis, Der Pfarrer ist anders, S. 200.

auch ist, der Erfüllung des Auftrags der Kirche im Dienst des Pfarrers oder der Pfarrerin Vorschub zu leisten.[583]

Pfarrdienstgesetze und Kirchenverfassungen sollen diesen Überlegungen Rechnung tragen und eine Rechtspflicht der Pfarrerinnen und Pfarrer im Hinblick auf Amt und Lebensführung festlegen. Über den Maßstab der formalen Bewertung hinausgehend, werden in einigen kirchenrechtlichen Regelungen Begriffe, wie *„Vertrauen im Amt"*, *„Ansehen"* und *„Würde"* verwendet. Vereinzelt wird auch ein *„vorbildliches Leben"* oder das *„Bewußtsein, auch außerdienstlich in der Rolle eines Zeugen Jesu Christi zu stehen"*, erwartet. Die Rechtsprechung kirchlicher Gerichte stellt bei der Beurteilung von Verhaltensweisen einer Pfarrerin oder eines Pfarrers auf Glaubwürdigkeit ab, und zwar in Bezug auf die Person und den individuellen Dienst, aber auch in Bezug auf das Amt oder den Dienst der Kirche schlechthin. Außerdem sollen Pfarrerinnen und Pfarrer *„Vorbilder"* sein und *„Ärgernis"* in der Gemeinde vermeiden.[584] Es werden also Begriffe als Maßstab herangezogen, die Motive der Notwendigkeit des Instituts der Lebensführungspflichten selbst sind.[585]

Das Motiv *„Ärgernis zu vermeiden"* kann allerdings nur in Bezug auf Lebensführungspflichten von Bedeutung sein, denn bei der Dienstführung wird es sich nicht vermeiden lassen oder ist es sogar geboten, auch Unpopuläres zu äußern. Von einem Pfarrer wird also keine Angepaßtheit, sondern Unabhängigkeit verlangt, und seine Lebensführung soll ihm hierfür den Rücken freihalten. Kirchengesetzliche Formulierungen, die Vorbild- oder gar Zeugnischarakter haben, könnten daher, jedenfalls wörtlich genommen, zu weit gehen. Diese Umschreibungen der von Pfarrerinnen und Pfarrern verlangten Lebensführungen sind so zu verstehen, daß sie der Diensterfüllung zu dienen haben, und nicht, daß sie selbst zur Diensterfüllung gemacht werden.[586] Die so zu gewinnende und zu bewahrende Akzeptanz des Dienstes und damit auch des dienstlichen und

[583] Tompert, Das Recht der Kirche, S. 169-199, 169.

[584] Tompert, Das Recht der Kirche, S. 169-199, 171.

[585] s.o. Seite 66 ff..

[586] Tompert, Das Recht der Kirche, S. 169-199, 173.

außerdienstlichen Verhaltens ist zwar in der kirchenrechtlichen Praxis von Bedeutung, kann aber nicht *letzte Richtschnur* sein; denn nicht alles was akzeptiert wird, muß auch rechtlich von Belang sein.

Es ist durchaus vorstellbar, daß eine Verhaltensweise in der Gemeinde und Öffentlichkeit gutgeheißen wird, dem Wertekanon der Kirche aber so eindeutig entgegensteht, daß sie auch dienstrechtlich nicht mehr toleriert werden kann. Im Kontext zu dem Begriff der Glaubwürdigkeit geht es hier um die inhaltliche Stimmigkeit des Verhaltens, um die der biblischen Tradition zu entnehmenden Grundrichtung eines Lebens in der Nachfolge Jesu. Wenn ein Pfarrer diese Grundrichtung in seiner Lebensführung evident verläßt, widerspricht er nicht nur seiner geistlichen Gehorsamspflicht, sondern auch seinen dienstrechtlichen Verpflichtungen, selbst wenn das entsprechende Verhalten in der Kirche oder Gemeinde mehrheitlich Akzeptanz finden sollte. Hier kommt den Pflichten aus dem Pfarrdienstrecht Zeugnischarakter im negativen Sinn zu: Das Verhalten darf der Richtung und Tendenz des christlichen Zeugnisses nicht entgegenlaufen. Das Dienstrecht hat hier den Verlauf einer äußersten, über die Zeit – wenn auch nicht notwendigerweise – sich verändernden Grenze festzulegen.[587]

2. Besondere Verantwortung der Geistlichen

Über das Verhältnis der Geistlichen zu anderen kirchlichen Mitarbeiterinnen und Mitarbeiter sagt die Lebensordnung der EKU unter dem Aspekt der Mitarbeit in der Gemeinde:[588]

„Mit Pfarrerinnen und Pfarrern hat die Kirche einen für die Weitergabe des Evangeliums eigens ausgebildeten Berufsstand. Ihm ist aufgrund der Verpflichtung aus der Ordination eine hohe Verantwortung übertragen. In der evangelischen Kirche gibt es jedoch kein Priesteramt, das eine besondere Würde vor Gott hätte. Alle, die glauben und getauft sind, sind gleichermaßen von Gott berufen und ermächtigt, die christliche Botschaft am je eigenen Ort glaubwürdig zu bezeugen. Jede Mitarbeit in der Kirche, ob sie beruflich oder

[587] Tompert, Das Recht der Kirche, S. 169-199, 174.

[588] Ordnung der EKU 1999, S. 101 RN 236.

ehrenamtlich geschieht, dient dem gleichen Ziel. Das schließt Unterschiede in den Aufgaben, in der Zuständigkeit und der Verantwortung nicht aus."

Der kirchliche Gesetzgeber und die kirchlichen Gerichte haben versucht, diese besondere Verantwortung der Pfarrerinnen und Pfarrer, die ihnen aufgrund des unmittelbaren Zusammenhangs von Auftrag und Lebensführung zukommt, rechtlich zu erfassen. Die Lebensführungspflichten der Pfarrerinnen und Pfarrer werden auch allgemein zu umschreiben gesucht, um der Sonderrolle der Geistlichen im kirchlichen Leben gerecht zu werden. Als vordringliches Anliegen wird die Akzeptanz des Dienstes der Kirche in der Gemeinde und in der Öffentlichkeit deutlich. Ein Pfarrer soll als Person angenommen werden, er soll Vertrauen genießen, und was er sagt, soll nicht von Anfang an auf taube Ohren stoßen. Das Ansehen und die Würde des Amtes verdienen nicht um ihrer selbst, sondern um des Auftrags der Kirche willen, Beachtung und Berücksichtigung. Lebensführungspflichten dürfen daher nicht nur in Sorge um den äußeren Anschein begründet werden, sondern wegen ihres theologischen, der christlichen Tradition gerecht werdenden Ursprungs. Die hier angeführten Motive finden ihren Ursprung in dem Streben nach Verwirklichung des Auftrags der Kirche. Man kann sie auf die zuvor genannten[589] drei Begründungsansätze oder *Leitmotive* zurückführen: erstens die Vorbildlichkeit der Pfarrerinnen und Pfarrer, zweitens die Glaubwürdigkeit der Lehre und drittens die Rücksicht auf die Gemeinde.[590]

Im Dienst der Pfarrerinnen und Pfarrer der EKD geht es letztlich um die Weitergabe des Evangeliums, was auch in den verschiedenen Pfarrgesetzen zum Ausdruck kommt. Alle Bestimmungen des Pfarrdienstrechts dürfen letztlich nur dazu dienen, diesen Auftrag zu unterstützen und zu erfüllen. Der Pfarrer übt vollberuflich eine kirchliche *Kontaktaufnahme* aus, aufgrund derer er ständig im Namen der Kirche und als Sprecher der Gemeinde und ihrer Mitglieder den Kontakt und die Verbindung zu anderen Menschen sucht oder aufrechtzuhalten hat.[591] Bei den im Zusammenhang mit Lebensführungspflichten von Pfarrerin-

[589] s.o. Seite 66 ff..

[590] Maurer, ZevKR 38 (1993), S. 397-412, 401.

[591] Stein, Evangelisches Kirchenrecht, S. 111; Guntau, ZevKR 39 (1994); S. 138-160, 142.

nen und Pfarrern sich aufdrängenden Begriffen, wie Vorbildfunktion und Glaubwürdigkeit ist zu fragen, ob sie im Kirchenrecht mit dienst- und disziplinarrechtlichen Konsequenzen ihren Platz haben dürfen, wenn doch die Verkündigung und Weitergabe des Evangeliums im Vordergrund steht.[592] Vor der Grundaussage des Evangeliums *„Christus Jesus kam in die Welt, um die Sünder zu retten"*[593], darf aber nicht vergessen werden, daß Jesus Christus nicht nur *„Gottes Zuspruch der Vergebung aller Sünden, sondern zugleich auch Gottes kräftiger Anspruch auf unser ganzes Leben"* ist.[594] Zwar sollte auch letzteres im Leben des einzelnen Geistlichen zum Ausdruck kommen, doch wird es kein fehlerfreies Leben geben - auch nicht bei den Amtsträgern und Amtsträgerinnen.

Vorbild sein kann eben auch bedeuten, sich vorbildlich auch im Umgang mit eigenem Versagen und eigener Schuld zu verhalten, bzw. für die Kirchenleitung mit *Vorbildanspruch*, im Umgang mit dem Versagen und der Schuld anderer gut umzugehen.[595] Ein solches Verhalten entzieht sich jedoch einer expliziten rechtlichen Regelung. Den Pfarrerinnen und Pfarrern kommt gegenüber den nichttheologischen Ämtern und Diensten zwar keine übergeordnete, wohl aber eine zentrale und hauptverantwortliche Rolle bei der Ausübung des geistlichen Amtes zu.[596] Insofern fällt auf sie auch ein besonderes Augenmerk, inwieweit sie dieser Aufgabe dienstbar bleiben. Hinsichtlich der Frage nach der Schlüsselgewalt[597] merkt *Friedrich* an:[598]

„Mögen die Bekenntnisschriften in der Betonung ihres Abstandes vom römischen Priestertum jedem Christen die Befähigung zur Handhabung der Schlüsselgewalt zuschreiben, so wird sie praktisch und tatsächlich wesentlich doch vom Predigtamt geübt."

---

[592] Koller, Das Recht der Kirche, S. 153-168, 156 und 158.

[593] *I. Tim 1, 15.*

[594] These 2 der Barmer Theologischen Erklärung vom 31. Mai 1934.

[595] Koller, Das Recht der Kirche, S. 153-168, 158 f..

[596] v. Tilling, ZevKR 22 (1977), S. 322-345, 326.

[597] *Matth. 16, 19.*

[598] Friedrich, Einführung in das Kirchenrecht, S. 300.

Man mag daraus schließen, daß dem geistlichen Amt und seinen Aufgaben eine Andersartigkeit und Besonderheit gegenüber den übrigen kirchlichen Aufgaben zukommt. Denn im geistlichen Amt hat die Kirche ein einzigartiges Amt, das zur Christusrepräsentation durch die Ordination verliehen wird.[599] Nicht gefolgert werden darf jedoch, daß es sich damit im Sinne einer Wertigkeit gegenüber anderen kirchlichen Organen wie Synode, Konsistorium und Synodalausschuß hervorhebt, oder daß Pfarrer und Pfarrerinnen auf einer anderen Stufe stünden als andere kirchliche Mitarbeiterinnen und Mitarbeiter. Eine besondere Wertigkeit hinsichtlich der einzelnen Aufgaben und Gaben ergibt sich demnach nicht. So besteht zwar zwischen der Arbeit der Geistlichen und der aller anderen kirchlichen Mitarbeiterinnen und Mitarbeiter eine beachtenswerte Andersartigkeit hinsichtlich der Ausführung bestimmter Handlungen und der Exponiertheit ihrer Stellung in der Gemeinde. Eine Sonder- oder Standesethik für die Geltung von Lebensführungspflichten erwächst daraus jedoch nicht, denn die hinter dem Sanktionierungs- oder Handlungsbedarf stehenden Überlegungen sind stets die gleichen. Im Ergebnis dienen diese Regelungen dazu, die Umsetzung des Auftrags der Kirche zu gewährleisten. Insofern liegt in den besonders umfassenden Regelungen bei Amtsinhabern und Amtsinhaberinnen kein Widerspruch zum Priestertum aller Gläubigen und der christlichen Dienstgemeinschaft. Eine Sonderethik und ein Ansatzpunkt für grundsätzlich andere Verfahrensweisen im Falle eines Verstoßes kommen darin nicht zum Ausdruck. Der Schlüssel zur Ordnung der arbeitsrechtlichen Beziehungen in der Kirche liegt deshalb, wie es *Richardi* in Bezug auf *Stein* festhält, im geordneten Miteinander einer Dienstgemeinschaft bei unterschiedlichen Aufträgen, doch in einer gemeinsamen Verantwortung vor der allen geltenden Aufgabe.[600]

IV. Ergebnis

Wegen ihres verfassungsrechtlichen Selbstbestimmungsrechts kann der Kirche von außen nicht vorgegeben werden, eine Abstufung ihrer Anforderungen für die Einhaltung von Lebensführungspflichten vorzunehmen. Eine solche Abstufung würde nämlich dazu führen, daß Kirchen und kirchliche Einrichtungen

[599] Richardi, Arbeitsrecht in der Kirche, S. 43 RN 11.

[600] Richardi, Arbeitsrecht in der Kirche, S. 43 RN 11; Stein, Evangelisches Kirchenrecht, S. 123.

zwar anerkanntermaßen keine Tendenzbetriebe sind, in denen zwischen Tendenzträgern und Nichttendenzträgern zu unterscheiden wäre, daß sie faktisch aber so behandelt würden. Es ist nicht Sache staatlicher Gerichte, die ein naturgemäß anderes Verständnis von kirchlichen Angelegenheiten haben als die Kirchen selbst, über eine Abstufung der Ansprüche auf eine bestimmte Lebensführung mit dem Argument der Nähe einer Tätigkeit zum kirchlichen Auftrag zu befinden.[601]

Wenn es die Kirche aufgrund von Einschätzungen staatlicher Gerichte hinnehmen müßte, daß eine große Zahl ihrer Mitarbeiterinnen und Mitarbeiter vielleicht nicht einmal tragende Grundsätze der Glaubens- und Sittenlehre anzuerkennen braucht, bliebe es dem Zufall überlassen, ob in einer Einrichtung der Sendungsauftrag der Kirche sichtbar würde oder nicht. Einen solchen Eingriff in den Kernbereich kirchlicher Arbeit zu verhindern, dient aber gerade das kirchliche Selbstbestimmungsrecht. Daher können die staatlichen Gerichte, wie dargestellt,[602] lediglich eine Rahmenkontrolle, nicht aber eine Inhaltskontrolle vornehmen.[603]

Dem Vorschlag, bei kirchlichen Angestellten grundsätzlich zwischen solchen Mitarbeiterinnen und Mitarbeitern, die Verkündigungsträger sind und solchen die es nicht sind, zu unterscheiden, wobei letzteres Handwerker, Reinigungspersonal und Bürokräfte meint, die über ihren Arbeitsvertrag ausschließlich zu Aufgaben ohne religiösen Bezug und spezifischen Außenkontakt verpflichtet sind,[604] muß mit Bedenken begegnet werden. Allenfalls ein sehr weit gefaßtes Verständnis von Verkündigung könnte hier zu befriedigenden Ergebnissen führen, aber selbst dann blieben Probleme einer solchen Aufteilung der kirchlichen Angestellten ungelöst. Alle kirchlichen Bediensteten sind als Mitglieder der Dienstgemeinschaft dem Auftrag der Kirche verpflichtet. Die einzelnen Dienstaufgaben stellen vor diesem Auftrag eine Einheit dar, und eine Unterscheidung

---

[601] Mayer-Maly, Loyalitätspflichten, In memoriam Carl Holböck, S. 619-626, 625.

[602] Seite 110 f..

[603] Schilberg, Rechtsschutz und Arbeitsrecht, S. 96.

[604] Dütz, NJW 1990, S. 2025-2031, 2028.

zwischen geistlichen (Dienstleistungen und Seelsorge) und äußeren Dienstbereichen (Dienstleistungen und Verwaltung) kommt genauso wenig in Betracht, wie die Aufspaltung in einen inneren und äußeren Dienst.[605]

Denn je nach der konzeptionellen Ausrichtung einer kirchlichen Einrichtung und der individuellen Prägung einer Gemeinde kann eine klare Trennung von Verkündigungs- und reinen Arbeits- bzw. Verwaltungsaufgaben sowieso kaum vorgenommen werden. Der Hausmeister einer evangelischen Gemeinde kann durch seinen tatsächlichen Einsatz in der Gemeinde auch nach außen ein *stärkerer* Verkündigungsträger sein als eine Erzieherin, die nach einhelliger Meinung immer eine Verkündigungsposition innehat. Gerade auch unter dem missionarischen Aspekt der Einbeziehung von Nichtchristen in die kirchliche Dienstgemeinschaft kann nicht einfach per Arbeitsvertrag festgelegt werden, welche Aufgaben gerade unter Sendungsgesichtspunkten einer kirchlichen Mitarbeiterin oder einem kirchlichen Mitarbeiter zukommen sollen.

Auch das Modell, parallel zur Nichtigkeit von Verwaltungsakten (vgl. § 44 VwVfG), gibt kein allgemein gültiges und in Form eines Rechtssatzes zu übernehmendes Lösungsmuster vor. Nach diesem Gedanken verstößt die Verpflichtung zu einem bestimmten außerdienstlichen Verhalten grundsätzlich dann gegen Art. 3 Abs. 1 GG, wenn sie an einem so schwerwiegenden und offenkundigen Mangel leidet, daß sich die Annahme einer willkürlichen Gleichbehandlung dem Beobachter geradezu aufdrängt.[606] Warum soll ausgerechnet ein Außenstehender beurteilen können, was in den Gefügen einer Glaubensgemeinschaft Gleich- und Ungleichbehandlung ist? Letztlich liegt auch hierin lediglich der Versuch, der Kirche eine generelle Abstufung von vornherein vorzugeben, und gerade dies hat das BVerfG als im Widerspruch zum Selbstbestimmungsrecht stehend angesehen.

Somit wäre für die Rechtssicherheit kirchlicher Arbeitnehmer durch eine festgeschriebene Abstufung nichts gewonnen, denn vertragstaugliche, der differen-

---

[605] Schilberg, Rechtsschutz und Arbeitsrecht, S. 71.

[606] Mayer, Das außerdienstliche Verhalten von Arbeitnehmern, S. 126.

zierten Ausgangslage gerecht werdende Kriterien für eine solche Abstufung konnten auch deren Befürworter bisher nicht entwickeln.[607] Außerdem würde die generelle und aufgrund einer bestimmten Position und Funktion vorgenommene Abstufung bestimmter Verpflichtungen zu einer *Ständebildung* innerhalb der christlichen Dienstgemeinschaft führen. Eine solche Spaltung darf die Kirche nicht hinnehmen und so muß die staatliche Seite tolerieren, daß nach kirchlichem Verständnis die Verschiedenartigkeit der Aufgaben kein Kriterium ist, um im Ergebnis die Einheit der Sendung in Frage zu stellen.[608] Der Anspruch auf Beachtung der Lebensführungspflichten gegenüber jedem kirchlichen Arbeitnehmer stellt sich somit als Gewinn für die Rechtssicherheit dar.

Es fällt unter das Selbstbestimmungsrecht der Kirche, ob und wie unter den in ihrem Dienst tätigen Mitarbeiterinnen und Mitarbeitern eine Abstufung der Loyalitätsobliegenheiten und damit auch der Lebensführungspflichten erfolgen soll.[609] Der Staat muß anerkennen, daß die Kirche grundsätzlich die Geltung ihrer Glaubens- und Sittenlehre unabhängig von der Wahrnehmung einer bestimmten Funktion einfordern kann.[610] Mit dem angesprochenen Urteil des BVerfG wurde eben dies bestätigt.

Unter den Gesichtspunkten des Priestertums aller Gläubigen und der christlichen Dienstgemeinschaft, bei Berücksichtigung der besonderen Rolle von Geistlichen im kirchlichen Dienst, ist eine Abstufung des Anspruches auf Beachtung bestimmter Lebensführungspflichten nicht zwingend geboten. Es ist *Frank* zuzustimmen, daß es rechtlich und faktisch nicht richtig und aus theologischer Sicht nach den evangelischen Bekenntnissen sogar unvertretbar sei, daß nur ein beschränkter Kreis kirchlicher Mitarbeiterinnen und Mitarbeiter in der Nachfolge Jesu stehe. Vielmehr seien alle kirchlichen Mitarbeiterinnen und Mitarbeiter unmittelbar dem Verkündigungs- und Missionsauftrag der Kirche

[607] Berchtenbreiter, Kündigungsschutzprobleme, S. 39 f..

[608] Richardi, Arbeitsrecht in der Kirche, S. 60 RN 21.

[609] BVerfGE 70, S. 138, 168.

[610] Richardi, Arbeitsrecht in der Kirche, S. 60 RN 20.

verpflichtet. Theologisch und kirchenverfassungsrechtlich lassen sich qualitative Unterschiede hier nicht begründen.[611]

Dies bedeutet jedoch nicht, daß die Kirchen sich nicht den Konsequenzen unterwerfen müßten, die die Entscheidung, Mitarbeiterinnen und Mitarbeiter in privatrechtlichen Lohnverhältnissen zu beschäftigen, mit sich bringt. Und so ist auch der Auffassung *v. Nell-Breunings* zuzustimmen, daß die Kirche nachdem sie sich darauf eingelassen habe, Mitarbeiterinnen und Mitarbeiter im Lohnarbeiterverhältnis zu beschäftigen, grundsätzlich auch die daraus resultierenden rechtlichen Folgen gegen sich gelten lassen müsse.[612] Aufgrund ihrer verfassungsrechtlich besonderen Stellung ist die Kirche aber frei darin, der Verpflichtung gegenüber ihrem Auftrag im vorgegebenen Rahmen des staatlichen Arbeitsrechts Raum zugeben. In diesem Spannungsverhältnis ist die Sonderdisziplin des kirchlichen Arbeitsrechts begründet.

Der Leitgedanke der Dienstgemeinschaft entwickelt seine Geltung auch im Hinblick auf die Verpflichtungen des Dienstgebers Kirche. Sie ist gehalten sowohl die Arbeitsbedingungen in ihren Einrichtungen, das Miteinander und die Entlohnung der geleisteten Arbeit am Dienstgemeinschaftsprinzip auszurichten.[613]

Die evangelische Kirche ist demnach frei darin, ob und gegebenenfalls wie eine Abstufung der Geltung ihres Anspruchs auf Einhaltung bestimmter Lebensführungspflichten und eine Differenzierung nach bestimmten Kriterien vorzunehmen ist. Auch eigene Grundsätze zwingen ihr dabei keine bestimmte Vorgehensweise auf. Wie ein Pfarrer oder eine Pfarrerin ist auch jedes andere Glied der Kirche, an die biblischen Gebote und die sie konkretisierenden und weiterführenden Vorschriften der kirchlichen Lebensordnung gebunden.[614] Orientiert an dem Ziel, ihrem Auftrag dienstbar zu bleiben, kann die Kirche aufgrund der besonderen Rolle und Verantwortung, die einzelnen Mitarbeitern,

[611] Frank, RdA 1979, S. 86-93, 92; Schilberg, Rechtsschutz und Arbeitsrecht, S. 94.

[612] v. Nell-Breuning, Stimmen der Zeit 1977, S. 705-710, 709.

[613] Schilberg, Rechtsschutz und Arbeitsrecht, S. 72 f..

[614] Maurer, ZevKR 38 (1993), S. 397-412, 403.

besonders Pfarrern zukommt, besondere von den Ansprüchen profaner Arbeitgeber abweichende Forderungen stellen. Die Kirche allein bestimmt, welche Grundsätze für den einzelnen kirchlichen Mitarbeiter rechtlich verbindlich werden und wie im Falle eines Verstoßes verfahren wird. Dies betrifft nicht nur alle Angestellten, sondern auch die öffentlich-rechtlich und die ehrenamtlich Beschäftigten, die nach den kirchlichen Grundprinzipien des Priestertums aller Gläubigen und der kirchlichen Dienstgemeinschaft gleichberechtigte und – verpflichtete Mitarbeiterinnen und Mitarbeiter bei der Erfüllung des kirchlichen Auftrags sind.

In erster Linie hat das Leitbild der Dienstgemeinschaft den Charakter einer Richtungsanzeige und eines Interpretationsmaßstabs. Damit ist dieses Leitbild eine dem kirchlichen Rechtsverständnis zuzuordnende Grundaussage, die die Kirchen – im Rahmen der ihnen verfassungsmäßig garantierten Selbstbestimmung über das kirchliche Dienst- und Arbeitsrecht – gemäß den von ihnen in diesem Bereich zu erlassenden Rechtsvorschriften zugrunde legen.[615]

Dieser prinzipiellen Gleichheit durch eine rechtlich manifestierte Abstufung zu widersprechen, würde dem Leitbild der Dienstgemeinschaft entgegenlaufen, und so besteht bei dessen rechtlicher Berücksichtigung die Verpflichtung, eine exakte Einzelfallprüfung im Falle des Verstoßes gegen Lebensführungspflichten vorzunehmen. Diese Vorgabe haben Arbeitsgerichte in Kündigungsschutzverfahren in besonderer Weise zu beachten. Sie dürfen diese lediglich dahingehend überprüfen, ob sie wesentlichen Verfassungsgrundsätzen zuwiderläuft und müssen anschließend diesem kirchlichen Grundsatz ein ganz besonderes Gewicht im Falle einer Abwägung zukommen lassen.

[615] Jurina, ZevKR 29 (1984), S. 171-188, 182.

C. Mindestanforderungen am Beispiel der Kirchenmitgliedschaft

Die Forderung nach einer gewissen Mindestloyalität aller kirchlichen Mitarbeiterinnen und Mitarbeiter ist nicht mit der Forderung nach absoluten Kündigungsgründen zu verwechseln.[616] Unabhängig von den Möglichkeiten der Kirche, Lebensführungspflichten in ihren Arbeitsverhältnissen selbst zu bestimmen und von ihrer Freiheit, hierbei eine Abstufung der Anforderungen vorzunehmen oder nicht, stellt sich die Frage, ob es Mindestanforderungen gibt, die einer Festlegung durch die Kirche gar nicht erst bedürfen. Es ist zu untersuchen, ob es einen *kleinsten gemeinsamen Nenner* in Sachen Lebensführung gibt, der gegenüber allen Mitarbeiterinnen und Mitarbeitern gilt. Existiert für kirchliche Arbeitsverhältnisse ein zu forderndes Mindestmaß an Identifikation, ähnlich dem, wie *Rüthers* es für Arbeitnehmer in Tendenzbetrieben als gegeben ansieht?[617]

Diskutiert werden in diesem Zusammenhang sog. kirchenfeindliche Aggressivakte und religionsspezifische Unzumutbarkeiten.[618] Im Hinblick auf die evangelische Kirche geht es dabei vor allem um den Kirchenaustritt eines Mitarbeiters oder einer Mitarbeiterin bzw. um die Frage, ob die Kirchenmitgliedschaft eine grundsätzliche Voraussetzung des kirchlichen Beschäftigungsverhältnisses ist.

I. Kirchenmitgliedschaft und Lebensführungspflicht

Ob ein Arbeitnehmer Kirchenmitglied ist oder nicht, ist sicherlich zunächst eine Frage, die vor der Einstellung gestellt und geklärt werden muß. In der Rechtsprechung ist sie aber vor allem im Zusammenhang mit der Beendigung eines Anstellungsverhältnisses relevant geworden, und zwar in Fällen in denen Mitarbeiterinnen und Mitarbeiter den Austritt aus der Kirche zu einer Zeit erklärten, in der das Arbeitsverhältnis schon bestand. Die Frage, ob ausnahmslos alle Mitarbeiterinnen und Mitarbeiter, die im Dienst für die Kirche oder kirchliche Ein-

---

[616] Mayer, Das außerdienstliche Verhalten von Arbeitnehmern, S. 128.

[617] Rüthers, NJW 1978, S. 2066-2071, 2069.

[618] Dütz, Die Neue Ordnung 42 (1988), S. 127-138, 137; Dütz, NJW 1990, S. 2025-2031, 2027; Marx, Die arbeitsrechtliche Kirchlichkeitsklausel, S. 29.

richtungen stehen, auch der Kirche angehören müssen, stellt sich am häufigsten im Bereich der Diakonie, und zwar in besonderen Maße bei untergeordneten, schlechter bezahlten, für die Funktion des Ganzen aber wichtigen Hilfstätigkeiten, jedoch auch in den Arbeitsbereichen, in denen besondere Qualifikationen eine Rolle spielen.

Grundlage eventuell zu stellender oder sich ergebender Mindestanforderungen ist ebenfalls das Selbstbestimmungsrecht der Kirchen gem. Art. 140 GG i.V.m. Art. 137 Abs. 3 WRV, wonach die Kirchen ihre inneren Angelegenheiten im Rahmen der für alle geltenden Gesetze selbst ordnen und verwalten.[619] Die staatliche Ordnung hat es also auch im Rahmen der oben aufgeführten Grenzen zu respektieren, wenn die Kirche aus ihrem Selbstverständnis heraus und im Rahmen der Regelungsautonomie besondere Voraussetzungen für die Begründung von Arbeitsverhältnissen verlangt, die sich von den allgemein üblichen unterscheiden. Vereinbaren die Anstellungsträger als Voraussetzung für das Arbeitsverhältnis mit dem Arbeitnehmer die Anforderung einer Kirchenmitgliedschaft als eine zu beachtende Lebensführungspflicht, bewegen sie sich also durchaus im Rahmen geltenden Rechts.

Damit ist es eine Angelegenheit der Kirche, gemäß ihrer geistlichen Sendung das Loyalitätskonzept zu bestimmen, die Einheit des christlichen Dienstes zu wahren oder – bei einer eventuell selbst vorgenommenen Abstufung der arbeitsrechtlichen Pflichten – eine Mindesthomogenität sicherzustellen.[620] Die Frage, ob nach dem Selbstverständnis der evangelischen Kirche die Kirchenmitgliedschaft eine Voraussetzung für ein kirchliches Dienstverhältnis darstellt, wird aufgrund der gliedkirchlichen Organisation, der besonderen Rechtsform der kirchlichen Wohlfahrt und der Meinungs- und Richtungsvielfalt in der evangelischen Kirche selbst nicht einheitlich beantwortet.

Wenn die Pflicht zur Kirchenmitgliedschaft in der kirchlichen Rechtsordnung und damit gegenüber allen Arbeitnehmern statuiert wird, handelt es sich um eine

[619] Baldus – Handbuch des Staatskirchenrechts, Zweiter Bd., S.602.

[620] Isensee, Festschrift für Obermayer, S. 203-216, 211.

im Rahmen ihres Selbstregelungsrechtes begründete Loyalitätspflicht, die in Bestand und Umfang grundsätzlich nicht von der Nähe zu einer Verkündigungsposition oder einer anderen Stellung mit besonderer Außenwirkung abhängig ist. Demnach ist die Kirchenmitgliedschaft, wenn sie eingefordert wird, eine über die allgemeine Leistungstreuepflicht hinausgehende, nicht abgestufte Verpflichtung der Mitarbeiterinnen und Mitarbeiter, die auf dem Selbstordnungsrecht der Kirche beruht.

Fraglich ist, wie eine dahingehende allgemeine Regelung ihre Geltung entfalten soll, wenn der kirchliche Arbeitgeber auch Andersgläubige beschäftigt. Auch hier wird die Mitgliedschaft in einer Religionsgemeinschaft zur Lebensführungspflicht, wenn der Anstellungsträger nicht generell Kirchenmitgliedschaft einfordert, sondern nach der Herkunft seiner Mitarbeiterinnen und Mitarbeiter differenziert.[621] Dabei wird von den Mitarbeiterinnen und Mitarbeitern aus dem mittel- und westeuropäischen Kulturkreis gefordert, Mitglied einer christlichen Kirche zu sein, die Mitarbeiterinnen und Mitarbeiter aus anderen Kulturkreisen sollen einer dort beheimateten Religionsgemeinschaft angehören. Mit einer solchen Regelung macht der kirchliche Anstellungsträger deutlich, daß es nach seinem Selbstverständnis für das Bestehen des kirchlichen Arbeitsverhältnis notwendig ist, daß alle, die bei der Kirche als Institution einer Religionsgemeinschaft arbeiten wollen, auch einer Religionsgemeinschaft angehören müssen. Von allen Arbeitnehmern wird in diesen Fällen also eine Identifikation mit religiösen Vorstellungen gefordert. Arbeitsrechtliche Konsequenzen werden für den andersgläubigen Arbeitnehmer dann folgen, wenn er seine Religionsmitgliedschaft beendet und nicht einer christlichen Kirche beitritt.[622] [623]

---

[621] Für Angehörige nichtchristlicher Religionsgemeinschaften gibt es hier z.B. das Modell der Evangelischen Stiftung Alsterdorf; für Mitglieder anderer christlicher Kirchen wurde die sog. ACK-Klausel entwickelt.

[622] Seelemann, ZevKR 44 (1999), S. 226-243, 237. Nur in diesen Fällen können kirchenspezifische Grundpflichten auch für andersgläubige Mitarbeiterinnen und Mitarbeiter gelten, wie dies *Dütz* fordert, Dütz, NJW 1990, S. 2025-2031, 2027.

[623] Eine Sonderstellung kommt den sozialen Einrichtungen in den neuen Bundesländern zu, die von der Diakonie übernommen wurden und bei denen ein Vielzahl von nicht kirchlich gebundener Arbeitnehmer beschäftigt ist. Hierbei kann es sich auf längere Sicht nur um eine Übergangsregelung handeln, Seelemann, ZevKR 44 (1999), S. 226-243, 237 f..

II. Kirchenmitgliedschaft und Leistungstreuepflicht

Statuiert die Kirche aber eine besondere Regelung nicht, wird die Kirchenmitgliedschaft damit nicht etwa bedeutungslos, denn völlig außerhalb der kirchenspezifischen Pflichtbindung steht kein Arbeitnehmer. Vom Fehlen einer ausdrücklichen, allgemein gültigen Vereinbarung ist auszugehen, wenn der Anstellungsträger – ähnlich einem Tendenzbetrieb – die Kirchenmitgliedschaft nur einzeln, von der Funktion des jeweiligen Mitarbeiters oder der jeweiligen Mitarbeiterin abhängig, einfordert. Es kann aber von allen Arbeitnehmern ein Verhalten verlangt werden, das den Arbeitgeber nicht schädigt. So ist es auch als Verpflichtung der Mitarbeiterinnen und Mitarbeiter mit Außenwirkung anzusehen, den Leistungszweck nicht durch ihr privates Verhalten zu gefährden. Hierbei handelt es sich aber lediglich, um eine besondere Form der Leistungstreuepflicht nach dem Grundsatz aus § 242 BGB und nicht um eine sich aus dem Selbstbestimmungsrecht ergebende Regelung.[624] Es ist also ganz entscheidend, ob Pflichten hinsichtlich der privaten Lebensführung lediglich individuell im Arbeitsvertrag festgelegt werden, oder ob in den Arbeitsverträgen auf für alle Mitarbeiterinnen und Mitarbeiter geltende, rechtlich festgelegte Regelungen des Anstellungsträgers Bezug genommen wird.

Die Beteiligten eines Dauerschuldverhältnisses haben sich so zu verhalten, daß der von beiden Seiten gewollte Vertragszweck nicht gefährdet wird. Daraus ergibt sich auch für das kirchliche Arbeitsverhältnis eine von der Art des Verhältnisses graduell abhängige Mindestsolidarität oder -loyalität des Arbeitnehmers. Fehlt also eine Kirchenmitgliedschaftsregelung, kann die Beendigung der Kirchenmitgliedschaft zwar eine Pflichtverletzung darstellen, der automatische Wegfall einer Grundvoraussetzung des Arbeitsverhältnisses ist damit aber nicht gegeben, vielmehr muß eine individuelle Bewertung des einzelnen Arbeitsvertrags erfolgen. In diesen Fällen gilt dann aber nicht mehr der vom BVerfG aufgestellte Grundsatz, daß die Bewertung der vom kirchlichen Selbstverständnis abgeleiteten Loyalitätspflichten der gerichtlichen Überprüfung weitgehend entzogen sind. Es geht dann lediglich um die Bewertung von Verletzungen der allgemeinen Treuepflicht, die jedem Vertragsverhältnis innewohnt,

[624] Seelemann, ZevKR 44 (1999), S. 226-243, 236.

ein Bezug zum grundgesetzlich abgesicherten Selbstbestimmungs- und Ordnungsrecht der Kirchen besteht nicht mehr. Eine besondere Gewichtung zugunsten des kirchlichen Selbstbestimmungsrechts in der Abwägung erfolgt nicht.

Somit bleibt der Austritt aus der Kirche grundsätzlich auch dann rechtlich relevant, wenn von kirchlicher Seite die Mitgliedschaft in einer Kirche nicht ausdrücklich gefordert wird. Sie besteht zumindest als allgemeine Leistungstreuepflicht gegen jeden kirchlichen Arbeitnehmer, wobei die Folgen eines Verstoßes gegen diese Pflicht eine Kündigung regelmäßig nicht rechtfertigen.

Entscheidend für die allgemeinen Leistungstreuepflichten, die jedem Schuldverhältnis innewohnen, ist die individuelle Ausgestaltung des Arbeitsvertrags dennoch. Es kann für die Bewertung der Leistungspflichten von Bedeutung sein, ob jemand im Rahmen seines Arbeitsverhältnisses mit einem kirchlichen Rechtsträger als Pastoralreferent, Kindergärtnerin oder Schreibkraft beschäftigt wird und inwieweit der Arbeitsvertrag bestimmte Verpflichtungen benennt.[625] In der normalen arbeitsrechtlichen Abwägung können solche Faktoren dann wieder Berücksichtigung finden.

Grundsätzlich bestehen also immer Mindestanforderungen an die Lebensführung kirchlicher Mitarbeiterinnen und Mitarbeiter. Auch wenn einzelne Pflichten nicht festgelegt sind, kann ihre Verletzung im Ergebnis eine Kündigung rechtfertigen. Dabei ist zu beachten, daß diesen als Leistungstreuepflichten bestehenden Ansprüchen in einer arbeitsgerichtlichen Abwägung wenig Gewicht zukommt und sie allenfalls abgestuft und in besonders krassen Fällen Geltung erlangen. Im übrigen steht es der evangelischen Kirche ja frei, den von der Verfassung eingeräumten Freiraum zu nutzen und bestimmte Mindestvoraussetzungen für den kirchlichen Dienst festzulegen und damit rechtlich verbindlich werden zu lassen.

---

[625] Richardi, Arbeitsrecht in der Kirche, S. 56 RN 8.

Vierter Teil: Lebensführungspflichten in der Praxis

Im folgenden sollen kirchen- und arbeitsrechtliche Regelungen zu den Lebensführungspflichten der verschiedenen Personengruppen im kirchlichen Dienst aufgeführt werden, so wie sie sich nach der Gesetzeslage darstellen. Die hier aufgezählten Regelungen können dabei nur exemplarisch für die Vielzahl der unterschiedlichen Gesetze und Vereinbarungen stehen. Einen zusammenfassenden Überblick der existierenden Regelungen in der evangelischen Kirche zu gewinnen, wird durch die Unübersichtlichkeit des derzeitigen evangelischen Kirchenrechts erheblich erschwert. Zwar hat sich die Mehrzahl der Landeskirchen bei der gesetzlichen Ausgestaltung der Pfarrerdienstgesetze an dem Pfarrergesetz der Vereinigten Evangelisch-Lutherischen Kirche oder dem Pfarrerdienstgesetz der Evangelischen Kirche der Union orientiert,[626] doch bleibt die Rechtslage schwer zu überblicken. Dies ist nicht nur durch die große Zahl kirchlicher Gesetzgeber[627], sondern auch durch die häufigen, oft nur kurzlebigen und nicht immer hinreichend durchdachten Gesetzesänderungen bedingt.[628]

Es kann daher nur eine beispielhafte Darstellung erfolgen, mit der versucht wird, soweit erkennbar vorhanden, eine *Regelungsrichtung* der evangelischen Kirche in den unterschiedlichen Bereichen deutlich zu machen, um so ein Bild zu vermitteln, inwieweit Lebensführungspflichten in ein kirchliches Arbeitsverhältnis tatsächlich einbezogen und rechtlich relevant werden. Es soll außerdem aufgezeigt werden, was grundsätzlich im Falle eines Verstoßes in den verschiedenen Bereichen unternommen wird, wie die evangelische Kirche im einzelnen rechtlich reagieren kann und welche Konsequenzen gezogen werden.

Die verschiedenen Pfarrerdienstgesetze und auch viele Kirchenverfassungen enthalten Bestimmungen, die den Zusammenhang von Amts- und Lebensführung für Pfarrer und Pfarrerinnen als gegeben ansehen und eine Rechtspflicht

---

[626] v. Campenhausen, Staatskirchenrecht, § 21, S. 199.

[627] Drei gliedkirchliche Zusammenschlüsse und 24 Landeskirchen.

[628] Maurer, ZevKR 38 (1993), S. 397-412, 401; Stein, Evangelisches Kirchenrecht, S. 34.

der Geistlichen festlegen, auf diesen Zusammenhang Rücksicht zu nehmen.[629] Für Angestellte ist grundsätzlich der Arbeitsvertrag entscheidend für Verpflichtungen hinsichtlich einer bestimmten Lebensführung. Die Lebensordnungen wiederum enthalten auch Regelungen bezüglich der Beachtung von Lebensführungspflichten für die Gemeinden und deren Mitarbeiterinnen und Mitarbeiter und damit auch für die ehrenamtlich Tätigen bzw. Inhaberinnen und Inhaber eines kirchlichen Ehrenamts.

Für die arbeitsrechtliche Gesetzgebung der Landeskirchen stellt die EKD Rahmenbestimmungen bzw. Richtlinien auf. Dabei ist zu beachten, daß im evangelischen Bereich eine Art kirchlicher Gewaltenteilung herrscht. Der überwiegend aus gewählten Mitgliedern zusammengesetzten Synode kommt unter anderem deswegen eine große Bedeutung zu, weil sie die mit der Durchführung der Kirchengesetze betrauten leitenden Amtsträgerinnen und Amtsträger wählt bzw. bestellt.[630]

A. Die rechtliche Situation

Während der Zugang zum katholischen Kirchenrecht insofern recht einfach ist, als weltweit der Codex Iuris Canonici (CIC) – das Gesetzbuch der römischen Weltkirche – gilt, ist die Auseinandersetzung mit dem evangelischen Kirchenrecht und im Besonderen mit den Sanktionsbestimmungen im Falle von Verstößen gegen die Lebensführungspflichten sehr viel komplizierter. Hier handelt es sich um das positive Recht einer Vielzahl von lutherischen und reformierten Landeskirchen, welches aufgrund einer unterschiedlichen Geschichtsprägung und Bekenntnisbindung auch inhaltlich oft divergiert.[631] Kirchenzucht und Disziplinarrecht werden dabei heute formell weitgehend getrennt normiert.

Für die Betrachtung und Beurteilung der gegenwärtigen rechtlichen Situation hinsichtlich der Lebensführungspflichten kommen viele Rechtsquellen des evangelischen Kirchenrechts in Betracht, vor allem die kirchlichen Verfassun-

---

[629] Tompert, Das Recht der Kirche, S. 169-199, 170 f. FN 5.

[630] Keßler, Die Kirchen und das Arbeitsrecht, S. 25 f..

[631] Pahud de Mortanges, Zwischen Vergebung und Vergeltung, S. 187.

gen, Grundordnungen und Gesetze, gesetzesvertretende Verordnungen (Notverordnungen und Verfügungen mit einstweiliger Geltung), Erlasse und andere Verlautbarungen, Gewohnheitsrecht, Rechtsquellen früherer Zeit und schließlich Lebensordnungen. Außerdem muß in diesem Zusammenhang auch die Rechtsprechung hinsichtlich ihres Verständnisses der Gesetzeslage Beachtung finden.

I. Lebensführungspflichten von Pfarrerinnen und Pfarrern

Der Problemkreis der Lebensführungspflichten wurde sicherlich im Hinblick auf Pfarrerinnen und Pfarrer am eingehensten untersucht und in der Literatur diskutiert. Dies hängt mit der exponierten Stellung der Geistlichen im religiösen und gesellschaftlichen Leben und den damit verbundenen besonderen Aufgaben zusammen. Bemerkenswert ist um so mehr, daß sich im Laufe der Zeit eine klare, allgemeingültige rechtliche Linie hinsichtlich der Lebensführungspflichten, ihrer Beachtung und der Vorgehensweise im Falle eines Verstoßes nicht entwickelt hat.

1. Besonderheiten bei der Berufswahl von Geistlichen

Gerade in neuster Zeit hat die Diskussion über die Besonderheiten des Pfarrberufs wieder an Nahrung gewonnen. Vor dem Hintergrund des Priestermangels in der katholischen Kirche und den Schwierigkeiten der evangelischen Kirche, alle ausgebildeten Theologinnen und Theologen zu beschäftigen, wird auch in der Presse und Öffentlichkeit diskutiert, welche Überlegungen und Entscheidungen der Wahl eines geistlichen Berufes vorausgehen und wie zeitgemäß ein solcher heute noch ist. Dabei ist es unbestritten, daß mit dem Wunsch, Pfarrer oder Pfarrerin zu werden, junge Theologen und Theologinnen auch und gerade heute noch einen Beruf anstreben, der den außerdienstlichen Bereich in ganz besonderer Weise erfaßt. In diesem Sinne schreibt *Lohse*:[632]

„Der Beruf des Pfarrers hat (...) durch seinen besonderen Auftrag etwas Archaisches an sich. Er ist geprägt durch eine lange Geschichte, geformt durch seinen besonderen Auftrag und mit vielen Erwartungen verbunden, die die Menschen auch in der so gründlich veränderten modernen Welt an ihn richten. Man

[632] Lohse, Kleine evangelische Pastoralethik, S. 10.

kann es kurz und treffend auch so sagen: ‚Der Pfarrer hat wirklich einen Beruf und nicht einen Job."

Hinsichtlich der besonderen Entscheidung, die mit der Berufswahl Pfarrer getroffen wird, wird auch vom *„Ruf zu diesem Beruf"* gesprochen.[633] Angehende Pfarrerinnen und Pfarrer müssen sich dieser Besonderheiten bewußt sein und schon während ihres Studiums auf diesen zentralen Punkt ihres späteren Berufsfeldes regelmäßig und deutlich hingewiesen werden. Die mit dem Pfarramt verbundenen Aufgaben und Pflichten lediglich als Berufspflichten anzusehen, die vom Privatleben des einzelnen, insbesondere auch von seiner Ehe und Familie abzugrenzen seien, hieße den unauflöslichen Zusammenhang von Christsein, Zeugesein und Auftrag zu verkennen.[634]

2. Konfliktbeispiele aus der Praxis

Die große Aufmerksamkeit, die die Lebensführung von Geistlichen erfährt, spiegelt sich auch in der besonderen medialen Beachtung wieder, die ein Sachverhalt aufgrund der Tatsache erlangen kann, daß eine der beteiligten Personen Pfarrerin oder Pfarrer ist.[635] Die steigende Zahl geschiedener Ehen bezieht auch den Berufsstand der Pfarrerinnen und Pfarrer mit ein und so stellen sich in der heutigen Praxis dringlicher als schon in der Vergangenheit Fragen, z.B. wie auf die Scheidung eines Pfarrers zu reagieren ist, welche Auswirken das Zusammenleben einer Pfarrerin mit einem Partner in „wilder Ehe" im Pfarrhaus hat oder wie das ehebrecherische Verhalten eines Geistlichen zu ahnden ist. Ein spannungsgeladenes und konfliktträchtiges Thema ist auch, inwieweit den Pfarrerinnen und Pfarrern besondere Verpflichtungen hinsichtlich eines politischen Engagements zukommen. Darf sich eine Pfarrerin privat an Sitzblockaden der

---

[633] Tagung 1997, Böttcher S. 30, 32.

[634] Linnenbrink, ZevKR 38 (1993), S. 381-396, 382. Der Lebenswandel ist nicht vom Verkündigungsauftrag zu trennen und läßt sich auch nicht einer isolierten Privatsphäre zuweisen, Müller, ZevKR 36 (1991), S. 199-204, 200.

[635] So ist es eine Zeitungsmeldung, wenn ein Pfarrer mit einer Geschwindigkeit von 190 Kilometern in der Stunde in einer 130 Zone gestoppt wird (FAZ vom 18. Juni 1999) oder ein Pfarrer bei einer Faschingsveranstaltung in Nylonstrümpfen auftritt (FAZ vom 3. April 1999).

Anti-Atomkraft-Bewegung beteiligen und was hat mit einem Pfarrer zu geschehen der Mitglied der NPD ist?

Schließlich gilt es auch andere, in naher Zukunft zu erwartende Konflikte zu bedenken. Die Kirche muß Antworten auf Fragen entwickeln, die mit den neuen Entwicklungen der modernen Medizin aufgekommen sind. Wie soll sich die Kirche gegenüber einer Pfarrerin verhalten, die sich – ohne medizinische Notwendigkeit - schönheitschirurgischen Eingriffen unterzieht? Darf ein kinderloses Pfarrerehepaar eine künstliche Befruchtung vornehmen lassen oder ein im Reagenzglas gezeugtes Kind von einer Leihmutter austragen lassen? Gerade im Bereich der Gentechnik tut sich eine Vielzahl von Konfliktfeldern auf, mit denen sich die Kirche im Hinblick auf die Beachtung von Lebensführungspflichten zunächst einmal intern auseinandersetzen muß. Wie steht es mit Aussagen von Pfarrerinnen und Pfarrern zur sog. Sterbehilfe, wenn sie diese für sich selbst wünschen bzw. in ihrer eigenen Familie praktizieren lassen. Voraussetzung einer Beantwortung dieser Fragen ist die Entwicklung eindeutiger und klarer Positionen sowie deren rechtliche Umsetzung, wie dies schon für die Bereiche der Ehe und Familie, sowie des politischen Engagements erfolgt ist.

3. Einzelne Lebensführungspflichten von Pfarrerinnen und Pfarrern

Die Disziplinarnormen des evangelischen Kirchenrechts bestimmen – als eine Form der allgemeinen Kirchenzucht, die nur gegenüber Personen geübt wird, die in einem bestimmten (öffentlich-rechtlichen) Dienstverhältnis zur Kirche stehen, – welche Rechtsfolgen Pflichtverletzungen durch Pfarrerinnen und Pfarrer nach sich ziehen können. Die Notwendigkeit des Disziplinarrechts wird mit der Gewährleistung der Erfüllung des Verkündigungsauftrags begründet. Wenn die Verkündigung darunter leidet, daß Geistliche ihre Pflichten vernachlässigen oder verletzen, hat die kirchliche Gemeinschaft Vorkehrungen zu treffen, dies zu unterbinden.[636] Dem besonderen rechtlichen Status, den das evangelische Kirchenrecht den Pfarrern und Pfarrerinnen einräumt, stehen auch besondere Erwartungen gegenüber. Es gilt eine allgemeine kirchliche Pflicht zu

[636] Pahud de Mortanges, Zwischen Vergebung und Vergeltung, S. 226.

amtsgemäßen Verhalten aller Amtsträgerinnen und Amtsträger.[637] Die einzelnen Kirchenverfassungen fordern von den geistlichen Amtsträger und Amtsträgerinnen ein besonderes dienstliches und außerdienstliches Verhalten. Mit Forderungen nach *vorbildlichem Lebenswandel* oder *einem Verhalten, welches das Zeugnis nicht unglaubwürdig macht,* unterstreicht die Kirche, daß im Gesetz formulierte Amtspflichten der Pfarrer und Pfarrerinnen nicht nur in Ausübung ihres Dienstes zu berücksichtigen sind, sondern auch das außerdienstliche Leben umfassen können.[638] Solche Generalklauseln, die von Geistlichen ein ihrem Amt angemessenes Verhalten einfordern, können subsidiär herangezogen werden, um ein Verhalten zu sanktionieren, das zwar mitgemeint ist, aber weder hier noch anderswo ausdrücklich Erwähnung findet.[639] Die Pfarrer und Pfarrerinnen sollen auch in ihrer allgemeinen Lebensführung ihrer Aufgabe gerecht werden und sie nicht ohne Not selbst erschweren.[640]

In der Einführung des Disziplinargesetzes der EKD vom 11.3.1955 werden grundsätzliche Aussagen für den kirchlichen Dienst und für Dienstpflichtverletzungen gemacht:[641]

„*Eine Ordnung der kirchlichen Amtsdisziplin ist nötig, um die Gemeinden vor Ärgernis und Unfrieden zu bewahren, eine rechte Amtsführung zu fördern und das Amt vor schlechter Ausübung, Mißbrauch und Entwürdigung zu schützen. In der Kirche Jesu Christi darf das Evangelium nicht anders verkündigt werden, als in steter Heiligung des persönlichen und des amtlichen Lebens. Die Kirche ist dafür verantwortlich, daß dem Ernst dieser Verpflichtung nicht Abbruch geschehe. (...)*"

---

[637] *Maurer* unterscheidet hinsichtlich der Amtspflichten zwischen eigentlichen, unmittelbaren, auf das Amt bezogenen Pflichten, und mittelbaren, personenbezogenen, die das Verhalten im außerdienstlichen Bereich erfassen, Maurer, ZevKR 38, S. 397-412, 397 f..

[638] v. Lenthe, Zur politischen Betätigung kirchlicher Mitarbeiter, S. 103.

[639] Pahud de Mortanges, Zwischen Vergebung und Vergeltung, S. 238.

[640] Stein, Evangelisches Kirchenrecht, S. 110 f..

[641] zitiert bei: Friedrich, Einführung in das Kirchenrecht, S. 547.

Unter dem Punkt Ordination heißt es in § 4 II PfG der VELKD vom 17. Oktober 1995, zuletzt geändert am 17. November 2000:

„Die Ordinierten sind durch die Ordination verpflichtet, das anvertraute Amt in Gehorsam gegen Gott in Treue zu führen, das Evangelium von Jesus Christus, wie es in der heiligen Schrift gegeben und im Bekenntnis der evangelisch-lutherischen Kirche bezeugt ist, rein zu lehren, die Sakramente ihrer Einsetzung gemäß zu verwalten und sich in ihrer Amts- und Lebensführung so zu verhalten, wie es dem Auftrag entspricht.“

Eine die Pfarrerinnen und Pfarrer eigens auf einen vorbildliche Lebenswandel verpflichtende Generalklausel fehlt in den Gesetzen fast aller Gliedkirchen, da die Generalklausel über die Pflicht zu einem dem Amt entsprechenden Verhalten den persönlichen Lebenswandel der Ordinierten mit erfaßt.[642] Daß die Pflichttatbestände allgemein gehalten sind, läßt sich vielleicht damit erklären, daß zum einen auch hier die Orientierung am staatlichen Beamtenrecht deutlich wird, und zum anderen nicht alle möglichen Verfehlungen der Pfarrerinnen und Pfarrer enumerativ aufgezählt, sondern nur mit einer Generalklausel erfaßt werden können;[643] vielleicht kommt aber auch die Scheu davor zum Ausdruck, sich die Möglichkeiten einer flexibleren, der Situation angemessenen Reaktion zu verbauen.

---

[642] Pahud de Mortanges, Zwischen Vergebung und Vergeltung, S. 234; Strietzel, Das Disziplinarrecht, S. 138. Dagegen besteht eine solche Klausel, die die Pflicht zur treuen Erfüllung der dienstlichen Obliegenheiten und zu einem dienstlichen und außerdienstlichen Verhalten anmahnt, das der Stellung eines Kirchenbeamten angemessen ist, in allen neueren Kirchenbeamtengesetzen: § 1 II RahmenO Bad; § 36 I KBG Wü; § 14 KBG EKD; § 14 I KBG EKU; § 40 I i.V.m. § 41 KGB VELKD.

[643] Maurer, ZevKR 32 (1987), S. 571-598, 595; Friedrich, Einführung in das Kirchenrecht, S. 548. Im Hinblick auf die Lebensführung der Pfarrerinnen und Pfarrer konkrete inhaltliche Verhaltensmaximen und Handlungsweisen festzulegen, scheint in der Praxis aus theologischer Sicht schwierig, sowohl als natürliche Ordnung, als auch in Form eines sakralen Gesetzes, EKD – Denkschrift zu Fragen der Sexualität, Die Denkschriften der EKD, Bd. 3, S. 145.

Gegenwärtige Entwicklungen machen deutlich, daß diese Verhaltensansprüche einem geschichtlichen und gesellschaftlichen Wandel unterliegen, und daß man mit einer detaillierten Festlegung auch Gefahr liefe, in Beliebigkeit oder sogar Willkür zu verfallen. Daher bedarf das Dienstrecht der Herausarbeitung eines Leitgedankens oder zumindest einiger aufeinander abgestimmter und konsensfähiger Gesichtspunkte, die es ermöglichen, im Wandel ethischer Anschauungen und moralischer Urteilsgrundlagen, wie auch angesichts der Vielschichtigkeit des Lebens immer wieder neu zu entscheiden und vom Auftrag her zu begründen, welche private Lebensgestaltung mit dem Pfarrdienst vereinbar ist und welche nicht.[644] Wenn das Dienstrecht jedoch bestimmte Bereiche der Lebensführung ausdrücklich anspricht, dann sind es die der Ehe und Familie sowie des politischen Engagements.[645] Die Beantwortung der Frage, ob im konkreten Fall eine Pflichtverletzung gegeben ist, liegt zu einem beträchtlichen Teil im Ermessen des zuständigen Disziplinarrichters.[646]

a) Ehe und Familie

Ähnlich wie im staatlichen gilt auch im kirchlichen Disziplinarrecht, daß nicht schlechthin jede Verfehlung Relevanz erlangt, sondern nur eine solche, die geeignet ist, das Vertrauen in das Amt oder Ansehen des Standes zu beeinträchtigen. Aufgrund ihrer besonders exponierten Stellung wird bei Pfarrerinnen und Pfarrern dieses Kriterium leichter als bei anderen Mitarbeitern und Mitarbeiterinnen erfüllt sein.[647] Das geltende kirchliche Recht geht noch wie selbstverständlich davon aus, daß die Ehe die einzig legitime und für Geistliche rechtlich mögliche Form des Zusammenlebens von Mann und Frau ist, und zwar weil die auf Lebzeiten angelegte Gemeinschaft darin ihre rechtlich und gesellschaftlich anerkannte Form gefunden hat, was ihr auch heute noch ein verhältnismäßig hohes Maß an Verläßlichkeit und Stabilität verleihe.[648] Für andere dauerhafte und in diesem Sinn eheähnliche Partnerschaften jedoch verliert dieser Grundsatz

---

[644] Tompert, Das Recht der Kirche, S. 169-199, 170.

[645] Lütcke, ZevKR 33 (1988), S. 1-15, 1.

[646] Pahud de Mortanges, Zwischen Vergebung und Vergeltung, S. 235.

[647] Pahud de Mortanges, Zwischen Vergebung und Vergeltung, S. 262.

[648] Entschließung der Kirchenkonferenz der EKD vom 19.3.1981, „Die Ehe des Pfarrers und der Pfarrerin", Kirchliches Jahrbuch 1985, S. 69 ff..

mit der zunehmenden gesellschaftlichen Akzeptanz und rechtlichen Anerkennung solcher Formen des Zusammenlebens seine Selbstverständlichkeit.[649] Gerade im Hinblick auf das jüngst in kraft getretene Lebenspartnerschaftsgesetz, das praktisch eine rechtliche Gleichstellung homosexueller Lebensgemeinschaften mit der Ehe verfolgt, ist mit Spannung zu erwarten, wie die evangelische Kirche reagieren wird und ob die zentrale Bedeutung der Ehe vor diesem Hintergrund eine Veränderung erfährt.

Zum Ehe- und Familienleben der Pfarrerinnen und Pfarrer haben fast alle Gliedkirchen detaillierte Bestimmungen erlassen,[650] die den veröffentlichten Entscheidungen kirchlicher Gerichte überwiegend zugrunde liegen. Doch ziehen die kirchlichen Gerichte nicht nur verbindliche Rechtssätze heran, sondern berücksichtigen auch solche, die indikativisch formuliert sind oder nur mittelbar Erwartungen aussprechen.[651] Es werden fast durchweg besondere Pflichten und vor allem auch Verfahrensregeln festgelegt, die mit dem Zustandekommen und mit der Beendigung der Ehe von Geistlichen zu beachten sind. So sind grundsätzlich sowohl die beabsichtigte Eheschließung, als auch die bevorstehende Einreichung des Scheidungsantrags dem kirchlichen Vorgesetzten anzuzeigen.[652]

Die kirchengerichtlichen Entscheidungen zu Fragen der Ehe und damit auch der Familie der Pfarrer und Pfarrerinnen wiesen zunächst eine gewisse Kontinuität auf.[653] Die Ehe wurde als grundsätzlich unauflösliche Gemeinschaft und als die einzige kirchlich anerkannte Lebensgemeinschaft von Mann und Frau angesehen. Unabhängig davon, ob Pfarrerinnen und Pfarrer ihre eigene oder fremde

---

[649] Tompert, Das Recht der Kirche, S. 169-199, 177.

[650] z.B.: §§ 34 ff. PfDG Bad; § 19 PfG Wü; §§ 35 PfDG EKU; §§ 51 ff. PfG VELKD.

[651] Maurer, ZevKR 32 (1987), S. 571-598, 594.

[652] z.B.: §§ 52, 54 Abs. 1 PfG VELKD.

[653] Bei *Strietzel* angeführte Entscheidungen, Strietzel, Das Disziplinarrecht, S. 139 ff.: GemRA Westf/Rh, Urteil, veröffentlicht unter dem 30.12.1954, KABl. Rh 1955, S. 37; DiszH EKD – Luth. Senat -, Urteil vom 20.10.1960, RsprB Abl. EKD 1986, S. 13; SfA VELKD, Urteil vom 6.12.1972, RsprB Abl. VELKD Band IV, S. 21; DiszK Wü, Urteil vom 10.10.1983, RsprB Abl. EKD 1987, S. 15.

Ehen brechen, wird dies als eine schwere Amtspflichtverletzung beurteilt und kann daher auch mit den härtesten Maßnahmen geahndet werden, die dem Gericht zu Verfügung stehen.[654]

Im Amtsblatt der VELKD vom 1. Februar 1981 sind Leitsätze des Senats für Amtszucht zu Entscheidungen auf diesem Gebiet abgedruckt:[655]

„Nach der gemeinsamen Auffassung der in den deutschen lutherischen Kirchen zusammengefaßten Christenheit besteht das Wesen der Ehe in einer unantastbaren und unauflöslichen Lebensgemeinschaft, die allerdings nach staatlichem Recht unter bestimmten Voraussetzungen aufgelöst werden kann, wenn die Ehepartner den eigentlichen Sinn der Ehe verfehlen. Dessen ungeachtet hat die Kirche den ihr von Gott gegebenen Auftrag, die Unauflösbarkeit und Unantastbarkeit der Ehe zu verkündigen, wobei es vor allem den Inhabern des geistlichen Amtes aufgegeben ist, mit dieser Verkündigung auch durch ihr persönliches Beispiel voranzugehen. Das kommt unter anderem auch in dem Ordinationsgelübde zum Ausdruck, an das der Pfarrer bei der Verleihung eines Pfarramtes noch ausdrücklich erinnert wird."[656]

„(...) Ein Pfarrer der die Ehe bricht, ist grundsätzlich in seinem Amt nicht tragbar. In besonders schweren Fällen kann die Entfernung aus dem Dienst erforderlich sein, in anderen Fällen die Amtsenthebung. Nur wenn besondere Umstände vorliegen, kann auch die Versetzung auf eine andere Stelle eine ausreichende Maßnahme sein."[657]

Dennoch kann heute von einer festen und gesicherten Rechtsprechung in diesem Bereich eigentlich nicht gesprochen werden, da sich eine solche aus verschiedenen Gründen kaum entwickeln konnte. Zum einen kommen solche Fälle nur selten vor kirchliche Gerichte, weil sie häufig schon im Vorfeld *bereinigt* wer-

[654] Strietzel, Das Disziplinarrecht, S. 150.

[655] ABl. VELKD, Bd. V, Sonderdruck Nr. 5, S. 10.

[656] Urteil des Senats für Amtszucht der VELKD vom 21.5.1980, Az 1/79.

[657] Urteil des Senats für Amtszucht der VELKD vom 22.9.1980, Az 1/80.

den. Auch werden längst nicht alle kirchlichen Urteile veröffentlicht, und die kirchlichen Gerichte nehmen offenbar nur wenig Kenntnis voneinander.[658]

In einer Entscheidung aus dem Jahr 1986 schlug der Disziplinarhof der EKD *eine weichere Gangart* ein.[659] In diesem Fall hatte ein verheirateter Pfarrer der württembergischen Landeskirche nach über zwanzigjähriger Ehe ein Liebesverhältnis mit einer ebenfalls verheirateten Pfarrerin aufgenommen. Wegen dieses ehewidrigen Verhaltens wurde gegen den Pfarrer ein förmliches Disziplinarverfahren eingeleitet, und die Disziplinarkammer entschied auf Entfernung aus dem Dienst. Der Disziplinarhof der EKD – Lutherischer Senat – milderte im Berufungsverfahren die Maßnahme, in dem er nun auf Amtsenthebung mit der Folge erkannte, daß der Pfarrer die mit der Ordination erworbenen Rechte behalten konnte.

Tatsächlich kommt es in der Praxis offenbar nur in ganz seltenen Ausnahmefällen tatsächlich zu einer Entfernung der betroffenen Geistlichen aus dem Dienst. Dies mag auch daran liegen, daß es häufig nicht möglich ist, unwiderlegbare Beweise etwa für ein fortgesetztes ehebrecherisches Verhalten zu erbringen, da die Ehepartner aus Sorge vor finanziellen Nachteilen für sich selbst und eventuell vorhandene Kinder von ihrem Aussageverweigerungsrecht gem. § 68 AVerG der VELKD Gebrauch machen.[660] So erfolgt regelmäßig lediglich die Versetzung der Ordinierten auf eine andere Pfarrstelle, allenfalls ergänzt durch eine befristete Versetzung in den Wartestand.

Daß Ehen scheitern können, weiß auch die biblische Tradition; es wird darin aber eine Verfehlung des Willen Gottes als Folge eines Aneinander-Schuldig-Werdens gesehen.[661] An die Ehescheidung selbst knüpfen sich keine zwingen-

---

[658] Maurer, ZevKR 32 (1987), S. 571-598, 595. So sind seit dem Zweiten Weltkrieg lediglich drei Disziplinarurteile aus Verfahren gegen Kirchenbeamte veröffentlicht wurden, Strietzel, Das Disziplinarrecht, S. 160.

[659] DiszH EKD – Luth. Senat -, Urteil vom 4.7.1986, RsprB Abl. EKD 1987, S. 16.

[660] Linnenbrink, ZevKR 38 (1993), S. 381-396, 384.

[661] Linnenbrink, ZevKR 38 (1993), S. 381-396, 388; Müller, ZevKR 36 (1991), S. 199-204, 201 f.. Als biblische Grundlage dieses Verständnisses gilt *Mk 10, 5.*

den dienstrechtlichen Folgen. Vielmehr ist im Einzelfall zu prüfen, ob eine Versetzung auf eine andere Stelle oder in den Wartestand erforderlich ist,[662] wobei im Zusammenhang mit ehebrecherischem Verhalten regelmäßig die disziplinarrechtliche Klärung des Geschehenen gem. § 54 Abs. 4 PfG der VELKD möglich ist. Die Versetzung wird in der Absicht ausgesprochen, zu verhindern, daß Geistliche immer wieder von ihren eigenen Lebensgeschichten eingeholt werden, daß sie auf zu große Rücksicht der Gemeinde angewiesen und regelmäßig dem Vorwurf ausgesetzt sind, sie selbst würden es mit dem, was sie vorbringen und predigen, nicht allzu ernst nehmen. Ist aber die Ehescheidung nach menschlichem Ermessen notwendig geworden, z.B. weil ein Ehepartner den anderen verlassen hat, dann ist sowohl bei der betroffenen Gemeinde, dem Kirchenvorstand als auch bei den Amtsträgern selbst schwerlich Verständnis für eine Versetzung des Pfarrers zu erwarten, da der Zwang zu einem solchen Wechsel als disziplinarische Maßnahme und nicht etwa als Chance zum Neuanfang verstanden wird.[663] Da das durch den Kirchenvorstand übermittelte Votum der betroffenen Gemeinde bei der zu treffenden Maßnahme von entscheidendem Gewicht ist, kommt es in der großen Mehrzahl von Scheidungsfällen bei Pfarrerinnen und Pfarren in der evangelischen Kirche heute nicht mehr zu einer Versetzung.[664]

Albert Stein verweist in diesem Zusammenhang darauf, daß ein Abstellen auf den Einzelfall und die Berücksichtigung des Urteils der betroffenen Gemeinde generellen Regelungen vorzuziehen seien.[665] Hinsichtlich der Scheidung von hoffnungslos gescheiterten Ehen könne für Geistliche nicht falsch sein, was für die anderen Gemeindeglieder richtig ist. Daher wird – entsprechend reformatorischer Überzeugung – von Pfarrerinnen und Pfarrern hier inzwischen kaum mehr gefordert, als von jedem anderen Gemeindeglied.[666]

---

[662] Tompert, Das Recht der Kirche, S. 169-199, 176.

[663] Linnenbrink, ZevKR 38 (1993), S. 381-396, 385.

[664] Tompert, Das Recht der Kirche, S. 169-199, 176.

[665] Stein, Evangelisches Kirchenrecht, S. 112.

[666] Pahud de Mortanges, Zwischen Vergebung und Vergeltung, S. 265, der in FN 199 auf Ziffer 50 KO SH verweist: *„Es soll die Gemeinde aber nicht außer Acht lassen, daß es*

b) Politische Aktivitäten

In kaum einem Bereich fällt es so schwer, Dienstliches und Außerdienstliches, Privatleben und Amt voneinander zu trennen, wie bei der Teilnahme der Pfarrerinnen und Pfarrer am öffentlichen Leben, insbesondere an politischen Aktivitäten. Daher ist es nicht möglich, eine klare Richtlinie zu setzen, die den Geistlichen z.B. im Hinblick auf Handlungen in ihrer Position als Pfarrer oder Pfarrerin einer Gemeinde bestimmte Pflichten auferlegen, und sie außerhalb des Dienstes lediglich an eine Verfassungstreuepflicht binden. Private politische Betätigungen der Pfarrer und Pfarrerinnen beeinflussen auch ihre dienstliche Position und Verkündigungsmöglichkeiten.

Bei der Diskussion über die Vereinbarkeit der politischen Betätigung von Pfarrern und Pfarrerinnen mit ihren Lebensführungspflichten steht immer auch die Frage nach dem politischem Auftrag der Kirche insgesamt im Vordergrund.[667] Nach den Erfahrungen der evangelischen Kirche im „Dritten Reich" wird heute kaum noch bestritten, daß der Auftrag der Kirche und damit auch der ihrer Geistlichen unausweichlich auch eine politische Dimension hat.[668] Besondere Situationen erfordern das politische Engagement von Christen und damit auch von Pfarrerinnen und Pfarrern. Es kann für diese sogar eine dienstliche Pflicht bestehen, am öffentlichen und auch politischen Leben teilzunehmen. Die Notwendigkeit zum Gegenwärtigkeits- und Realitätsbezug der Predigt kann es unumgänglich machen, in aktuellen gesellschaftlichen Fragen Stellung zu beziehen.[669]

---

nach den Grundsätzen des Evangeliums und der Reformatoren keine anderen sittlichen Verpflichtungen gibt als solche, die für alle Christen gleicherweise gelten."

[667] Strietzel, Das Disziplinarrecht, S. 122.

[668] Anders sieht dies wohl *Bach*, der jegliche politische Betätigung im Zusammenhang mit dienstlichen Handlungen für unzulässig hält, solange im politischen Raum mehrere Handlungsalternativen bestehen, die jede für sich auf dem Boden des Evangeliums vertretbar scheint, Bach, Die politische Betätigung geistlicher Amtsträger, S. 199.

[669] Tompert, Das Recht der Kirche, S. 169-199, 181; Stein, Evangelisches Kirchenrecht, S. 113; Pahud de Mortanges, Zwischen Vergebung und Vergeltung, S. 256.

Somit gibt es zwischen den Amtspflichten und den Lebensführungspflichten der Geistlichen im Hinblick auf politisches Verhalten gravierende Überschneidungspunkte. Das sich daraus oft entwickelnde Spannungsverhältnis kann aber durch die jeweilige Kirchenleitung gelöst werden. Als ein für die Kirche sprechendes Organ kommt ihr bei politischen Äußerungen eine Sonderstellung zu. Ihre Stellungnahmen artikuliert sie als demokratisch legitimiertes Organ. Durch gezieltes Erarbeiten solcher Stellungnahmen zu wichtigen gesellschaftlichen und politischen Fragen können die Kirchenleitungen dem politischen Verhalten einzelner Geistlicher das Konfliktpotential nehmen bzw. dieses zumindest mindern.

Neben den Regelungen, die den Pfarrern und Pfarrerinnen die Pflicht auferlegen können, bei Äußerungen zu Fragen des öffentlichen Lebens auf ihren Auftrag Rücksicht zu nehmen und sich insofern zurückzuhalten,[670] gibt es Vorschriften die explizit auf die politische Betätigung von Geistlichen Bezug nehmen.[671] Sie beschränken sich vielfach darauf, der öffentlichen und insbesondere politischen Betätigung von Pfarrerinnen und Pfarrern Grenzen zu setzen. Dabei wird vor allem die Verpflichtung zur Rücksichtnahme auf das Amt bzw. auf den Auftrag betont. Verkündigung und kirchliches Handeln dürfen nicht von politischen Einflüssen und Strömungen abhängig werden. Besonders die wichtige Position der Geistlichen als Seelsorger in ihren Gemeinden kann durch zu einseitiges politisches *Stellung-Beziehen* ernsthaft gefährdet werden.

Zusätzlich gibt es Bestimmungen, die Mitgliedschaft und Mitarbeit von Pfarrern und Pfarrerinnen in Vereinigungen und Körperschaften regeln, was für die politische Betätigung der kirchlichen Amtsträgerinnen und Amtsträger erhebliche Bedeutung erlangen kann. Die verhältnismäßig wenigen Entscheidungen zu diesem Problemfeld gehen auf die einschlägigen kirchengesetzlichen Vorschriften oft nicht ausdrücklich ein:

---

[670] z.B.: § 29 PfDG Bad; § 20 I PfG Wü; § 34 PfDG EKU. In diesem Zusammenhang wird auch häufig von einer Pflicht zur Mäßigung bei politischer Tätigkeit gesprochen.

[671] z.B.: §§ 30 ff. PfDG Bad; § 20 PfG Wü; § 58 PfG VELKD.

Im April 1979 wurde die Hauptkirche St. Petri in Hamburg durch Kernkraftgegner unter Beteiligung einiger Pastoren der Nordelbischen Ev.-Luth. Kirche besetzt. Die Kirche sprach gegen die Pastoren wegen dieser Beteiligung jeweils einen Verweis aus, gegen den sich die Beschwerde eines der Gemaßregelten vor der Kammer für Amtszucht der Nordelbischen Ev.–Luth. Kirche richtete.[672] Die Kammer stellte sich auf den Standpunkt, daß die Teilnahme an einer Kirchenbesetzung objektiv eine Amtspflichtverletzung darstelle, weil dadurch die Rechte des für die Gemeinde zuständigen Kirchenvorstands verletzt würden. Kritisiert wird an der Entscheidung, daß die Kammer unter Berücksichtigung nur der Amtspflichten eines Pfarrers entschied, während sie die besondere Vorschrift über die Pflichten des Pfarrers bei politischer Betätigung, nämlich § 50 PfG der VELKD a.F., nicht miteinbezog.[673] Die Entscheidung klärt aber Fragen zur Rechtfertigung und Entschuldigung einer pflichtwidrigen Handlung. So wurde geprüft, ob ihre Gegnerschaft zur Kernenergie das Verhalten der Pfarrer rechtfertigen oder die irrige Annahme von einem solchen Rechtfertigungsgrund es entschuldigen könne, was die Kammer verneinte.[674]

Auch in einer weiteren Entscheidung aus dem Jahr 1983 wird § 50 PfG der VELKD a.F. in diesem Fall von der Schlichtungsstelle nicht berücksichtigt.[675] Ohne die Zustimmung des zuständigen Landeskirchenrats hatte ein Pfarrer in Bayern eine leitende Funktion in der „Deutschen Friedensgesellschaft – Vereinigte Kriegsdienstgegner“ (DFG-VK) übernommen, woraufhin der Pfarrer angewiesen wurde die übernommenen Ämter wieder niederzulegen. Die Schlichtungsstelle entschied, daß die Übernahme solcher politischen Ehrenämter als Nebentätigkeit gem. § 48 PfG der VELKD a.F. (§ 56 n.F.) genehmigungspflichtig sei. Dabei stellte sie klar, daß der Pfarrer ein Recht auf eine eigene politische Meinung auch mit scharfen Konturen habe, daß die Grenzen dieses Rechts aber dort lägen, wo bei verständigen Gemeindegliedern der Eindruck erwächst, der Pfarrer nehme Positionen ein, die die Anerkennung anderer Auf-

[672] KfA NEK, Beschluß vom 17.1.1980 – 1/79 - , RsprB Abl. EKD/VELKD 1982, S.14 ff..

[673] Strietzel, Das Disziplinarrecht, S. 125.

[674] KfA NEK, Beschluß vom 17.1.1980 – 1/79 - , RsprB Abl. EKD/VELKD 1982, S.14, 15 f..

[675] SchlSt Bay, Entscheidung vom 13.1. 1983, RsprB Abl. EKD 1984, S. 10 ff..

fassungen aufgrund einseitiger politischer Parteinahme ausschließt. Die DFG-VK sei politisch deutlich einseitig ausgerichtet, weswegen auch die Nebentätigkeitsgenehmigung richtigerweise nicht erteilt wurde.[676] Die Schlichtungsstelle wäre vielleicht zu einem anderen Ergebnis gekommen, hätte sie nicht die Nebentätigkeitsbestimmungen, sondern die in diesem Zusammenhang durchaus relevanten Regelungen der §§ 49 und 50 PfG der VELKD a.F. berücksichtigt. § 50 PfG einerseits legt eindeutig das Recht der Pfarrer fest, sich politisch zu betätigen, § 49 PfG a.F. andererseits grenzt den Kreis der Organisationen, die der Pfarrer unterstützen darf, stark ein.[677]

Aufgrund der Regelungen in Pfarrdienstgesetzen über die Mitgliedschaft in Körperschaften und Vereinigungen,[678] ist die Mitgliedschaft in einer politischen Partei für Geistliche zumindest insofern problematisch, als eine solche eindeutige Stellungnahme für eine politische Partei als mit der Mäßigungspflicht nicht mehr vereinbar gilt.[679] Erhebliche Bedenken ergeben sich aufgrund der gesetzlichen Vorgaben auch gegen das öffentliche Eintreten für politische Parteien, den Gebrauch des Pfarrertitels in Wahlaufrufen und das Tragen des Talars bei parteipolitischen Demonstrationen.[680] Für den Fall, daß Pfarrerinnen und Pfarrer in politische Körperschaften wie Bundestag, Landtag, Landkreistag und Gemeinderat gewählt werden, zwingen die Pfarrdienstgesetze zur Beurlaubung oder Versetzung in den Wartestand.

Trotz dieser Regelungen darf bei der rechtlichen Beurteilung von politischen Handlungen der Pfarrerinnen und Pfarrer nicht nur deren Verpflichtung berücksichtigt werden, in ihrem öffentlichen, insbesondere politischen Auftreten aufgrund ihres Auftrags Zurückhaltung zu üben, sondern eben auch, daß ihnen aus

---

[676] SchlSt Bay, Entscheidung vom 13.1. 1983, RsprB Abl. EKD 1984, S. 10, 11.

[677] Strietzel, Das Disziplinarrecht, S. 128. Der Kritik an dieser Entscheidung zustimmend: Bock, Das für alle geltende Gesetz, S. 33 FN 114.

[678] z.B.: § 20 PfG Wü; § 57 PfG VELKD; § 33 PfDG EKU.

[679] Pahud de Mortanges, Zwischen Vergebung und Vergeltung, S. 257.

[680] Tompert, Das Recht der Kirche, S. 169-199, 183 f., hinsichtlich der Mitgliedschaft in einer radikalen Partei S. 184 FN 45.

dem Auftrag die Pflicht erwachsen kann, sich gerade nicht zurückzuhalten.[681] Die Erfahrungen mit dem NS-Staat haben gezeigt, daß Handlungen, die von staatlicher Seite für strafbar erklärt werden, vom christlichen Ethos her erlaubt, ja manchmal sogar geboten sein können. Bei der Übertretung solcher staatlichen Gebote, die mit denen Gottes im Widerspruch stehen, liegt ein Dienstvergehen nicht vor, auch wenn die Betroffenen zu hohen Freiheitsstrafen verurteilt werden.[682]

So wird deutlich, daß es gerade in diesem Bereich keine klar formulierten rechtlichen Regelungen geben kann. Vielmehr erfordert die Beurteilung der politischen Betätigung eines Pfarrers oder einer Pfarrerin die individuelle Betrachtung des Einzelfalls.

c) Weitere Lebensführungspflichten

Es gibt noch weitere Lebensführungspflichten, bei denen die Parallelität zum Beamtenrecht deutlich wird. So können der Umgang mit Geld, die Aufnahme von Nebentätigkeiten und die Annahme von Geschenken, Spenden oder Orden Konfliktpotentiale für das Dienstverhältnis in sich bergen.[683]

Besondere Beachtung hat aber in den vergangenen Jahren das Thema der Homosexualität erfahren.[684] Abgesehen von der Diskussion, ob homophile Neigungen natürlich oder pathologisch bedingt sind, ist gerade für den Bereich Ehe, Familie und Sexualität festzustellen, daß sich der gesellschaftliche Normen- und Wertewandel hier besonders stark bemerkbar gemacht hat. Die Zeiten, in denen ein durch die Geburt eines Kindes offenbar gewordenes voreheliches Intimverhältnis den Ausschluß vom Pfarrdienst bedeutete, liegen genauso in der Vergangenheit wie die Entfernung aus dem Pfarrdienst aufgrund einer Ehescheidung. Auch das offenkundige Bestehen einer homosexuellen Veranlagung allein ist

---

[681] Tompert, Das Recht der Kirche, S. 169-199, 182.

[682] Friedrich, Einführung in das Kirchenrecht, S. 548.

[683] Stein, Evangelisches Kirchenrecht, S. 113; s. o. Seite 39 f..

[684] Strietzel, Das Disziplinarrecht, S. 147 ff.; Linnenbrink, ZevKR 38 (1993), S. 381-396, 386 ff.; Tompert, Das Recht der Kirche, S. 169-199, 178 f.; Guntau, ZevKR 39 (1994), S. 138-160; Müller, ZevKR 36 (1991), S. 199-204; Bock, Das für alle geltende Gesetz, S. 37 ff..

heute kein zwangsläufiger Auslöser für dienstrechtliche Konsequenzen mehr.[685] Die Kirche hat also Anteil an den sozialen Veränderungen in der Gesellschaft, steht dieser aber zugleich als Kirche gegenüber.[686]

Die Erfahrungen im Kirchenkampf während der nationalsozialistischen Herrschaft haben als rechtstheologische Erkenntnis klar hervortreten lassen, daß das evangelische Kirchenrecht sich nicht beliebig zeitgeschichtlichen Strömungen oder, aufgrund zweckgerichteter Erwägungen, äußeren Veränderungen anpassen darf. Vielmehr wird es durch die Weisungen bestimmt und begrenzt, die sich aus der Bibel und den Bekenntnissen ableiten.[687]

Der Umgang der Kirche mit der Homosexualität von Pfarrerinnen und Pfarrern sollte zum einen dadurch geprägt sein, die Diskriminierung und Ausgrenzung der betroffenen Personengruppe in der Vergangenheit als falsch und letztlich auch unchristlich zu verurteilen, zum anderen dürfen die Gremien der evangelischen Kirche sich nicht scheuen, in reformatorischer Weise an Schrift und Bekenntnis gebunden, in diesen Fragen auch inhaltlich Position zu beziehen und Entscheidungen zu treffen, die den gesellschaftlichen Liberalisierungsbestrebungen auch entgegenstehen können.[688] Das von der EKD zu diesem Thema entwickelte Papier *„Mit Spannungen leben“*[689] kann bei der Beurteilung, ob im Einzelfall ein Verstoß gegen Lebensführungspflichten vorliegt oder nicht, eine wertvolle Orientierungshilfe sein. Hier bezieht die kirchliche Gemeinschaft Stellung und gibt Maßstäbe vor, die auch für die rechtliche Abwägung und Beurteilung von Bedeutung sind.

---

[685] Tompert, Das Recht der Kirche, S. 169-199, 178 und 180.

[686] Bock, Das für alle geltende Gesetz, S. 37.

[687] Guntau, ZevKR 39 (1994), S. 138-160, 144.

[688] Sollten kirchenleitende Gremien die biblisch nach ganz herrschender Auffassung vorgegebenen Grenzen aber im Sinne der Liberalisierungsbefürworter überschreiten, bestünde die Gefahr einer Kirchenspaltung, Müller, ZevKR 36 (1991), S. 199-204, 203; Linnenbrink, ZevKR 38 (1993), S. 381-396, 394; Guntau, ZevKR 39 (1994), S. 138-160, 145 ff..

[689] s.o. Seite 88 f.. Mit Spannungen leben. Eine Orientierungshilfe des Rates der Evangelischen Kirche in Deutschland zum Thema „Homosexualität und Kirche“, www.ekd.de/EKD-Texte/homo.html.

4. Rechtswidrigkeit und Schuld

Neben der Erfüllung des Tatbestands einer bestimmten Lebensführungspflichtverletzung bedarf es, damit eine disziplinarrechtliche Sanktion erfolgen kann, – ähnlich wie im Strafrecht – auch der Rechtswidrigkeit des Getanen und eines Verschuldens bei den Betroffenen. So können Umstände des Verstoßes auf der Ebene der Rechtswidrigkeit ein bestimmtes Verhalten rechtfertigen.[690] Wenn z.B. – sicherlich ein seltener Fall – ein Amtsträger durch Gesetze oder Anordnungen der Kirchenleitung zu einem schrift- und bekenntniswidrigen Verhalten gezwungen wird, kann sein Widerstand dagegen gerechtfertigt sein. Es ist auch eine spezifisch kirchliche Notlage vorstellbar, in der eine Geistliche aufgrund der Abwehr einer einem Dritten drohenden Gefahr in ihrem pflichtverletzenden Handeln gerechtfertigt sein kann.

In einigen Gesetzen findet das Verschulden als Kriterium für disziplinarrechtliche Verantwortlichkeit ausdrücklich Erwähnung.[691] Sowohl hinsichtlich der Strafbegründungs- als auch der Strafzumessungsschuld beruht das kirchliche Disziplinarrecht wie das staatliche Straf- und Disziplinarrecht auf dem Schuldprinzip.[692] Wie im Strafrecht muß also gefragt werden, ob bei den Betroffenen volle Unzurechnungsfähigkeit nach § 20 StGB oder beschränkte Unzurechnungsfähigkeit nach § 21 StGB vorliegen könnte.[693] Ferner bedarf es auch des Bewußtseins, eine Pflichtwidrigkeit zu begehen. Die Pflichtverletzung muß willentlich und wissentlich, also vorsätzlich, zumindest aber fahrlässig erfolgt sein.

---

690 Strietzel, Das Disziplinarrecht, S. 166 ff..

691 § 2 Abs. 1 DG EKD, § 3 Abs. 2 AZG VELKD.

692 Pahud de Mortanges, Zwischen Vergebung und Vergeltung, S. 269.

693 Friedrich, Einführung in das Kirchenrecht, S. 549.

II. Lebensführungspflichten bei kirchlichen Angestellten

Bei dem großen Umfang, in dem die Kirchen bzw. die verschiedenen kirchlichen Träger Angestellte beschäftigen, kommt ihnen als Arbeitgeber eine herausragende Stellung zu. Arbeitgeber aber ist jeweils die rechtlich selbständige Untergliederung der verfaßten Kirche. Beim Abschluß von Arbeitsverträgen handelt sie durch ihre Organe, etwa durch den Kirchenvorstand einer Gemeinde oder durch die von diesem bevollmächtigten Personen, so z.B. den Personalleiter eines Krankenhauses.[694] Entscheidend ist, wie die evangelische Kirche ihre Ansprüche auf Beachtung bestimmter Lebensführungspflichten in das Rechtsverhältnis zu den Angestellten einbringt. Aufgeführt und beschrieben werden die Treuepflichten regelmäßig in den Dienstverordnungen und Manteltarifverträgen, auf die in den einzelnen Arbeitsverträgen verwiesen wird.

Aus der Vielzahl unterschiedlicher Vereinbarungen und Vertragsarten sollen nachfolgend nur einige beispielhafte Regelungen aufgeführt werden, wobei auch Beachtung finden soll, ob die einzelnen Kirchen und kirchlichen Träger bei der Vereinbarung von Lebensführungspflichten Unterschiede machen.

1. Die besondere Problemstellung

Eine Schwierigkeit beim richtigen Erfassen der rechtlichen Verhältnisse zwischen der evangelischen Kirche und ihren privatrechtlich beschäftigten Mitarbeiterinnen und Mitarbeitern liegt in der unsicheren Einordnung dieser Mitarbeiterinnen und Mitarbeiter in der theologischen Lehre von der Kirche und ihrem Amt.[695] Letztlich beruht dies auf der schon angesprochenen Überwindung der Unterscheidung von *innerem* und *äußerem* Dienst.[696] Seither ist eine klare Aussage über die Zuordnung der Ämter und Dienste zum Amt der Verkündigung kaum mehr möglich, was auch in den gesetzlichen Regelungen, wie den Mitarbeitergesetzen, insofern zum Ausdruck kommt, als mit Aussagen über theologisch begründete Pflichten gespart wird.[697]

---

694 Keßler, Die Kirchen und das Arbeitsrecht, S. 25.

695 v. Tilling, ZevKR 22 (1977), S. 322-345, 325.

696 s.o. Seite 152 f..

697 v. Tilling, ZevKR 22 (1977), S. 322-345, 328.

Im Gegensatz zur Handhabung von Verstößen gegen Lebensführungspflichten bei Pfarrerinnen und Pfarrern sowie anderen kirchlichen Beamtinnen und Beamten, die vor kirchlichen Gerichten verhandelt werden, kommen arbeitsrechtliche Auseinandersetzungen der Kirchen mit ihren Angestellten vor die staatlichen Gerichte. Dabei sind häufig ähnliche Problembereiche wie bei den Geistlichen betroffen, überwiegend handelt es sich aber meistens um eine der beiden folgenden Konfliktsituationen: Entweder es geht um Handlungen des Arbeitnehmers im Zusammenhang mit seiner privaten Lebensführung, wie z.B. einer Scheidung oder der Heirat mit einer Geschiedenen. Oder der Arbeitnehmer hat öffentlich gegen bestimmte kirchliche Grundsatzpositionen Stellung bezogen bzw. seinen Austritt aus der Kirche erklärt. Im letzteren Fall wird der Konflikt also auch nach allgemeinem Verständnis mit dem Arbeitgeber ganz bewußt herbeigeführt und ausgetragen.[698] Meist geht es bei der gerichtlichen Auseinandersetzung um die Rechtmäßigkeit einer aufgrund des Angestelltenverhaltens ausgesprochenen Kündigung des Arbeitsverhältnisses. Insbesondere ist daher bei den Bestimmungen zu Lebensführungspflichten der Angestellten auf Vereinbarungen über besondere Kündigungsgründe zu achten.

2. Begründung privatrechtlicher Dienstverhältnisse

In den Kirchen werden im Gegensatz zu fast allen anderen gesellschaftlichen Bereichen die Arbeits- und Tarifbedingungen nicht durch Tarifverträge geregelt. Unter Zuhilfenahme des Modells vom *Dritten Weg* legen formell paritätisch, aus Vertretern und Vertreterinnen der kirchlichen Arbeitgeber und Arbeitnehmer zusammengesetzte arbeitsrechtliche Kommissionen, Dienstvertragsordnungen bzw. Arbeitsvertragsrichtlinien fest, auf welche die nach vorformulierten Mustern abzuschließenden Einzelarbeitsverträge Bezug nehmen.[699]

Die Grundlage des privatrechtlichen Anstellungsverhältnisses ist der Abschluß eines Rechte und Pflichten begründenden Arbeitsvertrags. Aufgrund der Vertragsform besteht auch die Möglichkeit zur Differenzierung hinsichtlich der zu treffenden Vereinbarungen über Pflichten der Lebensführung. Da die Kirchen mit speziellen kirchenrechtlichen Regelungen im Arbeitsvertrag ihr verfassungs-

---

[698] Struck, NZA 1991, S. 249-256, 250.

[699] Keßler, Die Kirchen und das Arbeitsrecht, S. 41 f..

rechtlich garantiertes Selbstbestimmungsrecht verwirklichen, sind diese Regelungen nicht bloß Vertragsschablonen, die allgemeinen Geschäftsbedingungen vergleichbar wären.[700] Sie werden nicht einfaches Vertragsrecht, sondern behalten Normcharakter. Die Rechtsgrundlage für die kirchenspezifischen Loyalitätsansprüche an den einzelnen Arbeitnehmer ist also nicht das Kirchen- oder Verfassungsrecht, sondern der jeweilige Arbeitsvertrag.[701]

Dabei müssen einzelne Treuepflichten nicht explizit aufgeführt werden, können aber trotzdem Geschäftsgrundlage des Vertrags sein. Der Mindeststandard an Loyalität paßt sich in der Regel dem einzelnen Arbeitsvertrag, je nach Art und Ausrichtung des Arbeitsplatzes an, z.B. indem im Vertrag auf ein allgemeines Normstatut Bezug genommen wird.[702] Kirchliche Verwaltungsvorschriften verpflichten die einzelnen Gemeinden regelmäßig, ihren Anstellungsverhältnissen Musterverträge zugrundezulegen und sich bei der Gehaltsbemessung nach den dort vorgegebenen Bedingungen zu richten.[703] [704] Diese Pflicht der Gemeinden, ihre Arbeitnehmer nach gleichen und fairen Gesichtspunkten arbeitsrechtlich einzustufen, wird dadurch gesichert, daß die Arbeitsverträge der Gemeinde kirchlichen Aufsichtsstellen angezeigt oder von ihnen genehmigt werden müssen. Unter diese Regelung fallen auch Vereinbarungen hinsichtlich der Beachtung von Lebensführungspflichten.

Die kirchliche Treuepflicht des Arbeitnehmers wird nicht einseitig vom Arbeitgeber diktiert, sondern geht aus einer vertraglichen Selbstbindung hervor. Die Kirchenautonomie ist also, verfassungsrechtlich gesehen, gesellschaftliche Selbstregulierung auf Basis der individuellen Freiheit der Beteiligten. Durch dieses freiwillige Unterwerfen des Arbeitnehmers werden die kirchenrechtlichen

---

[700] s.o. Seite 121 f..

[701] Richardi, Arbeitsrecht in der Kirche, S. 13 f..

[702] Isensee, Festschrift für Obermayer, S. 203-216, 206.

[703] Solche Musterverträge werden von den Kirchen aufgestellt, mit den Verbänden der kirchlichen Mitarbeiter ausgehandelt und dabei grundsätzlich auch den Vertragsbedingungen vergleichbarer Bediensteter bei Staats- und Kommunalbetrieben angepaßt.

[704] Stein, Evangelisches Kirchenrecht, S. 124.

Grundsätze für das staatliche Arbeitsrecht und dessen Gerichte verbindlich. Der säkulare, religiös neutrale Staat schützt die kirchenrechtliche Normsubstanz also nur, wenn sie durch den Arbeitsvertrag konkretisiert ist und so in den staatlichen Rechtskreis transformiert wurde.[705]

Nach der Entscheidung des BVerfG[706] bleibt das verfassungsmäßig garantierte Selbstbestimmungsrecht auch für die Gestaltung dieser privatrechtlichen Arbeitsverhältnisse wesentlich, wodurch das kirchliche Proprium hier geschützt wird.[707] Verwirklicht wird dies im kirchlichen Arbeitsrecht durch Vereinbarung einer kirchengemäßen Lebensführung als Obliegenheit des kirchlichen Arbeitnehmers im Arbeitsvertrag. Mit dieser Festlegung von (Mindest-) Loyalitätspflichten im Arbeitsvertrag nimmt der Arbeitgeber Kirche nicht nur die jedermann zustehende Vertragsfreiheit war, sondern macht zugleich von seinem verfassungsrechtlich gesicherten Selbstbestimmungsrecht Gebrauch.[708]

Schon früh hat die Rechtsprechung deutlich gemacht, daß es für den kirchlichen Charakter einer Einrichtung und damit für die Anwendung des kirchlichen Mitarbeiterrechts nicht darauf ankommt, ob die Mehrheit der in dieser Einrichtung Beschäftigten den kirchlichen Charakter bejaht.[709] Im Ergebnis ist es also möglich, Lebensführungspflichten in jedem einzelnen Arbeitsvertrag festzulegen bzw. auszuschließen und den Arbeitsvertrag so den Erwartungen der Vertragsparteien individuell anzupassen.

3. Besonderheiten bei der Berufswahl kirchlicher Angestellter

Wie oben festgestellt[710] ist bei kirchlichen Beamten davon auszugehen, daß vor der beruflichen Entscheidung für den besonderen Arbeitgeber Kirche eine gewisse Auseinandersetzung mit eventuell bestehenden besonderen Ansprüchen

---

[705] Isensee, Festschrift für Obermayer, S. 203-216, 207.

[706] BVerfGE 70, S. 138 ff..

[707] s.o. Seite 97 ff..

[708] Spengler, NZA 1987, S. 833-839, 834.

[709] BAG, ZevKR 27 (1982), S. 313 ff.; BVerfGE 53, S: 366, 398 f..

[710] s.o. Seite 184 f..

auch an die Lebensführung stattfindet. Bei kirchlichen Angestellten läßt sich diese Frage nicht so ohne weiteres beantworten. Aufgrund der großen Unterschiedlichkeit einzelner Tätigkeiten kann hinsichtlich der Motivationen, die einer Entscheidung für einen kirchlichen Arbeitsplatz zugrunde liegen, kaum pauschalisiert werden. Hauptamtlichen Mitarbeiterinnen und Mitarbeitern der Diakonie wird spätestens während ihrer Ausbildung und den, in der Regel in diakonischen Einrichtungen abzuleistenden Praktika klar, in welchem Umfeld sie später arbeiten werden und welche Besonderheiten und auch Schwierigkeiten in diesem Bereich liegen können.[711]

Säkulare Ersatzformen für kirchliche Ordensgemeinschaften und Gesellschaften des apostolischen Lebens dürfen aber eben nicht geschaffen werden.[712] Es wäre ein Formmißbrauch, versuchte die Kirche ein solches Arbeitsverhältnis dem in einem Orden gleichzustellen und an den Arbeitnehmer Ansprüche hinsichtlich der Einhaltung von Lebensführungspflichten zu entwickeln und den Bewerberinnen und Bewerbern für den Arbeitsplatz entgegenzubringen, die den Verpflichtungen eines Ordensmitglieds gleichkommen.[713] Deswegen brauchen sich kirchliche Angestellte nur auf solche Ansprüche einzustellen, die im Rahmen eines kirchlichen Angestelltenverhältnisses angemessen sind. Im diakonischen Dienst sollte eine hauptberufliche Beteiligung offenstehen, wenn die Angestellten der Mindestanforderung gerecht werden und zwar die Grundgedanken des christlichen Glaubens akzeptieren, wie sie im betreffenden diakonischen Werk repräsentiert sind.[714]

4. Lebensführungspflichten kirchlicher Angestellter

Bei den existierenden in Verträge miteinzubeziehenden Regelungen sind explizite, auf eine bestimmte Verhaltensweise abzielende Formulierungen die Ausnahme. Meist handelt es sich um allgemein gehaltene Klauseln.[715]

---

[711] Schröder, Theologie, Prägung und Deutung der kirchlichen Diakonie, S. 151-160, 152.

[712] s.o. Seite 115 ff..

[713] Isensee, Festschrift für Obermayer, S. 203-216, 213.

[714] VELKD, Leitlinien 1997, S. 68.

[715] v. *Tilling* verweist darauf, daß schon ein Mitarbeitergesetz der Ev.-luth. Landeskirche von Hannover von 1969 mit Aussagen über grundlegende Pflichten der privatrechtlich

a) Vertragsrichtlinien

Mehrheitlich orientieren sich die landeskirchlichen Regelungen für kirchliche Angestellte am Bundesangestelltentarifvertrag (BAT). Vielfach wird der BAT zur Grundlage der kirchlichen Angestelltenverhältnisse gemacht und durch Ergänzungs- und Änderungsvorschriften den Bedürfnissen der Landeskirche angepaßt.[716] § 8 Abs. 1 BAT stellt insofern eine maßgebliche Rechtsgrundlage dar:

„Der Angestellte hat sich so zu verhalten, wie es von Angestellten des öffentlichen Dienstes erwartet wird. Er muß sich durch sein gesamtes Verhalten zur freiheitlich-demokratischen Grundordnung im Sinne des Grundgesetzes bekennen."

Andere Regelungen machen aber schon spezifischere Vorgaben für die Gestaltung der Arbeitsverträge:

„Kirchlicher Dienst ist durch den Auftrag der Verkündigung des Evangeliums in Wort und Tat bestimmt. Die Glaubwürdigkeit der Kirche und ihrer Verkündigung wird auch nach dem Verhalten ihrer Mitarbeiter beurteilt. Der Mitarbeiter muß daher durch sein Verhalten die Grundsätze der evangelisch-lutherischen Kirche und ihrer Ordnung anerkennen und sich im Dienst und außerhalb des Dienstes entsprechend verhalten, gleichgültig, ob er in der betroffenen kirchlichen Struktur die Funktion eines Arbeitnehmers oder die eines Arbeitgebers hat. Die Erfüllung des Auftrages der Kirche erfordert eine vertrauensvolle und partnerschaftliche Zusammenarbeit von kirchlichen Leitungsorganen und kirchlichen Mitarbeitern, die auch in der Gestaltung des kirchlichen Arbeitsrechts ihren Ausdruck findet."[717]

---

beschäftigten Mitarbeiterinnen und Mitarbeiter recht sparsam ist, v. Tilling, ZevKR 22 (1977), S. 322-345, 328 und FN 14.

[716] v. Lenthe, Zur politischen Betätigung kirchlicher Mitarbeiter, S. 247.

[717] Arbeitsrecht-Regelungsgesetz der Ev.-Luth. Kirche in Bayern. KirchG vom 25. März 1977, in: Abl. EKD S. 277.

Hinsichtlich der Wahrnehmung der Arbeitgeberposition macht das Diakonische Werk für die ihm angeschlossenen Verbände und Rechtsträger wichtige Vorgaben. Nach § 7 Abs. 4 der Satzung des Diakonischen Werks der EKD sind die ihm unmittelbar angeschlossenen Diakonischen Werke und Fachverbände unbeschadet ihrer rechtlichen Selbständigkeit verpflichtet, solche Rahmenbestimmungen zu beachten und in ihrem Bereich auf die Beachtung durch die mittelbar angeschlossenen Werke, Verbände und Einrichtungen hinzuwirken.[718] [719]

§ 7 Nr. 1 S. 2 DVO der EKHN schreibt den Mitarbeiterinnen und Mitarbeitern vor, daß ihr Verhalten innerhalb und außerhalb des Dienstes der Verantwortung entsprechen muß, die sie als im kirchlichen Dienst Beschäftigte übernommen haben. Schwere Verstöße gegen die kirchliche Ordnung werden nach § 18 DVO als besondere Kündigungsgründe hervorgehoben.

Hinsichtlich einer politischen Betätigung der kirchlichen Angestellten stellen sich die Arbeitsrechtsregelungen der Badischen Landeskirche etwas konkreter dar:[720]

„Auch bei seiner politischen Betätigung muß sich der Mitarbeiter der Besonderheit seines kirchlichen Auftrags bewußt sein, den er ohne Ansehen der parteipolitischen Betätigung allen schuldig ist."

Es wird deutlich, daß es angesichts dieser doch insgesamt eher allgemein gehaltenen Regelungen zur Feststellung eines Verstoßes gegen Lebensführungspflichten immer einer Auslegung bedarf, die die jeweilige Gemeinde oder

---

[718] Keßler, Die Kirchen und das Arbeitsrecht, S. 28.

[719] Für den katholischen Bereich nennt die MAVO in § 19 Abs. 1 S. 2, daß katholische Mitarbeiterinnen und Mitarbeiter ihre Lebensführung nach der Glaubens- und Sittenlehre sowie den übrigen Normen der katholischen Kirche zu richten haben. Als Verstöße hiergegen kommen standesamtliche Heirat trotz kirchlichem Ehehindernis, Mitgliedschaft in einer kirchenfeindlichen Partei, Homosexualität, Kirchenaustritt und Schwangerschaftsabbruch in Betracht, Kommentar zur MAVO, § 19 RN 52-58.

[720] § 6 Abs. 4 Arbeitsrechtregelung 2/84 über das Dienstverhältnis der kirchlichen Mitarbeiter im Bereich der Landeskirche in Baden vom 6. April, Abl. EKD 1984, S. 365, zitiert bei: v. Lenthe, Zur politischen Betätigung kirchlicher Mitarbeiter, S. 250.

Einrichtung im Einzelfall vornehmen muß. Diese Vorgehensweise geht zu Lasten von Transparenz, Rechtssicherheit und einer orientierunggebenden Außenwirkung.

b) Besondere Regelungen für den Fall des Kirchenaustritts

Generell wird der Kirchenaustritt als ein besonders schwerwiegender Verstoß gegen Lebensführungspflichten gewertet.[721]

In den meisten gesetzlichen Grundlagen der Landeskirchen, so auch in Baden[722], Berlin-Brandenburg[723] und Württemberg[724] wird strikt die Mitgliedschaft in der eigenen Landeskirche oder in einer der anderen Mitgliedskirchen der EKD gefordert. In der Nordelbischen Landeskirche ist der Inhalt des Arbeitsverhältnisses auf der Basis eines Tarifvertrags zu regeln, dessen § 8 die Kirchenzugehörigkeit zur Voraussetzung macht[725]. Ergänzt wird dies allerdings durch eine Klausel, nach der Ausnahmen möglich sind, und zwar für Fälle, in denen der Arbeitnehmer einer anderen christlichen Kirche angehört. Es handelt sich hierbei um die sog. ACK-Klausel[726]. Ähnlich sind auch die einschlägigen

---

721 *„Wer sich als Mitarbeiter von der Gemeinschaft des Glaubens durch Kirchenaustritt lossagt (...), kann auch in seinem Beruf der christlichen Gemeinde nicht mehr recht dienen."* Stein, Evangelisches Kirchenrecht, S. 125. *„Ein Kirchenaustritt ist nicht eine Verletzung einer kirchlichen Treuepflicht, sondern deren Aufkündigung."* Marré, Theologie und Glaube 78 (1988), S. 397-414, 405.

722 Kirchliches Gesetz über das Dienstverhältnis der kirchlichen Mitarbeiter im Bereich der Landeskirche und des Diakonischen Werks der Evangelischen Landeskirche in Baden i.d.F. vom 21.10.1994.

723 Kirchengesetz über die Kirchenzugehörigkeit beruflicher Mitarbeiter(innen) und über die Begründung von Arbeitsverhältnissen der vom Konsistorium oder anderen kirchlichen Stellen wahrzunehmenden kirchenaufsichtlichen Aufgaben vom 5.11.1992.

724 Kirchliche Anstellungsordnung, Beschluß der arbeitsrechtlichen Kommission i.d.F. vom 29.11.1996.

725 Kirchlicher Angestelltentarif (KAT) und Kirchlicher Arbeitertarif (KArbT) vom 15.01.1982 i.d.F. vom 7.11.1996.

726 Da von der Arbeitsgemeinschaft christlicher Kirchen in Deutschland entwickelt.

Bestimmungen in der Evangelischen Kirche von Hessen und Nassau.[727] Hier wird vom Arbeitnehmer entweder die Mitgliedschaft in der EKHN, in einer anderen ACK-Kirche oder einer der Konferenz Europäischer Kirchen bzw. des Ökumenischen Rates der Kirchen angehörenden Gruppe gefordert. Die Landeskirchen Lippe, Rheinland und Westfalen haben keine ausdrücklichen Bestimmungen zur Notwendigkeit einer Kirchenmitgliedschaft, während in Sachsen die Zugehörigkeit zu einer Gliedkirche der EKD lediglich für die endgültige Einstellung gefordert wird.[728] Offenbar soll hier die Probezeit von den Beschäftigten auch dazu genutzt werden, sich über das eigene Verhältnis zur Kirche klar zu werden, womit der Probezeit auch eine missionarische Komponente zukommt.[729]

Bei den freien Trägern der Diakonie mit ihren eigenen arbeitsrechtlichen Regelungen gibt es andere abgestufte Voraussetzungen. Es wird die Kirchenmitgliedschaft z.B. nur von solchen Mitarbeiterinnen und Mitarbeitern gefordert, die für die kirchliche Einrichtung prägend oder im verkündigungsnahen Bereich tätig sind. Teilweise wird auch insoweit differenziert, daß von den Mitarbeiterinnen und Mitarbeitern aus dem hiesigen Kulturkreis die Zugehörigkeit zu einer evangelischen oder anderen christlichen Kirche, von Beschäftigten aus fremden Kulturkreisen die Zugehörigkeit zu einer ihrer Herkunft entsprechenden Glaubensgemeinschaft gefordert wird.

Grundsätzlich folgt dem Kirchenaustritt eine ordentliche Kündigung, da mit dem Austritt die Qualifikationsvoraussetzung der Religionszugehörigkeit weggefallen ist. In besonderen Fällen kann es jedoch zu einer außerordentlichen Kündigung kommen, wenn es durch den Kirchenaustritt zu einer besonderen Konfliktsituation kommt, die es dem kirchlichen Arbeitgeber unzumutbar macht, das Beschäftigungsverhältnis selbst für eine kurze Zeit fortzusetzen.[730]

---

[727] Richtlinien über das Erfordernis der Kirchenzugehörigkeit bei der Einstellung von Mitarbeiterinnen und Mitarbeitern, Beschluß der Kirchensynode vom 26.01.1995.

[728] Kirchengesetz über die Regelung der privatrechtlichen Dienstverhältnisse der Mitarbeiter der Ev.-Luth. Landeskirche Sachsens vom 26.03.1991.

[729] Seelemann, ZevKR 44 (1999), S. 226-243, 228.

[730] Marré, Theologie und Glaube 78 (1988), S. 397-414, 405.

Ein Kirchenaustritt ist also nicht etwa zwingend als absoluter Kündigungsgrund zu betrachten. Denn auch in diesen Fällen will man sich nicht durch ein starres Korsett der Möglichkeit zur flexiblen Einzelfallabwägung berauben, und in besonders gelagerten Fällen würde eine Ausgestaltung als absolute Kündigungsgründe bald zu gerichtlich erzwungenen Ausnahmeregelungen über § 242 BGB führen.[731] Insofern führt auch das provokative Verhalten in Form des Kirchenaustritts nicht automatisch zur Kündigung. Es sind jedoch nur ganz außergewöhnlich gestaltete Fälle dieser Art denkbar, in denen bei der Abwägung der Interessen die besondere Gewichtung zugunsten des kirchlichen Selbstbestimmungsrechts nicht den entscheidenden Ausschlag geben würde, eine – zumindest ordentliche – Kündigung zu rechtfertigen.

III. Lebensführungspflichten im ehrenamtlichen Bereich

Die Frage nach Lebensführungspflichten von Ehrenamtlichen sowie Inhabern und Inhaberinnen eines kirchlichen Ehrenamts stellt sich sowohl aus praktischen, als auch aus dogmatischen Erwägungen heraus. Hierfür eine einheitliche Linie der evangelischen Kirchen auszumachen, ist in Ermangelung umfassend, konsequent und flächendeckend gefaßter Grundsätze zu dieser Thematik praktisch unmöglich. Es ist zu überprüfen, ob Inhaberinnen und Inhaber kirchlicher Ehrenämter sowie Ehrenamtliche hinsichtlich der Beachtung bestimmter Lebensführungspflichten nach den selben Kriterien, wie sie für kirchliche Beamtinnen und Beamte bzw. Angestellte gelten, zu beurteilen sind oder nicht.[732]

1. Die besondere Problemstellung

Da Christen in der Gesellschaft leben und in vielfältiger Weise mit ihr verbunden sind, hat das Tun und Lassen, das Reden und Schweigen der christlichen Gemeinde und ihrer Glieder immer gesellschaftliche Auswirkungen, auch wenn dies im Einzelfall gar nicht beabsichtigt ist und nicht berücksichtigt wird.

---

[731] Mayer, Das außerdienstliche Verhalten von Arbeitnehmern, S. 129 f.. Dagegen: Mummenhoff, NZA 1990, S. 585-592, 590.

[732] Es ist anzumerken, daß sich im Bereich der Ehrenamtlichen die vielleicht deutlichsten Unterschiede zur katholischen Kirche ergeben. Hinsichtlich der kirchenrechtlichen Einordnung von Ehrenamtlichen beziehungsweise Laien in der katholischen Kirche, siehe del Portillo, Gläubige und Laien in der Kirche.

Christlicher Glaube bleibt insofern nicht privat.[733] Dennoch wird die Sanktionierung einfacher Kirchen- und Gemeindeglieder durch die Mittel der Kirchenzucht heute kaum mehr praktiziert.[734] Gegenüber ehrenamtlichen Mitarbeiterinnen und Mitarbeitern einer kirchlichen Einrichtung, z.B. in der Jugendarbeit einer Gemeinde oder in der Obdachlosenküche einer Sozialstation, sowie gegenüber Inhaberinnen und Inhabern eines kirchlichen Ehrenamts, z.B. Trauzeugen oder Taufpatinnen könnte jedoch eine strengere Handhabung notwendig sein.

Das Problem, ob einzelnen Kirchengliedern überhaupt Pflichten zukommen können und diese Pflichten eine kirchenrechtliche Qualität erlangen, ist im Kirchenrecht der reformatorischen Tradition nicht sehr beachtet worden. Man hat es im Hinblick auf das Dogma der Werkgerechtigkeit vermieden, die Erwartungshaltung der Kirche an das einzelne Kirchenglied als Rechtspflicht zu gestalten, so daß der Eindruck entstand, das dem einzelnen Christen gebotene Handeln liege außerhalb des Bereichs der rechtlichen Ordnung. Denn der zugrundeliegende Gedanke war und ist, daß Werke spontan aus der Annahme des Evangeliums erfolgen. Doch der Anspruch, dem Auftrag der Kirche dienstbar zu bleiben und sich daher an Pflichten der Lebensführung zu halten, ist auch im Hinblick auf Ehrenamtliche denkbar.

Fraglich ist aber, ob der hier zur Rede stehende Regelungskomplex, nämlich das Teilhaben einzelner Kirchenglieder am Auftrag der Kirche, nicht in einen Bereich fällt, in dem eine normative Fixierung von Verhaltenserwartungen die Gefahr einer Gesetzesfrömmigkeit herbeiführen würde.[735] Doch schon wegen der vielfältigen Zusammenarbeit mit *den Hauptamtlichen* muß es auch für den ehrenamtlichen Dienst klare Verabredungen und verläßliche Regeln geben.[736] Denn unabhängig von religiösen Überlegungen muß es, so wie es für das kirchliche Amt dienstrechtlicher Regelungen zur Funktionserhaltung bedarf, auch rechtliche Regeln für die Beteiligung des einzelnen Kirchengliedes am Auftrag

---

[733] VELKD, Leitlinien 1997, S. 66.

[734] Maurer, ZevKR 38 (1983), S. 397-412, 403.

[735] Pirson, Festschrift Obermayer, S. 295-304, 300.

[736] VELKD, Leitlinien 1997, S. 38.

der Kirche geben. Es darf nicht ein kirchenrechtsfreier Raum für die Aktivität des einzelnen Mitglieds, durch den dieses seine Glaubenshaltung dokumentiert, dadurch begründet werden, daß die Pflicht zur Rücksichtnahme auf die gesamtkirchlichen Belange nicht ohne weiteres einer positivrechtlichen Fassung zugänglich ist und die Einhaltung einer solchen Pflicht kaum durch unmittelbare Sanktionen gesichert werden kann. Die Tatsache des Fehlens expliziter Vorschriften in diesem Bereich bedeutet nicht, daß die Kirche die Art und Weise, wie der kirchliche Auftrag z.B. in politische Aktivität umgesetzt wird, bewußt der Beliebigkeit des einzelnen aussetzt. Es ist zu schlußfolgern, daß zumindest beim politischen Engagement, das unter Berufung auf die christliche Botschaft erfolgt und gesamtkirchliche Belange in Rechnung stellt, auch ohne positivrechtliche Ausgestaltung von Pflichten eine rechtliche Relevanz besteht.[737]

2. Besonderheiten bei der Entstehung eines Ehrenamtverhältnisses

Eine wesentliche Grundlage des kirchlichen Dienstes in der evangelische Kirche – sowohl in den Gemeinden, als auch in den unterschiedlichen kirchlichen Einrichtungen – ist das Engagement der ehrenamtlichen Mitarbeiterinnen und Mitarbeiter. Die Ehrenamtlichen unterscheiden sich in ihrer Rechtsbeziehung zur Kirche ganz wesentlich von den Hauptamtlichen. Während hauptamtliche Mitarbeiterinnen und Mitarbeiter mit dem Arbeitgeber Verträge schließen, in denen die zu leistende Arbeit, die Kündigungsfristen, die Bezahlung usw. geregelt werden und nach denen der Arbeitgeber gegenüber dem einzelnen Arbeitnehmer weisungsbefugt ist, übernehmen ehrenamtlich Tätige Aufgaben, bei deren Ausführung sie zunächst einmal nur ihrem Gewissen verantwortlich sind. Sie können jeden Tag mit der Arbeit aufhören und strenggenommen kann sie keiner z.B. zwingen pünktlich zu kommen.[738]

Da die Mitarbeit häufig am Anfang eines Prozesses im Glauben steht, gilt es aber, die Hemmschwelle für potentielle Mitarbeiterinnen und Mitarbeiter niedrig zu halten, um nicht interessierte Personen zu verschrecken, die es ja zu gewinnen gilt. Es gibt durchaus auch den missionarischen Auftrag über die Arbeit im

---

[737] Pirson, Festschrift Obermayer, S. 295-304, 301.

[738] Schröder, Theologie, Prägung und Deutung der kirchlichen Diakonie, S. 151-160, 154.

Dienst der Kirche selbst, Menschen für den Glauben zu *werben.*[739] Ehrenamtliche in diakonischen Einrichtungen nehmen ihre Tätigkeit da auf, wo sie sich ihnen anbietet, oft ohne genau zu wissen, ob sie dafür geeignet sind, ob sie diese durchhalten oder Freude daran haben werden.[740] Mit wenigen Ausnahmen sind Ehrenamtliche im diakonischen Bereich zunächst Laien.

Ähnlich stellt sich die ehrenamtliche Mitarbeit in vielen Gemeinden dar. Hier wachsen die Ehrenamtlichen meist kontinuierlich in ihre Aufgaben hinein. Sie lernen den fraglichen kirchlichen Bereich zunächst kennen und fangen dann im Idealfall an, sich dort stärker zu engagieren, Verantwortung und bestimmte Aufgaben zu übernehmen, bis sie ihre Rolle als ehrenamtliche Mitarbeiterin oder ehrenamtlicher Mitarbeiter endgültig gefunden haben.

Trotz dieser Zielsetzung, ehrenamtliche Mitarbeiterinnen und Mitarbeiter zu gewinnen, soll die evangelische Kirche, die von vielen Seiten als orientierungslos beschrieben und kritisiert wird, nicht ihre eigenen Werte leugnen und ihre Überzeugungen populistischen und opportunen Meinungen opfern. Im Hinblick auf die Ehrenamtlichen muß eine Regelung von Lebensführungspflichten dieses Spannungsfeld im Auge behalten.

3. Lebensordnungen und Kirchenzucht

An dieser Stelle sei noch mal daran erinnert, daß Lebensordnungen[741] insofern kirchenrechtlich Beachtung finden, als es sich nach *Wendt's* vermittelnder Auffassung um Regelungen handelt, denen sich niemand ohne gewichtigen Grund entziehen sollte.[742]

Schlaich schildert die Vorgehensweise bei einem Fall der Kirchenzucht in Württemberg um die Mitte des 16. Jahrhunderts, nachdem das betroffene Ge-

---

[739] Dieses darf aber nicht zu einer *Zwangsmissionierung* von nicht religiösen Mitarbeitern führen, vor der *Struck* warnt, Struck, NZA 1991, S. 249-256, 254.

[740] Schröder, Theologie, Prägung und Deutung der kirchlichen Diakonie, S. 151-160, 152.

[741] s.o. Seite 62.

[742] Wendt, ZevKR 10 (1963/64), S. 101-133, 115.

meindeglied wiederholt von verschiedenen kirchlichen Instanzen ermahnt worden war:[743]

Der Kirchenrat *„(...) beschließt – nach erneuter, aber erfolgloser Abmahnung der Person und vorbehaltlich der Resolution des Landesherrn – gegebenenfalls die Kirchenstrafe und die Exkommunikation. Den Exkommunikationsbrief verliest dann der Pfarrer im Gottesdienst des betreffenden Orts. Daraufhin führt der Messner die Person aus der Kirche, der Amtmann verbietet ihr die Wirtshäuser, und im Gottesdienst hat sie fürderhin in einem besonderen Gestühl zu stehen, um vor dem Abendmahl (...) öffentlich hinaus geführt zu werden – dies alles zur Besserung."*

Ähnliches verbindet man allgemein mit dem mittelalterlich anmutenden Begriff der Kirchenzucht.[744] Doch hat die Kirche auch heute noch die Möglichkeit, Maßnahmen der Kirchenzucht gegenüber den Mitgliedern zu ergreifen. Die Kirchenzucht wird gerade im Hinblick auf den volkskirchlichen Anspruch der evangelischen Kirche in Deutschland jedoch als besonders schwierig in der Handhabung empfunden.[745] Hierbei wird das Dilemma deutlich, in welchem sich Kirchenleitungen[746] bei der Anwendung der Kirchenzucht angesichts der heutigen kirchlichen Situation oft befinden und das *Pahud de Mortanges* zutreffend benennt:[747]

---

743 Schlaich, ZevKR 29 (1984), S. 355-378, 368 f..

744 *„Der belastete Ausdruck Kirchenzucht meint die geordnete Form des der Gemeinde befohlenen Einander-Nachgehens, die aus den ihre Glaubwürdigkeit belastenden Schuldverstrickungen herauszuhelfen sucht"*, A. Stein - Evangelisches Staatslexikon, S. 2242 f..

745 Friedrich, Einführung in das Kirchenrecht, S. 301.

746 Daß nicht die betroffene Gemeinde alleine über die Maßnahmen der Kirchenzucht entscheidet, wird teils auf das heftigste kritisiert, da hierin letztlich Zweifel an der Fähigkeit der Gemeinde, allein nach Gottes Willen zu handeln beziehungsweise Zweifel an der gegenwärtigen Wirkung des Geistes selbst deutlich werden, Diem, ZevKR 4 (1955); S. 291-307, 299 ff.; Kuhn, ZevKR 9 (1962/63), S. 264-293, 279.

747 Pahud de Mortanges, Zwischen Vergebung und Vergeltung, S. 198.

„In einer Kirche, die faktisch nicht mehr Volkskirche ist, aber von ihrem Selbstverständnis her auch nicht bloße Bekenntniskirche sein will, erreichen solche Maßnahmen nur diejenigen, die aus Überzeugung am Leben der Gemeinde teilnehmen und gegebenenfalls auch bereit sind, sich mit ihrem Fehlverhalten auseinanderzusetzen, – wobei gerade für sie Kirchenzuchtmaßnahmen wohl kaum erforderlich sind -, nicht jedoch jene überwiegende Mehrheit, die nur noch nominell der Kirche angehört, um ihre „Dienstleistungen" bei Bedarf in Anspruch nehmen zu können. Auf diese Glieder hat ein Ausschluß vom Abendmahl, das sie sowieso nicht begehren, keine große Wirkung.(...) Wo sich die Kirchenbänke leeren, möchte man niemand durch unpopuläre Sanktionen verlieren."

Hierzu äußert sich *v. Tilling* wie folgt:[748]

„Vielmehr ist es so, daß insbesondere in den Großstädten die Menschen so weitgehend fertig mit der Kirche sind, daß sie – wenn überhaupt – nur noch eine ganz schwache Motivation aufbringen, nach den kirchlichen Amtshandlungen und sonstigen Diensten der Kirchengemeinde nachzufragen. Die geringste Zumutung in Sachen Glauben, kirchlicher Bildung und gemeindlicher Praxis würde, so meint man jedenfalls vielfach, eine Vielzahl von Gemeindemitgliedern veranlassen, auf die Amtshandlungen und die Teilnahme am kirchlichen Leben ganz zu verzichten und schließlich auszutreten. Es ist deprimierender Weise wirklich so, daß die Kirche in solcher Umwelt meint, sich möglichst billig machen zu müssen, um sich überhaupt noch verkaufen zu können."

Angesichts dieser Schwierigkeiten kann die Zweckmäßigkeit von Maßnahmen gegenüber einfachen Kirchengliedern durchaus in Frage gestellt werden. Andererseits müssen die Möglichkeiten der Kirchenzucht aber gegenüber den ehrenamtlich Arbeitenden sowie den Inhabern und Inhaberinnen eines kirchlichen Ehrenamtes gelten, denn diese stehen ja in direktem Bezug und häufig auch ständigem Kontakt zur Kirche und der christlichen Gemeinschaft, was eine Reaktion auf eklatante Verstöße gegen Lebensführungspflichten notwendig und

---

[748] v. Tilling, ZevKR 30 (1985), S. 345-354, 351.

angemessen macht.[749] Dabei muß herausgestellt werden, daß alle Maßnahmen der Kirchenzucht nicht als Strafe oder Sühne für Verfehlungen gedacht sind, sondern als Lockungen, die das einzelne Kirchenglied auf den rechten Weg zurückführen sollen.[750]

In den Kirchen- und Lebensordnungen der evangelischen Landeskirchen befinden sich umfassende Regelungen zur Kirchenzucht, die Reaktionen auf Verstöße gegen Lebensführungspflichten in Form der Versagung der Taufe, Konfirmation, Trauung, des Abendmahls und kirchlichen Begräbnisses, des Entzugs von kirchlichen Rechten und des Ausschlusses vom Religions- und Konfirmandenunterricht bereithalten.[751] [752] Es besteht auch die Möglichkeit, bei bestimmtem kirchenwidrigem Verhalten das Recht zu wählen und gewählt zu werden aufzuheben.

In der Ordnung des kirchlichen Lebens der VELKD von 1955 wird im Abschnitt VII („Von der Zucht in der Gemeinde") die Bedeutung der Seelsorge für die Kirchenzucht erwähnt. Gem. Ziffer 3 soll sich der Pfarrer des Gefährdeten annehmen, und er wird hierbei gegebenenfalls von anderen Gemeindemitgliedern unterstützt. Hier steht also tatsächlich weniger eine Sanktion als ein pastorales Bemühen um den Fehlgegangenen im Vordergrund. Nach Ziffer 4 können aber auch kirchliche Handlungen und Rechte versagt werden, allerdings mit dem resozialisierend orientierten Ziel, dem Betroffenen zu helfen, damit er in die Gemeinschaft zurückfinde. Nach Ziffer 5 ist der Ausschluß die

---

[749] Dies zeigen auch die gesonderten Anforderungen, die an für den Kirchenvorstand wählbare Kirchenglieder z.B. in der Württembergischen Wahlordnung § 6, 2 (zitiert bei: Diem, ZevKR 4 (1955); S. 291-307, 292) gestellt werden. Danach sind nur solche Gemeindeglieder wählbar, *„die einen christlich ehrbaren Lebenswandel führen und ihre dem Glauben und Bekenntnis der Kirche entsprechende Haltung durch Teilnahme am Gottesdienst und am kirchlichen Leben der Gemeinde an den Tag legen."*

[750] Friedrich, Einführung in das Kirchenrecht, S. 301.

[751] Pahud de Mortanges, Zwischen Vergebung und Vergeltung, S. 201.

[752] Auch in der neuen Ordnung des kirchlichen Lebens der EKU von 1999 finden sich Regelungen nach denen diese Handlungen versagt werden können, z.B. Artikel 18, 53 ,61, 62 und 69. Der Entwurf neuer Leitlinien der VELKD ist bezüglich Regelungen der Kirchenzucht zwar zurückhaltender, hat aber bis heute noch keine Gültigkeit erlangt.

schwerstwiegende Maßnahme, die nur in vier Fällen Anwendung findet, nämlich bei offensichtlicher Verwerfung oder Schmähung des Bekenntnisses, bei mutwilligem Verharren im Ungehorsam gegen die Gebote und beim Anschluß an Irrlehren, speziell der Teilnahme an ihren sakramentalen Handlungen und bei ihrem Propagieren. Ungehorsam gegen die Gebote wird dabei als unsittlicher Lebenswandel verstanden.[753]

Gem. Abschnitt I Ziffer 7 der VELKD-Ordnung ist die Taufe für den Fall zu verweigern, daß die evangelische Erziehung des Täuflings ernsthaft in Frage steht, wenn die Eltern nicht der Kirche angehören oder sie sogar die Kirche und das Bekenntnis zu Christus verwerfen bzw. öffentlich schmähen. Insbesondere ist die Taufe zu versagen, wenn die Eltern es ablehnen, die mit ihr verbundene Verpflichtung zur christlichen Erziehung zu erfüllen oder sich ausdrücklich weigern, dieser Verpflichtung bei ihrem schon getauften Kind nachzukommen. Nach Abschnitt VIII Ziffer 4 kann auch das kirchliche Begräbnis unter bestimmten Umständen verweigert werden.[754]

Das Kirchengesetz zur Förderung und zum Schutze des christlichen Gemeindelebens vom 2.5.1929[755] der Ev.-luth. Landeskirche Hannover konkretisiert die allgemeinen Kirchenzuchtbestimmungen der VELKD zur Lebensordnung. Gem. § 1 Gemeindelebengesetz ist Kirchenzucht gegenüber den Gemeindegliedern in Fällen offenkundiger schwerer Sünde, bei öffentlich bezeugter Verachtung des Wortes Gottes und bei grober Verletzung der kirchlichen Ordnung zu üben.
Mit Bezug auf diese beiden Lebensordnungen faßt *Pahud de Mortanges* vier Haupttatbestände zusammen:[756]

---

[753] Pahud de Mortanges, Zwischen Vergebung und Vergeltung, S. 202.

[754] Ergänzende Regelungen hierzu enthalten einzelne Gesetze der Landeskirchen, die der VELKD angehören.

[755] Kurz: Gemeindelebengesetz, Beispiel bei Pahud de Mortanges, Zwischen Vergebung und Vergeltung, S. 203 ff..

[756] Pahud de Mortanges, Zwischen Vergebung und Vergeltung, S. 205.

- 1. Ablehnung des christlichen Glaubens
- 2. Verspottung des Glaubens
- 3. Führung eines unchristlichen Lebenswandels
- 4. Vernachlässigung von religiösen Erziehungspflichten

Überschneidungen zu der Verletzung von Lebensführungspflichten können sich bei allen vier Tatbeständen ergeben.

4. Ehrenamtliche Mitarbeiterinnen und Mitarbeiter

Zunächst ist zu untersuchen, ob für die kirchlichen Ehrenämter besondere Regelungen getroffen wurden. Bei den Beratungen zur neuen Ordnung der Evangelischen Kirche der Union hat sich deren Synode 1953 verstärkt mit dem Verständnis des Patenamtes auseinandergesetzt.[757] Die dort in den Art. 4 und 5 entwickelten Gedanken wurden in die neue Ordnung des kirchlichen Lebens von 1999 übernommen. Nach Art. 16 Abs. 2 dieser Ordnung sind die männlichen und weiblichen Paten verantwortliche Helfer bei der Erziehung der Täuflinge. Sie können von der Gemeinde nach Abs. 3 und 4 nur in die Pflicht genommen werden, wenn zumindest einer der Paten der evangelischen Kirche angehört. Im alten Art. 5 Abs. 4 wurde außerdem festgehalten, daß die Gemeinde dabei hilft, den rechten Paten zu finden, was zumindest andeutet, daß das Patenamt als ein Amt der Gemeinde verstanden wird. Dies wird nach der neuen Ordnung insofern ergänzt als gem. Art. 16 Abs. 2 auch die Gemeinde, gemeinsam mit Paten und Eltern, für die christliche Erziehung des Kindes zu sorgen hat. Klare Ansprüche an die Paten auf eine bestimmte Lebensführung werden nicht gestellt.

Rückschlüsse auf für Kirchenvorsteherinnen und -vorsteher geltende Lebensführungspflichten lassen sich eventuell aus den unterschiedlichen Wahlgesetzen und Wahlordnungen ziehen. In diesen wird die Ausübung sowohl des aktiven wie auch des passiven Wahlrechts, als ein Dienst in der Gemeinde, eine Aufgabe verstanden, die der Auferbauung der Gemeinde zu dienen hat. Sie ist aber auch das Recht aller Getauften, das im Priestertum aller Gläubigen wurzelt.[758] Doch zumindest eklatante Verstöße gegen Grundüberzeugungen der evangelischen

---

[757] Kuhn, ZevKR 9 (1962/63), S. 264-293, 285.

[758] Kuhn, ZevKR 9 (1962/63), S. 264-293, 289.

Kirche müssen sowohl bei den Personen des Kirchenvorstands als auch bei den männlichen und weiblichen Paten und Trauzeugen Konsequenzen nach sich ziehen. Fallen nachträglich in einzelnen Lebensordnungen aufgeführte Voraussetzungen für ein kirchliches Ehrenamt weg, muß in Betracht gezogen werden, dem Inhaber eines kirchlichen Ehrenamts die Aufgaben zu entziehen. Jedoch hat selbst bei extremen Verstößen gegen die Lebensführungspflichten eine exakte Berücksichtigung aller Umstände des Einzelfalls im Rahmen des Kirchenzuchtverfahrens zu erfolgen.

Rechtliche Regelungen der ehrenamtlichen Tätigkeit sind rar in der evangelischen Kirche; dieser Bereich ist eher *„lose"* organisiert.[759] In den vergangenen Jahren wurden im Zusammenhang mit Bestrebungen zur Verbesserung der Situation ehrenamtlicher Arbeit jedoch einige Verbesserungen von staatlicher Seite geschaffen, wie das Gesetz zur Förderung des Freiwilligen Sozialen Jahres, die Einbeziehung ehrenamtlicher Tätigkeit in den Schutz der gesetzlichen Unfallversicherung und Bestimmungen zur Steuerbefreiung von Aufwandsentschädigungen z.B. gem. § 3 Nr. 16 EStG und § 3 Nr. 26 EStG.[760]

In den Leitlinien der VELKD von 1997 wird die Bedeutung des inneren Verhältnisses von ehrenamtlichen Mitarbeiterinnen und Mitarbeitern zu ihrem Dienst hervorgehoben. Wo Bitterkeit aufkommt, sei es manchmal besser, auf die ehrenamtliche Tätigkeit zu verzichten. Ärgernisse zu verschweigen, beruhe auf einer falsch verstandenen Demut. Schließlich sei auch darauf zu achten, Ehrenamtliche nicht zu sehr zu vereinnahmen.[761]

Auch im diakonischen Bereich kann die Tätigkeit der Ehrenamtlichen nicht ausschließlich in das Belieben des einzelnen gestellt werden, so sehr die Ausfüh-

---

[759] Stellungnahme des Diakonischen Werkes zur *„Zukunft des Bürgerschaftlichen Engagements"*, Öffentliche Anhörung am 4.2.1998 zum Thema Ehrenamt, www.diakonie.de/publikationen /stellungnahmen/anhoerung_ehrenamt.htm.

[760] Schriftliche Stellungnahme des Diakonischen Werkes zur „Zukunft des Bürgerschaftlichen Engagements", www.diakonie.de/publikationen /stellungnahmen/001113_enquete.htm.

[761] VELKD, Leitlinien 1997, S. 39; so auch: Mancherlei Gaben, Leitlinien zum Ehrenamt der Lippischen Landeskirche, S. 6.

rung auch in der Verantwortung des einzelnen liegt. Als Prüfungsmerkmale für ehrenamtlich Tätige wird vorgeschlagen, den einzelnen Ehrenamtlichen an diesen Fragen zu messen:[762]

- *Läßt sich eine hinreichende Bindung an das Evangelium erkennen?*
- *Läßt sie genügend Spielraum für Eigenverantwortung?*
- *Nützt sie vor allem denjenigen, die die Hilfe in Anspruch nehmen?*

Die erste dieser Fragen hebt hervor, daß das ehrenamtliche Engagement nicht vom Glauben losgelöst gesehen werden kann. Dies wäre auch in Anbetracht der Bedeutung dieser Arbeit für die evangelischen Kirche nicht zu akzeptieren. Insgesamt lassen diese Fragen aber die Berücksichtigung des Gesichtspunkts vermissen, daß die Einbindung der Ehrenamtlichen in kirchliche Arbeit schon einen Wert an sich hinsichtlich der Erfüllung des kirchlichen Auftrags darstellt.

Auch das Diakonische Werk äußert sich nur vage zur rechtlichen Stellung der bei ihm beschäftigten Ehrenamtlichen:[763]

„Als diakonische Mitarbeiterinnen und Mitarbeiter sind wir bereit, dem Nächsten zu dienen. Als diakonische Arbeitgeber schaffen wir den Rahmen, in dem Mitarbeiterinnen und Mitarbeiter im Haupt- und Ehrenamt ihre individuelle Begabung und fachliche Fähigkeiten entfalten und weiterentwickeln und einander ergänzen können.
Mitarbeiterinnen und Mitarbeiter kommen auf verschiedenen Wegen zur Diakonie. In unserer Dienstgemeinschaft lassen wir unterschiedliche Meinungen gelten. Konflikte tragen wir im gegenseitigen Respekt aus. Wir bleiben verpflichtet, theologisch begründet, sozial kompetent, fachlich qualifiziert, ökonomisch verantwortlich und ökologisch orientiert zu handeln.“

Wenn es zu Regelungen von Pflichten im ehrenamtlichen Bereich kommt, werden diese regelmäßig lediglich *„angedeutet“*.[764] Vor dem Ziel einer ver-

---

[762] Schröder, Theologie, Prägung und Deutung der kirchlichen Diakonie, S. 151-160, 159.

[763] www.diakonie.de/wir/leitbild97.htm

stärkten Einbeziehung von Ehrenamtlichen in die Arbeit der evangelischen Kirche bedarf es flexibler Mitwirkungsangebote und keiner Reglementierungen. Die Leitlinien zum Ehrenamt der Lippischen Landeskirche halten für den Umgang mit Konflikten besondere Sensibilität und einen partnerschaftlichen Kommunikationsstil für erforderlich; dennoch werden auch konkrete Erwartungen an alle Ehrenamtlichen formuliert:[765]

„Von allen Ehrenamtlichen wird erwartet:
- *Verschwiegenheit in vertraulichen Angelegenheiten*
- *Kooperationsbereitschaft*
- *Wache Loyalität gegenüber ihrer Kirche."*

Welche Pflichten vor allem mit der letzten *Erwartung* erfaßt sind, obliegt der Interpretation der einzelnen Gemeinde. Es wird aber deutlich, daß die Loyalität und damit auch die immer miterfaßte Lebensführung einen besonderen Stellenwert hat. Die Lippische Landeskirche hebt in ihren „Leitlinien zum Ehrenamt" hervor, daß die von ihr aufgezeigten Grundlegungen und Orientierungen zu verbindlichen Regeln führen, wobei die Ehrenamtlichen Anspruch darauf haben, daß ihre Rechte und Pflichten klar umrissen werden.[766] [767]

Regelungen im Bereich der ehrenamtlichen Tätigkeit werden also nur stichwortartig formuliert. Rückschlüsse auf eine allgemein üblich Praxis sind damit nicht möglich. Aufgrund der Begründungsansätze für die Lebensführungspflichten der Amtsträgerinnen und Amtsträger sowie der privatrechtlich Angestellten und der vielfach zwar allgemein gehaltenen, aber immerhin doch artikulierten Aussagen einzelner Institutionen und Gemeinden besteht kein Zweifel daran, daß auch Ehrenamtliche bzw. die Inhaber und Inhaberinnen eines kirchlichen Ehrenamts

---

[764] Mancherlei Gaben, Leitlinien zum Ehrenamt der Lippischen Landeskirche, S. 3.

[765] Mancherlei Gaben, Leitlinien zum Ehrenamt der Lippischen Landeskirche, S. 12 und 15.

[766] Mancherlei Gaben, Leitlinien zum Ehrenamt der Lippischen Landeskirche, S. 18.

[767] Die Ev. Kirche in Baden formuliert in ihren Leitsätzen unter der Frage „Wer wir sind" noch vorsichtiger, spricht nicht von Pflichten, sondern bezieht sich auf Verantwortung: *„Zum Profil unserer Kirche gehören die vielen verantwortlich handelnden ehrenamtlichen Mitarbeiterinnen und Mitarbeiter."* http://www.ekiba.de/leitsatz/leitsätze/sind.htm.

in ihrer Lebensführung nicht in einem *kirchenrechtsfreien* Raum stehen. Die hier bestehenden Möglichkeiten werden freilich in der Praxis kaum genutzt, da offen ausgetragene Konflikte mit Ehrenamtlichen unerwünscht sind und aufgrund ihrer Außenwirkung überwiegend negative Folgen mit sich bringen können.

IV. Die Besonderheiten strafrechtlicher Verstöße

Eine Sonderstellung bei den Lebensführungspflichten und bei den für das Arbeitsverhältnis relevanten außerdienstlichen Verhaltensweisen nehmen strafrechtliche Verstöße kirchlicher Mitarbeiterinnen und Mitarbeiter ein. Begehen kirchliche Mitarbeiterinnen und Mitarbeiter in ihrem privaten Lebensbereich eine schwere Straftat oder auch zum wiederholten Mal weniger gravierende Straftaten, stellt sich auch hier die Frage, inwieweit dieses Verhalten Auswirkungen auf das kirchliche Arbeitsverhältnis hat.

1. Bei Pfarrerinnen und Pfarrern

Da die Pfarrerinnen und Pfarrer nicht nur in der Ordnung der Kirche, sondern auch in der gesellschaftlich geprägten Kultur- und Sozialordnung leben, haben sie alle Rechtsgüter, insbesondere solche, die durch das Strafrecht geschützt sind, wie jeder andere auch zu respektieren. In der Regel liegt in jeder strafbaren kriminellen Handlung zugleich auch ein Dienstvergehen.[768] In Disziplinarverfahren gegen Geistliche wird jedoch auch bei nicht unerheblichen Verstößen gegen das Strafrecht meist von einer Bestrafung in Form von gravierenden Maßnahmen, wie Gehaltskürzungen, Geldstrafen oder der Entfernung aus dem Dienst abgesehen. Mit Rücksicht auf die Familie der Betroffenen, aber auch auf sie selbst, und wegen der zu erwartenden wirtschaftlichen und sozialen Folgen, kommt man regelmäßig zu dem Schluß, daß Schuld und Disziplinarmaßnahme oft nicht im ausgewogenen Verhältnis zueinander stehen würden.[769]

Das war nicht immer so. So gab es bis 1945 kirchliche Dienstgesetze, die Bestimmungen enthielten, wonach eine Verurteilung zu einer Freiheitsstrafe von einem Jahr und mehr ohne weiteres die Entlassung aus dem Dienst zur Folge

---

[768] Friedrich, Einführung in das Kirchenrecht, S. 548.

[769] Tompert, Das Recht der Kirche, S. 169-199, 196 FN 68.

hatte.[770] Fraglich ist, in welchen Fällen eine Möglichkeit zur endgültigen Trennung von Geistlichen heute überhaupt besteht bzw. eine solche Folge erwünscht ist.

Im kanonischen Recht und in der Praxis der katholischen Kirche kommt es nicht zu einer völligen Beendigung der Rechtsbeziehung des Priesters mit seiner Kirche, auch nicht in Fällen äußerst gravierender Gesetzesverstöße. Die Entlassung aus dem Klerikerstand, die nur bei genau definierten Straftaten, wie Mord, Vergewaltigung, versuchter Eheschließung oder ähnlichem vorgesehen ist[771], kommt in der Praxis offenbar gar nicht zur Anwendung. Bei der jetzigen Handhabung bleibt die Weihe praktisch unberührt, es kommt nicht zu einem Dispens von der Zölibatsverpflichtung[772] und der Oberhirte bleibt weiterhin verpflichtet, für den betroffenen Priester zu sorgen, wenn dieser in Not gerät.[773] [774] Diese Handhabung macht die starke Verbindung zwischen der katholischen Kirche und ihren Priestern deutlich, die offensichtlich als ein – selbst bei schweren Verfehlungen – unauflösbares Bündnis gewertet wird.

Auch unter Berücksichtigung des Unterschieds zwischen Ordination und Weihe ist es für die evangelische Kirche durchaus überlegenswert, ob das einmal zwischen ihr und der Pfarrerin bzw. dem Pfarrer geknüpfte Band vollständig auflösbar sein soll, oder ob vielleicht nicht ein Rest gegenseitiger Verpflichtungen mit Rücksicht auch auf den hohen Stellenwert, der der Ordination von der Kirchenleitung und neuerdings auch von der Pfarrerschaft wieder beigemessen wird, immer bestehen bleiben sollte.[775] Weil neben den Fehlgegangenen deren

---

[770] Vgl. § 11 des bad. Dienstgesetzes von 1920, zitiert bei: Friedrich, Einführung in das Kirchenrecht, S. 548.

[771] Canon 1395.

[772] Canon 291.

[773] Canon 1305.

[774] Tompert, Das Recht der Kirche, S. 169-199, 197 und FN 70.

[775] Tompert, Das Recht der Kirche, S. 169-199, 197.

Familie von den disziplinarrechtlichen Konsequenzen vielfach stark mitbetroffen wird, besteht für die Kirche auch diesen gegenüber eine Verpflichtung.[776]

Zwar muß in Fällen schwerwiegender strafrechtlicher Verstöße der Geistlichen über den Entzug bestimmter Rechte im Zusammenhang mit ihrem Amt entschieden werden. Doch angesichts der Brüche, die ihr Leben schon durch die drohende Freiheitsstrafe und die mit einem Prozeß verbundene gesellschaftliche Ächtung und Stigmatisierung erfährt, darf es im Ergebnis nicht auch zu einem völligen Bruch der Kirche mit den Betroffenen kommen.

2. Bei kirchlichen Angestellten

Im Bereich der privatrechtlichen Arbeitsverhältnisse bilden außerdienstlich begangene Straftaten einen Konfliktstoff, an dem sich die Diskussion um die zu ziehenden Konsequenzen immer wieder entzündet hat. Das liegt zum einen daran, daß schwerere Straftaten wie kaum eine andere Pflichtverletzung das Potential bergen, das für das Dauerschuldverhältnis zwischen Arbeitnehmer und Arbeitgeber unabdingbare Mindestmaß an Vertauen zu zerstören. Zum anderen bestanden in Deutschland lange Zeit gesetzliche Vorschriften über die Auswirkungen von durch Arbeitnehmer begangene Straftaten auf das Arbeitsverhältnis.[777]

Daß im dienstlichen Sektor verübte Straftaten auch bei kirchlichen Arbeitsverhältnissen eine ordentliche oder außerordentliche Kündigung nach sich ziehen können, steht außer Frage. Die durch den Arbeitsvertrag begründete Treuepflicht erfaßt auch die Pflicht zur Rücksichtnahme des Arbeitnehmers auf die Interessen des Arbeitgebers, die das Verbot beinhaltet, den Arbeitgeber durch ein solches Verhalten zu schädigen. Dies gilt auch für Straftaten die nicht direkt gegen den Arbeitgeber gerichtet sind, so z.B. Tätlichkeiten gegen Arbeitskollegen.

---

[776] So ist als Rechtsform brüderlichen Verhaltens allenfalls die Zuerkennung eines Unterhaltsbeitrages an den aus dem Amt Entfernten oder an dessen Angehörigen nach § 85 DG der EKD erkennbar, A. Stein, Evangelische Theologie 36 (1976), S. 85-94, 89.

[777] Mayer, Das außerdienstliche Verhalten von Arbeitnehmern, S. 140.

Aber auch außerdienstlich begangene Straftaten können eine Kündigung rechtfertigen. Das BAG entwickelte hierzu eine allgemeine Formel, nach der in diesen Fällen ein wichtiger Kündigungsgrund gegeben sein kann, wenn das Arbeitsverhältnis durch die Straftat konkret beeinträchtigt wird. Hinsichtlich ordentlicher Kündigungen können sich demnach außerdienstliche strafbare Handlungen auf die Eignung eines Arbeitnehmers auswirken und einen personenbedingten Kündigungsgrund begründen.[778] Das Arbeitsverhältnis kann vor allem im Leistungs- und Vertrauensbereich konkret beeinträchtigt sein. Bei der Beurteilung, ob die Kündigung gerechtfertigt erfolgte, fließen in die Interessenabwägung alle näheren Tatumstände mit ein.[779]

Diese für das allgemeine Arbeitsrecht geltenden Grundsätze sind auch auf die privatrechtlichen Arbeitsverhältnisse der Kirche anwendbar. Von Relevanz können hier auch Handlungen des Arbeitnehmers sein, die als Beleidigungen den Arbeitgeber Kirche in strafbarer Weise diskreditieren und so das Vertrauensverhältnis zwischen den Parteien zerstören. Dabei hat dieses Verhalten – im Gegensatz zu einem eigentlichen Verstoß gegen Lebensführungspflichten – einen stark dienstlichen Bezug.

Doch in Fällen, in denen die Straftat gerade nicht in Bezug auf den Arbeitsplatz oder Arbeitgeber begangen wurde und eine ordentliche Kündigung wegen einer Störung des Leistungsbereichs aufgrund der Tatsache erfolgt, daß der Arbeitnehmer wegen des Freiheitsentzuges auf längere Zeit nicht mehr zum Dienst erscheinen kann,[780] stellt sich die Frage inwieweit sich die evangelische Kirche dieses ihr zur Verfügung stehenden Mittels bedienen soll. In Anbetracht des kirchlichen Engagements im Strafvollzug und der Bemühungen, straffällige Menschen wieder in die Gesellschaft einzugliedern, sollte von einer endgültigen Beendigung des Dienstverhältnisses möglichst abgesehen werden. Zwar wird sich eine vorläufige Beendigung des Arbeitsverhältnisses im Falle einer erhebli-

---

[778] BAG vom 26.03.1992, NZA 1992, S. 1121, 1123.

[779] LAG Berlin vom 17.11.1980, EzA Nr. 75 zu § 626 BGB n. F.; LAG Düsseldorf vom 06.11.1973, DB 1974, S. 928.

[780] BAG vom 15.11.1984, EzA Nr. 95 zu § 626 BGB n. F..

chen Freiheitsstrafe nicht vermeiden lassen, doch sollte der Arbeitgeber Kirche hier im Gegenzug zu den besonderen Ansprüchen, die er an seine Mitarbeiterinnen und Mitarbeiter stellt, besondere Möglichkeiten für eine Wiedereinstellung schaffen.

3. Bei Inhaberinnen und Inhabern kirchlicher Ehrenämter

Hinsichtlich der Ehrenamtlichen ergeben sich insofern keine Besonderheiten. Ausdrückliche Bestimmungen zu diesem Problemkreis fehlen. *Pahud de Mortanges* erwägt die Anwendung der Kirchenzucht in Fällen, in denen ein Kirchenglied gegen die sexuelle Selbstbestimmung eines anderen verstößt.[781] Dieser Gedanke ist, wenn nicht auf alle Kirchenglieder, zumindest auf die Ehrenamtlichen Sowie die Inhaberinnen und Inhaber eines Ehrenamtes anwendbar. Lebensführungspflichten beziehen auch die Beachtung der Normen des Strafrechts mit ein, womit zumindest bei einer erheblichen, rechtswidrigen und schuldhaften Strafrechtsverletzung auch ein Verstoß gegen Lebensführungspflichten gegeben ist. Sicherlich sind hinsichtlich der Ansprüche auf eine bestimmte Lebensführung der Mitarbeiterinnen und Mitarbeiter Straftaten gegen die sexuelle Selbstbestimmung von besonderer Relevanz für das Verhältnis der Ehrenamtlichen zur kirchlichen Einrichtung oder Gemeinde, doch darf nicht die Art der Straftat, sondern muß auch der eröffnete Strafrahmen von Bedeutung für Konsequenzen im kirchlichen Arbeitsverhältnis sein. Einer Reaktion von kirchlicher Seite bedarf es also beispielsweise sowohl bei einem Ehrenamtlichen, der sich an einer anderen Person sexuell vergeht, als auch bei einer Person, die etwa einen schweren Raub oder eine schwere Körperverletzung verantworten muß. In die Betrachtung des Einzelfalls muß aber die Tatsache miteinbezogen werden, daß die betroffene Person eine freiheitsentziehende Maßnahme erfahren wird. Dies ist ein Umstand, der insofern besonders berücksichtigt werden muß, als den Betroffenen schon damit eine sehr ernste Konsequenz aufgrund ihres Verhaltens droht.

Bei alledem sollte die Kirche darauf Bedacht nehmen, sich nicht an der sozialen Ächtung und Ausgrenzung des Betroffenen zu beteiligen. Denn auch gegenüber den ihr lediglich ehrenamtlich verbundenen Mitarbeiterinnen und Mitarbeitern

[781] Pahud de Mortanges, Zwischen Vergebung und Vergeltung, S. 205 FN 40.

hat sie eine Fürsorgestellung. Bei der Vielzahl der gegenseitigen Anknüpfungspunkte für die Lebensführungspflichten hat sie um einen brüderlichen Ausgleich und eine positive Perspektivengestaltung hinzuwirken. Die Kirche darf nicht durch unversöhnliche Maßnahmen ihre Bemühungen in der Resozialisierung und Strafgefangenenbetreuung durch eigene Vorgehensweisen und Sanktionen konterkarieren.

B. Das Verfahren

Es soll nun untersucht werden, wie im Falle eines Verstoßes gegen Pflichten der Lebensführung verfahren wird. Gibt es bestimmte Voraussetzungen für ein Verfahren, und worauf zielen Kündigungen und andere Maßnahmen der Kirchen und Gemeinden ab, wenn sie auf einen Verstoß gegen Lebensführungspflichten reagieren? Welche Gerichte überprüfen die getroffenen Entscheidungen?

I. Durchsetzung von Sanktionen

Regelungen des evangelischen Kirchenrechts sind außerhalb der Kirchen meist unbekannt und innerhalb der Kirchen oft unpopulär. Das gilt eher noch stärker für die Sanktionen[782] der evangelischen Kirche gegen ihre Mitarbeiterinnen und Mitarbeiter, und so werden Normverstöße in den kirchlichen Gemeinschaften nur noch selten auf straf- oder disziplinarrechtlichem Wege verfolgt.[783]

1. Bei Pfarrerinnen und Pfarrern

Bei den Disziplinarsanktionen der evangelischen Landeskirchen wird die geschichtlich bedingte Orientierung des kirchlichen am staatlichen Disziplinarrecht deutlich. Es wird eine Stufenleiter mit an Intensität zunehmenden Sanktionen aufgestellt, die abschließend verstanden wird.[784] Es gibt Ordnungsstrafen, wie Warnungen, Verweise und Geldstrafen sowie Disziplinarstrafen, wie Gehaltskürzungen, Amtsenthebungen, die Entfernung aus dem Dienst oder

---

[782] Der Ausdruck „Strafrecht" ist für das evangelische Kirchenrecht nicht üblich, was mit den Vorbehalten der Reformatoren gegenüber der Überhöhung des kanonischen Rechts und ihrer Absage an die Strafpraxis der römischen Kirche zu erklären ist, Pahud de Mortanges, Zwischen Vergebung und Vergeltung, S. 187 f..

[783] Pahud de Mortanges, Zwischen Vergebung und Vergeltung, S. 15, 18 FN 19.

[784] Pahud de Mortanges, Zwischen Vergebung und Vergeltung, S. 271.

die Kürzung oder Aberkennung des Ruhegehalts.[785] Hier sollen nur einige dieser Strafmöglichkeiten angesprochen werden.

a) Dienstpflicht und Visitation

Maßnahmen der Dienstaufsicht, die nicht zu Veränderungen des dienstrechtlichen Status führen, sind „mögliche Vorstufen des disziplinarischen Einschreitens".[786] Die meisten Verstöße gegen Lebensführungspflichten werden im Rahmen der Dienstaufsicht oder Visitation – einem besonders geordneten regelmäßigen Besuchsdienst - geklärt.[787] Da auch der Prediger des Evangeliums *simul iustus ac peccator* ist und den Trost der Vergebung der Sünden empfangen darf, hat das kirchliche Recht darauf zu achten, in Konfliktfällen zunächst mit Hilfe der Visitation und mit geschwisterlicher Zurechtweisung eine zufriedenstellende Regelung zu erreichen.[788] Diese Lösungsansätze obliegen den kirchlichen Mittelinstanzen, also den Dekanen oder Superintendenten. Lediglich in gravierenden Fällen wird die Dienstaufsicht unmittelbar von zuständigen Referentinnen und Referenten des Landeskirchenrats oder des Oberkirchenrats wahrgenommen. Als leichteste Sanktion gilt die Ermahnung, die auch Anwendung finden kann, wenn eigentlich härtere Sanktionen vorgesehen sind. Sie wird häufig informell in der Hoffnung ausgesprochen, der Amtsträger oder die Amtsträgerin werde durch die Ermahnung zum Wohlverhalten bewegt und ein Verfahren könne so vermieden werden.

Dienstaufsicht und Visitation sind nicht klar zu trennen, denn bei beidem geht es um die Aufgabe, Pfarrerinnen und Pfarrer bei der Erfüllung ihres Dienstes und der Befolgung der daraus erwachsenden Pflichten zu unterstützen. Mittel hierfür sind nach den verschiedenen Pfarrdienstgesetzen: Rat, Anleitung, Ermahnung, Rüge und Weisung.[789] Naturgemäß gibt es zwischen diesen dienstrechtlichen Schritten und einem seelsorgerischen Verhältnis zu den betroffenen Geistlichen

[785] Friedrich, Einführung in das Kirchenrecht, S. 549.

[786] Bock, Das für alle geltende Gesetz, S. 40.

[787] Tompert, Das Recht der Kirche, S. 169-199, 191.

[788] Müller, ZevKR 36 (1991), S. 199-204, 200.

[789] Bock, Das für alle geltende Gesetz, S. 40.

Überschneidungen, schon weil oftmals beide Beteiligten ordinierte Theologinnen und Theologen, beide also auch in seelsorgerischer Funktion tätig sind. Um hierdurch entstehende Konflikte möglichst zu vermeiden, ist es unbedingt erforderlich, daß sich beide Seiten über den Charakter ihres Gesprächs oder Briefwechsels einig sind. Ebenso muß klar verständlich gemacht werden, wie die Äußerungen der sich einschaltenden Person verstanden werden müssen, und welche Konsequenzen eine Nichtbefolgung der Anweisungen bzw. Vorschläge haben wird. Dies bedeutet nicht, daß ein Dienstaufsichtsgespräch nicht auch seelsorgerisch geprägt sein dürfte. Es kann auch rücksichts- und verständnisvoll, einfühlsam und geschwisterlich geführt und der Betroffene auf Fragen des Gewissens, des Glaubens und der geistlichen Verantwortung angesprochen werden.[790]

Schwierigkeiten hinsichtlich einer Reaktion – auch einer informellen – auf Verfehlungen können dort entstehen, wo Regelungen nicht ausdrücklich Vorgaben machen, eine Pflicht nicht positivrechtlich ausgestaltet ist. Solche Probleme können z.B. im politischen Rahmen entstehen, meistens durch das politisch motivierte Handeln und Reden von Amtsträgerinnen und Amtsträgern. Grundsätzlich handelt Pfarrerinnen und Pfarrer eigenverantwortlich bei Ausübung ihrer Amtsaufgabe der Verkündigung in der Gemeinde. Damit steht es ihnen beispielsweise auch frei, ihrer Predigt eine politische Nuancierung zu geben. Der sich damit potentiell ergebenden Gefahr einer Auslieferung der Gemeinde an den individuellen Eigensinn und die Einseitigkeit eines Geistlichen kann zunächst einmal durch Vorkehrungen entgegengewirkt werden, die eine prinzipielle Eigenverantwortlichkeit nicht beseitigen.[791] So sind die Amtsträgerinnen und Amtsträger gehalten, in ihrer Amtsausübung kollegiale Kontakte zu suchen und sich geistlicher Beratung zugänglich zu zeigen. Möglichkeiten hierzu eröffnen die Einbeziehung des Pfarrers oder der Pfarrerin in einen Pfarrkonvent und eine Visitation.

---

[790] Tompert, Das Recht der Kirche, S. 169-199, 191 f..

[791] Pirson, Festschrift für Obermayer, S. 295-304, 301.

Das Gesagte gilt freilich nur in Bezug auf die Äußerungen und Handlungen der Pfarrerinnen und Pfarrer im Zusammenhang mit ihren Verkündigungsaufgaben. Zwar ist es ihnen nicht verboten, ohne Bezug zu ihrem Amt politisch tätig zu werden, doch bleibt trotzdem in solchen Fällen die Loyalitätspflicht gegenüber dem Auftrag der Kirche akut, wie sie für jedes Kirchenglied besteht.[792] Den politisch engagierten Geistlichen stünde es dennoch gut an, ihren Loyalitätspflichten dabei stärker und deutlicher Beachtung zu schenken, als dies von einem politisch aktiven Gemeindeglied zu verlangen ist. Denn beim Handeln und Reden eines Pfarrers oder einer Pfarrerin wird von der Öffentlichkeit eine stärkere Sachkunde hinsichtlich der politischen Relevanz der christlichen Botschaft vermutet, und so kann diese geäußerte Haltung, also die einer einzelnen Person leicht als Haltung der gesamten Kirche mißverstanden werden.

b) Das objektive Verfahren

Der Verstoß Geistlicher gegen eine Lebensführungspflicht kann so gravierend sein, daß Rat und Zurechtweisung im Rahmen der Dienstaufsicht oder Visitation als Reaktion darauf nicht ausreichen. So kann das Verhalten dazu führen, daß ein erheblicher Teil der Gemeinde oder der Vorsteher und anderer Repräsentantinnen und Repräsentanten der Gemeinde das Vertrauen zum Pfarrer verlieren und seinen Dienst nicht mehr annehmen. Die meisten Pfarrdienstgesetze sprechen dann davon, daß ein *gedeihliches Zusammenwirken* nicht mehr erwartet werden kann. In einem solchen Fall kann der Pfarrer in eine andere Gemeinde oder in den Warte- bzw. Ruhestand versetzt werden. Hierfür steht nach dem Dienstrecht das sog. objektive Verfahren zur Verfügung. Hierunter ist in diesem Zusammenhang zu verstehen, daß es auf ein Verschulden des Pfarrers oder der Pfarrerin nicht ankommt, sondern nur auf die Erfüllung eines objektiven Tatbestandes.

Während im Disziplinarverfahren das dienstliche oder außerdienstliche Verhalten selbst Beurteilungsgegenstand des Verfahrens ist, richtet sich im objektiven Verfahren das Interesse lediglich darauf, ob es einen Anlaß für die Störung des Dienstes gegeben hat. Entscheidungen in diesem Bereich werden von den vorgesetzten Stellen (Landeskirchenamt, Oberkirchenrat) getroffen, und zwar unter

[792] Pirson, Festschrift für Obermayer, S. 295-304, 301.

der Berücksichtigung des Votums des in der Regel am Verfahren beteiligten örtlichen Gremiums, meist also des Kirchengemeinderats oder Presbyteriums. Ziel ist auch hier, die Glaubwürdigkeit des Dienstes der Kirche zu wahren, weshalb eine Versetzung auch dann notwendig und rechtlich begründet sein kann, wenn das örtliche Gremium oder ein Teil der Gemeinde sie nicht für erforderlich hält.[793]

Es erscheint durchaus möglich, selbst bei schwerstwiegenden Verstößen im objektiven Verfahren, das ja nicht auf ein Verschulden abstellt, zu einer Lösung zu kommen, die einen differenzierten und gerechten Ausweg aus der Situation weist. Neben einer in der Regel durchgeführten Versetzung, kann es beispielsweise auch zu einer dauerhaften Aufhebung der Ordinationsrechte kommen, wobei aber gleichzeitig der betroffene Pfarrer und seine Familie wirtschaftlich angemessen abgesichert bleiben. Hiermit bliebe ein Rest des Dienstverhältnisses in jedem Fall erhalten, was auch geltendem Recht bei der Beendigung eines Dienstverhältnisses entspräche.[794] Das objektive Verfahren bietet so die Möglichkeit, ohne Vorgabe eines *starren Rahmens* Konfliktsituationen einer sehr am Einzelfall orientierten Lösung zuzuführen, und die Chance dabei sowohl der Notwendigkeit einer Abwehr existentieller innerer und äußerer Bedrohungen einerseits und dem jesuanischen Toleranz- und Liebesgebot gerecht zu werden.

c) Das Disziplinarverfahren

Im System des kirchlichen Arbeitsrechts sind die Disziplinargesetze als Angebot von Verfahrensmöglichkeiten für Kirchenleitungen zu verstehen, und zwar für Fälle, in deren Vorstadium Einwirkungen anderer Art zur Durcharbeitung eines vor Ort entstandenen Berufskonfliktes nicht erfolgreich waren.[795] Die zuständige Stelle der evangelischen Kirche kann nach § 4 DG der EKD darüber befinden, ob ein förmliches Disziplinarverfahren eröffnet werden muß. Falls dem so ist, bestellt sie gem. § 48 DG einen Untersuchungsführer, der – ähnlich wie ein Untersuchungsrichter im staatlichen Strafprozeß – in richterlicher Unabhängig-

[793] Tompert, Das Recht der Kirche, S. 169-199, 193 ff.

[794] Tompert, Das Recht der Kirche, S. 169-199, 197 FN 72.

[795] A. Stein, Evangelische Theologie 36 (1976), S. 85-94, 89.

keit die Voruntersuchungen führt, den Beschuldigten vernimmt und nach § 51 DG Beweise erhebt. Für den Fall, daß kein Grund die Einstellung des Verfahrens rechtfertigt, kann nach § 54 DG vor dem zuständigen Disziplinargericht Anklage erhoben werden.

Der Beschuldigte soll nach § 70 DG persönlich zum Prozeß erscheinen, wobei er im Falle des Nichterscheinens nicht vorgeführt werden kann und daher die Verhandlung auch in seiner Abwesenheit durchgeführt werden darf. Im Verfahren findet grundsätzlich eine Beweisaufnahme statt; Hauptbeweismittel ist die Zeugenaussage. § 28 DG regelt die Vereidigung der Zeugen, die nur erfolgen soll, wenn dies zur Ermittlung der Wahrheit unerläßlich erscheint.

Bedenken gegen diese Möglichkeit der Vereidigung könnten aufgrund *Matth. 5, 34-37* bestehen. Zwar mag die Meinung der Reformatoren und auch die heutiger evangelischer Theologinnen und Theologen dahin gehen, daß hieraus *„für diese gefallene Welt kein striktes Eidesverbot erwächst"*,[796] doch bleibt es problematisch, ob es seine Richtigkeit hat, wenn in einem kircheninternen Verfahren die Vereidigung zur Anwendung kommt. Gerade in ihrem eigenen Bereich, dort wo die evangelische Kirche selbst ordnet und verwaltet, sollte sie sich eigentlich nicht gegen diese eindeutige biblische Vorgabe, wie unter Christen zu verfahren sei, und die darauf abzielt, eine Verrechtlichung der Verhältnisse zwischen Christen zu vermeiden, wenden.

Das Urteil lautet entweder, für den Fall, daß die Voraussetzungen des § 54 Abs. 1 DG nicht vorliegen und kein Dienstvergehen gem. § 51 StGB gegeben ist, auf Einstellung des Verfahrens, oder es lautet auf Freispruch mangels Beweises oder erwiesener Nichtschuld. Auch im Fall der Einstellung kann aber eine Ordnungsstrafe verfügt werden.[797]

Mit dem Urteil können Maßnahmen, wie Warnung, Verweis, Versetzung oder Amtsenthebung verhängt werden. Die Grenzen zu den unter a) genannten Reak-

---

[796] Friedrich, Einführung in das Kirchenrecht, S. 550.

[797] Friedrich, Einführung in das Kirchenrecht, S. 551.

tionsmöglichkeiten sind fließend. Eine Reaktion im Disziplinarverfahren kann auch eine Maßnahme sein, die im objektiven Verfahren angewandt wird. Darüber hinaus können noch geldstrafenähnliche Maßnahmen, wie Geldbuße, Gehalts- und Ruhegehaltskürzungen sowie die Entfernung aus dem Dienst verhängt werden, was in der Praxis jedoch äußerst selten der Fall ist.[798] Geldbußen sind meistens in ihrer Höhe und Gehaltskürzungen in ihrer zeitlichen Dauer begrenzt, so daß die Lebens- und Haushaltsführung nicht gefährdet wird, da eine übermäßige Belastung für die weitere Wahrnehmung der Pflichten der Amtsinhaberin oder des Amtsinhabers als eher hinderlich denn förderlich empfunden wird.[799]

Für den Fall, daß aufgrund des Verhaltens des Amtsträgers ein gedeihliches Zusammenwirken mit seiner bisherigen Gemeinde nicht mehr zu erwarten ist, kann auch seine Versetzung als Sanktion beantragt werden.[800] Dies wird bei der Verletzung von Lebensführungspflichten häufig – vor allem in Fällen des Ehebruchs durch den Pfarrer oder die Pfarrerin – in Erwägung gezogen.

Schließlich kann es zu einer beschränkten Amtsenthebung oder zur zeitlich begrenzten Einstellung im Amt bis hin zur Entfernung aus dem Dienst, dem Verlust des geistlichen Amtes bzw. der Abberufung kommen, die einen definitiven Entzug des Amts bedeuten. In diesen Fällen scheiden die Amtsträgerinnen und Amtsträger ohne einen Anspruch auf Dienst- und Versorgungsansprüche aus und verlieren auch die mit der Ordination begründeten Rechte.

Im Zeichen der Diversion und Deeskalation wird gem. §§ 17-36 AZG der VELKD dem förmlichen Disziplinarverfahren ein besonderes, pastoral orientiertes Spruchverfahren mit dem Ziel vorgeschaltet, die Schwierigkeiten durch seelsorgerische Ratserteilung an die Geistlichen zu beseitigen und so ein Disziplinarverfahren zu verhindern. Ohne daß unüberbrückbare Gräben zwischen den

---

[798] Tompert, Das Recht der Kirche, S. 169-199, 196.

[799] Pahud de Mortanges, Zwischen Vergebung und Vergeltung, S. 272 f..

[800] Nach ihrer theoretischen Intention ist diese Versetzung aber keine Disziplinarsanktion, sondern eine Maßnahme des Versetzungsverfahrens, Pahud de Mortanges, Zwischen Vergebung und Vergeltung, S. 264, 273.

Parteien entstehen, sollen Lösungen außerhalb des Disziplinarweges gefunden werden, um Nachteile für alle Beteiligten, die Kirchenleitungen, die Amtsträgerinnen und Amtsträger sowie ihre Familien aber auch die betroffenen Kirchengemeinden zu verhindern. Erst nach dem Scheitern solcher Bemühungen entscheidet die zuständige Dienststelle, ob ein förmliches Verfahren durchzuführen ist.[801]

Auch in Sonderkonstellationen und in Bagatellfällen soll ein Disziplinarverfahren vermieden werden. Nach § 17 DG EKD können eine Warnung, ein Verweis oder eine Geldbuße durch Disziplinarverfügung verhängt werden, ohne daß es zu einem förmlichen Verfahren kommt. Eine Disziplinarverfügung wird von nichtrichterlichen Disziplinarbehörden in einem sog. *formlosen Verfahren* erlassen, womit das Verfügungsverfahren außerhalb der Disziplinargerichtsbarkeit liegt.[802] Mit diesen Verfahrensmöglichkeiten wird versucht, Disziplinarverfahren überflüssig zu machen, die erst erforderlich werden, wenn die Funktionsfähigkeit des kirchlichen Dienstes gravierend beeinträchtigt wird,[803] so daß eine ernsthafte Gefahr für die Gewährleistung der kirchlichen Auftragserfüllung besteht.

Es gibt allerdings Stimmen, die vor den Risiken pastoraler Vorverfahren warnen. Danach berge schon die Tendenz zur Umbennung der Disziplinarstrafen in Disziplinarmaßnahmen[804] die Gefahr eines Etikettenschwindels. Von Maßnahmen dürfe man konsequenterweise nur sprechen, wenn auf einen Schuldvorwurf verzichtet werde.[805] Dies entspricht aber in Disziplinarverfahren gerade nicht der Verfahrensweise, sondern eher den Grundideen des objektiven Verfahrens. Dennoch scheint es angebracht, disziplinarischen Verfahren regelmäßig solche Gespräche vorzuschalten, die nach der Lösung des Konflikts außerhalb

---

[801] Pahud de Mortanges, Zwischen Vergebung und Vergeltung, S. 230.

[802] Hansch, Die Disziplinargerichtsbarkeit in der Evangelischen Kirche S. 92.

[803] Pahud de Mortanges, Zwischen Vergebung und Vergeltung, S. 280.

[804] Das DG der EKD spricht noch von Strafen, während das AZG der VELKD den Begriff Maßnahmen verwendet.

[805] Pahud de Mortanges, Zwischen Vergebung und Vergeltung, S. 271 und 280.

des kirchlichen Verfahrens suchen. Diese bewußte und durch die Diversionsbestimmungen rechtlich gedeckte Nichtanwendung der kirchlichen Straf- und Disziplinarmöglichkeiten bringt aber nicht einfach eine gewisse Konfliktscheu und Ratlosigkeit der Kirchenleitungen angesichts des kirchlichen Pluralismus zum Ausdruck.[806] Vielmehr liegt darin auch ein hoher praktischer Vorteil, da Lösungen im Wege einer deeskalierenden Verfahrensweise der Kirche und den Gemeinden insofern nutzen, als Verletzungen vermieden werden und auch einem öffentlichen Streit, mit entsprechenden negativen Auswirkungen auf das äußere Erscheinungsbild der Kirche, entgegengewirkt wird.

Nach dem Dargelegten erscheint das Disziplinarverfahren im evangelischen Kirchenrecht zwar nicht als entbehrlich und verzichtbar,[807] aber häufig als nur mäßig geeignet und aus guten Gründen umgehbar.

2. Bei kirchlichen Angestellten

Die gerichtliche Überprüfung arbeitsrechtlicher Maßnahmen des Arbeitgebers als Reaktion auf Verletzungen von Lebensführungspflichten durch Arbeitnehmer erfolgt durch die staatlichen Arbeitsgerichte, im Falle einer Kündigung durch eine zweistufigen Überprüfung dieser Kündigung.[808] Eine Vielzahl der gerichtlich entschiedenen Fälle zeigt, daß die bei Verstößen gegen Lebensführungspflichten am häufigsten praktizierte Sanktion, zumindest in dem Bereich der kirchlichen Wohlfahrtspflege, die ordentliche Kündigung ist.[809]

Stets muß der kirchliche Arbeitgeber vor der Kündigung den Arbeitnehmer wegen der außerdienstlichen Verfehlung abmahnen.[810] Hierin liegt die Berück-

[806] So aber Pahud de Mortanges, Zwischen Vergebung und Vergeltung, S. 291.

[807] So aber *Tompert*, nach dessen Einschätzung es in der katholischen Kirche zur Anwendung des Strafverfahrens wohl lediglich aufgrund der Kompliziertheit des objektiven Verfahrens komme, Tompert, Das Recht der Kirche, S. 169-199, 196 FN 69.

[808] s.o. Seite 110 ff..

[809] Keßler, Die Kirchen und das Arbeitsrecht, S. 103 f..

[810] Im Leitsatz des BAG Urteils vom 30.06.1983, AP Nr. 15 zu Art. 140 GG heißt es: *„Auch die im außerdienstlichen Bereich ausgeübte homosexuelle Praxis eines im Dienst des Diakonischen Werkes einer evangelischen Landeskirche stehenden, im Bereich der Konfliktberatung eingesetzten Arbeitnehmers stellt eine Vertragspflichtverletzung dar, die jedenfalls*

sichtigung des Gebots der Verhältnismäßigkeit. Bezüglich dieses Erfordernisses einer vergeblichen Abmahnung vor dem Ausspruch der verhaltensbedingten Kündigung zieht *Mummenhoff* Parallelen zu den kirchenrechtlichen Maßnahmen der Verwarnung und des Verweises, womit die Verwirklichung eines Schritts hin zu einer weitergehenden Harmonisierung der kirchlichen und arbeitsrechtlichen Bewertungen erreicht sei.[811]

3. Bei Ehrenamtlichen

Das kirchenrechtliche Instrument, das einer kirchlichen Gemeinde die Möglichkeit gewährt, auf die Lebensführung aller ihrer Glieder zu reagieren, ist die Kirchenzucht. Die Sanktionen können sich neben Zuspruch und Ermahnung auch in der Versagung bestimmter kirchlicher Handlungen äußern.[812] Die Kirchenzucht erfaßt grundsätzlich alle Glieder der kirchlichen Gemeinschaft, kann aber – wenn überhaupt – nur noch gegenüber Ehrenamtlichen sowie den Inhaberinnen und Inhabern eines kirchlichen Ehrenamts Anwendung finden.[813]

Aus der Gemeindemitgliedschaft eines Christen ergibt sich für die jeweilige Gemeinde eine Mitverantwortung für diesen. Diese grundsätzliche Zuständigkeit der Gemeinde ist keine ausschließliche, sondern eine Erstzuständigkeit, welche den einzelnen Christen für alle grundlegenden Entscheidungen zunächst an diese Gemeinde verweist.[814] [815] Auch wenn die Kirchenzucht von ihrer theologischen Konzeption der kirchlichen Gemeinde aufgegeben ist, wird ihre Ausübung oft der Kirchenleitung übertragen, welche in der Praxis auf Anregung der Pfarrerin oder des Pfarrers tätig wird.[816] Diese Zuständigkeit gilt zunächst auch hinsicht-

---

dann geeignet ist, einen Kündigungsgrund abzugeben, wenn der Arbeitnehmer vorher erfolglos abgemahnt worden ist.“

[811] Mummenhoff, NZA 1990, S. 585-592, 589 und 591; ähnlich auch Mayer, Das außerdienstliche Verhalten von Arbeitnehmern, S. 133 und FN 192.

[812] Pahud de Mortanges, Zwischen Vergebung und Vergeltung, S. 195.

[813] s.o. Seite 210 f..

[814] Stein, Evangelische Kirchenrecht, S. 90.

[815] Eine Ausnahme davon ist die Vermittlung zwischen dem einzelnen Gemeindeglied und einer anderen Gemeinde mittels des „Demissoriale“ oder Erlaßscheins.

[816] Pahud de Mortanges, Zwischen Vergebung und Vergeltung, S. 195.

lich eventueller Lebensführungspflichtverstöße der Ehrenamtlichen einer Gemeinde.

Verhält sich nun ein Gemeindemitglied und Christ bewußt verantwortungswidrig, daß dadurch das Miteinander der Christen in der Gemeinde schwer belastet wird, so unterliegt nicht die Gemeindemitgliedschaft als solche, wohl aber ihre Betätigungsweisen der Grenzmöglichkeit, daß die Gemeinde ernstlich störendes oder belastendes Verhalten zum Ruhen bringt. Einer solchen Folge muß aber ein geduldiges Bemühen um Ausgleich und eventuell eine förmliche Anhörung vorausgehen. Maßnahmen der Kirchenzucht, wie die Verweigerung von Kasualhandlungen, dürfen erst dann erfolgen, wenn die seelsorgerlichen Bemühungen durch den Pfarrer oder die Pfarrerin und die Ermahnungen durch das Presbyterium nicht den gewünschten Erfolg zeigen; insofern dürfen auch diese Sanktionen nur als ultima ratio im evangelischen Kirchenrecht zur Anwendung kommen.[817] Einem Ehrenamtlichen kann also nicht die Gemeindemitgliedschaft aberkannt werden, denn deren Grundlage ist die Taufe, und auch eine Kirchenzuchtsanktion kann die betreffende Person nicht mehr zum Ungetauften machen,[818] es kann aber insofern zum Ruhen seiner Mitgliedschaft kommen, als daß das Kirchenglied sein Ehrenamt vorübergehend nicht ausüben darf.[819] Als Sanktion kommt auch die Verweigerung der Vornahme gottesdienstlicher Handlungen, wie Taufe, Konfirmation, Eheeinsegnung und kirchliches Begräbnis in Betracht. Es ist denkbar, daß genauso die Übernahme des Taufpatenamtes oder Trauzeugen verweigert wird. Weitere Kirchenzuchtmaßnahmen sind der Ausschluß vom Religions- oder Konfirmandenunterricht und die Rückversetzung im Unterricht oder der Aufschub der Konfirmation.

[817] Eine weitgehende Diversion ist so institutionell gewährleistet, wodurch ein Großteil der kirchlichen Konflikte „pastoral", faktisch also informell gelöst wird. Da Kirchenleitungen den an sie gerichteten Forderungen all zu oft nachgeben, wird in der Verbindung der kirchenrechtlichen Verfahrensgrundsätze und der kirchlichen Realität eine wenig glückliche Allianz gesehen, denn dort wo es landeskirchenrechtliche Zuchtbestimmungen gibt, werden diese nur mit größter Zurückhaltung angewendet, Pahud de Mortanges, Zwischen Vergebung und Vergeltung, S. 199.

[818] Etwas anderes kann gelten, wenn sich das Gemeindeglied selbst ausdrücklich von seinem Bekenntnis trennt.

[819] Stein, Evangelisches Kirchenrecht, S. 92.

Schließlich kann ein Gemeindeglied aufgrund eines öffentlich gegebenen Ärgernisses vorübergehend vom Abendmahl durch „Exkommunikation“[820] ausgeschlossen werden, falls der oder die Betreffende die Teilnahme gleichwohl begehrt.[821] Wer aber von der Abendmahlsgemeinschaft ausgeschlossen ist, kann sich auch in anderen Bereichen der Gemeindegliedschaft nicht mehr betätigen.

Zuständig für solche eventuell erforderlichen Maßnahmen ist in einer Gemeinde grundsätzlich der Kirchenvorstand. Den Betroffenen steht vielfach gegen die getroffene Maßnahme ein Beschwerderecht zu. Beschwerdeinstanz ist in solchen Fällen der Vorstand der Landeskirche.[822] Diese Maßnahmen üben keinen aktiven Zwang aus, sondern suspendieren lediglich einen unzumutbar gewordenen Teilaspekt der Gemeinsamkeit. Trotzdem sind sie nur so lange verständlich und erträglich, wie die so handelnden Gemeinden ihren Schritt als bedingte und befristete Notmaßnahme verstehen, und sich ihrer gerade für ein solches Gemeindeglied bleibenden Verantwortung bewußt sind und an seiner Rückgewinnung ernstlich arbeiten.[823]

Grundsätzlich kommt bei den Maßnahmen eine sittliche Wertung zum Tragen. Durch das fehlbare Verhalten wird ein öffentliches Ärgernis erzeugt, das im Lichte der christlichen Ethik als verwerflich gilt. Die Zuchtmaßnahme soll bei den Betroffenen einen Prozeß der Selbstreflexion auslösen, der zu einer Einsicht in das Fehlverhalten und zur Verhaltensänderung führt. Sie will durch „Zuschließen“ zum „Aufschließen“ dringen.[824]

---

[820] Sie entspricht einer um verschiedene sekundäre Rechtswirkungen verminderten kanonischen Exkommunikation, was sich aus der Übernahme des „kleinen Bannes“ erklärt, Pahud de Mortanges, Zwischen Vergebung und Vergeltung, S. 195 und FN 5.

[821] Die Nutzung dieser biblisch begründete „Schlüsselgewalt“ der Gemeinde wird praktisch nicht mehr gewagt und hat heute kaum noch eine Bedeutung, Stein, Evangelisches Kirchenrecht, S. 92.

[822] Pahud de Mortanges, Zwischen Vergebung und Vergeltung, S. 195.

[823] Stein, Evangelisches Kirchenrecht, S. 93.

[824] Pahud de Mortanges, Zwischen Vergebung und Vergeltung, S. 196.

Nach reformiertem Verständnis bringt die Kirche mit der Sanktion Verweigerung der Kasualien eine Distanzierung zum Standpunkt der Fehlgegangenen zum Ausdruck. Die Kirchenzucht setzt demnach ein Zeichen für die Gemeinde nach außen und ist deren Versuch zur Reinerhaltung des Bekenntnisses zu Christus. Nach lutherischem Verständnis liegt der Schwerpunkt der Kirchenzucht in einer Art Seelsorge, die auch um die Glaubwürdigkeit der Verkündigung bemüht ist.[825] Im Ergebnis wollen beide aber die Handlungsfähigkeit der Kirche insoweit schützen, als sie bei der Erfüllung ihres Auftrags gestört oder eingeschränkt sein könnte.

Das schon erwähnte, die Lebensordnung der VELKD ausgestaltende Gemeindelebengesetz der Ev.-luth. Landeskirche Hannover beschreibt in § 1 auch eine Vorgehensweise im Falle eines eklatanten Verstoßes gegen Lebensführungspflichten. Demnach haben der zuständige Geistliche und auch der Kirchenvorstand den Fehlgegangen mit christlicher Weisheit zurechtzuweisen und dadurch zugleich für die Wahrung der Würde der Gemeinde und den Schutz des christlichen Gemeindelebens einzutreten. Nach § 5 Ziffer 2 darf eine geistliche Amtshandlung nur versagt werden, wenn das vorherige seelsorgerliche Bemühen erfolglos geblieben ist. Wenn dann der Kirchenvorstand nach Beratung zu dem Ergebnis kommt, die Sanktion ist zu verhängen – wobei nach § 3 dem Gemeindeglied Gelegenheit gegeben wird, sich zu rechtfertigen – können Betroffene hiergegen beim Landessuperintendenten Beschwerde einlegen, wodurch eine gewisse Überprüfbarkeit der verhängten Kirchenzuchtsanktion gewährleistet wird.

In den schon erwähnten Leitlinien der Lippischen Kirche zum Ehrenamt wird bestimmt, daß die Entscheidungsgremien eine geeignete Person aus der Gemeinde oder der Einrichtung beauftragen („Beauftragte(r) für das Ehrenamt"), die die Anliegen und Interessen der Ehrenamtlichen aufgreift und darauf achtet, daß nach den Leitlinien einschließlich der verbindlichen Regeln verfahren wird.[826] Insgesamt fällt auf, daß den Gemeindegliedern gegenüber, also auch

[825] Pahud de Mortanges, Zwischen Vergebung und Vergeltung, S. 197.

[826] Mancherlei Gaben, Leitlinien zum Ehrenamt der Lippischen Landeskirche, S. 20.

den Ehrenamtlichen, eine verständnisvollere Vorgehensweise hinsichtlich der Schwächen und Unzulänglichkeiten im Bereich der privaten Lebensführung entgegengebracht wird, als den Geistlichen und Angestellten.

II. Gerichte

Überlegungen zum Verhältnis der kirchlichen Gerichte zu den staatlichen sind nicht parallel zu Überlegungen hinsichtlich einer menschlichen und göttlichen Gerichtsbarkeit anzustellen.[827] So wirkt sich gerade bei der heiklen Frage nach der Abgrenzung von kirchlicher zu staatlicher Verwaltungsgerichtsbarkeit die jeweilige Auffassung von der Relation Staat – Kirche aus.[828] Diese Frage steht im Spannungsverhältnis von Art. 137 Abs. 3 WRV und Art. 19 Abs. 4 GG, wobei sich diese verfassungsrechtlichen Prinzipien nicht so ohne weiteres in Einklang bringen lassen.[829] Eine umfassende Darstellung der bestehenden Gerichtsbarkeit in all ihren Ausformungen und landeskirchlichen Besonderheiten kann hier im einzelnen nicht erfolgen. Es soll aber der sich im formellen Recht widerspiegelnde Konflikt zwischen kirchlicher Selbstbestimmung und staatlicher Neutralitätsverpflichtung aufgezeigt werden.

Im Streit um die Begründung und Beendigung von Dienstverhältnissen kann die rechtliche Lage dadurch sehr komplex werden, daß verschiedene kirchliche Instanzen an einem Rechtsstreit vor staatlichen Gerichten beteiligt sind, so daß die Bedeutung von kirchlichem Recht auf verschiedenen Ebenen für das staatliche Recht thematisiert wird. Es kommt häufig zu parallel verlaufenden Verfahren, die sowohl auf der Ebene kirchlichen als auch auf der Ebene des staatlichen Rechts, vor verschiedenen Gerichten angestrengt werden, oder dazu, daß staatliche und kirchliche Gerichte nacheinander über Fragen entscheiden müssen, deren Beantwortung zugleich eine Stellungnahme zum rechtlichen Stellenwert der vorangegangenen Entscheidung beinhaltet. Dabei stehen die staatlichen Gerichte in derartigen Verfahren vor der Entscheidung zwischen dem Verbot staatlicher Einflußnahme auf das kirchliche Ämterwesen und dem Gebot des

---

[827] Hierzu: Pahud de Mortanges, Zwischen Vergebung und Vergeltung, S. 31 ff..

[828] Friedrich, Einführung in das Kirchenrecht, S. 556.

[829] Winter, Staatskirchenrecht, S. 117; Ehlers, ZevKR 27 (1982), S. 269-294, 271.

Schutzes der kirchlichen Selbständigkeit in diesem Bereich, während andererseits sich die kirchlichen Bediensteten darauf berufen, daß Inhalt und Umfang ihrer Rechte aus den Dienstverhältnissen auch nach staatlichem Recht zu bestimmen seien und dessen Schutz genössen.[830]

1. Staatlicher Rechtsschutz im kirchlichen Bereich

Die Frage nach dem staatlichen Rechtsschutz ist gerade im Hinblick auf dienst- und arbeitsrechtliche Streitigkeiten eines der umstrittensten Felder auf dem Gebiet des deutschen Staatskirchenrechts. Die auch heute noch aktuelle Frage nach der Reichweite staatlicher Gerichtsbarkeit in Kirchensachen steht in einer Tradition der jahrhundertelangen Auseinandersetzungen zwischen Staat und Kirche zum Thema der Gerichtsbarkeit. Vorliegend wurden Einflüsse und Entwicklungsstadien dieser Thematik auch schon anhand der Entwicklung der Lebensführungspflichten selbst deutlich,[831] denn in ihrer spezifischen Ausrichtung auf den Kompetenzkonflikt zwischen weltlicher und kirchlicher Gewalt bildet die Justizproblematik einen komplexen Bestandteil und Reibungspunkt in dem Prozeß der Differenzierung, Ablösung und allmählichen Scheidung zwischen weltlichen und religiösen Ordnungsprinzipien.[832]

Der heute weggefallene § 15 GVG hielt bis zum Vereinheitlichungsgesetz vom 12.09.1950 fest:[833]

„Die Ausübung einer geistlichen Gerichtsbarkeit in weltlichen Angelegenheiten ist ohne bürgerliche Wirkung."

Heute haben die Kirchen im Rahmen ihres Selbstbestimmungsrechts nach Art. 140 GG i.V.m. Art. 137 Abs. 3 WRV das Recht ihre eigenen Angelegenheiten auch im Hinblick auf die Gerichtsbarkeit zu ordnen, was die Gestaltung des erforderlichen Verfahrensrechts mit erfaßt. Grundsätzlich können sie also ver-

---

[830] Bock, Das für alle geltende Gesetz, S. 42.

[831] s.o. Seite 76 ff..

[832] Kästner, Staatliche Justizhoheit und religiöse Freiheit, S. 24.

[833] zitiert bei: Friedrich, Einführung in das Kirchenrecht, S. 546.

bindlich regeln, daß eine kirchliche Maßnahme vor einem eigenen Gericht auf ihre Vereinbarkeit mit dem kirchlichen Recht überprüft wird. Eine Delegation staatlicher Gerichtsbarkeit an die Kirchen findet nicht statt.[834] Die Kirchen haben aber keine allgemeine, selbständige rechtsprechende Gewalt, sie üben die Gerichtsbarkeit vielmehr innerhalb der Schranken des für alle geltenden Gesetzes nach Art. 137 Abs. 3 WRV aus.[835] Nach der herrschenden Auffassung der staatlichen Rechtsprechung sind Statusklagen in dienstrechtlichen Streitfragen kirchlicher Mitarbeiterinnen und Mitarbeiter in öffentlich-rechtlichen Dienstverhältnissen generell unzulässig.[836] Ein öffentlich-rechtliches Dienstverhältnis liegt vor, wenn die Herstellung der Rechtsbeziehung auf normativ geordneter Basis einseitig im Wege der Über-Unterordnung statt der vertraglichen Einigung erfolgt.[837]

Staatliche Gerichte hingegen können bei Streitigkeiten aus nahezu allen Rechtsgebieten vor der Frage stehen, ob und inwieweit sie die Wirksamkeit kirchlicher Rechtsakte aller Art – sowohl Rechtsnormen als auch Entscheidungen kirchlicher Verwaltungsbehörden und Gerichte – nachprüfen dürfen. Bei der Beurteilung von Rechtsfragen, die auf staatlichem Recht beruhen, müssen dabei häufig kirchenrechtliche Vorfragen geklärt werden. Die Frage nach dem staatlichen Rechtsschutz im kirchlichen Bereich bewegt sich im Spannungsfeld verschiedener verfassungsrechtlicher Positionen, nämlich der kirchlichen Eigenständigkeit nach Art. 140 GG i.V.m. Art. 137 Abs. 3 WRV, der kirchlichen Autonomie nach Art. 140 GG i.V.m. Art. 137 Abs. 5 WRV und dem Sozial- und Rechtsstaatsprinzip nach Art. 20 Abs. 2 und 3 GG unter besonderer Berücksichtigung des staatlichen Rechtsprechungsmonopol nach Art. 92 GG.[838]

---

[834] Schilberg, Rechtsschutz und Arbeitsrecht, S. 51.

[835] Friedrich, Einführung in das Kirchenrecht, S. 556.

[836] Winter, Staatskirchenrecht, S. 118 mit dem Hinweis auf eine Entscheidung des BVerwG, DVBl 1983, S. 507.

[837] Ehlers, ZevKR 27 (1982), S. 269-294, 273.

[838] v. Campenhausen, Staatskirchenrecht, § 37, S. 364 f..

Nach der sog. Angebotstheorie macht die höchstrichterliche Rechtsprechung die Entscheidungskompetenz über staatliche Gerichte im kirchlichen Bereich vom Einverständnis der jeweiligen Kirche abhängig. Dabei kommt es darauf an, ob die Kirchen ausdrücklich oder konkludent von dem sich aus § 135 Abs. 2 BRRG enthaltenen Angebot Gebrauch gemacht haben, den staatlichen Gerichten, die kirchenrechtliche Streitigkeit zuzuweisen.[839] Diese Vorgehensweise ist stark kritisiert worden. Zum Rechtsstaat gehöre ein umfassender Rechtsschutz, so daß die Zuständigkeit staatlicher Gerichte nicht an die Zustimmung der Kirchen gebunden werden könne. § 135 Abs. 2 S. 2 BRRG sei lediglich geschaffen worden, um in vermögensrechtlichen Streitigkeiten den kirchlichen Amtsträgerinnen und Amtsträgern anstelle des bislang vorgesehenen ordentlichen Rechtswegs, den Rechtsweg zu den Verwaltungsgerichten zu öffnen; außerdem läge in der einseitigen Bevorzugung der öffentlich-rechtlichen korporierten Religionsgemeinschaften ein Verstoß gegen den verfassungsrechtlichen Grundsatz der Parität.[840]

Seit dem sog. *„Gemeindeteilungs-Beschluß“*[841] unterscheidet das BVerfG zwischen kirchlichen Maßnahmen, die dem innerkirchlichen Bereich zuzurechnen sind, und solchen, die diesen Bereich überschreiten oder in den staatlichen Bereich hineinreichen. Diese *Bereichsscheidungslehre* geht davon aus, daß in den Bereichen, in denen die Kirchen ihre Angelegenheiten selbst regeln, zwischen einem weltlichen Tätigwerden der Kirche – wo sie den für alle geltenden Gesetzen unterliegt - und dem von jeglicher staatlicher Einmischung enthobenen Intimbereich, unterschieden werden muß. Dies hätte zur Folge, daß in dem einen Bereich jede staatliche Rechtsschutzgarantie entfiele, während in dem anderen eine umfassende Zuständigkeit der staatlichen Gerichte bestünde.[842] Daß die Kirchen also im Bereich innerkirchlicher Maßnahmen in keiner Weise an staatliches Recht gebunden sein und daher auch keiner staatsgerichtlichen Kontrolle

---

[839] BVerwGE 66, S. 241, 247 ff; BVerwG, NJW 1983, S. 2582 f.; BVerwG, NJW 1994, S. 3367.

[840] v. Campenhausen, Staatskirchenrecht, § 37, S. 367.

[841] BVerfGE 18, S. 385 ff..

[842] Kästner, Staatliche Justizhoheit und religiöse Freiheit, S. 85 ff.; Schilberg, Rechtsschutz und Arbeitsrecht, S. 23.

unterliegen sollen, wobei das Verständnis der innerkirchlichen Angelegenheiten – besonders im Hinblick auf das Dienstrecht – immer weiter gefaßt wird, ist zu Recht auf deutliche Kritik gestoßen.[843] So findet diese schematische Bereichsscheidung weder eine Stütze im Wortlaut des Art. 140 GG i.V.m. Art. 137 Abs. 3 WRV, noch wird sie der anerkannten öffentlichen Funktion der Kirchen oder dem komplizierten Beziehungsgeflecht von Staat und Kirche auf unterschiedlichsten Ebenen gerecht.[844] Um die vielfältigen Überlagerungen und Verzahnungen der kirchlichen und staatlichen Bereiche nicht undifferenziert zu verwischen und einheitliche Lebenssachverhalte nicht willkürlich zu zerreißen, muß aber vielmehr für den Einzelfall eine Güterabwägung vorgenommen werden. Dazu führt *v. Campenhausen* aus:[845]

„Der Versuch, die religiöse Freiheit durch Einschränkung des kirchlichen Gerichtsschutzes in religiösen Angelegenheiten zu sichern, übersieht, daß die staatliche Justizgewährungspflicht nicht im normativen Gegensatz zur Garantie des kirchlichen Selbstbestimmungsrecht steht, sondern vielmehr auch dessen Entfaltung innerhalb des staatlichen Rechtsschutzsystems dient. Der Justizanspruch des Staates erweist sich also als rechtsstaatliches Strukturprinzip, das der religiösen Freiheitsgarantie zugrunde liegt. Ein Ausgleich zwischen beiden Verfassungspositionen unter Beachtung des Staatskirchenrechtssystems des Grundgesetzes, ohne daß einer der betroffenen Lebensbereiche sein proprium aufgeben muß, erfordert vielmehr eine Güterabwägung im Einzelfall."

Letztlich stellt also auch die Frage nach dem Rechtsschutz, wie die materiellrechtliche Problemstellung ein Abwägungsproblem zwischen der Rechtsschutzgewährungspflicht des Staates und dem Selbstbestimmungsrecht der Kirche dar. Der erforderliche schonende Ausgleich zwischen diesen Positionen ist demnach im Rahmen der Begründetheit vorzunehmen.[846]

---

[843] v. Campenhausen, Staatskirchenrecht, § 37, S. 372.

[844] Schilberg, Rechtsschutz und Arbeitsrecht, S. 23.

[845] v. Campenhausen, Staatskirchenrecht, § 37, S. 373.

[846] BAGE 51, S. 238, 242; Schilberg, Rechtsschutz und Arbeitsrecht, S. 56; Winter, Staatskirchenrecht, S. 119.

Schwierigkeiten entstehen vielfach auch hinsichtlich der Frage, welcher Rechtsweg innerhalb der staatlichen Gerichtsbarkeit gegeben ist. Wenn die Kirchen am allgemeinen Rechtsverkehr teilnehmen, ergeben sich keine Besonderheiten. Bei Klagen der Kirchen auf die Räumung eines Gebäudes oder die Rückzahlung eines Darlehens steht der ordentliche Rechtsweg, für Klagen gegen hoheitliche Maßnahmen des Staates regelmäßig der Verwaltungsrechtsweg offen.

Wenn kirchliche Maßnahmen angegriffen werden, die die Kirche durch vom Staat abgeleitete öffentliche Gewalt ausgeübt hat, liegt regelmäßig eine öffentlich-rechtliche Streitigkeit i.S.d. § 40 Abs. 1 S. 1 VwGO vor.[847] Die Klageart selbst richtet sich – wie außerhalb des kirchlichen Bereichs auch – nach der zu überprüfenden Maßnahme, wobei bei Klagen der Kirchen grundsätzlich dieselben Klagearten in Betracht kommen, wie bei den Klagen gegen die Kirchen. In anderen Fällen kann es nicht zu einer so klaren und einheitlichen Lösung kommen.

Gerade die Frage des Rechtsschutzes der kirchlichen Mitarbeiterinnen und Mitarbeiter gegen dienst- und arbeitsrechtliche Maßnahmen bildet von jeher den am heftigsten umstrittenen Teilbereich der Rechtsschutzproblematik. Dies liegt darin begründet, daß die Ämterhoheit der Kirchen ausdrücklich in Art. 140 GG i.V.m. Art. 137 Abs. 3 S. 2 WRV bestimmt ist. Danach dürfen ihnen, weder durch die Entscheidung staatlicher Gerichte noch auf einem anderem Wege, Mitarbeiter oder Mitarbeiterinnen aufgezwungen werden. Dieser aus der Ämterhoheit folgende Grundsatz beschränkt sich keineswegs auf Geistliche und Kirchenbeamte, sondern erfaßt auch das Verhältnis der Kirchen zu den Angestellten, Arbeitern sowie die ehrenamtlichen Mitarbeiterinnen und Mitarbeitern.[848] Diese verfassungsrechtlich verankerte Ämterhoheit darf aber nicht zum völligen Ausschluß des staatlichen Rechtsschutzes der kirchlichen Mitar-

---

847 Dies gilt vor allem für Streitigkeiten auf dem Gebiet des autonomen Kirchenrechts der Religionsgemeinschaften, die den öffentlich-rechtlichen Körperschaftsstatus besitzen. Gem. Art. 93 Abs. 1 Nr. 4 a GG, § 90 Abs. 1 BVerfGG kommt in diesen Fällen auch eine Verfassungsbeschwerde gegen kirchliche Rechtsakte in Betracht, v. Campenhausen, Staatskirchenrecht, § 37, S. 373.

848 v. Campenhausen, Staatskirchenrecht, § 37, S. 376 f..

beiterinnen und Mitarbeiter führen. Angesichts seiner Justizgewährungspflicht darf der Staat seinen Rechtsschutz nicht deshalb versagen, weil jemand im Dienst der Kirche und nicht im Dienst eines profanen Arbeitgebers steht. Es ist zu berücksichtigen, daß Kirche und Staat auf dieselben Menschen treffen, die sowohl Staatsbürger als auch Kirchenglieder sind.[849]

Zur Beantwortung der Frage nach dem staatlichen Rechtsschutz bei kirchlichen Mitarbeiterinnen und Mitarbeitern in öffentlich-rechtlichen Arbeitsverhältnissen ist zusätzlich, neben Art. 140 GG i.V.m. Art. 137 Abs. 2 WRV, noch die in Art. 140 GG i.V.m. Art. 137 Abs. 5 WRV verankerte Besonderheit der Dienstherrenfähigkeit der öffentlich-rechtlich organisierten Religionsgemeinschaften zu berücksichtigen. BVerwG und BVerfG wenden hier die angesprochene Lehre von der Bereichsscheidung an. Diese stößt aufgrund der schon angeführten Argumente auf Bedenken, auch wenn sie im Regelfall zu akzeptablen Lösungen gelangt. Gerade vor dem Hintergrund der Problematik, ob vorwiegend statusrechtliche oder vermögensrechtliche Fragen geklärt werden müssen, ist eine Güterabwägung vorzunehmen, um hinsichtlich des Rechtsschutzes zu einer angemessenen Lösung zu kommen.[850]

Im Hinblick auf die privatrechtlich beschäftigten Mitarbeiterinnen und Mitarbeiter der evangelischen Kirche gilt auch die Gewährleistung der Ämterhoheit.[851] Dennoch ist das staatliche Arbeitsrecht ist in vollem Umfang anwendbar.[852] Das bedeutet aber nicht, daß deshalb das gesamte kirchliche Arbeitsrecht per se der staatlichen Arbeitsgerichtsbarkeit unterliegt.[853] Entgegen früherer Entwicklungstendenzen hat die Rechtsprechung inzwischen klargestellt, daß die alleinige Zuständigkeit von staatlichen Arbeitsgerichten für die Streitfälle zwischen den Kirchen und ihren privatrechtlich angestellten

[849] Schilberg, Rechtsschutz und Arbeitsrecht, S. 23.

[850] v. Campenhausen, Staatskirchenrecht, § 37, S. 377 ff..

[851] Richardi, Arbeitsrecht in der Kirche, S. 12 ff..

[852] BVerfGE 70, S. 138; BAGE 30, S. 147, 153; Schilberg, Rechtsschutz und Arbeitsrecht, S. 27.

[853] Schilberg, Rechtsschutz und Arbeitsrecht, S. 58.

Mitarbeiterinnen und Mitarbeitern nicht zu einer Verkürzung der verfassungsrechtlich verankerten Rechtsstellung der Kirchen führen darf. Die Arbeitsgerichte haben, die von den zuständigen kirchlichen Organen aufgestellten Maßstäbe lediglich daraufhin zu überprüfen, ob sie Grundprinzipien der staatlichen Rechtsordnung widersprechen. Das BVerfG hat damit eine weitgehende Gestaltungs- und Entscheidungsbefugnis der kirchlichen Stellen anerkannt.[854]

Aufgrund dieser Klärung erscheint es möglich, daß auch die Einführung einer eigenen kirchlichen Arbeitsgerichtsbarkeit zumindest mit einer Begrenzung auf bestimmte Zuständigkeiten möglich wäre. Es werden Überlegungen angestellt, daß – im vom BVerfG festgelegten Rahmen – zumindest die Prüfung, ob ein Mitarbeiter oder eine Mitarbeiterin gegen aufgestellte Grundsätze und Pflichten verstoßen hat, von kirchlichen Gerichten vorgenommen werden könnte und die staatlichen Gerichte anschließend die Entscheidung des kirchlichen Gerichts zugrunde legen müßten.[855] In der neuen Grundordnung der katholischen Kirche wird in Art. 10 I GrO deutlich hervorgehoben, daß kirchliche Arbeitnehmer – wie bisher – in arbeitsrechtlichen Streitigkeiten die staatlichen Arbeitsgerichte anrufen können. Es gibt aber auch staatliche, allgemein-öffentliche und innerkirchliche Erwartungen, daß die Kirche eigene unabhängige Gerichte zur Entscheidung von Streitigkeiten aus solchen Bereichen einrichtet, in denen ihr nach

---

[854] s.o. Seite 136 ff.; BVerfGE 70, S. 138 ff., 168.

[855] v. *Campenhausen* führt als Argument hierfür auch die Unsicherheit staatlicher Gerichte in diesem Bereich mit der heute mangelnden Vertrautheit der Richterinnen und Richter mit dem Wesen und Auftrag der Kirche und der rechtlichen Ausgestaltung ihrer Ordnung an, v. Campenhausen, Staatskirchenrecht, § 37, S. 382.

Einen Vorteil der kirchlichen Gerichte gegenüber den staatlichen für die Rechtsprechung in religiösen Angelegenheiten im Hinblick auf die Vertrautheit mit den einschlägigen kirchenrechtlichen Ordnungen und den Problemen der inneren organisatorischen Struktur kirchlichen Wirkens sieht auch *Kästner*, der auf die daraus resultierende Notwendigkeit der Nutzung kirchlicher Institutionen als Erkenntnisquellen gem. § 293 ZPO und Einholung von Rechtsgutachten hinweist, Kästner, Staatliche Justizhoheit und religiöse Freiheit, S. 21 und 184.

dem kirchlichen Selbstbestimmungsrecht eine eigene arbeitsrechtliche Regelungsmacht zusteht.[856]

Für mitarbeitervertretungsrechtliche Streitigkeiten bestehen Kirchengerichte schon seit Jahrzehnten in Form von Schlichtungsstellen nach den Mitarbeitervertretungsgesetzen; diese werden auch als besondere kirchliche Gerichte tätig.[857] Privatautonome Entscheidungen durch Schieds- oder Verbandsgerichte werden nicht grundsätzlich durch die Rechtsschutzgewährungspflicht ausgeschlossen. Im Bereich der Schiedsgerichtsbarkeiten enthalten die Zulassungsnormen der ZPO detaillierte Verfahrensgarantien und Rekursmöglichkeiten. Bei einer Angelegenheit, die dem Arbeitsrecht unterliegt, kann ein Vergleich zu einem Schiedsverfahren nach der Zivilprozeßordnung nicht stattfinden, weil die Arbeitsgerichte nicht zur ordentlichen Gerichtsbarkeit gehören.[858] Im Bereich des Arbeitsrechts ist gem. §§ 101-110 ArbGG ein schiedsgerichtliches Verfahren nicht einmal in Ausnahmefällen zulässig. Daher lagern Schiedsgerichtsinstanzen nach § 101 ArbGG im kirchlichen Bereich nicht vor. Eine solche Vorschaltung wäre unzulässig.[859] Andere Schieds- und Schlichtungseinrichtungen sind aber möglich.

Jedoch muß es dem Staat gleichgültig sein, welche Stelle für die Klärung der im individuellen Arbeitsrecht der Kirche überlassenen Frage, ob ein Verhalten gegen ihre Grundsätze verstößt oder nicht, verantwortlich ist. In diesem Zusammenhang ist die Einrichtung eines kirchlichen Gerichts im Sinne einer Vorschaltgerichtsbarkeit denkbar. Das staatliche Gericht wäre dann, im Rahmen der vom BVerfG genannten Grenzen an die Entscheidung des Kirchengerichts gebunden.[860] Das kirchliche Gericht könnte im Verfahren bestimmte, kirchenspezifische Gesichtspunkte, z.B. die gütliche Einigung, in den Vordergrund

---

[856] Begründung zu Art. 1 der neuen katholischen Grundordnung, Deutsche Bischofskonferenz, NJW 1994, S. 1394-1398, 1398.

[857] Schilberg, Rechtsschutz und Arbeitsrecht, S. 52 RN 13.

[858] Schilberg, Rechtsschutz und Arbeitsrecht, S. 57.

[859] Weber, NJW 1989, S. 2217-2227, 2226.

[860] Schilberg, Rechtsschutz und Arbeitsrecht, S. 58 f..

stellen, wobei ihm die spezifische Sachkompetenz seiner Richterinnen und Richter zugute käme.[861]

Staatlicher Rechtsschutz ist im kirchlichen Bereich also grundsätzlich zulässig;[862] das kirchliche Selbstbestimmungsrecht setzt jedoch der staatlichen Kontrolle Grenzen und ist in einem besonderen Maße zu berücksichtigen. Dabei müssen kirchliche Maßstäbe und eventuelle Vorentscheidungen grundsätzlich hingenommen und berücksichtigt werden und unterliegen nur insoweit einer Prüfung, als sie gegen fundamentale staatliche Rechtsgrundsätze verstoßen könnten.

2. Kirchliche Gerichte

In den Bereich der Angelegenheiten der Kirchen fällt auch das Recht, eine eigene Gerichtsbarkeit einzurichten und auszuüben.[863] Schon seit 318 bzw. 333 n.C. besaßen Bischöfe parallel zu den staatlichen Gerichten eine eigene Zivilgerichtsbarkeit; später entwickelte sich eine Schiedsgerichtsbarkeit unter Christen.[864] In der Reformationszeit entstanden in der evangelischen Kirche – nach anfänglicher Ablehnung einer eigenen kirchlichen Gerichtsbarkeit – Ehe- und Disziplinargerichte. Zwischenzeitlich gingen diese, ab 1539 auf die landesfürstlichen Konsistorien übertragenen gerichtlichen Funktionen an allgemeine staatliche Gerichte verloren. Nach 1918 hat die evangelische Kirche begonnen, eine kirchliche Gerichtsbarkeit wieder zu errichten, und diese Bemühungen nach 1945 verstärkt fortgesetzt.[865] Heute bestehen neben den Verwaltungs- und Verfassungsgerichten auch wieder Disziplinargerichte in unterschiedlicher Ausprägung sowie Spruchkörper für kirchliche Lehrbeanstandungen, wodurch sich auch die drei Hauptzweige kirchlicher Gerichtsbarkeit ableiten lassen, nämlich die Verfassungs- und Verwaltungsgerichtsbarkeit, die Disziplinargerichtsbarkeit

---

[861] Schilberg, Rechtsschutz und Arbeitsrecht, S. 64.

[862] Dem entgegengesetzte Tendenzen beschreibt Spengler, NZA 1987, S. 833-839, 837.

[863] Als biblische Grundlagen der kirchlichen Gerichtsbarkeit gelten: *Mat. 18, 15 ff.* und *Korinther 6, 1-8.*

[864] Winter, Staatskirchenrecht, S. 122.

[865] v. Campenhausen, Staatskirchenrecht, § 37, S. 370.

und das „gerichtsähnliche" Institut des kirchlichen Lehrzuchtverfahrens.[866] [867] Die beratenden Kammern i.S.v. § 22 Abs. 2 Grundordnung der EKD gelten als schwieriges Kapitel in der Struktur der EKD. Positivrechtliche Regelungen finden sich hierzu nicht und zu den verschiedenen Kammern kommt eine fast unüberschaubare Vielzahl von beratenden Stellen (Kommissionen, Ausschüsse und Beiräte) der EKD.[868] Straf- und Ehenichtigkeitsverfahren kennt das evangelische Kirchenrecht im Gegensatz zum katholischen nicht.

Durch entsprechende kirchliche Gerichtsverfahrensordnungen wird im Rahmen dieser Gerichtsbarkeit der Anspruch auf rechtliches Gehör, die sachliche und persönliche Unabhängigkeit sowie Unparteilichkeit der kirchlichen Gerichte gewährleistet, wobei die Richterinnen und Richter nicht nur an das Gesetz sondern auch an Schrift und Bekenntnis gebunden sind. Dies verstößt weder gegen das Rechtsstaatsprinzip noch gegen das Gebot des gesetzlichen Richters, weil die grundlegenden rechtsstaatlichen Verfahrensgarantien eingehalten werden.[869]

Trotz der engen Verknüpfungen der evangelischen Kirche mit der staatlichen und eigenen Rechtsprechung muß immer berücksichtigt werden, daß wenn schon in der Gemeinde Jesu Christi selbst der Gebrauch des Rechts stets fragwürdig bleibt, die Handhabung des Rechts im Wege der kirchlichen Gerichtsbarkeit auch nicht unproblematisch ist.[870]

a) Evangelische Disziplinargerichte

Es fällt unter die Aufsichtspflicht, die die evangelische Kirche über die Lehre und den Wandel ihrer ihr dienenden Personen innehat, daß sie solche ihrer Dienerinnen und Diener, die in ihrem Wandel Anstoß erregen oder ihre Dienst-

---

[866] Schilberg, Rechtsschutz und Arbeitsrecht, S. 78, 80.

[867] Wobei das Gebiet der kirchlichen Lehrzuchtverfahren mangels Relevanz hinsichtlich des Themas der Lebensführungspflichten nicht weiter behandelt wird.

[868] Braune, ZevKR 21 (1976), S. 131-182, 132.

[869] Schilberg, Rechtsschutz und Arbeitsrecht, S. 51.

[870] Friedrich, Einführung in das Kirchenrecht, S. 545, der auf *1. Kor 1-6* verweist und anmerkt, daß die staatlichen Richter zwar keine Heiden aber auch keine Heiligen seien.

pflichten nicht ordnungsgemäß erfüllen, mit dem Ziel zur Rechenschaft zieht, diese zu bessern, aber auch mit der Möglichkeit, sie gegebenenfalls auszuschließen. Bestimmungen hierzu finden sich, unterschiedlich entwickelt, in fast allen evangelischen Kirchenordnungen.[871] Die Disziplinargerichtsbarkeit mit einer Tradition bis in die Reformationszeit ist die deutlich älteste Gerichtsbarkeit der evangelischen Kirche.[872] Die Wahrnehmung der Disziplinargerichtsbarkeit hat eine bedeutende, wenn auch für die Organisation Kirche nicht lebenswichtige Funktion. Will die Kirche ihrem Auftrag einer ordnungsgemäßen Verkündigung des Evangeliums nachkommen, so muß sie für die Aufrechterhaltung der Zucht auch im Hinblick auf den Lebenswandel ihrer Amtsträger und Amtsträgerinnen sorgen.[873] Die Disziplinargerichtsbarkeit sichert aber auch die freie Verkündigung auf Grundlage des Evangeliums, da sie vor unrechtmäßigen Eingriffen ins Amt schützt.

Nach langwierigen bekenntnisbedingten Auseinandersetzungen hat die EKD am 11.3.1955 ein Disziplinargesetz erlassen, das für die Gliedkirchen nur insoweit gilt, als sie es ausdrücklich übernommen haben.[874] Dies ist beispielsweise in der Badische Landeskirche geschehen. Hier ist die das Verfahren einleitende Dienststelle grundsätzlich der Evangelische Oberkirchenrat (EOK). Die Disziplinarkammer ist mit drei Richterinnen bzw. Richtern besetzt; diese werden vom Landeskirchenrat auf Vorschlag des Landesbischofs ernannt.[875]

Einem Disziplinarverfahren, dessen Vorbereitung in der Hand des Vorsitzenden liegt, liegen bestimmte Verfahrensgrundsätze zugrunde. So ist das Verfahren

---

[871] Friedrich, Einführung in das Kirchenrecht, S. 546; Winter, Staatskirchenrecht, S. 123.

[872] Zur geschichtlichen Entwicklung der Disziplinargerichtsbarkeit in Deutschland siehe: Hansch, Die Disziplinargerichtsbarkeit in der Evangelischen Kirche, S. 3-7.

[873] Hansch, Die Disziplinargerichtsbarkeit in der Evangelischen Kirche, S. 3.

[874] Strietzel, Das Disziplinarrecht, S. 3. Das Disziplinarverfahren ist damit eines der wenigen Rechtsgebiete, das durch ein Gesetz der Evangelischen Kirche in Deutschland einheitlich geregelt ist, Winter, Staatskirchenrecht, S. 123. Zur Zersplitterungsgeschichte der kirchlichen Disziplinargerichtsbarkeit, siehe Hansch, Die Disziplinargerichtsbarkeit, S. 48 ff.

[875] Friedrich, Einführung in das Kirchenrecht, S. 547.

grundsätzlich nicht öffentlich, es ist mündlich und unmittelbar, als Verhandlungsmaxime gilt der Untersuchungsgrundsatz. Oberstes Verfahrensziel soll die Feststellung des wahren Sachverhalts bei freier Beweiswürdigung sein.[876] Im Vergleich zu der Kirchengerichtsbarkeit in der früheren DDR stellt *Hansch* klar, daß es sich bei dem Beschuldigten in einem Disziplinarverfahren nicht um einen unschädlich zu machenden Feind handelt, sondern um einen Bruder, der gefehlt hat und darum der zurechtweisenden Hilfe der Kirche besonders bedarf.[877] Auf der Grundlage des DG der EKD wurden für alle beteiligten Kirchen Disziplinarkammern, als zweite Instanz der Disziplinarhof der EKD gebildet, wobei die EKU für ihren Bereich einen eigenen Disziplinarhof eingerichtet hat, dessen Zuständigkeit inzwischen auch auf Kirchen ausgedehnt werden kann, die nicht der EKU angehören.[878] Auch hier sei noch einmal auf die leider geringe Anzahl der veröffentlichten Disziplinarurteile verwiesen.

b) Kirchliche Verwaltungsgerichtsbarkeit

Mit der selbständigen Verwaltung der evangelischen Landeskirchen nach 1918 zeigte sich bald, daß neben der gesetzgeberischen Ausgestaltung ihrer Ordnung auch Sorge dafür zu tragen war, daß die kirchliche Verwaltung entsprechend dieser Gesetze geführt und gegen Verstöße gesichert werden muß. Wenn die Kirche ihre Angelegenheiten selbst ordnet und verwaltet, so braucht sie dafür auch eigene Gerichte.[879] Heute gibt es in fast allen evangelischen Landeskirchen kirchliche Verwaltungsgerichte. In der Badischen Landeskirche wurde die Verwaltungsgerichtsbarkeit durch Gesetz vom 25.5.1928 eingeführt.[880] Die Verwaltungsgesetze der evangelischen Landeskirchen sind der deutschen Verwaltungsgerichtsordnung nachgebildet, und so sind die gängigen Klagearten denen vor staatlichen Verwaltungsgerichten gleich: Anfechtungs-, Verpflichtungs-, Feststellungs- und Leistungsklage. Die Gerichte sind z.B. für die Aufhe-

[876] Hansch, Die Disziplinargerichtsbarkeit in der Evangelischen Kirche, S. 104 f..

[877] Hansch, Die Disziplinargerichtsbarkeit in der Evangelischen Kirche, S. 116.

[878] Strietzel, Das Disziplinarrecht, S. 4.

[879] Friedrich, Einführung in das Kirchenrecht, S. 552 f..

[880] Inzwischen: Kirchliches Gesetz über die Ordnung der kirchlichen Verwaltungsgerichtsbarkeit vom 16.04.1970 i.d.F. vom 20.10.1989 der Evangelischen Landeskirche in Baden (GVBl S. 234).

bung kirchlicher Verwaltungsakte und für Streitigkeiten hinsichtlich vermögensrechtlicher Ansprüche der Pfarrerinnen und Pfarrer sowie der Kirchenbeamten und -beamtinnen zuständig. Aber auch Streitigkeiten zwischen kirchlichen Körperschaften können vor kirchliche Verwaltungsgerichte gebracht werden. Keine Zuständigkeit haben diese für Kirchensteuersachen, Lehr- und Disziplinarverfahren sowie für Entscheidungen im Bereich der kirchlichen Lebensordnung. Nach herrschender Auffassung entsprechen die Verfassungs- und Verfahrensregelungen in der kirchlichen Verwaltungsgerichtsbarkeit dem modernen rechtsstaatlichen Standard.[881] Der Überlegung, die Zuständigkeit zu ändern und kirchliche Verwaltungsstreitigkeiten zweckmäßigerweise einfach vor die staatlichen Verwaltungsgerichte zu bringen, steht auch hier die Eigenständigkeit und Eigenartigkeit kirchlicher Ordnung entgegen, die letztlich allein dem Auftrag der Kirche zu dienen hat, und damit einer Prämisse, der sich ein Gericht eines religiös neutralen Staates nicht unterwerfen kann.[882]

Die kirchliche Verwaltungsgerichtsbarkeit kennt zwei Instanzen. Eine Berufung ist je nach Landeskirche an die gesamtkirchlichen Gerichte, das Verfassungs- und Verwaltungsgericht der VELKD oder den Verwaltungsgerichtshof der Evangelischen Kirche der Union möglich. Es besteht außerdem die Möglichkeit, gegen eine rechtskräftige Entscheidung die Wiederaufnahme des Verfahrens durch Erhebung einer entsprechenden Klage vor dem erstinstanzlichen Gericht herbeizuführen.[883]

c) Kirchliche Schlichtungsstellen

Auch Schiedsausschüsse sind kirchliche Gerichte. Sowohl für den katholischen als auch für den evangelischen Bereich gibt es neben den anderen kirchlichen Gerichten sog. Schlichtungsstellen, die eine Regelung meist in den Mitarbeitervertretungsgesetzen erfahren.[884] [885] Vielfach ist das Mitarbeitervertretungsrecht

---

[881] Kammerer, Der Betriebs-Berater 1985, S. 1986-1992, 1991.

[882] Friedrich, Einführung in das Kirchenrecht, S. 554.

[883] Friedrich, Einführung in das Kirchenrecht, S. 557 f..

[884] Eine ausführliche Darstellung von Schlichtungsstellen der katholischen Kirche findet sich bei Bietmann, Betriebliche Mitbestimmung im kirchlichen Dienst, S. 138 ff.; Bernards, Die

durch den Versuch gekennzeichnet arbeitsrechtliche Streitigkeiten zwischen Dienststellenleitung und den Mitarbeiterinnen und Mitarbeitern auf innerkirchlichem Wege beizulegen.[886] Da Mitarbeitervertretungsrecht Kirchenrecht ist, unterliegen Streitigkeiten aus diesem Gebiet nicht der Zuständigkeit staatlicher Gerichte.[887] Auf evangelischer Seite sind für arbeitsrechtliche Auseinandersetzungen und Meinungsverschiedenheiten sowohl landeskirchliche Schlichtungsstellen, aber auch solche des Diakonischen Werks eingerichtet. Hierbei handelt es sich zum Teil um paritätisch besetzte Ausschüsse, aber auch um übergeordnete Kirchengerichte.[888] Das Verfahren ist gerichtsförmig ausgestaltet.[889] Auch diese Regelungen enthalten staatlichen Verfahren entliehene Grundsätze wie Nichtöffentlichkeit, Bindung an Sachanträge, rechtliches Gehör und Anwesenheitspflicht der Mitglieder.[890] In den Arbeitsvertragsrichtlinien des Diakonischen Werks der EKD ist die Anrufung einer Schlichtungsstelle bei Streitigkeiten, die sich aus dem Dienstverhältnis ergeben, als dienstvertragliche Pflicht vorgesehen. Für die Schlichtungsstellen besteht nur die Möglichkeit, mit den Parteien den Abschluß eines Vergleichs zu bewirken. Scheitert der Streitbeilegungsversuch, entscheidet ein staatliches Arbeitsgericht.[891]

Schlichtungsstelle im Mitarbeitervertretungsrecht der katholischen Kirche; für die evangelischen Regelungen: Schilberg, Rechtsschutz und Arbeitsrecht, S. 196 ff..

Für die evangelische Kirche hat die Synode der EKD das *Kirchengesetz über das Verwaltungsgericht für mitarbeitervertretungsrechtliche Streitigkeiten der Evangelischen Kirche in Deutschland* (Verwaltungsgerichtsgesetz – VGG-EKD) vom 12.11.1993 beschlossen, Gehring, AuR 1995, S. 169-170, 169.

[885] Zu der schlichtungsähnlichen Vorgehensweise bei Geistlichen s.o. Seite 231 f..

[886] Kammerer, Der Betriebs-Berater 1985, S. 1986-1992, 1986.

[887] Siehe zu Zuständigkeit, Organisation und Verfahren nach dem MVG, Gehring, AuR 1995, S. 169-170.

[888] Kammerer, Der Betriebs-Berater 1985, S. 1986-1992, 1986.

[889] Schilberg, Rechtsschutz und Arbeitsrecht, S. 180.

[890] Kammerer, Der Betriebs-Berater 1985, S. 1986-1992, 1990.

[891] Siehe die ausführliche Darstellung der Rechtslage in den verschiedenen Landeskirchen, Schilberg, Rechtsschutz und Arbeitsrecht, S. 97 ff..

Im Gegensatz zu den katholischen Schlichtungsstellen sind die Schlichtungsausschüsse im evangelischen Bereich deutlicher mit Rechtsprechungsfunktionen ausgestattet. So betont z.B. das Mitarbeitervertretungsgesetz der Evangelischen Kirche im Rheinland ausdrücklich das Zustimmungsrecht der Mitarbeitervertretung bei fristlosen Kündigungen eines Mitarbeitervertreters (§ 18 MAVG). Verweigert sie in einem solchen Fall die Zustimmung, entscheidet auf Anrufung der Dienststellenleitung der Schlichtungsausschuß, der die fehlende Zustimmung ersetzen kann.[892] Durch generalklauselartige Formulierungen, derer sich die evangelischen Regelungen bedienen, werden die Streit- und Schlichtungsfälle erfaßt. Die Leitsätze der Schlichtungsentscheidung werden veröffentlicht und sind somit den Mitarbeiterinnen und Mitarbeitern zugänglich.[893] In allen Kirchen und im Diakonischen Werk sind die sachliche und persönliche Unabhängigkeit sowie die fachliche Qualifikation der Richterinnen und Richter gewährleistet, womit die Schiedsausschüsse den modernen rechtsstaatlichen Rechtsanforderungen genügen und damit die Kriterien erfüllen, die der Staat für die Anerkennung als Gericht fordert.[894]

Die Entscheidung einer Schlichtungsstelle hat Bindungswirkung für die Beteiligten, und ihre Beschlüsse sind kein juristisches *nullum*.[895] Staatliche Arbeitsgerichte können lediglich eine Überprüfung hinsichtlich der Verletzung von Grundprinzipien der Rechtsordnung vornehmen, sind sonst jedoch an die vorliegenden Beschlüsse der Schiedsstellen gebunden.[896]

---

[892] Bietmann, Betriebliche Mitbestimmung im kirchlichen Dienst, S. 146 f..

[893] Bietmann, Betriebliche Mitbestimmung im kirchlichen Dienst, S. 147.

[894] Schilberg, Rechtsschutz und Arbeitsrecht, S. 180.

[895] Senat für Amtszucht der VELKD, Urteil vom 12.11.1971, RsprB ABl. VELKD Band IV, S. 17; Kammerer, Der Betriebs-Berater 1985, S. 1986-1992, 1990.

[896] Schilberg, Rechtsschutz und Arbeitsrecht, S. 180, der auch auf die zu bemängelnde noch große Unterschiedlichkeit der verschiedenen landeskirchlichen Regelungen hinweist, die nicht allein mit dem Hinweis auf konfessionelle und regionale Besonderheiten erklärt werden können und wo durch eine Harmonisierung die notwendige Transparenz hergestellt würde.

3. Staatliche Gerichte

Für die öffentlich-rechtlichen Dienstverhältnisse besteht, wie dargelegt,[897] eine Erstzuständigkeit der kirchlichen Gerichte. Staatliche Gerichte kommen erst zum Zuge, wenn keine Entscheidung einer innergemeinschaftlichen gerichtlichen Instanz mehr möglich ist.[898] Nach dem BVerfG ist die Frage, ob bei einer Verletzung von Loyalitätsobliegenheiten die sachliche Rechtfertigung einer Kündigung des kirchlichen Arbeitsverhältnisses gegeben ist, nach den kündigungsschutzrechtlichen Vorschriften gem. §§ 1 KSchG, 626 BGB zu beantworten. Diese Normen stellen ein für alle geltendes Gesetz im Sinne von Art. 137 Abs. 3 S. 1 WRV dar und unterliegen danach umfassender arbeitsgerichtlicher Anwendungskompetenz.[899]

III. Amtsermittlungsgrundsatz

In der evangelischen Kirche gilt im Hinblick auf das Disziplinarverfahren das Akkusationsprinzip. Das Gericht kann nicht von Amts wegen, sondern nur auf Antrag tätig werden.[900] Es liegt in der Verantwortung der zuständigen Stellen, meist bei den Kirchenleitungen, zu prüfen und zu entscheiden, ob und in welcher Weise Verstöße gegen Lebensführungspflichten verfolgt werden; sie sind dabei rechtlich grundsätzlich zu keinem bestimmten Vorgehen verpflichtet. Auch sind die Tatbestandsnormen der Kirchenzucht sehr unbestimmt formuliert, so daß den entscheidenden Amtsträgerinnen und Amtsträger oder der Kirchenleitung grundsätzlich ein sehr großes Ermessen zukommt.[901] [902]

---

[897] s.o. Seite 227 ff..

[898] Winter, Staatskirchenrecht, S. 121.

[899] BVerfGE 70, S. 138 ff..

[900] Anklage, Verteidigung und Urteilsfindung liegen also nicht nach dem Inquisitionsprinzip in einer Hand, sondern teilen sich auf drei Prozeßbeteiligte auf, Friedrich, Einführung in das Kirchenrecht, S. 549.

[901] Pahud de Mortanges, Zwischen Vergebung und Vergeltung, S. 205.

[902] Gem. § 4 Abs. 2 DG der EKD ist bei Geistlichen, die im unmittelbaren Bereich der EKD tätig sind, der Rat der EKD für die Eröffnung eines Disziplinarverfahrens zuständig, während bei Geistlichen, die einer Gliedkirche unterstehen, die im gliedkirchlichen Recht benannte Stelle zuständig ist.

Eine Einschränkung erfährt die Ermessensfreiheit zum einen durch das allgemeine Gleichheitsgebot, nämlich Gleiches gleich und Ungleiches ungleich zu behandeln, wobei aufgrund der in der Praxis völlig unterschiedlich gelagerten Einzelfälle kaum ein Fall dem anderen entspricht.[903] Neben diesem Gleichheitsgrundsatz findet für die Beantwortung der Frage, ob und in welcher Weise vorgegangen werden soll, der Grundsatz der Verhältnismäßigkeit Anwendung, d.h., die zu ergreifende Maßnahme muß in ihrer Tragweite dem Gewicht des Vorgangs entsprechen, durch den sie veranlaßt ist. Entscheidend mitgeprägt werden diese Grundsätze aber auch von der Fürsorgepflicht der Kirche gegenüber ihren Mitarbeiterinnen und Mitarbeitern, insbesondere gegenüber den Pfarrerinnen und Pfarrern, deren Dienstverhältnisse aufgrund der Ordination in besonderer Weise mit dem Gedanken gegenseitiger Treue und Fürsorge verbunden werden müssen.[904]

Häufig stellt sich in der Praxis die Frage, ob es für die Kirchenleitungen eine Verpflichtung gibt, auf bestimmte Erkenntnisse in bestimmter Weise zu reagieren. Weiß eine übergeordnete Stelle etwas über die Verfehlung einer Lebensführungspflicht, z.B. über das außereheliche Verhältnis eines Pfarrers, steht sie vor der Entscheidung, ob sie rechtliche Schritte einleiten muß, auch wenn diese Tatsache in der Gemeinde und Öffentlichkeit selbst noch nicht bekannt geworden ist. Müssen sich die Verantwortlichen in der Kirchenleitung Klarheit über den tatsächlichen Vorgang verschaffen, also praktisch wie ein Staatsanwalt bei hinreichendem Tatverdacht eine Art Ermittlungsverfahren einleiten?

Eines der Ziele im staatlichen Strafprozeß ist die Erforschung und Feststellung der materiellen Wahrheit.[905] Das Gericht hat nach dem Untersuchungs- bzw. Ermittlungsgrundsatz gem. § 244 Abs. 2 StPO zur Erforschung der Wahrheit die Beweisaufnahme von Amts wegen auf alle Tatsachen und Beweismittel zu erstrecken, die für die Entscheidung von Bedeutung sind. Vergleichbar damit hat

---

[903] Diese Schwierigkeit hinsichtlich der Einhaltung des Gebots der Gleichbehandlung besteht auch im Beamtenrecht, Hellfritzsch, Außerdienstliches Fehlverhalten von Beamten, S. 345.

[904] Tompert, Das Recht der Kirche, S. 169-199, 189 f..

[905] Löwe–Rosenberg, Bd. 1, Einl. Kap. 13, RN 44.

auch das kirchliche Disziplinargericht eine umfassende Aufklärungspflicht; es muß alles tun, was zur Erforschung der Wahrheit erforderlich ist.[906] Das Untersuchungsprinzip gilt gem. § 21 Abs. 1 und § 77 Abs. 1 DG der EKD also auch im Disziplinarverfahren. Hier ist von Amts wegen wie beim staatlichen Strafprozeß alles zu tun, was zur Erforschung der Wahrheit für die Schuldfeststellung und die Strafzumessung erheblich ist. Neben belastenden sind auch die entlastenden Umstände zu ermitteln.[907]

Im Strafprozeß trifft den Staatsanwalt aber auch eine sich aus § 160 Abs. 2 und 3 sowie §§ 296 Abs. 2, 301 StPO ergebende Pflicht, zwecks Erforschung der materiellen Wahrheit tätig zu werden. Diese Mitwirkungspflicht erwächst ihm aus der Stellung als Organ des strafverfolgenden Staates. Daran ändert sich außer in Ausnahmefällen nichts, obwohl der Staatsanwalt – im Gegensatz zum Richter – weisungsgebunden ist.[908] Im Strafprozeß ist der Staatsanwalt also diesem Legalitätsprinzip verbunden.[909] Diese Grundsätze könnten sich auf die Kirchenleitung oder die Leitung einer kirchlichen Einrichtung übertragen lassen. Hier soll nicht die Frage danach gestellt werden, ob die Kirchenleitung eine Prüfung der Prozeßvoraussetzungen vornehmen muß, sondern ob sie bei Kenntnis eines Verstoßes gegen Lebensführungspflichten ein Verfahren gegen den kirchlichen Mitarbeiter oder die kirchliche Mitarbeiterin in Gang bringen muß.

Im staatlichen Beamtenrecht beinhaltet das Rechtsfolgeermessen neben dem Auswahlermessen auch das Entschließungsermessen. Nach § 3 BDO liegt es im Ermessen der zuständigen Behörde, ob sie das Disziplinarverfahren eröffnet. Die generalklauselartige und unbestimmte Struktur des Beamtenrechts bedingt, daß der Dienstvorgesetzte nach pflichtgemäßen Ermessen einzuschreiten hat.[910] Auch hinsichtlich bekanntgewordener strafbarer Handlungen eines Beamten oder einer Beamtin besteht keine Pflicht der Vorgesetzten ein solches Verhalten

[906] Hansch, Die Disziplinargerichtsbarkeit in der Evangelischen Kirche, S. 109.

[907] Friedrich, Einführung in das Kirchenrecht, S. 549.

[908] Löwe – Rosenberg, Bd. 1, Einl. Kap. 13, RN 47.

[909] Friedrich, Einführung in das Kirchenrecht, S. 549.

[910] Opportunitätsprinzip der §§ 3, 27 Abs. 1 BDO, Wiese, Beamtenrecht, S. 103.

anzuzeigen. Dies unterliegt vielmehr dem pflichtgemäßen Ermessen, wobei eine Berücksichtigung unsachlicher Gründe z.B. freundschaftlicher Beziehungen pflichtwidrig ist.[911]

Parallel hierzu kann im kirchlichen Disziplinarverfahren die Einleitung des Verfahrens ebenfalls nach Opportunitätsgesichtspunkten betrieben werden. Daraus folgt, daß das Gericht, wenn alle Beteiligten damit einverstanden sind, das Verfahren jederzeit beenden kann.[912] Wenn im Rahmen eines seelsorgerlichen Gesprächs dienstaufsichtlich interessante und potentiell relevante Sachverhalte offengelegt werden, wird die Wahrung der seelsorgerlichen Schweigepflicht[913] zu einem Problem. In den Bereich der Seelsorge fällt jede helfende oder heilende Kommunikation von Mensch zu Mensch. Informationen, die im Rahmen eines solchen Gesprächs der Kirchenleitung oder einem ihrer Mitglieder bekannt werden, dürfen grundsätzlich nicht zum Gegenstand rechtserheblichen Handelns gemacht werden. Die seelsorgerliche Schweigepflicht eines leitenden kirchlichen Amtsträgers wird richtigerweise der Primat vor dessen Aufgaben im Bereich der Dienstaufsicht zuerkannt, denn die Wahrung dieser Verschwiegenheit gehört zu den grundlegenden Dienstpflichten, die nur zur Disposition stehen, wenn dadurch schwere Straftaten verhindert werden können. In diesem Zusammenhang übergebene Papiere unterliegen einem Verwertungsverbot.[914] Dies muß sowohl für seelsorgerische Gespräche mit den Betroffenen selbst, als auch für Gespräche mit Dritten über die Betroffenen gelten. Dem in Verstrickungen geratenen Geistlichen wird es so erleichtert, gegenüber seinem *pastor pastorum* den Mut zur ganzen Wahrheit zu finden.

Daher ist es für Mitglieder der Kirchenleitung und für die Vorgesetzten von Pfarrerinnen und Pfarrern notwendig, gemeinsam mit den Betroffenen festzulegen, welcher Natur – seelsorgerischer oder dienstrechtlicher – das Gespräch sein

---

[911] Strunck, Beamtenrecht, § 7, S. 78.

[912] Hansch, Die Disziplinargerichtsbarkeit in der Evangelischen Kirche, S. 111.

[913] z.B. gem. § 17 PfG Bad; § 41 Abs. 2 PfG der VELKD und § 28 PfDG der EKU.

[914] Disziplinarhof der EKU – Erster Senat, Urteil vom 9.10.1981 – DH 1/1980 – Nr. 32.1 in ZevKR 27 (1982), S. 84-90, mitgeteilt von Albert Stein.

soll. Dieses kann schon im Vorfeld durch die verabredeten Umstände, unter denen es stattfinden soll, bestimmt sein. Stehen Vorwürfe gegen den Pfarrer oder die Pfarrerin im Raum, tut das Mitglied der Kirchenleitung gut daran, ein seelsorgerisches Gespräch einem unbeteiligten Dritten zu überlassen.

Orientiert man sich am Ziel von Verfahren wegen Verstößen gegen die Lebensführungspflichten – nämlich der Sicherung des kirchlichen Auftrags – spricht vieles dafür, daß die Kirchenleitungen erst die Initiative ergreifen müssen, wenn die Sache öffentlich bekannt und problematisiert worden ist. So besteht Einigkeit darüber, daß die homophile Veranlagung als solche dienstrechtlich nicht zur Kenntnis zu nehmen ist, insbesondere kein rechtliches Hindernis für die Aufnahme in den Pfarrdienst darstellt.[915] Ähnlich wie bei der nichtehelichen Lebensgemeinschaft oder dem ehebrecherischen Verhalten wird sie erst relevant, wenn sie im Dienstbereich der Pfarrerinnen und Pfarrer bekannt wird, vor allem, wenn sie als gleichwertige Alternative zur normalen ehelichen Gemeinschaft dargestellt wird. Diese abwartende Vorgehensweise stimmt auch mit dem einem Disziplinarverfahren vorzuschaltenden Schiedsverfahren überein, das verdeutlicht, daß es der evangelischen Kirche wichtig ist, eine Eskalation zu vermeiden und in einem frühen Stadium des Konflikts, in dem noch keine irreversiblen Folgen entstanden sind, Lösungen zu finden. Dies deckt sich auch mit dem allgemeinen Prinzip der kirchlichen Gerichtsbarkeit, auf eine gütliche Einigung hinzuarbeiten, wobei das Ziel der kirchlichen Gerichtsbarkeit in der Herstellung des Friedens in der Dienstgemeinschaft liegt.[916]

Hier wird deutlich, daß es im Kirchenrecht nicht darum gehen darf, besondere Wertvorstellungen durchzusetzen, denn gerade das evangelische Kirchenrecht sollte nichts mehr scheuen, als Gewissensdruck in Glaubensdingen auszuüben.[917] Vielmehr muß das Ziel sein, den kirchlichen Auftrag und damit auch den einzelnen Auftrag der Pfarrerinnen und Pfarrer sowie der Mitarbeiterinnen und Mitarbeiter zu schützen. So gesehen besteht für die Kirchenleitungen im

---

[915] Tompert, Das Recht der Kirche, S. 169-199, 178.

[916] Schilberg, Rechtsschutz und Arbeitsrecht, S. 82 f..

[917] Stein, Evangelisches Kirchenrecht, S. 110.

kirchlichen Verfahren zumindest hinsichtlich des Umgangs mit Verstößen gegen Lebensführungspflichten das Opportunitätsprinzip. Auch wenn es nur vereinzelt ausdrücklich erwähnt wird, gehen de facto der Einleitung eines kirchlichen Disziplinarverfahrens meist Billigkeitserwägungen voraus.[918] Liegen der Kirchenleitung oder der zuständigen Dienststelle Anhaltspunkte für einen disziplinarisch relevanten Verstoß vor, hat sie unter Würdigung des gesamten dienstlichen und außerdienstlichen Verhaltens zu entscheiden, ob ein förmliches Verfahren eröffnet werden muß.[919]

Im Hinblick auf Maßnahmen der Kirchenzucht werden Übertretungen erst dann Gegenstand kirchlicher Maßnahmen, wenn sie öffentlich Ärgernis geben und damit das Gebot der Liebe im Zusammenleben der Gemeinde verletzen.[920] Auch hier liegt die Eröffnung des Verfahrens im Ermessen der zuständigen Kirchenleitung und der betroffenen Gemeinde.

[918] Pahud de Mortanges, Zwischen Vergebung und Vergeltung, S. 290; Friedrich, Einführung in das Kirchenrecht, S. 549.

[919] § 4 Abs. 1 DG der EKD: *„Ob wegen einer Amtspflichtverletzung mit Disziplinarmaßnahmen einzuschreiten ist, bestimmt die zuständige Dienststelle nach pflichtgemäßen Ermessen. Sie hat dabei das gesamte dienstliche und außerdienstliche Verhalten des Beschuldigten zu würdigen.“*.

[920] Diem, ZevKR 4 (1955); S. 291-307, 300.

Fünfter Teil: Neugestaltungsmöglichkeiten und -pflichten

Die hohe Zahl der Bediensteten im kirchlichen Bereich erklärt den öffentlichen Druck auf die Kirchen, dem Staat bzw. den Gewerkschaften Einflußnahme auf diese Arbeitsverhältnisse zu gewähren. Wie dargelegt gehört der kirchliche Dienst zu den nach Art. 137 Abs. 3 WRV geschützten eigenen Angelegenheiten der Kirchen, woraus ihre umfassende Regelungskompetenz abgeleitet werden kann. Es liegt im Kompetenz- und Aufgabenbereich der evangelischen Kirche allein, auf die Einhaltung bestimmter Lebensführungspflichten hinzuwirken und eine ganzheitliche Ordnung ihrer Arbeitswelt zu schaffen.[921] Ein Vergleich der bestehenden Möglichkeiten zur entsprechenden Ausgestaltung dieser Arbeitsverhältnisse mit der tatsächlichen Nutzung dieser Gestaltungsfreiheit zeigt, daß die evangelische Kirche hinter ihren tatsächlichen Möglichkeiten zurückbleibt. Vor allem aber besteht ein starkes Defizit an Einheitlichkeit der Handhabung in diesem Bereich.

Aus ihrem Auftrag heraus ist es für die Kirche geboten, daß sie die Ordnung ihres Lebens weder in Anpassung an die jeweiligen Verhältnisse beliebig entwirft, noch einfach traditionalistisch fortschreibt oder unbegründet für selbstverständlich hält.[922] Gibt es nicht ein Bedürfnis, über die augenblicklich bestehenden Normierungen hinaus, einheitliche und klare Regelungen und Verfahrensformen zu schaffen? Es ist zu prüfen, welche Möglichkeiten und Verpflichtungen den Kirchenleitungen zufallen, überschaubare, einheitliche und rechtlich verbindliche Vorgaben für die verschiedenen Bereiche zu schaffen, um für die evangelische Kirche und ihre Mitarbeiterinnen und Mitarbeiter Effizienz, Rechtssicherheit und ein gutes Miteinander zu gewährleisten.

A. Die Sonderdisziplin des kirchlichen Arbeitsrechts

Schon 1980 meinte *Hanau*, das kirchliche Arbeitsrecht nehme, innerhalb der Kirchen energisch vorangetrieben, von den Gerichten mit Marksteinen abgesteckt und von einer vielfältigen rechtswissenschaftlichen Diskussion begleitet,

---

[921] Jurina, Dienst- und Arbeitsrecht, S. 41.

[922] Ordnung der EKU 1999, S. 5.

zunehmend eigene Gestalt an.[923] Im Laufe der folgenden zwei Jahrzehnte hat das kirchliche Arbeitsrecht in Bezug auf das staatliche tatsächlich eine bemerkenswerte Eigenständigkeit und Andersartigkeit entwickelt.[924] Angesichts der Fülle von Gerichtsentscheidungen und der zu dieser Problematik erschienenen Literatur wird beim kirchlichen Arbeitsrecht inzwischen von einer Sonderdisziplin[925] bzw. von einer weitgehenden arbeitsrechtlichen Sonderstellung der Kirchen gesprochen.[926]

Selbstverständlich war, daß die Kirchen das Pfarrer- und Kirchenbeamtenrecht regeln und im übrigen staatliches Arbeitsrecht zur Anwendung kommt. Daß das kirchliche Selbstbestimmungsrecht eine Regelungsautonomie auch für die Entwicklung des kirchlichen Dienstes in Gestalt der arbeitsrechtlichen Ordnung garantiert, kam einer Entdeckung gleich.[927] Bei streitigen Auseinandersetzungen der Kirche mit ihren Mitarbeiterinnen und Mitarbeitern haben die Arbeitsgerichte die vorgegebenen kirchlichen Maßstäbe für die Bewertung vertraglicher Loyalitäts- und damit auch Lebensführungspflichten zugrundezulegen, soweit diese vom Selbstbestimmungsrecht der Kirchen gedeckt sind.[928] Es bleibt den verfaßten Kirchen überlassen, verbindlich zu bestimmen, was *„die Glaubwürdigkeit und ihre Verkündigung erfordert"*, was *„Nähe"* zu ihnen bedeutet, welches die *„wesentlichen Grundsätze der Glaubens- und Sittenlehre"* sind und

---

[923] Hanau, ZevKR 25 (1980), S. 61-70, 62.

[924] Nach v. *Campenhausen* ist das kirchliche Dienst- und Arbeitsrecht im Verlauf der letzten knapp drei Jahrzehnte aus einem Dornröschenschlaf erwacht, v. Campenhausen, Staatskirchenrecht, § 21, S. 197.

[925] bzw. einem Sonderarbeitsvertragsrecht der Kirche, Rüthers, NJW 1986, S. 356-359, 356 f.

[926] Keßler, Die Kirchen und das Arbeitsrecht, S. 110.

[927] v. Campenhausen, Staatskirchenrecht, § 21, S. 197 f..

[928] s.o. Seite 102 ff.. In diesem Zusammenhang wird sogar überlegt, ob das kirchliche Arbeitsrecht sich in den letzten Jahren zu einer so komplexen Materie ausgeweitet habe, daß es dem staatlichen Richter, der nur selten mit diesen Fällen betraut ist, schwer fallen könnte, die kirchenrechtliche Materie richtig anzuwenden, Schilberg, Rechtsschutz und Arbeitsrecht, S. 64.

was als – gegebenenfalls schwerer – Verstoß gegen diese anzusehen ist.[929] Dies gilt natürlich erst recht für Streitigkeiten vor kirchlichen Gerichten.

Diese Rechtsprechung des BVerfG nimmt sich in der säkularisierten Umwelt der Gegenwart aus wie eine *„Orchideenblüte in einer Winterlandschaft"*[930], die des Schutzes und vielleicht auch einer bewußteren und progressiveren Initiative von kirchlicher Seite bedarf. Die besondere Eigenart des kirchlichen Dienstes darf durch eine undifferenzierte Einbeziehung in das weltliche Arbeitsrecht nicht eingeebnet werden.[931] Um so mehr muß auch Stimmen widersprochen werden, die allzu schnell vor der Gefahr einer Überziehung der kirchlichen Möglichkeiten warnen.[932] Man beurteile die Ausgangssituation und die sich daraus ergebenden Möglichkeiten unter Berücksichtigung der von der evangelischen Kirche zu verfolgenden Ziele! Allein das kann Maßstab dafür sein, welche Schritte sie unternehmen sollte um ihrem Auftrag gerecht zu werden. Zurückhaltendes Taktieren, das hinter den Möglichkeiten zurückbleibt, kann nicht im Sinne der Kirche sein. Die Bestimmungen über Lebensführungspflichten in den Grenzen des kirchlichen Selbstbestimmungsrechts auszubauen und zu verbessern, wäre Anerkennung, Ausdruck und Bestätigung dieser Sonderdisziplin.

B. Die neugeschaffene Grundordnung der Katholischen Kirche

Vor dem Hintergrund des durch die Entscheidungen des BVerfG[933] zuerkannten Freiraums der Kirchen in der Ausgestaltung ihrer Arbeitsverhältnisse hat die Vollversammlung der Deutschen Bischofskonferenz am 22.9.1993 die *„Erklärung der deutschen Bischöfe zum kirchlichen Dienst"* neugefaßt und eine *„Grundordnung des kirchlichen Dienstes im Rahmen kirchlicher Arbeitsverhältnisse„* (GrO) verabschiedet.[934] Bei der GrO handelt es sich um eine kirchen

---

[929] BVerfGE 70, S. 138 ff..

[930] Rüthers in v. Campenhausen, Essener Gespräche 18 (1984) (Aussprache), S. 8-66, 60.

[931] v. Campenhausen, Essener Gespräche 18 (1984), S. 8-39, 13.

[932] Keßler, Die Kirchen und das Arbeitsrecht, S. 110.

[933] BVerfGE 46, S. 73 ff. = NJW 1978, S. 581; BVerfGE 53, S. 366 ff. = NJW 1980, S. 1895; BVerfGE 57, S. 220 ff. = NJW 1981, S. 1829; BVerfGE 70, S. 138 ff. = NZA 1986, Beil. 1, S. 28 ff..

[934] Deutsche Bischofskonferenz, NJW 1994, S. 1394-1398, 1394.

rechtliche Verlautbarung, nämlich die normative Umsetzung der Erklärung zum kirchlichen Dienst. Mit dieser GrO, die seit dem 1.1.1994 in Kraft ist, wird das Arbeitsrecht im Bereich der katholischen Kirche, also in ihren verfaßten Gliederungen und den ihr zugeordneten autonomen Verbänden sowie Einrichtungen, auf eine neue Grundlage gestellt.

I. Allgemeines

Die GrO wurde unter Hinweis auf die Rechtsprechung des BVerfG auch mit der Begründung erarbeitet, daß der Staat von den Kirchen erwarte, den ihnen zugestandenen Freiraum zu nutzen und durch eigene kirchliche Regelungen auszufüllen, die zugleich rechts- als auch sozialstaatlichen Anforderungen genügen.[935] Von diesem Freiraum ist auch die Befugnis erfaßt, kirchlichen Arbeitnehmern besondere Obliegenheiten einer kirchlichen Lebensführung aufzuerlegen, vor allem die Pflicht, nicht gegen die tragenden Grundsätze der kirchlichen Glaubens- und Sittenlehre zu verstoßen.

Die neue GrO regelt die Dienstleistungen, die aufgrund von Arbeitsverhältnissen zwischen katholischen kirchlichen Arbeitgebern und Arbeitnehmern erbracht werden. Nach dem Verständnis der katholischen Kirche tragen alle in einer Einrichtung der katholischen Kirche Tätigen unter dem Leitbild der Dienstgemeinschaft ohne Rücksicht auf die arbeitsrechtliche Stellung gemeinsam dazu bei, daß die Einrichtung ihren Teil am Sendungsauftrag der Kirche erfüllen kann. Daher müssen Dienstgeber und –nehmer als Grundlage ihres Handelns festlegen, daß die Zielsetzung und Tätigkeit, Organisationsstruktur und Leitung der Einrichtung sich an der Glaubens- und Sittenlehre sowie an der Rechtsordnung der katholischen Kirche ausrichten soll.[936] So bestimmt die neue GrO auch, welche Beschäftigungsanforderungen Mitarbeiterinnen und Mitarbeiter erfüllen müssen, damit die Einrichtung, in der sie tätig sind, glaubwürdig den Sendungsauftrag der Kirche wahrnehmen kann, und wie zu verfahren ist, wenn Mitarbeiterinnen und Mitarbeiter diese Beschäftigungsanforderungen nicht erfüllen.[937]

---

[935] Dütz, NJW 1994, S. 1369-1375, 1369.

[936] Dütz, NJW 1994, S. 1369-1375, 1371.

[937] Richardi, NZA 1994, S. 19-24, 20.

In der Präambel der GrO nennen die Bischöfe Gründe und Zielsetzungen für deren Erlaß. Danach haben sie die Grundordnung unter anderem

- *„in Verantwortung für den Auftrag der Kirche, der Berufung aller Menschen zur Gemeinschaft mit Gott und untereinander zu dienen"*,
- *„zur Sicherung der Glaubwürdigkeit der Einrichtungen, die die Kirche unterhält und anerkennt, um ihren Auftrag in der Gesellschaft wirksam wahrnehmen zu können"*
- und *„in Erfüllung ihrer Pflicht, daß das kirchliche Arbeitsrecht auch unter den Erfordernissen, die durch die kirchlichen Aufgaben und Ziele gegeben sind, auch den Grundnormen gerecht werden muß, wie sie die katholische Soziallehre für die Arbeits- und Lohnverhältnisse herausgearbeitet hat"*

erlassen.[938]

II. Inhalt der Grundordnung

Art. 1 GrO äußert sich zu den Grundprinzipien des kirchlichen Dienstes, in deren Mittelpunkt das Leitbild der Dienstgemeinschaft steht. Deren Anerkennung an dieser hervorgehobenen Stelle bedeutet nicht, daß es im kirchlichen Dienst keine Interessenkonflikte und Auseinandersetzungen geben darf. Sie ist vielmehr so zu verstehen, daß unterschiedliche Interessen bei Dienstgebern und den Mitarbeiterinnen und Mitarbeitern, unter Beachtung des Grundkonsenses aller über den kirchlichen Auftrag, ausgeglichen werden.[939]

Gem. Art. 2 Abs. 1 ist die GrO als Kirchengesetz vom jeweiligen Diözesanbischof mit unmittelbarer Wirkung für den verfaßten kirchlichen Bereich in Kraft zu setzen.[940] Nach Art. 2 Abs. 2 GrO muß der Verband der Diözesen Deutschlands sie für seinen Bereich satzungsmäßig erlassen. Auch alle sonstigen der katholischen Kirche zugeordneten Institutionen wie der Deutsche Caritasverband und andere katholische Verbände wie Kolping, KAB, usw., die Orden, Vereine, Stiftungen und Einrichtungen, unabhängig von ihrer Rechtsform, haben

---

[938] Deutsche Bischofskonferenz, NJW 1994, S. 1394-1398, 1394.

[939] Begründung zu Art. 1 der neuen katholischen Grundordnung, Deutsche Bischofskonferenz, vom 22.9.1994, NJW 1994, S. 1394-1398, 1395.

[940] s. Canon 391 § 2 CIC.

die GrO nach dem jeweils für sie geltenden Satzungsrecht zu übernehmen, anderenfalls drohen ihnen Sanktionen.[941]

Die Umsetzung in die schon bestehenden Arbeitsverträge erfolgt durch eine in der Anwendung der GrO zu sehende Konkretisierung der bisherigen allgemeinen und weithin offenen Kirchlichkeitsklausel, die einer näheren kirchengemäßen Ausgestaltung zugänglich ist, so daß es keiner Änderung bestehender Arbeitsverträge bedarf. Bei Neuabschluß oder Änderung von Arbeitsverträgen kann vorsorglich auf den Inhalt der neuen GrO verwiesen werden.[942] Gem. Art. 2 Abs. 3 gilt die GrO nicht für Mitarbeiter, die im Rahmen ihres Klerikerverhältnisses oder ihrer Ordenszugehörigkeit für die Kirche tätig sind.

Hinsichtlich der Lebensführungspflichten selbst trifft die GrO folgende Regelungen:
Die Träger und die Leitung sind verantwortlich für den kirchlichen Charakter der Einrichtung.[943] Nach Art. 3 GrO besteht eine kirchengesetzliche Pflicht zur Sicherung der Eigenart des kirchlichen Dienstes bei der Begründung von Arbeitsverhältnissen. Die GrO nimmt also vor allem den kirchlichen Dienstgeber in die Pflicht. Dieser soll schon bei der Einstellung sicherstellen, daß die ausgewählten Bewerberinnen und Bewerber geeignet und befähigt sind, die vorgesehene Aufgabe auch unter Berücksichtigung der Eigenart des kirchlichen Dienstes zu erfüllen.

Nach Art. 3 Abs. 2 GrO dürfen bestimmte Aufgaben nur von Personen übernommen werden, die der katholischen Kirche angehören. Damit die Arbeitgeber dieser Verpflichtung nachkommen können, müssen sie für die verschiedenen Tätigkeitsbereiche Funktionsbeschreibungen erstellen und ein entsprechendes Anforderungsprofil festlegen. Der Arbeitgeber genügt seiner Prüfungspflicht aus Art. 3 GrO bezüglich der Erfüllung der Anforderungen, wenn bei objektiver Be-

---

[941] Dütz, NJW 1994, S. 1369-1375, 1374.

[942] Dütz, NJW 1994, S. 1369-1375, 1374.

[943] Begründung zu Art. 3 der neuen katholischen Grundordnung, Deutsche Bischofskonferenz, NJW 1994, S. 1394-1398, 1395.

urteilung davon auszugehen ist, daß ein Bewerber nach Abschluß des Arbeitsvertrags die vereinbarten Loyalitätsanforderungen einhalten wird.[944] Nach Art. 3 Abs. 4 GrO sind Personen, die sich kirchenfeindlich betätigen oder aus der katholischen Kirche ausgetreten sind, für keinen Dienst in der katholischen Kirche geeignet, wobei der Kirchenaustritt einer nichtkatholischen Person, die dann zu katholischen Kirche übertritt, positiv bewertet und hiervon ausgenommen wird.[945]

In Art. 4 GrO wird eine Abstufung der Loyalitätsobliegenheiten vorgenommen. Nach Abs. 1 wird von den katholischen Mitarbeiterinnen und Mitarbeitern erwartet, daß sie die Grundsätze der katholischen Glaubens- und Sittenlehre anerkennen und beachten. Das persönliche Lebenszeugnis im Sinne der katholischen Grundsätze ist insbesondere für Mitarbeiterinnen und Mitarbeiter im pastoralen, erzieherischen und katechetischen Dienst sowie solche, die aufgrund einer *Missio canonica* oder die in leitenden Positionen arbeiten, erforderlich. Von nicht katholischen aber christlichen Mitarbeiterinnen und Mitarbeitern wird gem. Art 4 Abs. 2 GrO erwartet, daß sie die Wahrheiten und Werte des Evangeliums achten und dazu beitragen, sie in der Einrichtung zur Geltung zu bringen. Nach Abs. 3 haben nichtchristliche Mitarbeiterinnen und Mitarbeiter kirchenfeindliches Verhalten zu unterlassen und dürfen weder mit ihrer persönlichen Lebensführung noch mit ihrem dienstlichen Verhalten die Glaubwürdigkeit der Kirche und der Einrichtung, in der sie beschäftigt sind, gefährden.

Art. 5 GrO regelt die Sanktionen im Falle eines Loyalitätsverstoßes, bestimmt also, wie ein kirchlicher Dienstgeber zu reagieren hat, wenn Mitarbeiterinnen und Mitarbeiter bestimmte Beschäftigungsanforderungen nicht mehr erfüllen. Abs. 1 sagt deutlich, daß eine Kündigung nur als letzte Maßnahme in Betracht kommt, und es werden eine Reihe von Sanktionen genannt, die vor der Kündigung zu erfolgen haben. Der Dienstgeber soll zunächst durch Beratung versuchen, daß die Mitarbeiterin oder der Mitarbeiter den Mangel auf Dauer beseitigt.

---

944 Richardi, NZA 1994, S. 19-24, 20.

945 Begründung zu Art. 4 der neuen katholischen Grundordnung, Deutsche Bischofskonferenz, NJW 1994, S. 1394-1398, 1396.

Es ist immer zu prüfen, ob solch ein klärendes Gespräch, eine Abmahnung, ein formeller Verweis oder eine andere Maßnahme, wie Versetzung oder Änderungskündigung, geeignet ist, dem Obliegenheitsverstoß zu begegnen.

In den Abs. 2 und 3 sind, nicht abschließend, Loyalitätsverstöße aufgeführt, die als schwerwiegend angesehen werden und als Kündigungsgrund in Betracht kommen. Abs. 4 bestimmt für Mitarbeiterinnen und Mitarbeiter, an die keine besonderen Loyalitätserwartungen gestellt und deren Verstöße trotzdem als schwerwiegend eingestuft werden, eine Prüfung der Möglichkeit zur Weiterbeschäftigung nach den Einzelfallumständen. Letzteres ist nach Abs. 5 ausgeschlossen, wenn Mitarbeiterinnen oder Mitarbeiter aus der katholischen Kirche austreten oder eine nach katholischem Verständnis ungültige Ehe abschließen, damit öffentliches Ärgernis erregen und die Glaubwürdigkeit der Kirche beeinträchtigen.

III. Bemerkungen zur neuen katholischen Grundordnung

Aufgrund der bei den Kirchen liegenden Maßstabskompetenz sind in der GrO auch spezifische Verhaltensweisen aufgeführt, an denen durch Verstöße gegen Grundsätze der Glaubens- und Sittenlehre der katholischen Kirche ausgelöste Konfliktsituationen deutlich werden. Ziel war eine Regelung, die über die bisher übliche, ganz allgemein gehaltene sog. Kirchlichkeitsklausel zur Ausrichtung der persönlichen Lebensführung spürbar hinausgeht. Dies wird durch eine differenziert gefaßte Generalklausel in Verbindung mit Regelbeispielen, die fallgruppenartig bisherige Erfahrungen aufgreifen, in Art. 5 GrO angestrebt.[946]

Schon in Art. 3 GrO wird eine deutliche Abstufung der Anforderungen an die kirchlichen Mitarbeiterinnen und Mitarbeiter vorgenommen. Im Zusammenhang mit Art. 4 Abs. 1 S. 2 und Art. 5 Abs. 3 GrO wird dies damit begründet, für die Glaubwürdigkeit der Kirche in der Öffentlichkeit sei es von besonderem Gewicht, daß der Personenkreis, der pastoral, katechetisch oder erzieherisch tätig wird, oder, der in einer Einrichtung leitende Aufgaben wahrnimmt, eine auch

---

[946] Begründung zu Art. 5 der neuen katholischen Grundordnung, Deutsche Bischofskonferenz, NJW 1994, S. 1394-1398, 1397.

außerhalb der Kirche wahrgenommene Vorbildfunktion ausfüllt.[947] Es könne dabei nur darum gehen, eine Abstufung der Fähigkeit und Eignung für die Wahrnehmung der im Arbeitsvertrag übernommene Arbeitsaufgaben vorzunehmen, mit der jeder Mitarbeiter und jede Mitarbeiterin im Dienst einer kirchlichen Einrichtung einen Beitrag zur Erfüllung des der Kirche gestellten Auftrags leistet. Daß eine Abstufung geboten sei, ergebe sich schon daraus, daß alle, die in einer kirchlichen Einrichtung mitarbeiten, eine Dienstgemeinschaft bilden, auch wenn sie nicht der katholischen oder gar keiner Kirche angehören.[948]

Leitende von anderen Mitarbeiterinnen und Mitarbeitern wie im profanen Recht (vgl. § 5 Abs. 3 und 4 BetrVG) zu unterscheiden, wird aber auch als problematische Vorgehensweise empfunden.[949] Natürlich gibt es Mitarbeiterinnen und Mitarbeiter, die besondere Funktionen wahrnehmen, die vor allem Bedeutung für Bestand, Entwicklung und auch die Glaubwürdigkeit der Kirche in der inner- und außerkirchlichen Öffentlichkeit haben. Doch rechtfertigen diese Glaubwürdigkeitsaspekte die rechtliche Manifestierung einer besonderen Loyalitätsbindung von bestimmten Verantwortungsträgerinnen und -trägern sowie anderen Repräsentationspersönlichkeiten? In der Begründung der GrO hat die Deutsche Bischofskonferenz zu Art. 1 erklärt:

„Der kirchliche Dienst steht unter dem Leitbild einer Dienstgemeinschaft. (...) Die Bestimmung stellt daher an die Spitze der Grundprinzipien des kirchlichen Dienstes, daß alle in einer Einrichtung der katholischen Kirche Tätigen durch ihre Arbeit ohne Rücksicht auf die arbeitsrechtliche Stellung gemeinsam dazu beitragen, daß die Einrichtung ihren Teil am Sendungsauftrag der Kirche erfüllen kann."[950]

---

[947] In diesem Zusammenhang sollen für Bischöfen und Kirchenpräsidenten ganz besonders enge Grenzen gelten, Bach, Die politische Betätigung geistlicher Amtsträger, S. 203.

[948] Richardi, NZA 1994, S. 19-24, 20 f..

[949] Dütz, NJW 1994, S. 1369-1375, 1373.

[950] Begründung zu Art. 1 der neuen katholischen Grundordnung, Deutsche Bischofskonferenz, NJW 1994, S. 1394-1398, 1395.

Ein Widerspruch zu der dann tatsächlich vorgenommenen Unterscheidung von Loyalitätsbindungen ist hier offensichtlich gegeben. Vielleicht aber liegt es dem Selbstverständnis der katholischen Kirche näher als dem protestantischen, eine Abstufung vorzunehmen, besteht doch auf katholischer Seite ein anderes Verständnis vom Priestertum aller Gläubigen, und auch der Dienstgemeinschaftsgedanke wird weniger gleichsetzend als hinsichtlich der Erfüllung des Auftrags eqilibrierend verstanden.[951]

C. Pflicht zur Neugestaltung?

Die Freiheit der Kirche zur Selbstbestimmung hat auf dem Gebiet des kirchlichen Arbeitsrechts durch die staatskirchenrechtliche Rechtsprechung der letzten Jahre – vor allem die des BVerfG – eine beträchtliche Aufwertung erfahren.[952] Könnten der bestehende Freiraum und die sich aus ihm ergebenden Möglichkeiten im Zusammenhang mit dem Auftrag der Kirche und den Aufgaben der Kirchenleitungen eine Gestaltungspflicht der evangelischen Kirche begründen?

Auch hier kommt man auf die verfassungsrechtliche Frage nach Reichweite und Grenzen des kirchlichen Selbstbestimmungsrechts zurück und damit auch auf die nach einer Abgrenzung und Zuordnung kirchlicher und staatlicher Zuständigkeiten. Es geht um eine diffizile Bereichsdefinition von staatlichem und kirchlichem Recht und somit darum, wie die Kirche in einem pluralistischen freiheitlichen Rechts- und Sozialstaat von ihr selbst geprägte Ordnungsmodelle verwirklichen kann, ohne die Grenzen des für alle geltende Gesetzes zu verletzen,[953] und wie weit sie den ihr zustehenden Freiraum in Erfüllung ihrer ureigensten Aufgaben nutzen muß, um eigenen Gestaltungspflichten nachzukommen.

---

[951] Es gibt Stimmen, die auch nach Schaffung dieser Grundordnung, und gerade auch wegen ihr, rechtsstaatliche Anforderungen nicht im ausreichenden Maß berücksichtigt sehen, so: Klimpe-Auerbach, AuR 1995, S. 170-177, 177. Dem kann entgegengehalten werden, daß sie weniger im Kern tatsächlich treffende Einwände vorbringen, als die vom BVerfG zugunsten der Kirchen geklärten Punkte in Zweifel ziehen.

[952] s.o. Seite 136 ff.; Marré, Theologie und Glaube 78 (1988), S. 397-414, 399.

[953] v. Campenhausen, Essener Gespräche 18 (1984), S. 8-39, 10 f..

Das Staatskirchenrecht enthält das Angebot des Staates an die Kirchen, bestimmte Instrumentarien zur Realisierung des kirchlichen Auftrags zu nutzen. In der Vergangenheit wurde diese instrumentale Funktion des Staatskirchenrechts in Anspruch genommen, aber es stellt sich zunehmend die Frage, ob die Kirchen auch heute noch den Mut und die Innovationskraft besitzen, um die Entfaltungsmöglichkeiten wahrzunehmen, die sich ihnen bieten.[954] Aus staatskirchenrechtlichen Sicht steht es den Kirchen frei, diese Instrumente zu nutzen oder dies eben nicht zu tun. Doch die Kirche bedarf der *ständigen Reformation*, was auch für ihre rechtliche Ausgestaltung gilt, die immer wieder auch daraufhin hinterfragt werden muß, ob sie dem Dienst- und Zeugnischarakter noch entspricht.

Schon nach dem Urteil des BVerfG zum nordrhein-westfälischen Krankenhausgesetz[955] wurde erklärt, daß aufgrund der Zuerkennung des weiten Freiraums der Kirche gegenüber staatlichen Eingriffen das Kirchenrecht zur Kirchenpflicht wird und gefordert, diesen Freiraum auszufüllen, damit er nicht verloren gehe.[956] Wo die Kirchen den ihnen offenstehenden Raum zur Regelung ihrer Angelegenheiten nicht nutzen, entsteht ein nur schwer zu durchschauendes Gemisch von staatlichem und kirchlichem Recht, was auf den Unkundigen den Eindruck macht, als lebe die Kirche einfach staatliches Recht nach.[957] Insgesamt hat das BVerfG mit verschiedenen Grundsatzentscheidungen Grundpfeiler der arbeitsgerichtlichen Regelungsautonomie errichtet, die kirchliche Regelungen nicht nur ermöglichen sondern fordern.[958] Die neue GrO der katholischen Kirche entstand unter dem, die Rechtsprechung des BVerfG aufnehmenden, Hinweis, die Kirchen könnten vor allem bestimmen, welches die wesentlichen Grundsätze der Glaubens- und Sittenlehre sind, was als schwerer Verstoß hiergegen anzusehen ist und ob dabei eine Abstufung der Pflichten zu erfolgen hat. Hinsichtlich der Aufstellung des Maßstabs, nach dem sich Loyalitätsobliegenheiten kirchlicher

---

[954] Marré, Theologie und Glaube 78 (1988), S. 397-414, 397 f..

[955] BVerfGE 53, S. 366 ff..

[956] Leisner, Essener Gespräche 17 (1983), S. 9-29, 28.

[957] Geiger, ZevKR 26 (1981), S. 157-174, 164.

[958] Richardi, NZA 1994, S. 19-24, 19.

Mitarbeiterinnen und Mitarbeiter auszurichten haben, kommt den Kirchen die entscheidende Autorität zu.[959]

Aus dieser Möglichkeit erwächst eine Handlungspflicht der Kirche, denn sie hat schon im Interesse der Rechtssicherheit und Gleichbehandlung die einstellungs- und kündigungsrelevanten Verhaltensobliegenheiten ihrer Mitarbeiterinnen und Mitarbeiter einschließlich einer etwa gebotenen Abstufung festzulegen.[960] Aus der innerkirchlichen Verpflichtung, die Erfüllung des kirchlichen Auftrags zu gewährleisten,[961] ergibt sich eine Verpflichtung zur Ausschöpfung der bestehenden Möglichkeiten, die diesem Ziel zuträglich sind. Auch für die evangelische Kirche sollten die hier zu treffenden Regelungen über bisher übliche allgemeine Kirchlichkeitsklauseln deutlich hinausgehen, um den umfassenden Anforderungen differenziert gerecht zu werden.[962]

Der Befugnis, aufgrund des Selbstbestimmungsrechts durch eigene Regelungen die religiöse Dimension des kirchlichen Dienstes zu sichern, entspricht also eine Pflicht, die notwendige Grenzziehung vorzunehmen, um eine Abgestimmtheit zwischen staatlicher und kirchlicher Ordnung herzustellen.[963] Die Bindung der Kirchen an das für alle geltende Gesetz verlangt sogar diese Abgestimmtheit, die es beiden Seiten gestattet davon auszugehen, daß staatliche Gesetze nicht die den Kirchen eigenen Wesenszüge beeinträchtigen, und daß umgekehrt kirchliche Gesetze nicht die unabdingbare Ordnung des Staates kränken. Der Freiraum der Kirchen, arbeitsvertraglich Loyalitätspflichten und deren Sanktionierung festzulegen, verlangt auch schon aufgrund des Gebots der Rechtssicherheit der Ausfüllung. Entscheidungen zu kirchlichen Arbeitsverhältnissen dürfen nicht

---

[959] Dütz, NZA Beil. 1/1986, S. 11-15, 13.

[960] Dütz, NJW 1994, S. 1369-1375, 1369.

[961] s.o. Seite 27 f..

[962] Die Fähigkeit der Kirchen, im Falle der Ausgestaltung für einen angemessenen Schutz der Mitarbeiter zu sorgen, wird aber auch bezweifelt, Bischoff/Hammer, AuR 1995 S.161-168, 163.

[963] Richardi, Arbeitsrecht in der Kirche, S. 61 RN 25.

weniger berechenbar sein, als die zu weltlichen.[964] Es ist eine kirchliche Angelegenheit, die besonderen Pflichten der kirchlichen Bediensteten zu umschreiben und verbindlich zu machen.[965] So korrespondiert mit dem verfassungsrechtlichen Selbstbestimmungsrecht eine entsprechende Pflicht zur Ausgestaltung. Freiraum meint keineswegs Vakuum.[966] In Zukunft werden die Kirchen viel stärker darauf achten müssen, in allen Bereichen, in denen ihr Wirken gemäß dem Auftrag ihres Stifters, ihrer Lehre und ihres Selbstverständnisses unverzichtbar ist, ihre eigene Ordnung zu schaffen, d.h. in kirchlichen Normen und Regelungen niederzulegen.[967]

Auch im Hinblick auf das einzuhaltende Willkürverbot aus Art. 3 GG wird deutlich, daß auch die evangelische Kirche gefordert ist, allgemein gültige Regelungen zu schaffen, so daß es nicht aufgrund unterschiedlicher gesetzlicher Vorschriften zu ungleichen Reaktionen der Kirche auf gleiche oder nah beieinander liegende Verstöße gegen Lebensführungspflichten kommt.

Diese Verpflichtung besteht keineswegs gegenüber dem Staat, der diese Ausgestaltung nicht anmahnen oder gar einfordern kann. Diese Pflicht trifft die Kirchenleitungen gegenüber ihren Mitgliedern selbst, da die Wahrnehmung dieser Gestaltungsmöglichkeiten zu deren ureigensten Aufgaben gehören. Die vom BVerfG gestärkte Kirchenfreiheit im Felde des kirchlichen Arbeitsrechts bedeutet aber nicht nur Verantwortung für die rechtliche Ordnung des kirchlichen Dienstes, sondern auch Verantwortung für den vom Glauben geprägten Geist, in dem der Dienst erbracht wird.[968] Aber nicht nur ihm Rahmen der durch das BVerfG festgelegten Freiräume innerhalb der kirchlichen Angestelltenver

[964] Mummenhoff, NZA 1990, S. 585-592, 589; Marx, Die arbeitsrechtliche Kirchlichkeitsklausel, S. 33 f..

[965] v. Campenhausen, Essener Gespräche 18 (1984), S. 8-39, 20 f..

[966] Bei dieser Ausgestaltung darf selbstverständlich kein Widerspruch zu den schon angesprochenen Grundprinzipien der Rechtsordnung – dem allgemeinen Willkürverbot (Art. 3 Abs. 1 GG), dem Begriff der guten Sitten (§ 138 Abs. 1 BGB) und dem Ordre public (Art. 30 EGBGB) – eintreten, s.o. BVerfGE 70, S. 138 ff., 168.

[967] Geiger, ZevKR 26 (1981), S. 157-174, 174.

[968] Marré, Theologie und Glaube 78 (1988), S. 397-414, 406 f..

hältnisse, sondern auch bei der Abstimmung der Regelungen für die unterschiedlich beschäftigten Mitarbeiterinnen und Mitarbeiter ist eine Ausgestaltung mit dem Ziel einer höheren Rechtssicherheit einzufordern.

D. Ziele einer Neugestaltung

Neben der Frage nach den Zielen und Motiven, die für die Einrichtung des Instituts der Lebensführungspflichten ursächlich sind,[969] stellt sich die nach Zielen und Begründungsansätzen für eine weitere kirchen- und arbeitsrechtliche Ausgestaltung dieses Bereichs, vielleicht auch die einer Harmonisierung des ambivalenten Verhältnisses von Kirche und staatlicher Rechtsordnung[970] auf dem Gebiet des Arbeitsrechts.

Klarere Regelungen bzw. die Normierung einer bestimmten Lebensführung bedeuten eine Stärkung des Profils der evangelischen Kirche selbst. Gesellschaftspolitisch vertretene Standpunkte werden deutlicher und glaubwürdiger, wenn sie im selbst zu gestaltenden Bereich Umsetzung finden. Umgekehrt sind sie unglaubwürdig, wenn die Kirche in ihrem Bereich Verstöße gegen die eigenen Überzeugungen und Standpunkte toleriert bzw. ignoriert. So kann die evangelische Kirche Positionen z.B. zur Sterbehilfe oder Gentechnik eigentlich nur glaubhaft vertreten und mit diesen Standpunkten in der gesellschaftlichen Diskussion Beachtung finden, wenn sie selbst, also auch ihre Mitarbeiterinnen und Mitarbeiter, dementsprechend handeln. Trotzdem verlangt eine eventuelle Veränderung oder auch nur Neugewichtung und Umstrukturierung der kirchlichen Regelungen von Lebensführungspflichten Umsicht und Feingefühl, denn die Art und Weise, wie sich eine Volkskirche zu gesellschaftlichen Veränderungen und zu neuen Lebensformen äußert, wird von den Betroffenen und der Öffentlichkeit, nicht zuletzt den Medien, genau beobachtet und bestimmt die Aufgeschlossenheit der Menschen gegenüber der Kirche und der christlichen Botschaft selbst.[971]

---

[969] s.o. Seite 66 ff..

[970] Wahsner, AuR 1995, S. 89-91, 89.

[971] VELKD, Leitlinien 1997, S. 51; Frank, RDA 1979, S. 86-93, 87.

Aufgrund der innerkirchliche Spannungslage z.B. bei politischen Stellungnahmen einzelner Mitarbeiterinnen und Mitarbeiter, sind kirchenrechtliche Reaktionsmöglichkeiten auf allen Ebenen der Mitarbeiterschaft geboten, weil nach Wegen und Vorkehrungen gefragt ist, durch welche die Befähigung der Kirche zur Wahrnehmung ihres Auftrages gesichert und gefördert werden kann. Dies wäre durch eine grundlegende Aktualisierung der Rechtsbeziehungen zu erreichen, also die Festlegung der Verpflichtungen, die jedem Kirchenglied aus dem Auftrag der Kirche erwachsen.[972] Grundlagen für die Möglichkeit der Kirche, hier gestaltend tätig zu werden, sind, wie im dritten Teil dieser Arbeit dargelegt, die Vertragsfreiheit und das kirchliche Selbstbestimmungsrecht.

Als Ziele einer Ausgestaltung könnten die notwendige Wahrung der Handlungsfähigkeit im Hinblick auf den eigentlichen Auftrag der Kirche und eine klarere und glaubwürdigere und damit stärkere Position im gesellschaftlichen Wertefindungsprozeß angeführt werden. Doch so unklar die hier getroffenen Regelungen sind, so unklar bleiben häufig auch die evangelischen Positionen zu den gesellschaftlich relevanten Themen, deren Anzahl vor allem auch vor dem Hintergrund des sich stetig schneller entwickelnden technischen Fortschritts immer größer wird. Gegenüber den heute zu klärenden Fragen, wie sich die Kirche gegenüber Mitarbeiterinnen und Mitarbeitern zu verhalten hat, die z.B. mittels künstlicher Befruchtung, Leihmutterschaft oder gentechnischer Einflußnahme ihren Wunsch nach dem eigenen Kind erfüllen, wirken ältere Problematiken, z.B. die Reaktion auf außereheliche Kinder kirchlicher Mitarbeiterinnen und Mitarbeiter, recht unkompliziert.

Orientiert man sich am Auftrag der Kirche, ist auch zu berücksichtigen, daß dieser nicht nur auf das missionarische Feld nach außen gerichtet sein kann, sondern auch Ansprüche an den Umgang miteinander stellt. Im Hinblick auf die Begründung des kirchenrechtlichen Instituts von Lebensführungspflichten gibt es zwar die berechtigte Erwartung einer gewissen Vorbildfunktion. Dies darf aber nicht zu dem Mißverständnis führen, daß es sich bei dem Leben eines kirchlichen Mitarbeiters oder einer kirchlichen Mitarbeiterin um ein moralisch

[972] Pirson, Festschrift für Obermayer, S. 295-304, 303 f..

fehlerfreies handeln müßte. Die Kirche wird im Glaubensbekenntnis als die Gemeinschaft der Heiligen bezeichnet. Im Gegensatz zur Ansicht vieler Menschen, die unter Heiligen fehlerlose, moralisch einwandfrei lebende Christen verstehen, sind Heilige nach biblischen Verständnis Menschen, die nach Gottes Willen fragen und diesen Willen auch geschehen lassen.[973] So ist die Kirche nach eigenem Verständnis eine Gemeinschaft von Menschen, die nach Gottes Willen fragen und sich von Gott auch in Sünde und Schuld angenommen wissen.[974] In diesem Sinne muß sich die Verpflichtung zu einem vorbildlichen Leben auch auf ein vorbildliches Umgehen mit eigenem Versagen und eigener Schuld beziehen. Ein solches Verhalten aber kirchenrechtlich, d.h. auch unter Androhung und Umsetzung rechtlicher Sanktionen einzufordern und festzulegen, erscheint schwierig, wenn nicht gar unmöglich.[975]

Auch besteht heute bei vielen Mitarbeiterinnen und Mitarbeitern nicht mehr das selbstverständliche Wissen um christliche und kirchliche Werte oder die Bereitschaft, sich an diese selbstverständlich zu halten. Die Kirche wird heute nicht mehr nur vom Pastor, Küster und Kantor repräsentiert, die gesellschaftliche Wahrnehmung der Kirche und ihrer Arbeit hat sich gewandelt. Die kirchliche Dienstgemeinschaft ist nicht mehr nur den hauptamtlichen Mitarbeiterinnen und Mitarbeitern vorbehalten, sondern erfaßt auch die vielen neben- und ehrenamtlichen.[976] Auch diesem Aspekt gerecht zu werden, muß Ziel einer rechtlichen Ausgestaltung sein. Dabei ist darauf zu achten, daß im Falle einer Neugestaltung keine evangelischen Glaubensgrundsätzen zuwiderlaufenden Unterscheidung der verschiedenen Mitarbeitergruppen durch gänzlich verschiedene Anspruchsprofile und Reaktionsmodelle manifestiert werden.

Es wird auch in Frage gestellt, ob eine rigide Durchsetzung der besonderen kirchlichen Pflichten hinsichtlich der privaten Lebensführung überhaupt in der

---

[973] *1. Korinther 1,2.*

[974] VELKD, Leitlinien 1997, S. 13. Gerechtigkeit wird nicht durch rächende, sondern durch zurechtweisende und bessernde Sanktionen gewahrt, Pahud de Mortanges, Zwischen Vergebung und Vergeltung, S. 35.

[975] Koller, Das Recht der Kirche, S. 153-168, 159.

[976] v. Campenhausen, Essener Gespräche 18 (1984), S. 8-39, 26 FN 77.

Lage wäre, dem Ziel einer homogenen Dienstgemeinschaft gerecht zu werden. Dabei wird vor allem bezweifelt, daß sich mit rechtlichem Zwang eine kirchentreue Gesinnung erzeugen ließe. Übersteigerte Ansprüche würden vielmehr eine kontraproduktive Wirkung für das Ansehen der Kirche und den Betriebsfrieden entfalten.[977] Dies wird in der Praxis insofern bestätigt, als hierin auch ein Hauptgrund dafür liegen mag, daß das kirchliche Straf- und Disziplinarrecht heute eine so untergeordnete Rolle spielt. Vor allem die unierten Landeskirchen machen vom Disziplinarrecht so gut wie keinen Gebrauch mehr. Ursache hierfür kann weder ein plötzliches tadelloses Verhalten der Pfarrer und Pfarrerinnen sowie Kirchenbeamten und -beamtinnen sein, noch daß die Landeskirchen inzwischen alles durchgehen ließen. Sowohl aus pragmatischen als auch aus theologischen Gründen ziehen die Kirchen alternative Formen der Bereinigung auch von Verletzungen der Lebensführung vor, bei denen mehr oder weniger einvernehmliche Lösungen angestrebt werden.[978]

I. Bei Pfarrerinnen und Pfarrern

Aufgrund der Tatsache, daß Pfarrerinnen und Pfarrer primär ihrem eigenen Gewissen und Glauben verpflichtet sind, befinden sie sich damit in einer privilegierten Position: Einerseits genießen sie die Sicherheiten des Beamtenstatus, anderseits haben sie eine weitreichende Freiheit in ihrer Amtsführung.[979] Der Zusammenhang von Auftrag und Lebensführung hat bei Pfarrerinnen und Pfarrern seinen ersten Bezugspunkt sicherlich nicht im Kirchenrecht, sondern in der Pastoralethik.[980] Unabhängig von der Einschätzung des Einzelfalls und der Zielsetzung einer kirchenrechtlichen Reaktion, wird es immer Fälle geben, in denen eine Trennung der betroffenen Person von der Kirche oder der Gemeinde unumgänglich ist. Das Kirchenrecht kann und muß für bestimmte Problemkonstellationen Grundsätze formulieren und Regelungen für vorhersehbare Lösungen dieser Konstellationen anbieten.[981] Parallel dazu haben auch die einzelnen Kir-

---

[977] Keßler, Die Kirchen und das Arbeitsrecht, S. 249.

[978] Pahud de Mortanges, Zwischen Vergebung und Vergeltung, S. 18 FN 19.

[979] Pahud de Mortanges, Zwischen Vergebung und Vergeltung, S. 236.

[980] Koller, Das Recht der Kirche, S. 153-168, 161.

[981] Koller, Das Recht der Kirche, S. 153-168, 161.

chenleitungen eine Verantwortung, sich dieser Problemfelder präventiv anzunehmen, denn wenn eine Auseinandersetzung erst einmal eskaliert ist, bleiben wenige Handlungsmöglichkeiten, um den Streitfall zu lösen. Es gibt das Instrument der Visitation, aber vor allem muß die Kirchenleitung ihren Einfluß durch die Einrichtung und Durchführung von Pastoralkollegs und ähnlichen Veranstaltungen der Fortbildung von Geistlichen nutzen, und so Freiräume und Möglichkeiten schaffen, um aufkommende Probleme in diesem Rahmen zur Sprache zu bringen.[982]

Die Pfarrergesetze sind mit Ausführungen, die über die Themenbereiche der Eheschließung und Ehescheidung hinausgehen, sehr zurückhaltend. Brisante und durchaus praxisrelevante Fragen zu nichtehelichen Lebensgemeinschaften, ehewidrigen Beziehungen und zur Homosexualität bleiben dem Disziplinarrecht überlassen, das nur vage Generalklauseln kennt und in seiner Tendenz – Sühne oder Prävention – unsicher ist.[983]

Angesichts der besonderen Position von Pfarrerinnen und Pfarrern in einer Volkskirche ist es geboten, dem geistlichen Amt eine klare Rolle zukommen zu lassen. Dies ist ein auf breiter Basis zu verfolgendes Ziel. Notwendig ist dabei eine stärkere Transparenz der kirchlichen Standpunkte, die auch durch eine Ausgestaltung und Differenzierung des eigenen Arbeitsrechts zu erreichen ist. Die Glaubwürdigkeit der Kirche nach außen ist dabei sicherlich nur ein Gesichtspunkt. Wichtig ist auch eine Ausgestaltung des Selbstverständnisses von Kirche und Gemeinden durch eine gemeinsam erarbeitete, rechtliche Umgestaltung. Auch auf die Geistlichen selbst könnten deutlich bezogene Standpunkte mit Bezug zu ihrer Lebensführung positiv richtungsweisend wirken, ihr Selbstverständnis prägen und ihrem Amt Anerkennung und Würde verleihen.

Aber auch die Sorgfaltspflichten der Kirchenleitung gegenüber ihren Mitarbeiterinnen und Mitarbeitern dürfen nicht gänzlich hinter ihrer Verpflichtung zur Auftragserfüllung zurückbleiben, denn der innerkirchliche Umgang ist Teil des

[982] Koller, Das Recht der Kirche, S. 153-168, 162.

[983] Maurer, ZevKR 32 (1987), S. 571-598, 593.

Glaubwürdigkeitsgebots. Es bedarf deshalb eines dem Einzelfall angemessenen Umgangs und Anspruchs, der die Schwächen jedes Menschen bedenkt und nicht etwa nur richtet. Erforderlich sind rechtliche Schritte sicherlich immer dann, wenn eine für alle Beteiligten unerträgliche Situation aufzulösen ist. Eine allgemein gültige und damit berechenbare kirchenrechtliche Reaktion auf Verstöße in diesen Bereichen ist notwendig, um klare Strukturen zu schaffen, Ungerechtigkeiten vorzubeugen und lange, für alle Beteiligten schmerzhafte Auseinandersetzungen zu vermeiden. Es gilt sicherlich, der Diskrepanz zwischen dem Bedürfnis nach klar formulierten Ansprüchen zum einen und der Einzelfallgerechtigkeit zum anderen im Falle einer Ausgestaltung des Instituts der Lebensführungspflichten gerecht zu werden. Entscheidend aber sollte sein, wie das Wissen um das Vergebungsangebot des Evangeliums in einem evangeliumsgemäßen Amtsrecht am deutlichsten Raum gewinnt.[984]

II. Bei kirchlichen Angestellten

Auch für ihre Angestellten kann und darf die Kirche kein Arbeitgeber wie jeder andere sein. Dies wäre mit dem Selbstverständnis kirchlicher Arbeit unvereinbar. Eine Gemeinschaft gründet sich auf ein gemeinsames Werteverständnis. Dieses darf zwar weit gefaßt sein, muß aber auch bestimmten Mindestanforderungen gerecht werden. So ist die Notwendigkeit einer kirchlichen Reaktion auf bestimmtes Verhalten eines Angestellten sicherlich schon in Anbetracht der möglichen innerbetrieblichen Situation in der jeweiligen kirchlichen Einrichtung vorgegeben. In Einrichtungen, die ihre Arbeit als Erfüllung eines religiös motivierten Auftrags verstehen, wiegen Verstöße gegen Lebensführungspflichten, die oftmals vielleicht sogar zum Dauerzustand werden, schwerer als in anderen Betrieben. Unabhängig von Sanktionsüberlegungen wird die kirchenrechtliche Reaktion mit dem Motiv der Sicherung des Ablaufs und Fortbestehens der Einrichtung erforderlich. Die augenblicklich bestehenden Regelungen werden diesen Anforderungen nur bedingt gerecht. Überhaupt erscheinen die gewöhnlichen arbeitsrechtlichen Sanktionen nur in einem sehr geringen Maß dafür geeignet, spezielle Schwierigkeiten und Konflikte im außerdienstlichen Bereich zu behandeln.

[984] A. Stein, Evangelische Theologie 36 (1976), S. 85-94, 94.

Wohl kann aufgrund einer bestimmten Position einer Mitarbeiterin oder eines Mitarbeiters das jeweilige Arbeitsverhältnis durch den individuellen Arbeitsvertrag mehr oder weniger mit Lebensführungspflichten belegt sein. In welcher Form genau die Sicherung des Auftrags der Kirche hier gewahrt werden soll, muß den für das Arbeitsverhältnis Verantwortlichen überlassen werden. Dennoch müssen keine Mindestanforderungen formuliert werden. Es bedarf auch zum Schutz der kirchlichen Interessen nicht zwangsläufig eines Verhaltenskatalogs. Lebensführungspflichten könnten auch durch die Vereinbarung eines bestimmten Verfahrensablaufs im Falle einer Konfliktsituation festgelegt werden. Dadurch würde eine differenzierte, dem Einzelfall gerecht werdende Lösung ermöglicht werden. Eine solche Neuordnung würde auch der Entwicklung in den Pflege- und Sozialdiensten gerecht werden und verhindern, daß eine Unterscheidung nichtkirchlicher Organisationen von solchen, die sich der Kirche zugehörig fühlen oder ihr tatsächlich angehören, immer schwieriger wird. So könnten neue Vereinbarungen von Vorgehensweise bei Verstößen gegen Pflichten der Lebensführung zu wichtigen Unterscheidungskriterien werden.

Es ist unerläßlich, daß die evangelische Kirche es versteht, ihre Erwartungshaltung gegenüber ihren Angestellten klar darzustellen und in den vorvertraglichen Gesprächen auch deutlich und verständlich zu machen.[985] [986] Durch die Möglichkeit, in den Arbeitsverträgen Regelungen zu treffen und diese auf das jeweilige Arbeitsverhältnis genau abzustimmen, ergeben sich im Vergleich zu einer Neustrukturierung bei Geistlichen und Ehrenamtlichen sehr viel weniger praktische Probleme bei der rechtlichen Umsetzung. Es ist aber zu berücksichtigen, daß hiergegen starke Widerstände bei den Belegschaften auftreten können. Belastet wäre ein Neuregelungsversuch auch durch die häufig bestehenden irratio-

[985] Inwieweit sich kirchliche Mitarbeiterinnen und Mitarbeiter oder die an einer solchen Stelle interessierten Personen über den Anspruch des kirchlichen Propriums bewußt sind, ist entscheidend; hier liegt ein Schnittpunkt von theologischer Lehre und juristischen und praktischen Aufgaben der Kirchengestaltung, v. Campenhausen, Essener Gespräche 18, S. 8-39, 24.

[986] Die Ev. Landeskirche in Baden möchte genau hierfür mit ihren Leitsätzen eine Rahmengrundlage und Zielvereinbarung für die kirchliche Arbeit bieten, http://www.ekiba.de/leitsatz/navigation/links1.html.

nalen Vorurteile und Ängste der privatrechtlich beschäftigten Mitarbeiterinnen und Mitarbeiter.[987] Schwierigkeiten bereitet auch die große Zahl der verschiedenen Träger und deren teilweise unterschiedliches kirchliches Selbstverständnis, das – soll eine Verbesserung des augenblicklichen Zustands erreicht werden – eine gewisse Absprache und Parallelisierung nötig macht.

III. Bei Inhaberinnen und Inhabern kirchlicher Ehrenämter

Zunächst stellt sich die Frage, ob es hinsichtlich der Verfolgung bestimmter Ziele tatsächlich einer Neu-, Um- oder Ausgestaltung der vorhandenen Bestimmungen bedarf. Solche Überlegungen könnten hinsichtlich der bestehenden Regelungen zur Kirchenzucht angestellt werden. Die Kirchenzucht will – strafrechtlich gesprochen – spezialpräventiv und resozialisierend wirken. Zum einen soll der Einzelne zur Einsicht, Verhaltensänderung und zur Rückkehr in die Gemeinschaft gedrängt werden, zum anderen soll die Kirchenzucht im Sinne einer positiven Generalprevention normstabilisierend sein. Dennoch findet eine konsequente Handhabung der kirchenrechtlich vorgesehenen Zuchtmaßnahmen praktisch kaum irgendwo statt,[988] so daß auch die verfolgten Ziele nicht erreicht werden können.

Der Status ehrenamtlicher Mitarbeiterinnen und Mitarbeiter – nicht zuletzt auch unter rechtlichen Gesichtspunkten – ist aktuell so gut wie überhaupt nicht umschrieben oder gar festgelegt. Zum einen möchte man die Hürden niedrig und die anfänglichen Berührungsängste so gering wie möglich halten. Diese Überlegung gilt vor allem auch für die vielen ehrenamtlichen Mitarbeiterinnen und Mitarbeiter sowie für Inhaberinnen und Inhaber eines kirchlichen Ehrenamts, deren Engagement nicht religiöse Motive zugrunde liegen, sondern die sich um des jeweiligen Projekts willen oder aus persönlichen, familiären und sozialen Zwängen heraus im jeweiligen Bereich betätigen. Zum anderen kommt dadurch aber auch die noch sehr geringe Bewertung dieser Tätigkeit in der Gesellschaft, aber auch in den kirchlichen Institutionen selbst zum Ausdruck. Sicherlich ist man sich in der Kirche bewußt, wie wichtig das Wirken Ehrenamtlicher in den unterschiedlichsten Bereichen kirchlicher Arbeit ist, und man betont dies auch

---

[987] v. Tilling, ZevKR 22 (1977), S. 322-345, 328.

[988] s.o. Seite 213 f.. Pahud de Mortanges, Zwischen Vergebung und Vergeltung, S. 197 f..

bei den passenden Gelegenheiten, doch allzuviele Anstrengungen und Überlegungen mit dem Ziel der Schaffung klarerer Regelungen sind bisher nicht unternommen wurden.[989] Dies ist insbesondere hinsichtlich der großen Anzahl von ehrenamtlich in die Arbeit Miteinbezogener unverständlich. Ehrenamtliche sind keine belanglose Zutat in unserer Gesellschaft und im kirchlichen Dienst. Für sie müssen sich die Kirche, die Gemeinden und die diakonischen Einrichtungen in besonderer Weise verantwortlich fühlen. Nicht nur wegen der wachsenden Finanzierungsengpässe und des zunehmenden Personalmangels sollten Ehrenamtliche als wichtige Beteiligte an der kirchlichen Arbeit verstanden werden, um die sich die sie beschäftigenden Institutionen verstärkt kümmern sollten.[990]

Diese Notwendigkeit hat bei der Novellierung der Verfassung der Lippischen Landeskirche Berücksichtigung gefunden, und gem. deren Artikel 60 Abs. 3 sind die Aufgaben und Rechte der ehrenamtlichen Mitarbeiterinnen und Mitarbeiter durch die Landeskirche zu regeln. Dies geschah durch die Verabschiedung der Leitlinien der Landessynode vom 8.06.1998 zum Ehrenamt unter dem Titel *„Es sind mancherlei Gaben“*.[991] Doch Regelungen eventuell bestehender Pflichten werden aber selbst hier nur angedeutet.[992] Ein direkter Bezug zu Lebensführungspflichten findet sich gar nicht.

Kann es sich eine Gemeinde oder die Kirche selbst leisten, Verstöße gegen Lebensführungspflichten, die sie innerhalb ihrer Arbeitsverhältnisse ahndet, bei Inhabern und Inhaberinnen eines kirchlichen Ehrenamts und bei ehrenamtlichen Mitarbeitern und Mitarbeiterinnen unbeachtet zu lassen? Auch für diese ist mit Rücksicht auf den inneren Frieden der betroffenen Gemeinde, die innere Widerspruchsfreiheit und die Sicherung des kirchlichen Auftrags die Notwendigkeit einer berechenbaren Reaktion zu bejahen. Bei den Inhabern und Inhaberinnen eines kirchlichen Ehrenamts sind ebenfalls Situationen denkbar, die kirchenrechtliche Konsequenzen unbedingt erforderlich machen.

---

[989] Schröder, Theologie, Prägung und Deutung der kirchlichen Diakonie, S. 151-160, 153.

[990] Schröder, Theologie, Prägung und Deutung der kirchlichen Diakonie, S. 151-160, 160.

[991] Ehnes, ZevKR 44 (1999), S. 509-532, 526 f..

[992] s.o. 213 ff..

Bei dem Leitbild der christlichen Dienstgemeinschaft handelt es sich nicht etwa um ein *„Harmoniemodell“*[993], sondern um ein Lebens- und Arbeitsmodell, das keine moralische Meßlatte sein soll, sondern Hilfe, im kirchlichen Miteinander christliche Wege auch in der Arbeitswelt zu finden. Von diesem Gedanken muß auch die Tätigkeit von Ehrenamtlichen erfaßt sein. Auch vor diesem Ziel ist eine transparente und verständliche Neuregelung der Vorgehensweise bei Verstößen gegen Lebensführungspflichten ein wirksames Mittel, das hin zu einer angemessene Einzelfallentscheidung führen muß.

E. Anknüpfungspunkte für eine Neugestaltung

Wenn somit der augenblickliche Zustand des evangelischen Kirchenrechts hinsichtlich der Lebensführungspflichten verbesserungswürdig erscheint, müssen Anknüpfungspunkte gefunden werden, von denen aus eine Neugestaltung entwickelt werden kann.

I. Diskussion über ein einheitliches Dienstrecht

In der Vergangenheit ist immer wieder die Forderung erhoben worden, das unterschiedliche und stark variierende evangelische Dienstrecht privatrechtlicher und öffentlich-rechtlicher Dienstverhältnisse durch die Schaffung eines einheitlichen Dienstrechts abzulösen. Die staatliche Rechtsprechung zur Reichweite des kirchlichen Selbstbestimmungsrechts ermöglicht dies,[994] wobei die Kirche dabei nicht gegen die rechtlichen Grundsätze der vorgegebenen Beschäftigungssysteme verstoßen darf. Das systematische Ideal für eine reformatorische Kirche wäre sicherlich die volle Koinzidenz der Lebensordnungen von Amtsträgerinnen und Amtsträgern mit jenen für alle Christen. Es müßte also eine Lebensordnung für das Verhalten in wichtigen Lebensbereichen wie ein Art ethischer Konsens gelten.[995] Trotzdem ist mit dem Streben nach einem einheitlichen Dienstrecht nicht gemeint, daß jeder Unterschied zwischen Beamtenstatus, Angestelltenver-

---

[993] So aber: Briza, „Tarifvertrag“ und „Dritter Weg“, S. 70.

[994] BVerfGE 70, S. 138 ff., 165 f.; Es steht in der Kompetenz der Kirchen, eine ganzheitliche Ordnung der kirchlichen Dienste zu schaffen, v. Campenhausen, Essener Gespräche 18 (1984), S. 8-39, 13.

[995] So: Gerhard Rau auf der 6. Tagung der Arnholdshainer Konferenz, der eine solche Umsetzung aber für fiktiv hält, Bericht über die 6. Tagung der Arnholdshainer Konferenz, ZevKR 38 (1993), S. 462-464, 462.

hältnis und ehrenamtlicher Tätigkeit aufgehoben werden, sondern daß in deckungsgleichen Bereichen eine Abstimmung und Parallelisierung erfolgen sollte.

Die Befugnisse des Diakonischen Werkes der EKD gegenüber seinen unmittelbaren und mittelbaren Mitgliedern ist nur schwach ausgeprägt, es bestehen bei den arbeitsrechtlichen Regelungen je nach Einrichtung und jeweiliger Landeskirche beachtliche Unterschiede.[996] Diese sind sowohl historisch als auch strukturbedingt. Es ist jedoch eine Tendenz festzustellen, die unter dem Stichwort der *Verkirchlichung der Diakonie* zusammengefaßt werden kann. § 16 a der Satzung des Diakonischen Werkes folgend, bemüht sich eine unabhängige, paritätisch besetzte Arbeitsrechtliche Kommission, eine Angleichung und Vereinheitlichung der rechtlichen Regelungen zu erreichen, soweit nicht die jeweiligen Glied- oder Freikirchen verbindliche Regelungen auf diesem Gebiet erlassen haben. Hierin liegt die Zwiespältigkeit, zum einen ein einheitliches Arbeitsrecht der Diakonie im gesamten Bundesgebiet, andererseits ein gemeinsames Arbeitsrecht mit der jeweiligen Landeskirche zu schaffen.[997] Es fehlt bis heute ein einheitliches Verfahren für die Regelung der Arbeits- und Vergütungsbedingungen aller Mitarbeiterinnen und Mitarbeiter der evangelischen Diakonie, wie es im Zuge der gescheiterten Verfassungsreform der EKD im Jahr 1974 geplant war. Eine Vereinheitlichung des Arbeitsrechts in der evangelischen Kirche sowohl hinsichtlich des Verfahrens als auch der materiellen Inhalte ist – auch ohne ausdrückliche Regelungsbefugnis der EKD – eine wichtige Aufgabe.[998] Dies gilt auch für den Bereich der Lebensführungspflichten.

Eine Einheit im kirchlichen Dienstrecht bezüglich einzelner festzulegender Pflichten ließe sich allenfalls durch Erarbeitung von Generalklauseln erzielen, da individuelle, landes- und gliedkirchliche Vorstellungen spürbar unterschiedlich sind und aufgrund vielerlei Kompetenzen auch verteidigt werden. Einheitlichkeit könnte einfacher bei dem Vorgehens- und Verfahrensablauf im Falle

---

[996] Zu dieser Problematik: Winter/Adamek, ZevKR 33 (1988) S. 441-446.

[997] Winter/Adamek, ZevKR 33 (1988) S. 441-446, 443 f..

[998] Winter/Adamek, ZevKR 33 (1988) S. 441-446, 445 f..

eines Verstoßes gegen Lebensführungspflichten erzielt werden, wobei die demokratisch und demographisch gewachsene evangelische Vielfalt gewahrt werden könnte.

II. Corporate Identity der evangelischen Kirche

Das Selbstverständnis der Kirchen und ihrer Mitarbeiterinnen und Mitarbeiter ist für das Bestehen und den Umgang mit den Lebensführungspflichten von entscheidender Bedeutung. Selbstverständnis und Treuepflicht sind auch in profanen Arbeitsverhältnissen miteinander verbunden. Schon die sich aus § 242 BGB ergebende und jedem Vertragsverhältnis – besonders aber einem Dauerschuldverhältnis – innewohnende Leistungstreuepflicht kann als Mindestsolidarität und -loyalität gegenüber dem Arbeitgeber oder, modern gesprochen, als ein Mindestmaß an Corporate Identity[999] (CI) in diese Richtung wirken.[1000]

Den Problemen, die sich aus dem Spannungsfeld von moderner, professioneller und diakonischer Arbeit, der Bandbreite an unterschiedlichen kirchlichen Mitarbeiterinnen und Mitarbeitern und dem gesellschaftlich, wissenschaftlich und religiös nicht mehr einheitlichen Wertekanon ergeben, könnte die evangelische Kirche eventuell mit einem nach außen im Sinne einer CI vorzuzeichnenden Selbstverständnis entgegentreten. Die Übertragung der Konzeption einer CI auf den sozialen und kirchlichen Bereich wäre ein Versuch, auf oranisatorisch-kommunikativer Ebene der Erosion des ethisch-religiösen Berufsverständnisses kirchlicher Mitarbeiterinnen und Mitarbeiter etwas entgegenzusetzen.[1001]

Nach den drastischen gesellschaftlichen Veränderungen im letzten Jahrhundert, insbesondere innerhalb der Arbeitswelt, die es zunehmend schwerer machten, mit den althergebrachten Personalführungsmethoden von Weisung und Unterordnung neue herangewachsene Generationen von Arbeitenden mit einem insgesamt höheren Bildungsniveau zu motivieren, setzte sich in den 80er Jahren die Konzeption der CI durch, die es nun, theoretisch fundiert, erlaubte, auf die Her-

---

[999] Oder auch „Organisationskultur", Ziebertz, Sozialarbeit und Diakonie, S. 163.

[1000] Seelemann, ZevKR 44 (1999), S. 226-243, 231.

[1001] Plaschke, Caritas 92 (1991), S. 223-227, 225.

ausforderungen der neuen Arbeitswerthaltung einzugehen.[1002] Auch von sozialen Non-Profit-Organisationen kann die Erkenntnis übernommen werden, daß es heute kaum mehr gelingen kann, eine bestimmte Institutionsphilosophie quasi administrativ im Sinn von *Weisung* und *Unterordnung* durchzusetzen, sondern daß die Plausibilität einer solchen Philosophie selbst zur Diskussion steht.[1003]

Dabei meint CI mehr als nur das *„Erscheinungsbild einer Firma in der Öffentlichkeit"*[1004]. *Corporate* steht für Gesellschaft, Gruppe oder Unternehmen, während *Identity* Identität, Gleichheit, Individualität oder Persönlichkeit bezeichnet. CI drückt also das gezielte Bemühen der Unternehmensleitung aus, alle Verhaltensweisen und Kommunikationen des Unternehmens unter eine einheitliche Konzeption zu stellen.[1005] Die Aufmerksamkeit wird also nicht nur auf die Produkte, sondern auch auf die Philosophie des Unternehmens und die Einstellung der Beschäftigten als Bestandteil eines Mechanismus gelenkt, der insgesamt als marktrelevant verstanden wird.[1006]

Es ist angesichts der nicht nur im kirchlichen Arbeitsfeld bestehenden Probleme konsequent und keine kurzlebige Modeerscheinung, wenn die betriebswirtschaftliche Managementlehre zunehmend auch auf die Felder der Non-Profit-Organisationen vordringt. Voraussetzung einer kirchlichen CI-Strategie ist allerdings zunächst die Entwicklung ausdrucksstarker Visionen, Philosophien und Grundsätze, mittels derer die Aufgaben und Ziele definiert und ein Organisationsleitbild in Form eines *„moralischen Überbaus"* entwickelt werden.[1007] Diese können dann als Basis in die jeweiligen Arbeitsverhältnisse miteingebracht und – im Falle eines Verstoßes - individuellen Lösungsansätzen zugrunde gelegt werden. Von entscheidender Wichtigkeit bei dieser Vorgehensweise ist die Vermittlung der Verhaltensmaximen, so daß nach innen eine *Corporate*

[1002] Plaschke, Caritas 92 (1991), S. 223-227, 225.

[1003] Ziebertz, Sozialarbeit und Diakonie, S. 161.

[1004] Duden, Fremdwörterbuch, 6. Auflage, Mannheim 1997.

[1005] Plaschke, Caritas 92 (1991), S. 223-227, 225.

[1006] Ziebertz, Sozialarbeit und Diakonie, S. 161.

[1007] Plaschke, Caritas 92 (1991), S. 223-227, 224 und 225.

Identity und nach außen ein *Corporate Image* entstehen kann, die Identifikations- und Unterstützungspotentiale und eine generelle Grundlage für Aspekte wie Glaubwürdigkeit, Vertrauen, Akzeptanz oder sogar Zuneigung schaffen.[1008] Das Vorhandensein einer Organisationsphilosophie, zugkräftiger Visionen oder Identifikationsträger, auf die sich die Mitglieder der Organisation verpflichten lassen, kann aber nicht einfach unterstellt werden.[1009] In einem für die Umsetzung der CI entwickelten Konzept[1010] sind für eine eventuelle Verwirklichung im kirchlichen Bereich zwei Aspekte von Bedeutung: *Corporate Communications* und *Corporate Behavior.*

Bei der *Corporate Behavior*, dem wirksamsten und wichtigsten Instrument der CI, geht es um das durch die Organisationskultur und eine ethische Wertebasis gesteuerte schlüssige – und damit auch widerspruchsfreie – Verhalten der Organisationsmitglieder.[1011] Ziel einer solchen CI-Strategie im Personalbereich ist es, generell ein hohes Maß an Identifikation der Mitarbeiterinnen und Mitarbeiter und des Managements mit Visionen, Leitbildern und ethischen Wertorientierungen der Organisation herzustellen, die auch für den sozialen Bereich bislang kaum beachtete Chancen eröffnen, die verblassenden, ethisch fundierten Werthaltungen zur Arbeit durch eine CI-gestützte, institutionell vermittelte säkulare Identität zu kompensieren.[1012]

Unter *Corporate Communications* ist das integrierte Zusammenspiel aller in der Organisation verfügbaren Kommunikationselemente zu verstehen.[1013] In der Organisation evangelische Kirche wären das die Mitglieder, die Mitarbeiterinnen und Mitarbeiter genauso wie die Kirchenleitungen. Die Mitarbeiterinnen und Mitarbeiter der Kirche, professionelle und ehrenamtliche, sind oft selbst das

---

[1008] Danach ist die *Corporate Identity* das Selbstbild und das *Corporate Image* das Fremdbild eines Unternehmens oder einer Organisation, Birkigt/Stadler, Corporate Identity, S. 25.

[1009] Ziebertz, Sozialarbeit und Diakonie, S. 162.

[1010] Birkigt/Stadler, Corporate Identity, S. 20 ff..

[1011] Birkigt/Stadler, Corporate Identity, S. 22.

[1012] Plaschke, Caritas 92 (1991), S. 223-227, 226.

[1013] Ziebertz, Sozialarbeit und Diakonie, S. 162; Wiedmann, WiSt 1988, S. 236-242, 237.

Angebot der Kirche, bzw. erfolgt das Angebot unter ihrer Beteiligung. So verkörpern sie auf sehr direkte Weise, was das CI-Modell als Organisationsphilosophie bezeichnet. Daher erscheint es im Umkehrschluß um so notwendiger, die Beschäftigten an der Konstituierung dieser ethischen Grundsätze zu beteiligen, d.h. *„eine soziale Organisation als ein kommunikatives Gefüge zu betrachten, in der formelle und informelle Wege genutzt werden, um der Überlieferung der Sinntraditionen der christlich-sozialen Hilfe unter den Bedingungen des modernen Sozialstaates nachzuspüren, sie zu deuten und auf konkrete Erfordernisse zu operationalisieren."*

Allen Überlegungen zu einer CI-Strategie muß eine realistische Selbstwahrnehmung vorausgehen.[1014] Eine solche umfassende Selbstbetrachtung wäre für die evangelische Kirche ein wünschenswerter Prozeß. Dabei geht es für sie hier nicht – wie meist bei Unternehmen – um einen Identitätswandel oder eine Identitätsschaffung, sondern um eine Rückbesinnung auf ihre Identität. Man mag mit guten Argumenten dem Gedanken des ökonomiegeprägten Begriffs der CI für die evangelische Kirche kritisch gegenüberstehen, doch zeigen die hier angestellten Überlegungen zumindest zweierlei: Zum einen fällt es schwer, sich eine Organisation vorzustellen, die von ihrer Ausgangslage zur Entwicklung einer – bzw. Neuentdeckung ihrer – CI geeigneter wäre als die Kirche, die aufgrund ihrer Struktur und gestützt auf das Evangelium beste Voraussetzungen aufweist, ein solches Modell umzusetzen. Zum anderen ist der Gedanke der rechtlichen Ausgestaltung von Pflichten hinsichtlich der Lebensführung in Arbeitsverhältnissen keineswegs überholt oder Ausdruck einer konservativen oder gar reaktionären Gesinnung. Vielmehr handelt es sich bei der Berücksichtigung der Lebensführung in Arbeitsverhältnissen um einen zeitgemäßen und der modernen Arbeitswelt keineswegs fremden Ansatz.

III. Verhaltenskatalog oder Orientierungshilfen?

Wie sollen aber diese Grundsätze hinsichtlich einer bestimmten Lebensführung festgelegt und in die Arbeitsverhältnisse miteingebracht werden? Kann die evangelische Kirche mit dem Ziel der Transparenz und Vereinheitlichung über die Grenzen der Landeskirchen hinweg und einheitlich für alle kirchlichen Mit-

[1014] Wiedmann, WiSt 1988, S. 236-242, 239.

arbeiterinnen und Mitarbeiter Verhaltenskataloge entwickeln, anhand derer – ähnlich wie im Strafgesetzbuch – die Erfüllung bestimmter Tatbestände mit konkreten Sanktionen bedroht werden? Aufgrund der Komplexität der möglichen Konfliktfelder für Lebensführungspflichten soll vorliegend nicht der Versuch unternommen werden, Vorgaben zu machen, was im einzelnen Konfliktfall zu erfolgen hat, welche Lebensführungspflichten wie festzuschreiben sind und wie ihre Einhaltung im Detail umzusetzen ist. Es soll hier lediglich ein möglicher Rahmen für eine solche Ausgestaltung aufgezeigt werden.

Auch bei der neugeschaffenen Grundordnung der katholischen Kirche wurde deutlich, daß es aufgrund der vielfältigen Möglichkeiten menschlichen Verhaltens nicht zu erreichen ist, einen abschließenden Katalog von maßgebenden Obliegenheiten, Verletzungsformen und Sanktionsarten aufzustellen.[1015] Da es z.B. bei Pfarrerinnen und Pfarrern kaum ein Verhalten gibt, daß keine Rückwirkungen auf ihren dienstlichen Arbeitsbereich hat, läßt sich der Zusammenhang von Dienstauftrag und Lebensführung nicht im einzelnen kirchenrechtlich regeln. Eine kasuistische Aufzählung der sich aus dem Amt ergebenden Verhaltenspflichten würde Normen überladen und eine falsche Optik mit sich bringen, sie wäre letztlich auch nicht abschließend und würde ohnehin nur das sagen, was sich ohnehin als Forderung des Amtes von selbst versteht.[1016] Schon das Betrachten der Sachverhalte, die den Entscheidungen des BAG und des BVerfG zugrunde lagen, läßt kaum an eine enumerative Aufzählung von zwingenden Kündigungsgründen denken, da es bei der Kündigung stets auf die Berücksichtigung der individuellen Ausgestaltung des Einzelfalls ankommt.[1017] Das Kirchenrecht kann lediglich gewisse Grundsätze und Leitgedanken formulieren sowie Regeln und Verfahrensvorgaben zur Lösung bestimmter Kon-

---

[1015] Deutsche Bischofskonferenz, NJW 1994, S. 1394-1398, 1397.

[1016] Maurer, ZevKR 32 (1987), S. 571-598, 596. So scheint auch die Forderung von *Spengler* nach der Aufnahme der wichtigsten Pflichten in die Dienstvertrags- und Anstellungsordnungen (Spengler, NZA 1987, S. 833-839, 837) wenig umsetzbar, denn welche Pflichten, in welcher Position, sind bei welchem Lebensführungskonflikt wichtig?

[1017] Marré, Theologie und Glaube 78 (1988), S. 397-414, 407, der aber doch versucht, neben dem Kirchenaustritt noch andere zwingende Kündigungsgründe für den katholischen Bereich festzulegen.

fliktfälle vorgeben.[1018] [1019] Hinzu kommt, daß sich zu vielen evangelischen Standpunkten keine knappen und bündigen Formulierung finden lassen. Auch fällt es schwer, über die Grenzen der Glied- und Landeskirchen hinweg eine Einigung darüber zu erzielen, wie auf welchen Verstoß zu reagieren ist.

Dütz stellt klar, daß bei der Überprüfung von arbeitsrechtlichen Reaktionen der Kirche auf Verstöße gegen Lebensführungspflichten durch die staatlichen Gerichte die Einzelfallgerechtigkeit eine überragende Rolle spielt.[1020] Nach der für die Ausgestaltung kirchlicher Arbeitsverhältnisse wegweisenden Entscheidung des BVerfG[1021] sieht die Rechtsprechung in einer Loyalitätspflichtverletzung keinen absoluten Kündigungsgrund, es bleibt vielmehr Raum für eine individuelle Interessenabwägung.[1022] Auch unter diesem Aspekt ergeben sich Zweifel hinsichtlich der Festlegung im Sinne von bestimmten Tatbeständen und Sanktionen.

Wie der auszufüllende Gestaltungsspielraum wahrgenommen wird, ist allein Sache der evangelischen Kirche selbst. Anders als Verhaltenskataloge oder auch in einer Grundordnung einzeln festgeschriebene Lebensführungspflichten, hätten allgemein gefaßtere Grundsatzpapiere[1023] oder auch *Orientierungshil-*

[1018] Koller, Das Recht der Kirche, S. 153-168, 160; Maurer ZevKR 38 S. 397-412, 412. Parallel dazu sind im Beamten- und Berufsrecht Generalklauseln zulässig und notwendig, Maurer, ZevKR 32 (1987), S. 571-598, 597.

[1019] Anders sieht dies *Marx*, der für die katholische Kirche beispielhaft Tatbestände anführt, wie Kirchenaustritt, Abschluß einer nach kanonischen Recht ungültigen Ehe, nichteheliche Lebensgemeinschaft, öffentliche und ärgerniserregende Angriffe oder Agitationen gegen die grundlegende Glaubens- und Sittenlehre der Kirche, Mitgliedschaft in Vereinigungen, deren Programm und/oder Praxis mit der Zugehörigkeit zur katholischen Kirche unvereinbar sind, Marx, Die arbeitsrechtliche Kirchlichkeitsklausel, S. 37 f..

[1020] Dütz, NJW 1990, S. 2025-2031, 2031.

[1021] BVerfGE 70, S. 138 ff..

[1022] BAG, Urteil vom 25.5.1988, AP Nr. 36 zu Art. 140 GG.

[1023] So sind die Leitsätze der Ev. Kirche in Baden, die als einen Rahmen und ein Ziel für kirchliches Leben aber auch die kirchliche Arbeit vorgeben wollen, auch zu verstehen, http://www.ekiba.de/leitsatz/navigation/ links1.html.

fen[1024] eine Vielzahl von Vorteilen auch gegenüber den Lebensordnungen der evangelischen Kirchen. Sie könnten einzelne Problembereiche gezielt aufgreifen und ausführlich behandeln, während die Lebensordnungen aufgrund der Breite der zu erfassender Themen eher nur den Rahmen für diese Überlegungen vorgeben können. Die EKD vertritt nach Art. 19 ihrer GO gesamtkirchliche Anliegen gegenüber allen Inhabern öffentlicher Gewalt. Sie erstrebt ein einheitliches Handeln ihrer Gliedkirchen auf allen Gebieten des öffentlichen Lebens und ist nach Art. 20 Abs. 1 GO zur Erfüllung dieser Aufgaben befugt, durch ihre Organe Synode oder Rat *„Ansprachen und Kundgebungen"* ergehen zu lassen, wozu auch unter bestimmten – innerkirchlich stark umstrittenen – Voraussetzungen öffentliche Stellungnahmen zu gesellschaftlichen und politischen Fragen gehören.[1025] So bestünde bei der Erarbeitung einer solchen Stellungnahme die Möglichkeit, die Kirchenglieder sowie die Mitarbeiterinnen und Mitarbeiter in den Positionsfindungsprozeß miteinzubeziehen und sie durch die abschließenden Entscheidungen der Kirchenleitungen an der jeweils auf ein bestimmtes Themengebiet bezogenen Orientierungshilfe demokratisch zu beteiligen. Die Grundpositionen, nach denen im Falle eines Lebensführungskonflikts eine Reaktion und Entscheidung erarbeitet würde, wären bei einer solchen Vorgehensweise nicht *von oben* oktroyiert, sondern Ergebnis einer gemeinsamen Konsensfindung, was die Chancen für Akzeptanz und Beachtung erhöhen würde.[1026]

Daß es heute immer weniger gelingt einen Konsens bezüglich der Beantwortung wichtiger Fragen in der evangelischen Kirche zu erzielen unterstreicht die Notwendigkeit erheblicher Anstrengung der Kirche auch neue Wege zu beschreiten. Dabei muß es vor allem auch darum gehen, Regelungen und Verfahren zu finden, die sich stärker auch an den Menschen orientieren, die der Kirche zwar fernstehen und dennoch auf ihre Dienste in bestimmten Lebenssituationen nicht

---

[1024] Wie z.B. die Orientierungshilfe der EKD zum Thema Homosexualität, s.o. Seite 198 ff..

[1025] Braune, ZevKR 21 (1976), S. 131-182, 133.

[1026] Kollektivarbeitsrechtlich folgt aus der ergänzenden Berücksichtigung des Dienstgemeinschaftsgedankens die Grundsatzverpflichtung, der Kirche eine Mitwirkung oder Mitbestimmung bei den Angelegenheiten des kirchlichen Dienstes zu ermöglichen und diese auf eine bestimmte Art auszugestalten, Jurina, ZevKR 29 (1984), S. 171-188, 184.

verzichten wollen.[1027] Das bedeutet nicht, daß die Kirche ihre Dienste *um jeden Preis,* von allen Umständen losgelöst anbieten muß, sie hat aber darauf zu achten, allen Menschen eine Möglichkeit der Teilnahme und Mitgestaltung anzubieten.

Voraussetzung für Sanktionen bei Verstößen gegen Lebensführungspflichten unter der Berücksichtigung der kirchlichen Besonderheiten ist aber immer, wie oben dargelegt,[1028] daß die Kirche die Loyalitätsobliegenheiten, deren Verletzung sie ahndet, zuvor deutlich verankert und effektiv eingefordert, d.h. sie zum Bestandteil des Arbeitsverhältnisses gemacht hat.[1029] So könnte auch bei Gesprächen der Kirchenleitungen mit ihren Mitarbeiterinnen und Mitarbeitern die Bezugnahme auf herausgearbeitete Leitgedanken und Generalklauseln praktikabler und hilfreicher sein, als der Verweis auf einen ständig wachsenden Katalog von Lebensführungspflichten[1030] und entsprechenden Stichwörtern für Einstellungsgespräche. Allgemeine Pflichttatbestände könnten außerdem nach außen und innen sehr viel einfacher zu vermitteln sein, als die kasuistische Aufzählung von einzelnen Pflichten, die praktisch einer Verbotsliste gleichkäme. Nicht zu unterschätzen ist auch die Öffentlichkeitswirkung, die schon durch die Erarbeitung des jeweiligen Standpunktes selbst erreicht würde, und anstoßgebend bzw. befruchtend für eine allgemeine gesellschaftliche Diskussion zum jeweiligen Thema wirken könnte.

Auch die Schwierigkeiten im Zusammenhang mit einer andernfalls festzuschreibenden Abstufung von Loyallitätsverpflichtungen je nach Arbeitsfeld, Position des einzelnen und Stärke des Verstoßes, könnte durch eine Orientierungshilfe vermieden werden, ohne daß man gleichzeitig der grundsätzlichen Ablehnung eines generellen Abstufungsmodells widerspricht oder im Einzelfall unflexibel wird.

[1027] Winter, Staatskirchenrecht, S. 50.

[1028] s.o. Seite 121 ff..

[1029] Isensee, Festschrift für Obermayer, S. 203-216, 216.

[1030] Linnenbrink, ZevKR 38 (1993), S. 381-396, 386.

IV. Möglichkeiten im Verfahren

Für die Verfahrensweise bei der Reaktion auf Lebensführungspflichtverstöße wäre eine Vereinheitlichung sowohl bezüglich aller Mitarbeitsformen als auch der bisher bestehenden regionalen, landeskirchlichen Praxis erstrebenswert. Im Hinblick auf die zur Zeit sehr unterschiedliche Handhabung dieser Reaktionen sollte auch die soziale Grundform der Gemeinde als bruderschaftliche Gemeinde gesehen werden, in der nur Jesus Christus eine einzigartige Stellung genießt. Dies findet seine Begründung in *Matt 23, 8*:

„Denn nur einer ist euer Meister; ihr aber seid alle Brüder."

1. Non vi sed verbo?

Nachdem der evangelischen Kirche im Lauf der Geschichte die Gewährleistungspflicht dafür zugefallen ist, daß die Verkündigung ordnungsgemäß erfolgen kann, daß sie also selbst in der Verantwortung für die Erfüllung des ureigensten kirchlichen Auftrags steht, kann für die Ausübung der Kirchengewalt grundsätzlich nicht nur ein *non vi sed verbo* gelten. Versteht man in diesem Zusammenhang unter Gewalt, notwendige Maßnahmen auf mittelbarem Weg zu verwirklichen, kommt die Kirche gänzlich ohne diese Gewalt auch heute nicht aus.[1031] Dieses Argument bezieht sich aber – im Zusammenhang mit der Anwendung der Kirchenzucht – lediglich auf Maßnahmen, die gegenüber solchen Kirchengliedern erfolgen, die in einem besonderen Näheverhältnis zur Kirche stehen.

Nicht zwangsläufig begründbar sind disziplinarrechtliche Sanktionen, die gegenüber Geistlichen verhängt werden können. Hier gewinnt das Wort *Gewalt* einen anderen Klang, wenn nicht mit dem Ziel der Wiedereingliederung der Betroffenen, sondern mit der Absicht, diese endgültig ihres Amtes verlustig gehen zu lassen, Sanktionen verhängt werden sollen. Ob diese Einschränkung des Grundsatzes *non vi sed verbo* dadurch kompensiert wird, daß dies in einem streng rechtlich geordneten Verfahren abläuft und die Gewaltanwendung nicht mehr durch die Obrigkeit erfolgt, sondern durch kirchliche Amtsstellen, die an

---

[1031] Friedrich, Einführung in das Kirchenrecht, S. 301.

das Wort Gottes gebunden sind,[1032] kann vor allem deswegen bezweifelt werden, weil sich diese kirchlichen Instanzen, bei aller Bindung an das Wort Gottes, dennoch des *Obrigkeits-Instrumentariums* der Disziplinargewalt bedienen. In diesem Zusammenhang muß auch die Kritik an der kirchlichen Verfahrensordnung gesehen werden, die *Künneth* auf der evangelischen Generalsynode ausspricht:[1033]

„Es muß als eine unheilvolle und folgenschwere Tatsache erkannt werden, daß in der lutherischen Kirche das Ordnungsproblem nicht die Beachtung erfahren hat, welche diesem Problem zweifellos zukommen muß. (...) Es war ein Irrtum, fast 400 Jahre lang die Aufgabe der äußeren Kirchengestaltung kirchenfremden und außerkirchlichen Instanzen zu überlassen. Erst eigentlich der Kirchenkampf hat hier aufrüttelnd gewirkt."

In Bezug dazu steht auch die dritte These der theologischen Erklärung von Barmen: Die Kirche *„hat mit ihrem Glauben wie mit ihrem Gehorsam, mit ihrer Botschaft wie mit ihrer Ordnung (...) zu bezeugen, daß sie allein sein (Christi) Eigentum ist."* Das Disziplinarrecht erscheint indes als ein letztes Andenken des Ineinanders von Religiösem und Weltlichem, das zu Reformationszeiten durch eine Verlegung aller Entscheidungen in eine letztlich politische Zentrale und die damit einhergehende Entmündigung der Gemeinde begründet wurde. Hinsichtlich der Verfahrensweise bei der Kirchenzucht als Wurzel des heutigen kirchlichen Disziplinarrechts war es *Luther* jedoch gerade um ein brüderliches und geistliches Verfahren gegangen. Jede bürokratische Verwaltung der Seelsorge war ihm fremd.[1034]

In einem Verfahren der Kirchenzucht darf die Sanktion bzw. die Strafe nie Mittel der Vergeltung sein, sondern muß immer nur zur Buße und zum neuen Angebot der Vergebung führen wollen. Sie hat stets die Auferbauung der Gemeinde als erstes Ziel und soll eine nach vorn weisende Handlung der ganzen

---

[1032] Friedrich, Einführung in das Kirchenrecht, S. 302.

[1033] Lutherische Generalsynode 1948, S. 42.

[1034] Schlaich, ZevKR 29 (1984), S. 355-378, 369; Diem, ZevKR 4 (1955), S. 291-307, 301.

Gemeinde in der Vollmacht des Geistes sein.[1035] Mit der Kritik an der augenblicklichen Lage knüpft man aber weniger an reformatorischen Kirchenordnungen an, die sich als reformatorischer Protest gegen das kanonische Recht wandten, sondern bei den schon damals alsbald auftauchenden Lösungsversuchen, die den Protest durch allerlei nachträgliche Anleihen bei dem katholischen Gegner praktisch wieder zurücknahmen.[1036] So gesehen stellt sich die Frage nach der Berechtigung einer dem kirchlichen Recht eigentlich fremden Straf- und Verfahrensweise, die sich aus rein weltlichen Grundsätzen und Überzeugungen entwickelt hat und einer religiös-theologischen Grundlage entbehrt.

Die Glaubwürdigkeit von Christen, der Kirche, und damit der christlichen Botschaft überhaupt, erweist sich heute vor allem auch im Umgang mit inneren Konflikten. Die Notwendigkeit des achtungsvollen Umgangs miteinander gebietet, das vertrauensvolle Gespräch zu pflegen, auf die Überzeugungen des anderen zu hören und sich gegenseitig nicht zu überfordern.[1037] Niemandem, der sich zu Christus bekennt, sollte dieser Glaube abgesprochen werden. Wo es nach gründlicher Prüfung zu Abgrenzungen und Trennungen kommt, müssen gleichwohl die menschliche Achtung und der Geist der Liebe gewahrt werden.[1038]

Es ist an der Zeit, die überzogene Abhängigkeit des evangelischen Dienstrechts vom staatlichen Beamtenrecht aufzuheben, wobei die Kirche, will sie am öffentlich-rechtlichen Dienstverhältnis festhalten, wohl trotzdem wesentliche Merkmale dieser Rechtssphäre beibehalten muß. Das Kriterium, das bei einer Suche nach neuen ausgewogenen Vorgehensweisen im Zentrum der Überlegung stehen muß, ist nicht die vorwerfbare Verletzung von Gehorsamspflichten, sondern die Frage, ob die Erfüllung des Auftrags gefährdet oder gestört ist, und wie diese Gefährdung oder Störung beseitigt und überwunden werden kann.[1039] Hier stellt sich die Frage, inwieweit überhaupt Strafe und Bestrafung als inner-

---

[1035] Diem, ZevKR 4 (1955); S. 291-307, 300; Kuhn, ZevKR 9 (1962/63), S. 264-293, 265.

[1036] Diem, ZevKR 4 (1955); S. 291-307, 304.

[1037] VELKD, Leitlinien 1997, S. 15.

[1038] VELKD, Leitlinien 1997, S. 40.

[1039] Tompert, Das Recht der Kirche, S. 169-199, 199.

kirchliche Handlungsalternativen zum Gesamtverständnis und zum Auftrag der Kirche passen.

Bei der Beurteilung von Verstößen z.B. gegen ein Zurückhaltungsgebot im Hinblick auf politische Äußerungen darf das Reaktionsmittel Kirchenrecht nicht auf seine disziplinierende Funktion reduziert werden. Ziel von Sanktionen muß immer sein, *Schaden abzuwenden oder zu heilen*, also die eingetretene Störung des Dienstes zu beseitigen und eine entsprechende Störung für die Zukunft zu vermeiden.[1040] Zwar besteht kirchenrechtlich z.B. die Möglichkeit, wegen eines exzessiven politischen Engagements von Amtsträgerinnen oder Amtsträgern ein Amtspflichtverletzungsverfahren anzustreben, doch stellt sich hier die Frage nach der Adäquanz der dem staatlichen Disziplinarrecht nachgebildeten Amtszucht.[1041] Überhaupt sollen die Maßnahmen der Kirchenzucht nicht als Strafaktion, sondern als Liebesdienst verstanden werden,[1042] doch scheint eine solche Betrachtung heute vielfach unrealistisch oder zumindest nicht ausreichend vermittelbar zu sein. Eine disziplinarrechtliche Reaktion erscheint eher geeignet, die Fronten noch zu verhärten. Daher ist es unerläßlich, sich zu vergegenwärtigen, daß das kirchliche Recht nicht nur in seiner repressiven Funktion Wirksamkeit entfaltet, sondern vor allem eine sachgerechte Zuordnung von Verantwortlichkeit ermöglicht und deren bestimmungsgemäße Ausübung gewährleistet.[1043] Die Ordnungsaufgabe des Kirchenrechts liegt darin, Kriterien zu entwickeln, mit deren Hilfe z.B. die politische Aktivität von Mitarbeiterinnen und Mitarbeitern eingeordnet werden kann und somit die Möglichkeit geschaffen wird, differenzierte Aussagen über die Berechtigung des einzelnen zu politi-

---

[1040] Abschnitt C Abs. 3 der dem Pfarrdienstgesetz von Baden vorgestellten Grundbestimmungen.

[1041] Pirson, Festschrift für Obermayer, S. 295-304, 297.

[1042] Die Maßnahmen „*sollen dem sündig gewordenen Glied der Kirche zeigen, daß es unwürdig ist, neue göttliche Gnadengaben zu empfangen, daß seine gliedhafte Zugehörigkeit zum sakramentalen Leibe lebensgefährlich bedroht ist, daß er sich deshalb willig den ihm von der Kirche auferlegten religiösen Zuchtübungen unterwerfen muß, um wieder in den vollen Genuß seiner Gliedhaftigkeit zu gelangen*“, W. Maurer ZevKR 4 (1955), S. 337-360, 342.

[1043] Pirson, Festschrift für Obermayer, S. 295-304, 297 f..

schem Engagement zu treffen, die über pauschales Befürworten oder Verurteilen hinausgehen.[1044]

Es gibt seltene Fälle, in denen kirchlichen Mitarbeiterinnen und Mitarbeitern aufgrund ihres eigenen Verhaltens der Zugang zu Gemeindegliedern so sehr erschwert ist, daß der Dienst in der Gemeinde, vielleicht sogar in der Kirche überhaupt, nicht mehr vorstellbar und möglich ist, oder das Vertrauensverhältnis zu anderen Mitarbeiterinnen und Mitarbeitern einer kirchlichen Einrichtung so erschüttert oder die Außenwirkung für die Einrichtung selbst so fatal ist, daß ein Weiterbestehen des Arbeitsverhältnisses keinen Sinn mehr hat. Ist eine solche Situation gegeben, muß die Kirchenleitung eingreifen können. Hierfür sollten ihr die nötigen kirchenrechtlichen Instrumentarien an die Hand gegeben werden, wobei für die Betroffenen auch der nötige Rechtsschutz zu gewährleisten ist. Fraglich ist, ob sich für diese Grenze eine Formel finden läßt, wie z.B.: ein Eingreifen wird dort erforderlich, wo das Verhalten eines kirchlichen Mitarbeiters eindeutig gegen den Auftrag gewandt ist, das Evangelium zu verkündigen, so daß dies in nicht mehr zu duldender Weise verdunkelt wird.[1045]

Mit einer weiteren Zurückdrängung des förmlichen Disziplinarrechts und der rein rechtlichen Mechanismen unterworfenen Kündigungspraxis bei Verstößen gegen Lebensführungspflichten käme die evangelische Gemeinde auch einem als kirchliches Grundrecht gefordertem Ziel[1046] näher, nämlich dem Recht auf Gleichheit, auf eine geschwisterliche Struktur in der Kirche.

[1044] Pirson, Festschrift für Obermayer, S. 295-304, 298.

[1045] Mit Beispielen für Geistliche, Koller, Das Recht der Kirche, S. 153-168, 162 f..

[1046] Huber, Grundrechte in der Kirche, S. 518-544, 537.

Auf der anderen Seite steht das Problem einer Rechtfertigung der kirchenrechtlichen Negation des ehrenamtlichen Bereichs. Dem Zuwachs an Rechten und Verantwortung sind Pflichten oder zumindest die Auseinandersetzung über sie kaum gefolgt. So wenig wie sich innerhalb der Angestelltenverhältnisse eine Abstufung festschreiben läßt, können Ehrenamtliche von jeglichen Lebensführungsverpflichtungen freigestellt und insoweit praktisch völlig *herabgestuft* werden. Doch auch für die Angestelltenverhältnisse besteht das Bedürfnis, konsequentere, den eigentlichen Zielen der Kirche angepaßtere Vorgehensweisen zu schaffen; auch eine Neugestaltung dieser Bereiche steht der evangelischen Kirche frei. Dennoch befindet sie sich aber im Zugzwang, klare Grundsätze und Positionen auf bestimmten Problemfeldern zu erarbeiten. Gerade aufgrund des „Rückwirkungsverbots" hinsichtlich der Festlegung von Lebensführungspflichten,[1047] besteht ein Handlungsbedarf zur Aufstellung von Orientierungshilfen oder anderen Grundsatzpapieren wegen der rasanten Entwicklungen auf wissenschaftlichem Gebiet, insbesondere dem der Gentechnologie.

Will sich das Recht der evangelischen Kirche auch in seiner rechtstechnischen Form verändern und sich vor allem auf dem Gebiet des Disziplinarrechts von staatlichen Vorgaben und staatlicher Prägung lösen, bedarf es auch einer kirchlichen Instanz, die den staatlichen Gerichten bei der Beurteilung von Fragen mit kirchlichem und religiösem Bezug als Erkenntnisquelle nach § 293 ZPO dient. Hierbei kann es sich um ein kirchliches Gericht, ein Schlichtungsgremium oder auch nur um einen paritätisch zusammengesetzten Ausschuß handeln, der mit den Zielen der Streitschlichtung und Deeskalation, aber auch der Beurteilung der Sachlage aus kirchlicher Sicht, einem sich anschließenden Verfahren vor staatlichen Gerichten vorgeschaltet wird.

[1047] s.o. Seite 121 ff..

2. Paritätische Ausschüsse

Hinsichtlich einer rechtstheologischen Begründung kirchlicher Gerichtsbarkeit kann ein Schwerpunkt darauf gelegt werden, bei Streitigkeiten zwischen Christen eine Schlichtung herbeizuführen. Durch die Streitschlichtung gewährleisten die kirchlichen Gerichte im Geiste echter Geschwisterlichkeit die Erfüllung des kirchlichen Auftrags.[1048]

In Anbetracht der Tatsache, daß sich die kirchliche Gerichtsbarkeit gegenüber dem Staat daraus rechtfertigt, daß sie eigenständig und eigengeartet ist,[1049] muß über die Rechtfertigung des kirchlichen Rechts, das bei Verstößen gegen die Lebensführung immer noch ganz entscheidend von weltlichen Sühne- und Strafkriterien geprägt ist, nachgedacht werden. Fraglich ist, ob es lediglich mit der Forderung getan ist, alle Beteiligten sollten sich der Problematik des Richtens unter Schwestern und Brüdern bewußt sein,[1050] oder ob es nicht vielmehr auch nach außen erkennbarer Veränderungen bedarf, um dem Ziel kirchlichen Handelns und den rechtstheologischen Grundlagen hierfür in Form der biblischen Weisungen gerecht zu werden.

Es ist nicht erwiesen, ob aufgrund der großen Seltenheit kirchlicher Strafprozesse genügend deutlich wird, daß eine innerkirchliche Sozialkontrolle die Anwendung des kirchlichen Strafrechts offensichtlich überflüssig macht.[1051] Vorstellbar wäre es, speziell für alle Probleme und Fragen im Zusammenhang mit Lebensführungspflichten paritätisch besetzte Ausschüsse[1052] zu bilden,[1053] die sich schiedsgerichtlich mit der Lösung des jeweiligen Konflikts befassen und für alle Mitarbeiterinnen und Mitarbeiter der evangelischen Kirche zuständig sind. Diesen Gremien könnten Vertreterinnen und Vertreter aus allen kirchlichen

---

[1048] Schilberg, Rechtsschutz und Arbeitsrecht, S. 78.

[1049] Schilberg, Rechtsschutz und Arbeitsrecht, S. 79.

[1050] Schilberg, Rechtsschutz und Arbeitsrecht, S. 80.

[1051] So aber: Pahud de Mortanges, ZevKR 40 (1995), S. 508 f., 509.

[1052] s.o. Seite 253 f..

[1053] Vergleichbar mit der Zusammensetzung eines Schiedsgerichts nach z.B. § 2 PfG VELKD.

Beschäftigungsfeldern angehören, womit Sorge dafür getragen wäre, die Interessen und Erfahrungen der jeweiligen Gruppierung in die Lösung des durch den Verstoß gegen Lebensführungspflichten begründeten Konflikts einbringen zu können. Mit einem solchen speziellen Gremium, den gesondert zu entwickelnden Orientierungshilfen und einer streng an der Erfüllung des kirchlichen Auftrags ausgerichteten Verfahrensweise, würde die evangelische Kirche den ihr zustehenden Freiraum nutzend der Andersartigkeit kirchlicher Beschäftigungsverhältnisse gerecht werden und dieser gleichzeitig Ausdruck nach innen und außen verleihen.

Sechster Teil: Zusammenfassung in Thesen

I. Die Vielschichtigkeit der Beschäftigungsverhältnisse der evangelischen Kirche und die Unterschiedlichkeit ihrer Arbeitsbereiche stellt eine Herausforderung für die Festlegung von Lebensführungspflichten dar, die sich jedoch immer am gemeinsamen Ziel kirchlicher Arbeit, nämlich der Verwirklichung des kirchlichen Auftrags, ausrichten müssen.

II. Trotz der mit dem Schlagwort der Lebensführungspflichten verbundenen Möglichkeit zu Fehlinterpretationen, hat dieser Begriff seine Berechtigung, charakterisiert er doch das kirchlichen Dienstverhältnissen innewohnende Spannungsverhältnis, das häufige Auseinanderfallen von Anspruch und Wirklichkeit sowie die Besonderheiten des kirchlichen im weltlichen Recht auf treffende Weise.

III. Bei unerwünschtem außerdienstlichem Verhalten kirchlicher Mitarbeiterinnen und Mitarbeiter müssen die praktische Vorgehensweise und deren theoretische Grundlage den Weg zwischen der gebotenen repressiven Abwehr existentieller innerer oder äußerer Bedrohungen einerseits und dem jesuanischen Toleranz- und Liebesgebot andererseits finden, um ein ausgewogenes wechselseitiges Verhältnis dieser Interessen und Grundsätze zu erreichen.

IV. Es gibt zwischen staatlichen bzw. privatwirtschaftlichen und kirchlichen Beschäftigungsverhältnissen zwar Berührungspunkte bei Regelungen der außerdienstlichen Lebensführung, eine rechtlich relevante Parallelität oder gar Kongruenz besteht aber nicht.

V. Die Motive für die Einrichtung und rechtliche Ausgestaltung des Instituts der Lebensführungspflichten wie der gute Ruf, die Vorbildfunktion, die Unanstößigkeit oder die Finanzierung kirchlicher Arbeit begründen überzeugend die Notwendigkeit solcher Regelungen, die sich mit Hilfe der Orientierungspunkte der biblischen Weisungen, der Lebensordnungen und der Erwartungen der einzelnen Gemeinde weiter spezifizieren lassen.

VI. Die von der Kirche für privatrechtliche Arbeitsverhältnisse festgelegten Lebensführungspflichten können von den Arbeitsgerichten sowohl anhand bestimmter Verfassungsgrundsätze als auch in Abwägung mit Vorschriften des Kündigungsschutzes und den Grundrechten des Arbeitnehmers überprüft werden, wobei dem kirchlichen Selbstbestimmungsrecht ein ganz besonderes Gewicht zukommt. –

VII. Aufgrund der Vertragsfreiheit kann die evangelische Kirche privatrechtliche Arbeitsverträge so ausgestalten, daß sie die kirchliche Arbeit entscheidend prägt und damit in ihrem Sinne ordnet und verwaltet, wobei – ähnlich wie im Strafrecht – ein Rückwirkungsverbot besteht, das es ihr verbietet, im Nachhinein Grundsätze zur Lebensführung aufzustellen.

VIII. Die evangelische Kirche hat dafür Sorge zu tragen, daß auch in vom Staat mitfinanzierten Tätigkeitsfeldern dessen Einflußnahme Einhalt geboten wird und ihre besondere Prägung – auch bei der Ausgestaltung ihrer Arbeitsverträge – klar erkennbar bleibt, damit ihren Überzeugungen und Werten im Rahmen einer arbeitsgerichtlichen Abwägung ein besonderes Gewicht zukommen kann.

IX. Zwar ist zwischen den Geistlichen und anderen kirchlichen Mitarbeiterinnen und Mitarbeitern eine beachtenswerte Andersartigkeit hinsichtlich der Ausführung bestimmter Handlungen und der Exponiertheit ihrer Stellung in der Gemeinde zu konstatieren, eine Sonder- oder Standesethik mit Wirkung auf die Geltung von Lebensführungspflichten erwächst daraus jedoch nicht. Es besteht aber eine ganz besondere Verantwortung der Geistlichen für die Gewährleistung der Umsetzung des kirchlichen Auftrags.

X. Weil die Verhaltensanforderungen einem geschichtlichen und gesellschaftlichen Wandel unterliegen und man mit einer detaillierten Festlegung auch Gefahr liefe, in Beliebigkeit oder sogar Willkür zu verfallen, bedarf das Dienstrecht der Herausarbeitung eines Leitgedankens oder zumindest einiger aufeinander abgestimmter und konsensfähiger Gesichtspunkte. Nur so wird es ermöglicht, im Wandel ethischer Anschauungen und moralischer Urteilsgrundlagen, wie auch mit Rücksicht auf die Vielschichtigkeit des Lebens immer wieder neu zu entscheiden und vom Auftrag her zu begründen, welche private Lebensgestaltung mit dem kirchlichen Dienst vereinbar ist und welche nicht.

XI. Aufgrund der Begründungsansätze für die Lebensführungspflichten der Amtsträgerinnen und Amtsträger, der privatrechtlich Angestellten sowie der vielfach zwar allgemein gehaltenen, aber doch artikulierten Aussagen einzelner Institutionen und Gemeinden über die ehrenamtliche Tätigkeit wird deutlich, daß auch Ehrenamtliche sowie Inhaber und Inhaberinnen eines kirchlichen Ehrenamts hinsichtlich ihrer Lebensführung nicht in einem (kirchen-) rechtsfreien Raum stehen können, obwohl Regelungen in diesem Bereich, wenn es sie überhaupt gibt, lediglich angedeutet sind.

XII. Auch im Sonderfall von erheblichen strafrechtlichen Verstößen dürfen die Reaktionen der Kirchenleitung, dem kirchlichen Arbeitgeber oder der einzelnen Gemeinde nicht rein repressiv-strafend sein, denn die Kirche darf sich nicht in die Reihe derjenigen einordnen, die aufgrund der Straftat soziale Ächtung und Ausgrenzung der Betroffenen betreiben.

XIII. In der bewußten und durch die Diversionsbestimmungen rechtlich gedeckten häufigen Nichtanwendung der kirchlichen Straf- und Disziplinarmöglichkeiten liegt insofern auch ein praktischer Nutzen, als Lösungen im Wege einer deeskalierenden Verfahrensweise der Kirche und den Gemeinden helfen, Verletzungen zu vermeiden und öffentlichen Streit, mit negativen Auswirkungen auf das äußere Erscheinungsbild der Kirche, entgegenzuwirken.

XIV. Im kirchlichen Verfahren gilt für den Umgang mit Verstößen gegen Lebensführungspflichten das Opportunitätsprinzip. Liegen der Kirchenleitung oder der zuständigen Dienststelle Anhaltspunkte für einen disziplinarisch relevanten Verstoß vor, hat sie unter Würdigung des gesamten dienstlichen und außerdienstlichen Verhaltens sowie der Interessenlage der evangelischen Kirche zu entscheiden, ob ein förmliches Verfahren eröffnet wird.

XV. Die Bindung der Kirchen an das für alle geltende Gesetz verlangt eine Abgestimmtheit zwischen staatlicher und kirchlicher Ordnung, die dazu führt, daß staatliche Gesetze nicht die den Kirchen eigenen Wesenszüge beeinträchtigen und daß umgekehrt kirchliche Gesetze nicht die unabdingbare Ordnung des Staates kränken. Der Freiraum der Kirchen, arbeitsvertraglich Loyalitätspflichten und Sanktionierungen für den Fall ihrer Verletzung festzulegen, verlangt schon aufgrund des Gebots der Rechtssicherheit nach Ausfüllung. Entscheidungen zur Bestandskraft kirchlicher Arbeitsverhältnisse dürfen nicht weniger berechenbar sein als das Schicksal weltlicher.

XVI. Es läßt sich schwerlich eine Organisation vorstellen, die von ihrer Ausgangslage her zur Entwicklung einer – bzw. Neuentdeckung ihrer – Corporate Identity geeigneter wäre als die Kirche, die aufgrund ihrer Struktur und gestützt auf das Evangelium beste Voraussetzungen dafür mitbringt, ein solches Modell umzusetzen. Daran wird besonders deutlich, daß die rechtliche Ausgestaltung von Lebensführungspflichten in Arbeitsverhältnissen keineswegs überholt oder Ausdruck einer konservativen oder gar reaktionären Gesinnung sind, sondern die Berücksichtigung der individuellen Lebensführung im Arbeitsverhältnis vielmehr ein zeitgemäßer und der modernen Arbeitswelt keineswegs fremder Ansatz ist.

XVII. Eine allgemeiner gehaltene Vorgabe von Lebensführungspflichten und der Verfahrensweise bei einem Verstoß gegen diese Pflichten in Form von Generalklauseln oder Orientierungshilfen ist einem nur begrenzt umsetzbaren Pflichtenkatalog, dessen Wirksamkeit von vornherein in Zweifel gezogen werden kann, vorzuziehen.

XVIII. In der evangelischen Kirche sollten zur Konkretisierung und Umsetzung der generalklauselartig gefaßten Lebensführungs-Regelungen paritätisch besetzte Ausschüsse gebildet werden, die sich schiedsgerichtlich mit der Lösung der Konflikte befassen und für alle Mitarbeiterinnen und Mitarbeiter zuständig sind. Diesen Gremien könnten Vertreterinnen und Vertreter aus allen kirchlichen Beschäftigungsfeldern angehören, womit Sorge dafür getragen wäre, daß die Interessen und Erfahrungen der jeweiligen Gruppierung in die Lösung des durch den Verstoß gegen Lebensführungspflichten begründeten Konflikts eingebracht werden können.

XIX. Mit einem speziellen paritätischen Entscheidungsgremium, den gesondert zu entwickelnden Orientierungshilfen und einer an der Erfüllung des kirchlichen Auftrags und an Opportunitätsgrundsätzen ausgerichteten Verfahrensweise würde die evangelische Kirche bei Verstößen gegen Pflichten der Lebensführung der Andersartigkeit ihrer Beschäftigungsverhältnisse gerecht werden und dieser gleichzeitig Ausdruck nach innen und außen verleihen.

Literaturverzeichnis

Arnoldshainer Konferenz, 5. Tagung für Richter an kirchlichen Disziplinargerichten, 22.-24. August 1997, Evangelische Akademie Meißen. zit.: Tagung 1997, *Verfasser*

Bach, Albert, Die politische Betätigung geistlicher Amtsträger nach evangelischem und katholischem Kirchenrecht in der Bundesrepublik Deutschland, Theorie und Forschung, Bd. 25; Kirchenrecht Bd. 1, Regensburg 1987. zit.: Bach, Die politische Betätigung geistlicher Amtsträger

Barth, Karl, Kirchliche Dogmatik, Bd. IV/3/2, Die Lehre von der Versöhnung, Zollikon-Zürich 1959. zit.: Barth, Kirchliche Dogmatik

Berchtenbreiter, Angelika, Kündigungsschutzprobleme im kirchlichen Arbeitsverhältnis. Zur Festlegung kirchenspezifischerLoyalitätspflichten und ihrer staatsgerichtlichen Kontrolle, Heidelberg 1984. zit.: Berchtenbreiter,Kündigungsschutzprobleme

Bernards, Kordula, Die Schlichtungsstelle im Mitarbeitervertretungsrecht der katholischen Kirche, Neuwied, Kriftel, Berlin 1991. zit.: Bernads, Die Schlichtungsstelle

Bietmann, Rolf, Betriebliche Mitbestimmung im kirchlichen Dienst,Arbeitsrechtliche Probleme der kirchlichen Mitarbeitervertretungsordnungen, (Schriften zum Wirtschafts-, Arbeits- und Sozialrecht, Bd. 18), Königstein/Ts. 1982. zit.: Bietmann, Betriebliche Mitbestimmung im kirchlichen Dienst

Birkigt, Klaus / Stadler, Marinus M., Corporate Identity, Grundlagen, Funktionen, Fallbeispiele, München 1980. zit.: Birkigt / Stadler, Corporate Identity

Bischoff, Bernhard / Hammer, Ulrich, Grundfragen des kirchlichen Arbeitsrechts, AuR 1995, S. 161-168. zit.: Bischoff / Hammer, AuR 1995

Bleistein, Franzjosef / Thiel, Adolf Kommentar zur Rahmenordnung für eine Mitarbeitervertretungsordnung (MAVO), 2. Auflage, Neuwied, Kriftel, Berlin 1992. zit.: Kommentar zur MAVO

Bock, Wolfgang, Das für alle geltende Gesetz und die kirchliche Selbstbestimmung, Jus ecclesiasticum; Bd. 55, Tübingen 1996. zit.: Bock, Das für alle geltende Gesetz

Braune, Hans-Peter, Die Kammern der Evangelischen Kirche in Deutschland, ZevKR 21 (1976), S. 131-182. zit.: Braune, ZevKR 21 (1976)

Briza, Klaus, „Tarifvertrag" und „Dritter Weg", Dissertation, Regensburg 1987. zit.: Briza, „Tarifvertrag" und „Dritter Weg"

Bubenheimer, Ulrich, Scandalon et ius divinum, Theologische undrechtstheologische Probleme der ersten reformatorischen Innovationen in Wittenberg, ZRG 90 (1973), kanonistische Abteilung 59, S. 263-342. zit.:Bubenheimer, Scandalon et ius divinum, ZRG 90 (1973)

Campenhausen, Axel Frhr. von, Staatskirchenrecht, 3 Auflage, München 1996. zit.: v. Campenhausen, Staatskirchenrecht

Die Verantwortung der Kirche und des Staates für die Regelung von Arbeitsverhältnissen im kirchlichen Bereich, Essener Gespräche zum Thema Staat und Kirche, herausgegeben von Joseph Krautscheidt und Heiner Marré, Bd. 18, Aschendorff 1984, S. 8-39. zit.: v. Campenhausen, EssG 18 (1984)

Delbrück, Jost, Staatliche Finanzkontrolle und Freie Wohlfahrtsverbände in ZevKR 40 (1995), S. 21-48. zit.: Delbrück, ZevKR 40 (1995)

Deutsche Bischofskonferenz, Neuregelung des Arbeitsrechts der katholischen Kirche in Deutschland, NJW 1994, S. 1394-1398. zit.: DeutscheBischofskonferenz, NJW 1994

Diem, Hermann, Lebensordnung und Kirchenzucht, ZevKR 4 (1955), S. 291-307. zit.: Diem, ZevKR 4 (1955)

Dütz, Wilhelm, Aktuelle kollektivrechtliche Fragen des kirchlichen Dienstes, Essener Gespräche 18 (1984), S. 67-115. zit.: Dütz, Essener Gespräche 18 (1984)

Das Bundesverfassungsgericht zur Kündigung kirchlicher Arbeitsverhältnisse, NZA Beilage Nr. 1/86, S. 11-15. zit.: Dütz, NZA Beil. 1/1986

Besonderes Verhältnis, Die Neue Ordnung 42 (1988), S. 127-138. zit.: Dütz, Die Neue Ordnung 42 (1988)

Kirchliche Festlegung arbeitsvertraglicher Kündigungsgründe?; NJW 1990, S. 2025-2031. zit.: Dütz, NJW 1990

Neue Grundlagen im Arbeitsrecht der katholischen Kirche, NJW 1994, S. 1369-1375. zit.: Dütz, NJW 1994

Ehlers, Dirk, Staatlicher Rechtsschutz gegenüber Religionsgemeinschaften in amts- und dienstrechtlichen Angelegenheiten, ZevKR 27 (1982) S. 269-294. zit.: Ehlers, ZevKR 27 (1982)

Ehnes, Herbert, Novellierung der Verfassung der Lippischen Landeskirche, ZevKR 44 (1999), S. 509-532. zit.: Ehnes, ZevKR 44 (1999)

EKU, Ordnung des kirchlichen Lebens der Evangelischen Kirche der Union, Leipzig 1999. zit.: Ordnung der EKU 1999

Engel, Christoph, Ehrenamt und Arbeitsrecht, Die Übertragbarkeit von Regelungen des Individualarbeitsrechtes und des Arbeitsschutzes auf ehrenamtlich Tätige, Bayreuth 1994. zit.: Engel, Ehrenamt und Arbeitsrecht

Fey, Detlev, Literaturbesprechung zu einer Dissertation von Walter Klar, Das kirchliche Selbstbestimmungsrecht und diekündigungsrechtliche Relevanz kirchenspezifischer Loyalitätsobliegenheiten im Rahmen von kirchlichen Arbeitsverhältnissen, Augsburg 1993, ZevKR 42 (1997), S. 499-500. zit.: Fey, ZevKR 42 (1997)

Frank, Johann, Entwicklungen und Probleme des kollektiven Arbeitsrechts in der evangelischen Kirche, RDA 1979, S. 86-93. zit.: Frank, RDA 1979

Friedrich, Otto, Einführung in das Kirchenrecht, 2. Auflage, Göttingen 1978. zit.: Friedrich, Einführung in das Kirchenrecht

*Friesenhahn, Ernst / Scheuner, Ulrich / Listl, Joseph,*Handbuch des Staatskirchenrechts der Bundesrepublik Deutschland, Zweiter Bd., Berlin 1975. zit.: *Verfasser*-Handbuch des Staatskirchenrechts, Zweiter Bd.

Fürst, Walther, Beamtenrecht, bearbeitet von Walther Fürst und Arvid Strecker, Stuttgart, Berlin, Köln, Mainz 1979.

Beamtenrecht, 2. Auflage, fortgeführt von Franz-Joseph Peine und Dieter Heinlein, Heidelberg 1999. zit.: Fürst, Beamtenrecht

Geck, Barbara / Schimmel, Roland, *Grenzen der Kündigung kirchlicher Mitarbeitsverhältnisse, AuR 1995, S. 177-184. zit.: Geck/Schimmel, AuR 1995*

Gehring, Heinrich, Das Verwaltungsgericht für mitarbeitervertretungsrechtliche Streitigkeiten der Evangelischen Kirche in Deutschland und sein Verfahren, AuR 1995, S. 169-176. zit.: Gehring, AuR 1995

Geiger, Willi, Die Rechtsprechung des Bundesverfassungsgerichts zum kirchlichen Selbstbestimmungsrecht, ZevKR 26 (1981), S. 156- 174. zit.: Geiger, ZevKR 26 (1981)

Guntau, Burkhard, Homosexuelle Lebensgemeinschaft im Pfarrhaus, ZevKR 39 (1994), S. 138-160. zit.: Guntau, ZevKR 39 (1994)

Hanau, Peter, Zum Verhältnis von Kirche und Arbeitsrecht, ZevKR 25 (1980), S. 61-70. zit.: Hanau, ZevKR 25 (1980)

Hansch, Karl, Die Disziplinargerichtsbarkeit in der Evangelischen Kirche, Göttinger Rechtswissenschaftliche Studien Bd. 33, Göttingen 1961. zit.: Hansch, Die Disziplinargerichtsbarkeit in der Evangelischen Kirche

Hellfritzsch, Werner, Das außerdienstliche Fehlverhalten der Beamten: eine Untersuchung des Meinungsstandes und der disziplinar-rechtlichen Praxis in Bundes- und Landesverwaltung, 2. Auflage, Köln, Berlin, Bonn, München 1981. zit.: Hellfritzsch, Außerdienstliches Fehlverhalten von Beamten

Honecker, Martin, Zur Frage der Ordination von Theologen in Sonderdiensten auf Zeit, ZevKR 30 (1985), S. 63-70. zit.: Honecker in ZevKR 30 (1985)

Huber, Wolfgang, Grundrechte in der Kirche, hrsg. von Gerhard Rau, Hans-Richard Reuter und Klaus Schlaich, Das Recht der Kirche, Bd. I, (Forschungen und Berichte der evangelischen Studiengemeinschaft Bd. 49), S. 518-544, Gütersloh 1997. zit.: Huber, Grundrechte in der Kirche

Isak, Axel, Das Selbstverständnis der Kirchen und Religionsgemeinschaften und seine Bedeutung für die Auslegung des staatlichen Rechts,Staatskirchen-rechtliche Abhandlungen, Berlin 1994. zit.: Isak, Das Selbstverständnis der Kirchen und Religionsgemeinschaften

Isensee, Josef, Kirchliche Loyalität im Rahmen des staatlichen Arbeitsrechts, Festschrift für Klaus Obermayer, S. 203-216, München 1986. zit.: Isensee, Festschrift für Obermayer

Josuttis, Manfred, Der Pfarrer ist anders, 4. Auflage, München 1991. zit.: Josuttis, Der Pfarrer ist anders

Jurina, Josef, Dienst- und Arbeitsrecht in der katholischen Kirche, Essener Gespräche zum Thema Kirche und Staat, herausgegeben von Joseph Krautscheid und Heiner Marre', Band 10,Aschendorff 1976, S.57-94. zit.: Jurina, Dienst- und Arbeitsrecht

Das Dienst- und Arbeitsrecht im Bereich der Kirchen der Bundesrepublik Deutschland, Berlin 1979. zit.: Jurina, Das Dienst- und Arbeitsrecht

Die Dienstgemeinschaft der Mitarbeiter des kirchlichen Dienstes, ZevKR 29 (1984), S. 171-188. zit.: Jurina, ZevKR 29 (1984)

Kalisch, Werner, Grund- und Einzelfragen des kirchlichen Dienstrechts, ZevKR 2 (1952/53), S. 24-63. zit.: Kalisch, ZevKR 2 (1952/53)

Kästner, Karl-Hermann, Staatliche Justizhoheit und religiöse Freiheit: über die Frage nach der staatlichen Kompetenz zur Rechtsschutzgewährung im Wirkungsbereich der Kirchen und Religionsgemeinschaften, Jusecclesiasticum, Bd. 41, Tübingen 1991. zit.: Kästner, Staatliche Justizhoheit und religiöse Freiheit

Keßler, Rainer, Die Kirche und das Arbeitsrecht, Dissertation, Darmstadt 1986. zit.: Keßler, Die Kirchen und das Arbeitsrecht

Kirchner, Hildebert, Abkürzungsverzeichnis der Rechtssprache, 4. Auflage, Berlin/New York 1993.

Klar, Walter, Das kirchliche Selbstbestimmungsrecht und diekündigungsrechtliche Relevanz kirchenspezifischer Loyalitätsobliegenheiten im Rahmen von kirchlichen Arbeitsverhältnissen. Dissertation, Augsburg 1993. zit.: Klar, Das kirchliche Selbstbestimmungsrecht

Grundrechtlicher Schutz des gekündigten kirchlichen Arbeitnehmers, NZA 1995, S. 1184-1186. zit.: Klar, NZA 1995

Klimpe-Auerbach, Wolf, Die Sonderstellung der Religionsgemeinschaften im Arbeitsrecht, Der Personalrat 1988, S. 148-150. zit.: Klimpe-Auerbach, Der Personalrat 1988

Die Grundordnung des kirchlichen Dienstes im Rahmen kirchlicher Arbeitsverhältnisse, AuR 1995, S. 170-177. zit.: Klimpe-Auerbach, AuR 1995

Köhler, Heinz / Ratz, Günter, BDO – Bundesdisziplinarordnung und materielles Disziplinarrecht, Kommentar für die Praxis, 2. Auflage, Köln 1994. zit.: Köhler / Ratz, Bundesdisziplinarordnung

Koller, Ingo, Anm. zum BAG Urteil vom 6.12.1979– AZR 1055/77, SAE 1981, S. 91-96. zit.: Koller, SAE 1981

Koller, Paul, Lebensführung und Pfarrdienstrecht aus Sicht eines Theologen, Das Recht der Kirche, herausgegeben von Gerhard Rau, Hans-Richard Reuter und Klaus Schlaich, Band III Zur Praxis des Kirchenrechts, S.153-168. zit.: Koller, Das Recht der Kirche

Kuhn, Jochen, Kirchenzucht und Kirchenbegriff, ZevKR 9 (1962/63), S. 264-293. zit.: Kuhn, ZevKR 9 (1962/63)

Kunst, Hermann / Herzog, Roman / Schneemelcher, Wilhelm, Evangelisches Staatslexikon, 2. Auflage, Stuttgart, Berlin 1975. zit.: Verfasser - Evangelisches Staatslexikon

Laufs, Adolf, Arztrecht, 5. Auflage, München 1993. zit.: Laufs, Arztrecht

Leisner, Walter, Das kirchliche Krankenhaus im Staatskirchenrecht der Bundesrepublik Deutschland, Essener Gespräche zum Thema Staat und Kirche 17, Aschendorf, Münster 1983. zit.: Leisner, Essener Gespräche 17 (1983)

Leistner, Otto, Internationale Titelabkürzungen von Zeitschriften, Zeitungen, wichtigen Handbüchern u.a., Bd. 1-3, 7. Auflage; Osnabrück 1997.

Lenthe, Christian von, Zur politischen Betätigung von kirchlichen Mitarbeitern in den evangelischen Landeskirchen der EKD und ihre Zusammenschlüsse, Frankfurt a. Main 1991. Zugl.: Freiburg (Breisgau), Univ., Dissertation, 1990. zit.: v. Lenthe, Zur politischen Betätigung kirchlicher Mitarbeiter

Link, Christoph, Staat und Kirche im Rahmen des europäischen Einigungsprozesses, in ZevKR 42 (1997), S. 130-157. zit.: Link, ZevKR 42 (1997)

Linnenbrink, Günter, Zur Frage der Lebensführung kirchlicher Mitarbeiter – insbesondere der Pfarrerschaft, ZevKR 38 (1993) S. 381-396. zit.: Linnenbrink, ZevKR 38 (1993)

Lippische Landeskirche, Es sind mancherlei Gaben, Leitlinien zum Ehrenamt, Broschüre der Lippischen Landeskirche, Detmold 1998. zit.: Mancherlei Gaben, Leitlinien zum Ehrenamt der Lippischen Landeskirche

Lohse, Eduard, Kleine evangelische Pastoralethik, Göttingen 1985. zit.: Lohse, Kleine evangelische Pastoralethik

Löwe-Rosenberg, Die Strafprozeßordnung und das Gerichtsverfassungsgesetz: StPO – Großkommentar, Bd. 1, hrsg. von Peter Rieß, Einl. §§ 1-71, 25. Auflage, Berlin / New York 1999. zit.: Löwe- Rosenberg, Bd. 1

Lütcke, Karl-Heinrich, Pflichten des Pfarrers aus Ordination und Dienstverhältnis, ZevKR 33 (1988), S. 1-15. zit.: Lütcke, ZevKR 33 (1988)

Lutherische Generalsynode 1948, Bericht über die Tagung der verfassungsgebenden Generalsynode der VELKD, hrsg. vom Lutherischen Kirchenamt Hannover, Berlin 1956. zit.: Lutherische Generalsynode 1948

Marré, Heiner, Zur Loyalität im Dienst der Kirche, Das Staatskirchenrecht als Imperativ, Theologie und Glaube 78 (1988), S. 397-414. zit.: Marré, Theologie und Glaube 78 (1988)

Die Kirchenfinanzierung in Kirche und Staat der Gegenwart, Die Kirchensteuer im internationalen Umfeld kirchlicher Abgabesysteme und im heutigen Sozial- und Kulturstaat der Bundesrepublik Deutschland, Essen 1990. zit.: Marré, Die Kirchenfinanzierung

Marx, Siegfried, Die arbeitsrechtliche Kirchlichkeitsklausel im Spannungsfeld zwischen kirchlichen Anforderungen und staatlichem Recht, Frankfurt a. M. 1990. zit.: Marx, Die arbeitsrechtlicheKirchlichkeitsklausel

Maurer, Hartmut, Die Pflichten des Pfarrers aus Ordination und Dienstverhältnis, in ZevKR 32 (1987) S. 571-598. zit.: Maurer, ZevKR 32 (1987)

Bestehen für die Lebensführung von Pfarrern und Kirchenbeamten besondere rechtliche Anforderungen?, ZevKR 38 (1993) S. 397-412. zit.: Maurer ZevKR 38 (1993)

Maurer, Wilhelm, Zur theologischen Problematik des kirchlichen Mitgliedschaftsrechtes, ZevKR 4 (1955) S. 337-360. zit.: W. Maurer ZevKR 4 (1955)

Mayer, Gunnar, Das außerdienstliche Verhalten von Arbeitnehmern, Ein Beitrag zu Geschichte, Grundlagen und Erscheinungsformen außerdienstlicher Verhaltenspflichten, Frankfurt a. M., Berlin, Bern, Bruxelles, New York, Oxford, Wien 2000. zit.: Mayer, Das außerdienstliche Verhalten von Arbeitnehmern

Mayer-Maly, Theo, Arbeitsverhältnis und Privatsphäre, in AuR 1968, S. 1-13. zit.: Mayer-Maly, AuR 1968

Loyalitätspflichten von Arbeitnehmern im Kirchendienst, in: Im Dienst von Kirche und Staat, In memoriam Carl Holböck, Wien, 1985, S. 619-626. zit.: Mayer-Maly, Loyalitätspflichten, In memoriam Carl Holböck

Was leisten die guten Sitten?, AcP 194 (1994) 105-176. zit.: Mayer-Maly, AcP 194 (1994)

Medicus, Dieter, Allgemeiner Teil des BGB. Ein Lehrbuch, 7. Auflage, Heidelberg 1997. zit.: Medicus, BGB - AT

Müller, Hans Martin, Homosexualität als Amtspflichtverletzung, ZevKR 36 (1991), S. 199-204. zit.: Müller, ZevKR 36 (1991)

Mummenhoff, Winfried, Loyalität im kirchlichen Arbeitsverhältnis, NZA 90, S. 585-592. zit.: Mummenhoff, NZA 1990

Nell-Breuning, Oswald von, Kirchliche Dienstgemeinschaft, Stimmen der Zeit 195 (1977) S. 705-710. zit.: v. Nell-Breuning, Stimmen der Zeit 195 (1977)

Nikisch, Arthur, Arbeitsrecht, I. Bd., Allgemeine Lehren und Arbeitsvertragsrecht, 3. Auflage, Tübingen 1961. zit.: Nikisch, Arbeitsrecht, I. Bd.

Pahlke, Armin, Kirche und Koalitionsrecht, Jus ecclesiasticum; Bd. 29, Tübingen 1983. zit.: Pahlke, Kirche und Koalitionsrecht

Pahud de Mortanges, René, Zwischen Vergebung und Vergeltung: Eine Analyse des kirchlichen Straf- und Disziplinarrechts, Baden-Baden 1992. zit.: Pahud de Mortanges, Zwischen Vergebung und Vergeltung)

Palandt, Bürgerlichen Gesetzbuch, Kommentar, 60. Auflage, München 2001. zit.: *Bearbeiter* - Palandt

Pirson, Dietrich, Kirchliches Recht in der weltlichen Rechtsordnung, Festschrift für Erich Ruppe, Berlin, Hamburg 1968, S. 277-311. zit.: Pirson, Festschrift Ruppe

Kirchenrechtliche Bewertung politischer Aktivitäten in der Kirche, Festschrift für Klaus Obermayer, München 1986, S. 295-304. zit.: Pirson, Festschrift für Obermayer

Plaschke, Jürgen, Corporate – Identity als Konzept non-direktiver Personalführung, Caritas 92 (1991), S. 223-227. zit.: Plaschke, Caritas 92 (1991)

Plog, Ernst / Wiedow, Alexander / Beck, Gerhard, Kommentar zum Bundesbeamtengesetz, Loseblattausgabe, Ergänzungslieferung Nr. 229, Neuwied, Stand Juni 2001. zit.: Plog / Wiedow / Beck, Kommentar

Portillo, Alvaro del, Gläubige und Laien in der Kirche, Paderborn 1972. zit.: del Portillo, Gläubige und Laien in der Kirche

Rauscher, Anton, Die Eigenart des kirchlichen Dienstes, Würzburg 1983. zit.: Rauscher, Die Eigenart des kirchlichen Dienstes

Rees, Wilhelm, Die Strafgewalt der Kirche: Das geltende kirchliche Strafrecht– dargestellt auf der Grundlage seiner Entwicklungsgeschichte, Berlin 1993. zit.: Rees, Die Strafgewalt der Kirche

Richardi, Reinhard, Kirche und Arbeitsrecht, ZevKR 32 (1987), S. 628-641. zit.: Richardi, ZevKR 32 (1987)

Arbeitsrecht in der Kirche, 2. Auflage, München 1992. zit.: Richardi, Arbeitsrecht in der Kirche

Die Grundordnung der katholischen Kirche für den kirchlichen Dienst im Rahmen kirchlicher Arbeitsverhältnisse, NZA 1994 S. 19-24. zit.: Richardi, NZA 1994

Rohde, Jürgen, Grundgedanken des neuen Pfarrdienstgesetzes der EKU, ZevKR 41 (1996), S. 369-387. zit.: Rohde, ZevKR 41 (1996)

Roloff, Jürgen, Der erste Brief an Timotheus, Evangelisch-Katholischer Kommentar zum Neuen Testament, hrsg. von Josef Blank, Rudolf Schnackenburg, Eduard Schweizer und Ulrich Wilckens, Bd. XV, Zürich 1988. zit.: Roloff, Der erste Brief des Timotheus

Rüfner, Wolfgang, Arbeitsverhältnisse im kirchlichen Dienst, Zum Verhältnis von Staat und Kirche im Individualarbeitsrecht, Festschrift zur 600Jahrfeier der Universität Köln S. 797-811. zit.: Rüfner, Festschrift der Universität Köln

Rüthers, Bernd, Kirchenautonomie und gesetzlicher Kündigungsschutz, NJW 1976, S. 1918-1923. zit.: Rüthers, NJW 1976

Tendenzschutz und Kirchenautonomie im Arbeitsrecht, NJW 1978, S. 2066-2071. zit.: Rüthers, NJW 1978

Wie kirchentreu müssen kirchliche Arbeitnehmer sein?, NJW 1986, S. 356-359. zit.: Rüthers, NJW 1986

Schaub, Günter, Arbeitsrechtshandbuch, 8. Auflage, München 1996. zit.: Schaub, Arbeitsrechtshandbuch

Schauhoff, Stephan, Handbuch der Gemeinnützigkeit: Verein – Stiftung – GmbH, München 2000. zit.: *Verfasser* - Schauhoff, Handbuch der Gemeinnützigkeit

*Scheerbarth, Hans Walter / Höffken, Heinz,*Beamtenrecht, Lehr- und Handbuch, 5. Auflage, Siegburg 1985. zit.: Scheerbarth/Höffken, Beamtenrecht

Schilberg, Arno, Rechtsschutz und Arbeitsrecht in der evangelischen Kirche, Frankfurt am Main 1992. zit.: Schilberg, Rechtsschutz und Arbeitsrecht

Schlaich, Klaus, Die Neuordnung der Kirche in Württemberg durch die Reformation, ZevKR 29 (1984), S. 355-378. zit.: Schlaich, ZevKR 29 (1984)

Schröder, Brigitte, Problemfeld Professionalität / Ehrenamtlichkeit in der Diakonie, Theologie – Prägung und Deutung der kirchlichen Diakonie, Hans Christoph Hase zum 75. Geburtstag gewidmet, Handbücher für Zeugnis und Dienst in der Kirche, hrsg. von Theodor Schober und Horst Seibert, Band IV, Stuttgart 1982, S. 151-160. zit.: Schröder, Schober/Seibert, Problemfeld Professionalität / Ehrenamtlichkeit in der Diakonie

Schwerdtner, Peter, Die verhaltensbedingte Kündigung, in Brennpunkte des Arbeitsrechts, Thesen und Ergebnisse der 3. Arbeitsrechtlichen Jahrestagung vom November 1991 in Bad Homburg, S. 104-157, Berlin 1992. zit.: Schwerdtner, Brennpunkte des Arbeitsrechts

Seelemann, Ulrich, Kirchenmitgliedschaft als Voraussetzung kirchlicher Anstellungsverhältnisse, in ZevKR 44 (1999), S. 226-243. zit.: Seelemann, ZevKR 44 (1999)

Spengler, Erhard, Die Rechtsprechung zum kirchlichen Arbeitsrecht in kirchlichen Angelegenheiten – insbesondere zur Loyalitätspflicht der kirchlichen Mitarbeiter, in NZA 1987, S. 833-838. zit.: Spengler, NZA 1987

Stein, Albert, Evangelisches Kirchenrecht, 3. Auflage, Neuwied, Kriftel, Berlin 1992. zit.: Stein, Evangelisches Kirchenrecht

Schuld und Vergebung im kirchlichen Amtsrecht, Evangelische Theologie 36 (1976), S. 85-94. zit.: Stein, Evangelische Theologie 36 (1976)

Wesen und Rechtsgestalt von Ordination und Beauftragung nach dem Recht der Evangelischen Landeskirche in Baden, BadischePfarrvereinsblätter 1985, S. 82-86. zit.: Stein,Badische Pfarrvereinsblätter 1985

Strietzel, Wolfgang, Das Disziplinarrecht der deutschen evangelischen Landeskirchen und ihrer Zusammenschlüsse, Jus ecclesiasticum; Bd. 34, Tübingen 1988. zit.: Strietzel, Das Disziplinarrecht

Struck, Gerhard, Entwicklung und Kritik des Arbeitsrechts im kirchlichen Bereich, NZA 1991 S. 249-256. zit.: Struck, NZA 1991

Strunck, Gert Peter, Beamtenrecht, Köln, Berlin, Bonn, München 1980. zit.: Strunck, Beamtenrecht

Tilling, Peter von, Zur Rechtsstellung der privatrechtlich angestellten Mitarbeiter in der Kirche, ZevKR 22 (1977) S. 322-345. zit.: v. Tilling, ZevKR 22 (1977)

Erfahrungen mit der Lebensordnung in den lutherischen Kirchen, ZevKR 30 (1985), S. 345-354. zit.: v. Tilling, ZevKR 30 (1985)

Tompert, Roland, Lebensführung und Pfarrdienstrecht aus der Sicht eines Juristen, Das Recht der Kirche, hrsg. von Gerhard Rau, Hans-Richard Reuter und Klaus Schlaich, Bd. III, Zur Praxis des Kirchenrechts, S. 169-199. zit.: Tompert, Das Recht der Kirche

VELKD, Leitlinien kirchlichen Lebens der Vereinigten Evangelisch-Lutherischen Kirche Deutschlands, Entwurf, Texte, Nummer 76, Hannover April 1997. zit.: VELKD, Leitlinien 1997

Wahsner, Roderich, Besprechung der Dissertation von A. Schilberg, Rechtsschutz und Arbeitsrecht in der evangelischen Kirche, AuR 1995 S. 189-191. zit.: Wahsner, AuR 1995

Weber, Hermann, Die Rechtsstellung des Pfarrers, insbesondere des Gemeindepfarrers – Grundprobleme einer Reform der Kirchenverfassung und des Pfarrdienstrechts in der Evangelischen Kirche der Pfalz (Protestantische Landeskirche), ZevKR 28 (1983) S. 1-58. zit.: H. Weber, ZevKR 28 (1983)

Gelöste und ungelöste Probleme des Staatskirchenrechts, NJW 1983, S. 2541-2554. zit.: Weber, NJW 1983

Anmerkung zum Beschluß des BVerfG vom 4.6.1985, NJW 1986, S. 370-371, zit.: Weber, NJW 1986

Staatliche und kirchliche Gerichtsbarkeit, NJW 1989, 2217-2227. zit.: Weber, NJW 1989

Wegenast, Klaus, Kirchliche Arbeit für und mit Randgruppen, Theologie – Prägung und Deutung der kirchlichen Diakonie, Hans Christoph Hase zum 75. Geburtstag gewidmet, Handbücher für Zeugnis und Dienst in der Kirche, hrsg. von Theodor Schober und Horst Seibert, Band IV, S. 78-90, Stuttgart 1982. zit.: Wegenast, Schober/Seibert, Kirchliche Arbeit mit und für Randgruppen

Wendt, Günther, Zur kirchenrechtlichen Problematik der Ordnung kirchlichen Lebens, ZevKR 10 (1963/64), S. 101-133. zit.: Wendt, ZevKR 10 (1963/64)

Wiedmann, Klaus-Peter, Corporate Identity als Unternehmensstrategie, WiSt 1988, S. 236-242. zit.: Wiedmann, WiSt 1988

Wiese, Walter, Beamtenrecht, Handbuch des öffentlichen Dienstes, Bd. 1, Teil 2, Köln, Berlin, Bonn, München 1979. zit.: Wiese, Beamtenrecht

Winter, Jörg, Staatskirchenrecht der Bundesrepublik Deutschland, Eine Einführung mit kirchenrechtlichen Exkursen, Neuwied, Kriftel 2001. zit.: Winter, Staatskirchenrecht

Scientology und neue Religionsgemeinschaften, ZevKR 42 (1997), S. 372-392. zit.: Winter, ZevKR 42 (1997)

Winter, Jörg / Adamek, Birgit, Arbeitsrechtliche Regelungen im Bereich der Diakonie, ZevKR 33 (1988) S. 441-446. zit.: Winter / Adamek, ZevKR 33 (1988)

Wolf, Erik, Ordnung der Kirche, Lehr- und Handbuch des Kirchenrechts auf ökumenischer Basis, Frankfurt am Main 1961. zit.: Wolf, Ordnung der Kirche

Zeuner, Albrecht, Gedanken zum arbeitsrechtlichen Vertragsprinzip im Bereich des kirchlichen Dienstes, ZfA 1985 S. 127-139. zit.: Zeuner, ZfA 1985

Ziebertz, Hans-Georg, Sozialarbeit und Diakonie: Eine empirisch-theologische Studie zu Identitäts- und Legitimationsproblemen kirchlicher Sozialberufe, Weinheim 1993. zit.: Ziebertz, Sozialarbeit und Diakonie

Schriften zum Staatskirchenrecht

Herausgegeben von Axel Frhr. von Campenhausen und Christoph Link

Band 1 Christoph Link: Staat und Kirche in der neueren deutschen Geschichte. Fünf Abhandlungen. 2000.

Band 2 Andreas Franitza: Der Allgemeine Hannoversche Klosterfonds und die Klosterkammer Hannover. Untersuchung zur rechtsgeschichtlichen Entwicklung. 2000.

Band 3 Reinald Willenberg: Rundfunk unter kirchlicher Trägerschaft. 2001.

Band 4 Martin Fischer: Kirchliche Beiträge im Fernsehen. Darstellung eines abgestuften Mitgestaltungsmodells kirchlicher Beteiligung im Fernsehen. 2001.

Band 5 Bernd Albrecht von Garmissen: Landwirtschaftliches Grundvermögen in kirchlicher Hand. Dargestellt am Beispiel der Evangelischen Kirche in Deutschland und unter besonderer Berücksichtigung der Evangelisch-lutherischen Landeskirche Hannovers. 2001.

Band 6 Berend Lindner: Entstehung und Untergang von Körperschaften des öffentlichen Rechts. Unter besonderer Berücksichtigung der Religions- und Weltanschauungsgemeinschaften. 2002.

Band 7 Gesa Dirksen: Das deutsche Staatskirchenrecht - Freiheitsordnung oder Fehlentwicklung? 2003.

Band 8 Im Dienste der Sache. Liber amicorum für Joachim Gaertner. Herausgegeben von Ricarda Dill, Stephan Reimers, Christoph Thiele. 2003.

Band 9 Arnd Diringer: Scientology. Verbotsmöglichkeit einer verfassungsfeindlichen Bekenntnisgemeinschaft. 2003.

Band 10 Konstantin v. Notz: Lebensführungspflichten im evengelischen Kirchenrecht. 2003.

www.ingramcontent.com/pod-product-compliance
Ingram Content Group UK Ltd.
Pitfield, Milton Keynes, MK11 3LW, UK
UKHW021130041026
8980IPUK00034B/1502

9 783631 500743